本书为
香港特别行政区大学教育资助委员会
卓越学科领域计划（第五轮）
"中国社会的历史人类学研究"
和
中国博士后基金项目
（项目编号：2008-11200-4109006）
成果

第二种秩序
——明清以来的洮州青苗会研究

阙岳 著

中国社会科学出版社

图书在版编目(CIP)数据

第二种秩序：明清以来的洮州青苗会研究 / 阙岳著．—北京：中国社会科学出版社，2016.11
ISBN 978-7-5161-9294-8

Ⅰ.①第… Ⅱ.①阙… Ⅲ.①庙会-风俗习惯-研究-临潭县 Ⅳ.①K892.1

中国版本图书馆 CIP 数据核字（2016）第 270791 号

出 版 人	赵剑英
责任编辑	李庆红
责任校对	周晓东
责任印制	王　超

出　　版	中国社会科学出版社
社　　址	北京鼓楼西大街甲 158 号
邮　　编	100720
网　　址	http://www.csspw.cn
发 行 部	010-84083685
门 市 部	010-84029450
经　　销	新华书店及其他书店
印　　刷	北京明恒达印务有限公司
装　　订	廊坊市广阳区广增装订厂
版　　次	2016 年 11 月第 1 版
印　　次	2016 年 11 月第 1 次印刷
开　　本	710×1000　1/16
印　　张	26
插　　页	2
字　　数	484 千字
定　　价	96.00 元

凡购买中国社会科学出版社图书，如有质量问题请与本社营销中心联系调换
电话：010-84083683
版权所有　侵权必究

序

赵世瑜

1937年卢沟桥事变后，顾颉刚自北平避祸返苏。随即他又接受了南京教育部的任务，自9月始，经西安赴兰州，开始了他的西北考察。顾颉刚一行由兰州出发，先后考察了临洮、西宁，再返兰州。又依次赴临洮、渭源、陇西、漳县、岷县、临潭、卓尼、夏河、临夏、永靖、广和，最后于1938年9月返回兰州，经西安至成都，结束了这次历时一年的西北考察。

2012年10月，我与刘志伟、程美宝二教授随陈志刚、阙岳夫妇考察阙岳在临潭地区的田野点，我们也是从西安出发，沿渭河河谷西行，先赴麦积山，然后到天水。再一路向西，到达临潭、卓尼地区。此后继续西行，到夏河拉卜楞寺，由此向北到达西宁。顾先生一行主要从兰州沿洮河流域南下，我们则是从西安沿渭河流域一路向西，但许多路段是重合的。在途中，我们边重温顾先生的《西北考察日记》，清真寺、古堡、乡间小庙、在高原的公路车前慢慢行走的牦牛群和放牛的老人……边在眼前闪过，心中油然升起了一种学术传承的自豪感。

阙岳起初是在西北民族大学学习民俗学，后来在中山大学随周大鸣教授学习人类学，最后又随刘志伟教授做历史学的博士后研究。想到顾先生不仅是重要的历史学者，也是中国现代民俗学的创始人之一，又想到顾先生自北大时期发表《孟姜女故事的演变》，至于中山大学创办《民俗》周刊，与敬文师等一同开启了民俗学运动的一个高峰，产生这种学术传承的自豪感便绝对不是凭空杜撰。

尽管阙岳在10年的学生生涯中并非一直以历史学为主业，但从本书来看，博士后研究阶段以及此后的研究经历对她的影响很大，因为全书的结构大体上是历时性的，所不同的是，她的叙述并不像一般历史学著作那样停止于某个历史时期，而是延续到当今社会。事实上，在她的田野观察中，现实和历史一直都是并重的。她在对民国时期青苗会的调查与研究的评论中，提到当时的学者大多将其视为乡建运动的新生事物，而未将其置于一种时间的前后关系去认识,这种研究视角甚至极大地影响到后世的研究者。我认为,这不仅是非常中肯的学术史批评,而且更重要的是,这表现出作者的研究套路已经有了较大的转变。

当然,本书在处理历史学的历时性叙事和人类学的结构性叙事时,还是显得有些捉襟见肘,这也是这类跨学科写作中的常见问题。作者在上半部分叙述了从上古至今的地方历史,尤以清代以降的情况最为详尽;在下半部分的各章则分别展现了本地的空间体系、社会结构、青苗会的仪式及其他神灵系统。尽管可以将下半部分的结构性分析视为对当代状况的描述,但与上半部分的逻辑线索很难对接,在内容上也很难避免重复。产生这种窘况的原因,还在于作者究竟要以哪个学科的叙事方式形成自己的文本,或者说以哪个学科为本位,围绕哪个学科的基本问题进行讨论。这是一个无法回避的二者择一的问题。

在本书的导言中,我们透过类似文学语言般的描述,看到了今天临潭流顺川上的村民举行的龙神巡游的仪式。对于我们这些曾经在并非那个"神圣时间"里亲临其境的人来说,还是可以想见那样的人文环境、那样的热烈氛围,而丝毫不觉这样描写的夸张。同样地,我在阅读作者的博士后合作导师刘志伟教授关于珠江三角洲区域历史的研究时,也是常常神游在他对田野现场的描述中,而不是他们对另外的历史时空中所发生事件的解析,后者时常让我感到索然无味,只有在不是享受阅读、而是为稻粱谋的时候才能读得下去。这个道理也很简单,因为我们只有身在其中,才能被生活中的喜怒哀乐所感染和震撼,这种感染和震撼流出笔端,便能使读者感同身受。

就在这些实景般的描写中,出现了流顺堡的龙神,这位龙神就是研究明史的人都知道的朱亮祖。当然,洮州18个青苗会各有一位龙神,都是明初的大将。这确定无疑地说明,后世青苗会对自身的历史记忆,是上溯到明初的。也正因此,阙岳将本书的主题定为"明清以来的洮州青苗会研究",是很自然的。这样的做法,就是我所谓"逆推顺述式"的研究。我曾在另文中写道:

> 区域社会史研究者往往是通过观察现代社会去反观那个距离最近的结构过程的,因为眼前的种种现象,是这个结构过程的延续。我们或许也可以采用这种逆向的方法,去观察历史上的结构—再结构过程。比如,我们试图在明清时期的区域社会中发现前此某个结构过程延续下来的浓重痕迹,从而发现这个过程中的重要结构要素,进而把握该结构过程。相对于它,明清时期该区域历史的结构过程就变成了"再结构过程"。

显然，在洮州，作者是将她即将"顺述"的历史过程的起点逆推到明代的。不仅因为这里的青苗会传说都把自己的神祇与明初西征的将领，甚至与他们的亲戚勾连起来，而且我们也看到了许多明代卫所堡寨，和延续至今仍然居住在那里的卫所军人的子孙，看到他们精心保存、供放在神龛背后的明廷颁发的敕书和承袭供状，甚至，按照作者的看法，这里的空间结构都明显留有明代卫所制度的痕迹。令我非常感兴趣的是那些关于洮州新城与旧城之间关系的民间传说，不断凸显着新城这个明代洮州卫城的优势地位。显然，清代以降洮州卫城读书人的增多，提升了这里的文化霸权，导致今天这里的历史记忆，大率指向了明初。

如果是这样，前面讲上古的羌、中古的吐谷浑和吐蕃等就差不多是"史前史"了，加上明代以前的西番等，是不是需要专设一章，还是采取在相关的讨论时顺便回溯，可以思考。但有个问题值得关注，就是作者提到吐蕃势力进入洮州后，这里出现了一个吐蕃化趋势，虽然北宋一度收复洮州，但也只是昙花一现，此后这里无论有怎样的行政统属关系，但大体上还是西番的势力，这种情况直到明初开始发生转折。

传统的明史研究往往对吐鲁番伊斯兰化并崛起之后，哈密（羁縻）卫被明廷放弃，从而导致关西诸卫元气大伤感到痛心疾首。但是恰恰是明朝势力的进入，改变了这里原有的格局。我们前面已经提到延续至今的18个青苗会及其18位龙神，这是汉人的东西，是对明初的历史记忆，但就在明初，元代这里的西番十八族"叛乱"，就是不愿服从明朝的管制，最后被沐英率军打败了，这一事件便成为上述历史记忆的源头。我始终觉得，西番"十八族"与后来的18个以明初大将（及其亲属）为龙神的青苗会之间，可能存在某种联系，这是否是汉人取代西番成为这块土地主人的文化表征？

从国家的角度而非从地方人群的角度审视明代西北边疆的历史，当然会产生某种悲哀的情绪，因为某个行政设置崩溃了，就好像是丧权辱国。最重要的问题是，国家在这里的某种设置衰弱了或者退缩了甚至丢失了，但这里的人群究竟怎样了？作者写到的刘贵、刘顺父子在这里开疆拓土，然后居住下来，朝廷给他们的敕书上明确写着："令刘贵准此洮西开占地土，尔招军守御。"其后又令刘顺"遵旨招军开耕田地"，就是允许他们自由拓展土地和扩充人口。他们的子孙和他们招徕的人们直到今天还生活在这块土地上，就是证明。如果从明初开始，除了行政设置之外，还有一批批汉人进入这一地区，定居下来，许多原住民也逐渐融入了这个人群，甚至改变了他们的认同，这个汉人社会及其文化的存在就比某种机构设置更为重要，这也正是我所说明初改变了自唐宋以来这里的格局的理由。

所以我们不必悲哀，我们需要的只是改变我们的观察视角和高高在上的立场。最近大热的"新清史"值得肯定地继续强调了满蒙藏的视角或内亚的视角，但在这一代人具体的研究实践中，他们秉持着的仍然是国家的视角，在所采用的资料中主要是官方的档案而非民间文献，这就不免以朝廷的功过是非为标尺，无论它是满洲的、蒙古的，还是西藏的政权。这也导致了他们忽视了在清朝建立之前，中国西北或北方的社会是怎样的社会，人群是怎样的人群，从而有可能导致对这里的传统由何而来的问题作出不够全面的判断。

吐鲁番以及北元势力的伊斯兰化是导致明初以来西北地区汉—蒙古—西番格局变动的重要因素，也是清代以后伊斯兰势力进一步东扩的基础。但这种变动是在明代发生的，包括蒙古人后来皈依藏传佛教格鲁派，也是在明代发生的，不能都归结到清朝那里去。

本书就是一部努力从地方人群的角度审视西北边陲社会变迁的作品。书中有一段材料这样描述明代中叶的族群关系格局和商业贸易氛围：

> 访得西宁、河州、洮州地方土民，切邻番族，多会番语。各省军民流聚巨万，通番买马，雇请土民，传译导引。群附党援，深入番境，潜住不出。不特军民而已，军职自将官以下，少有不令家人伴当通番。番人受其恐吓，马牛任其计取，变诈渐萌，含愤未发。诚恐一旦不受束约，患何胜言？且通番之人，明知事例，犯该充军，乃互相嘻谓："无故亦要投军，有甚打紧。"

这是一幅多么生动的图景啊！当地的汉人、番人、民人、军人，数以万计，冒着犯禁的危险，进行贸易。他们开玩笑地说不怕因此而被官府充军，正是因为整个明代沿边卫所的军人，正是此时期走私贸易的主力！

明代沿边卫所的设置，并不能被简单理解为对边疆地区的某种行政管制。以往的研究，特别是从传统制度史和历史政区地理的角度进行的研究，正是因此而存在局限性。本书以及明代其他边疆地方社会的资料告诉我们的是，卫所实际上是一个个前哨站、桥头堡（在北宋的西南和东南，往往是盐井起这样的作用），他们收编人口，获取土地，处理与原住民的关系，甚至把原住民编入卫所的系统中，成为国家和原住民的双重代理人。朝廷颁给卫所军官的敕书也不仅是一份委任状，还是一份承认他们开疆拓土成果的特许状，甚至可以被视为一份契约。在这样的一种体制下，就形成了一种特别的社会——他们是由不同的族群组成的，但他们可以根据实际生存状况和利益至上的原则结成松散的同盟，"通番"这个词就是绝好的写照；卫所体制内的人在某种意义上代表国家，但为了生存和利益，他们经常去做国家禁止做的事，所以总的来说，卫所的人群已经在地化了，与本地的其他人群一般无二了，也就是人们看到的，变成了军队中的、也是地方上的豪强。

制度史和历史政区地理的卫所研究也许无法理解我们对卫所体制的关注，并非卫所制度本身，而是卫所体制究竟造就了怎样的一种社会，而这社会是由活生生的人和他们的生活构成的。或者说，这便是我们倡导的研究与传统研究的区别所在。想象一下吧，当一批军人和他们的家属被投放到一个广阔无垠的、由黄土、草原、沙漠和雪山包围着的、人烟稀少的地方时，他们会怎样生存下去呢？他们会怎样与族属不同、语言各异的游牧族群打交道呢？内地的律条、道德还会起作用吗？

这里是一个强人的世界。必须是。

所以，便需要有"第二种秩序"，就是这个社会自己的、包括各个人群的秩序，也许是借重了国家的力量、但却有别于国家的秩序。这就是我对这部书书名的理解。

入清之后，卫所军官及其后代担任了"通事"的角色，这当然是因为他们通晓土著的语言，并且熟悉"夷情"。但他们又不只是做翻译，而成了官府眼中的"土目"，负责对茶马贸易中的汉、土、番、回人等的身份进行查核，甚至负责代收税粮。在某种程度上，他们做的事与在明代类似，但重大的区别是没有了国家的身份，而只是国家的代理人。普通的军户转为屯丁，按本书的说法，他们则将屯地纷纷转卖为民田。这使我感受到明清易代给这里带来的一个巨大变化，就是明代卫所军户占绝对优势的社会地位不复存在了。

清代这里的汉番土地纠纷就是这样发生的。我相信，明代强势的卫所军人曾占据原属番人或不知所属的土地或草场，然后凭借自己的文化优势留下界碑或契约一类凭据。到了清代，这些人已不代表国家的力量，番人与汉人之间的政治、法律、文化地位也没有了那么大的差距，纠纷就开始产生了。特别是穆斯林人群的势力日益增大，形成了三足鼎立的局面，这就需要一种新的、具有汉人认同的秩序产生。这就是这里的青苗会。

关于这里的青苗会，有兴趣的读者自会去阅读本书的有关章节。我所感兴趣的，是书中所讲清康熙年间洮州新城（卫城）宋姓城隍出现，以及这里的军户后代纂修族谱的故事。对于明代卫所军户来说，康熙时期正是一个转折的年代，假如我们以同情理解的办法，就会知道，这有点像国营企业的职工正在惴惴不安地等待关停并转的那一段时光，老职工可以拿点补偿提前退休，中年的或有买断工龄等办法，多数年轻人则被直接扫地出门，加入失业大军。与此同时，他们以往在社会上的地位和光环迅速崩解。明代卫所虽在清初就被剥夺了军事职能，但作为一种行政管理体制，到了雍正初才普遍废除。对于身处其中的人来说，他们正在经历改朝换代——并不是只有军事上的反复拉锯和制度变迁才是朝代更迭史，人们如何经历改朝换代才是更为重要的，这是我的特别强调——所以，他们要做出自己的应对。想一想，如果将顺治到雍正时期，当然特别是康熙时期全国各地的卫所军户是如何渡过这一转轨期的历史呈现出来，就像呈现"后文革时期"的国企兴衰史一样，那会多么精彩啊！

洮州卫宋家在明末就已经没有袭职了，但显然经过有明一代的积累，已成为当地的大族。康熙晚期宋氏族人将刚刚去世的宋茂奇奉为洮州卫的城隍神，自然是为了在这个转型期延续卫所人群在这里的优势地位。这也许不是宋氏一族的一厢情愿，而是具有卫所背景的官绅豪强的共谋。于是，在这所城隍庙中，乾隆年间就出现了卫所后裔对周围放牧草场宣示主权的碑刻，宣示者为"城乡七会"，所要对付的是前来开垦土地的新移民。这个新的城隍，是在民间的龙神之上的具有正统性的神祇，所起的作用是更大的。与此相比，以原洮州卫右所所城为基础的旧城青苗会需要更直接面对与番人的关系。我在猜想青苗会崇祀龙神，除了最重要的祈雨功能外，有没有一点龙是汉番双方都可以接受的神祇的可能。当然，青苗会的龙神被卫所后裔直接标识为明初的开边大将。

从康熙末到乾隆时期，也有一些人开始纂修族谱。我曾在另文中讨论过卫所军官的承袭供状在其清代始修的族谱中的意义，但当时只是看到后人利用这些承袭供状可以理清其祖先在明代的世系和事迹，并未强调这些承袭供状的重要性在于赋予其子孙在这块土地上生活的合法性！没有想到这些承袭供状作为一种文本，经历了一种从官府档案到民间文献的转变！也就是说，对于明代卫所军官来说，这种东西是袭职时的必要手续，是要上呈兵部，然后留作档案的。但是它们被后代保留下来，特别是被编入了族谱中，就具有了特别的意义，就转变成了民间文献。这种特别的意义在于，它们是一种身份证明，它们是上等人的身份证明，它们是祖先传说的加强版。这样的证明需要被子孙永久记取，需要向他人不断展示。

本书的历史叙述进行到这一时期，只翻过了三分之一的篇幅，洮州青苗会的故事不过刚刚开始。不过作为本书的序言，它的使命在于介绍本书的内容和彰显此项研究的意义，所以也就进入了它的尾声。这当然不是说此后的内容平淡无奇或者乏善可陈，因为地方文献显示的是，在乾隆时期，一个眉目清晰的穆斯林社会已然形成，并逐渐对当地的社会显示出强大的影响力，地方格局于是变得更为复杂，也更有张力。在经历了咸同时期的剧烈震荡之后，洮州社会究竟是像西北其他地区那样面貌大变，还是在相当程度上延续着旧有的路径？无论是哪种结果，造成该种结果的地方历史动因是怎样的？我们都期待在那后三分之二的篇幅中寻找答案。

在我读罢本书书稿并写下上述文字的时候，正准备与作者、与多年来经常一起到各地进行田野观察的朋友们再次走进甘南，准备从明代的庆阳卫起步，向西、向南，最后止步于与川西北交界的文县。我坚信，这会使我、使作者对这块汉、藏、回长期共存的土地产生更深入的思考和更清晰的认识。

2016年8月2日

目　　录

导　言 …………………………………………………………（1）
第一章　洮河上游的地域和居民 …………………………（12）
　第一节　早期人群 …………………………………………（12）
　　一　羌 ………………………………………………………（13）
　　二　吐谷浑 …………………………………………………（16）
　第二节　吐蕃势力的东进 …………………………………（18）
　　一　唐蕃兵争 ………………………………………………（19）
　　二　洮州的吐蕃化 …………………………………………（22）
　第三节　你来我往的地域 …………………………………（24）
　　一　西蕃与北宋 ……………………………………………（25）
　　二　从金到元 ………………………………………………（28）
第二章　明代的洮州卫 ……………………………………（31）
　第一节　设置洮州卫 ………………………………………（31）
　　一　建造卫城 ………………………………………………（33）
　　二　招军拓地 ………………………………………………（35）
　　三　增修关堡 ………………………………………………（39）
　第二节　建构统治秩序 ……………………………………（40）
　　一　招番纳马 ………………………………………………（40）
　　二　洮州土官 ………………………………………………（48）
　　三　番僧纲（正）司 ………………………………………（51）
　第三节　卫官豪强化 ………………………………………（56）
　　一　买卖军屯土地 …………………………………………（56）
　　二　缔结姻亲关系 …………………………………………（61）
　　三　私茶贸易 ………………………………………………（62）
第三章　清代洮州青苗会 …………………………………（66）
　第一节　清初的洮州卫 ……………………………………（66）

一　从世袭到流官 ……………………………………………… (67)
　　二　充任通事与衙役 …………………………………………… (69)
　　三　卫军改为屯丁 ……………………………………………… (75)
　　四　汉番草山纠纷 ……………………………………………… (76)
  第二节　新城青苗会 ……………………………………………… (81)
　　一　宋城隍的产生 ……………………………………………… (82)
　　二　修谱的兴盛 ………………………………………………… (85)
　　三　城乡七会 …………………………………………………… (86)
  第三节　旧城青苗会 ……………………………………………… (90)
　　一　五国老爷及其神路 ………………………………………… (90)
　　二　合会与扩产 ………………………………………………… (95)
　　三　地方权力组织 ……………………………………………… (98)

第四章　清代洮州的回民 ………………………………………… (105)
  第一节　旧城丁氏家族 …………………………………………… (106)
　　一　恪守五功的回儒 …………………………………………… (106)
　　二　回汉番通婚圈 ……………………………………………… (110)
  第二节　咸同时期的回民 ………………………………………… (114)
　　一　回番土地纠纷 ……………………………………………… (114)
　　二　兵燹中的回番汉关系 ……………………………………… (116)
  第三节　地方社会的重建 ………………………………………… (119)
　　一　历任地方官之施政 ………………………………………… (119)
　　二　旧城青苗会与社会整合 …………………………………… (123)
　　三　回汉士绅重塑地方意识形态 ……………………………… (127)

第五章　民国乱世中的青苗会 …………………………………… (134)
  第一节　社会复苏 ………………………………………………… (134)
　　一　民团处理回汉土地纠纷 …………………………………… (135)
　　二　禅定寺骡马会移驻旧城 …………………………………… (138)
  第二节　洮州青苗会向卓尼扩展 ………………………………… (143)
　　一　杨土司与青苗会的关系 …………………………………… (143)
　　二　从羊永青苗会到草岔沟青苗会 …………………………… (146)
　　三　青苗会对基督教的态度 …………………………………… (148)
  第三节　三四十年代的临潭县 …………………………………… (149)
　　一　临潭卓尼分治 ……………………………………………… (149)
　　二　学者眼中的临潭 …………………………………………… (152)

三　肋巴佛起义 …………………………………………… (157)
第六章　临潭的空间体系 …………………………………… (160)
　第一节　两个地域中心 ………………………………………… (161)
　　一　新城 ………………………………………………… (162)
　　二　旧城 ………………………………………………… (163)
　　三　城隍神 ……………………………………………… (168)
　第二节　路与营 ………………………………………………… (168)
　　一　四路 ………………………………………………… (168)
　　二　跟营 ………………………………………………… (172)
　第三节　军防堡寨 ……………………………………………… (175)
　　一　东路 ………………………………………………… (176)
　　二　南路 ………………………………………………… (178)
　　三　西路 ………………………………………………… (178)
　　四　北路 ………………………………………………… (180)
第七章　临潭的社会结构 …………………………………… (184)
　第一节　汉人家族 ……………………………………………… (184)
　　一　藏化 ………………………………………………… (184)
　　二　户长 ………………………………………………… (189)
　　三　神影 ………………………………………………… (191)
　　四　官坟 ………………………………………………… (193)
　　五　堂号 ………………………………………………… (197)
　　六　入赘婚 ……………………………………………… (198)
　第二节　藏人家族 ……………………………………………… (199)
　　一　格鲁派家族 ………………………………………… (199)
　　二　拉卜楞寺的商业代理人 …………………………… (208)
　　三　汉化的家族形态 …………………………………… (217)
　第三节　回民家族 ……………………………………………… (219)
　　一　穿梭于农牧区的商号 ……………………………… (220)
　　二　有限责任制的福盛通 ……………………………… (221)
　　三　回商家族儒化 ……………………………………… (226)
　第四节　卓尼土族 ……………………………………………… (229)
　　一　吐谷浑的后裔 ……………………………………… (230)
　　二　闹缠村的来历 ……………………………………… (231)
　第五节　社会情感 ……………………………………………… (232)

一　麻娘娘的故事 …………………………………… (232)
　　二　龙神的传说 …………………………………… (233)
第八章　当代洮州青苗会复会 ……………………………… (240)
　第一节　复建庙宇与正名 ………………………………… (242)
　　一　回民会首的努力 ……………………………… (243)
　　二　复建乡村庙宇 ………………………………… (247)
　　三　苏维埃旧址 …………………………………… (253)
　　四　洮州农民文化官 ……………………………… (262)
　第二节　组织结构 ………………………………………… (268)
　　一　洮州青苗总会 ………………………………… (269)
　　二　十八会 ………………………………………… (274)
　　三　公共职能 ……………………………………… (284)
　第三节　龙神庙会 ………………………………………… (286)
　　一　庙戏 …………………………………………… (293)
　　二　客商 …………………………………………… (297)
　　三　服饰 …………………………………………… (299)
　　四　花儿 …………………………………………… (302)
第九章　洮州青苗会的仪式 ………………………………… (304)
　第一节　角色 ……………………………………………… (305)
　　一　道士 …………………………………………… (305)
　　二　师爷 …………………………………………… (311)
　　三　马角 …………………………………………… (314)
　　四　吹手 …………………………………………… (317)
　　五　轿夫 …………………………………………… (319)
　第二节　符号 ……………………………………………… (320)
　　一　披红 …………………………………………… (320)
　　二　神轿 …………………………………………… (321)
　　三　万民伞 ………………………………………… (322)
　　四　旌旗 …………………………………………… (323)
　　五　响器 …………………………………………… (323)
　第三节　插旗以祈神 ……………………………………… (325)
　　一　秦关插旗 ……………………………………… (325)
　　二　流顺插旗 ……………………………………… (326)
　　三　端阳沟插旗 …………………………………… (328)

四　杓哇旗插旗 …………………………………… (330)
 第四节　踩街以迎神 ………………………………… (331)
   一　神路里的社会关系 …………………………… (334)
   二　仪式里的时空约定 …………………………… (336)
 第五节　冬报愿以谢神 ………………………………… (345)
   一　端阳沟冬报愿 ………………………………… (345)
   二　旧城冬报愿 …………………………………… (353)
第十章　龙神之外的神祇 ………………………………… (355)
 第一节　鞑子三郎 ……………………………………… (355)
 第二节　羊头人身将军 ………………………………… (358)
 第三节　平天仙姑娘娘 ………………………………… (362)
 第四节　总寨四村的村神 ……………………………… (366)
结　论 ……………………………………………………… (368)
 第一节　作为社会系统的制度 ………………………… (369)
 第二节　人以神分 ……………………………………… (374)
 第三节　中华民族的互利共享 ………………………… (378)
征引文献 …………………………………………………… (384)
致　谢 ……………………………………………………… (392)

Contents

Introduction .... (1)
1 The Region and Residents of Tao River Upstream .... (12)
   Early humans .... (12)
   Tubo forces eastward .... (18)
   Historical changes (960–1368) .... (24)
2 Taozhou Guard of Ming Dynasty .... (31)
   Set up a Guard .... (31)
   Establish a new order .... (40)
   Guard's official being local tyrant .... (56)
3 Qing Miao Hui: The Formation of the Group .... (66)
   Taozhou Guard at the beginning of Qing Dynasty .... (66)
   The New Town's Qing Miao Hui .... (81)
   The Old Town's Qing Miao Hui .... (90)
4 Taozhou Hui in the Qing Dynasty .... (105)
   The Ding Family .... (106)
   Hui in the period of Xian Tong .... (114)
   Reestablish the local society .... (119)
5 Qing Miao Hui During the Trouble Times .... (134)
   Social recovery .... (134)
   Expand to Zhuoni .... (143)
   Lintan country (1930s–1940s) .... (149)
6 Space System of Lintan .... (160)
   Two regional centers .... (161)
   Local classification and fairs .... (168)
   Defensive fort-type settlements .... (175)
7 Social Structure of Lintan .... (184)
   Han family .... (184)

Tibetan family		(199)
Hui family		(219)
Tu nationality of Zhuoni		(229)
Social emotions		(232)
8 Resume Operations at the Present Age		(240)
Rebuild temples and clear name		(242)
Organizational structure		(268)
Long Shen temple fair		(286)
9 The Rituals		(304)
Roles		(305)
Symbols		(320)
Planting Flags: pray to Long shen		(325)
Cai Jie: greet Long Shen		(331)
Offer thanks to Long Shen in Winter		(345)
10 Other Gods		(355)
Da zi san lang		(355)
Sheep head general		(358)
Ping tian xian gu empress		(362)
Gods of four countries in Zongzhai township		(366)
Conclusions		(368)
The institution as social system		(369)
People of a feather Gods together		(374)
Benefit Sharing are the inherent qualities of the Chinese nation		(378)
Reference		(384)
Acknowledgements		(392)

表目录

表1　光绪五年至宣统二年（1879—1910）契约一览 …………… （125）

表2　光绪年间洮州人口结构对比………………………………… （127）

表3　1949年之前临潭旧城回民著名商号一览 ………………… （221）

表4　石家族土、汉两族村民结构………………………………… （229）

表5　冶力关青苗会组织结构……………………………………… （278）

表6　端阳沟青苗会恶拉分布……………………………………… （280）

表7　洮州十八青苗会的四至和马路调查………………………… （282）

表8　1998—2005年甘南州草场边界纠纷统计 ………………… （285）

表9　龙神庙会调查………………………………………………… （292）

表10　新城民族旅社住宿登记调查……………………………… （297）

表11　2006年端阳沟青苗会吹手结构 ………………………… （318）

表12　2006年新堡、张旗和秦关龙神轿队赴新城神路路线调查 ……… （339）

表13　神路、歇马店和接迎会调查……………………………… （344）

图目录

图1　龙神赛会里的过关场景 …………………………………………（2）
图2　明代的洮州卫 ……………………………………………………（32）
图3　李达家族的分家抄契 ……………………………………………（57）
图4　清代的洮州 ………………………………………………………（67）
图5　雍正四年（1726）信牌 …………………………………………（71）
图6　刘旗众人与昝土司百姓的草山界碑 ……………………………（79）
图7　宋城隍塑像 ………………………………………………………（84）
图8　金标老人与《金氏祖谱》 ………………………………………（86）
图9　曾经番汉争执的"神路" ………………………………………（93）
图10　现在的巴龙池 …………………………………………………（116）
图11　现在的禅定寺 …………………………………………………（140）
图12　马角传人与家传的藏文告示 …………………………………（145）
图13　新城西门清真寺 ………………………………………………（164）
图14　旧城一景 ………………………………………………………（167）
图15　跟营的乡民 ……………………………………………………（175）
图16　刘旗六社村口的标识景观 ……………………………………（177）
图17　流顺堡全景 ……………………………………………………（179）
图18　侯家寺远景 ……………………………………………………（180）
图19　千家寨内景 ……………………………………………………（181）
图20　真武帝壁画 ……………………………………………………（182）
图21　宋氏家族代表 …………………………………………………（191）
图22　吴氏家族神影 …………………………………………………（192）
图23　宋氏家族官坟 …………………………………………………（195）
图24　王家大院平面示意 ……………………………………………（213）
图25　侯家祠堂 ………………………………………………………（219）
图26　千家寨堡墙上的龙神庙 ………………………………………（246）

图 27　八角青苗会复会后制作的"敕书" …………………………（251）
图 28　冶力关青苗会常山龙神庙的部分内景 ……………………（252）
图 29　洮州苏维埃政府纪念馆 ……………………………………（258）
图 30　龙神祠 ………………………………………………………（259）
图 31　洮州农民文化宫（五国爷庙）……………………………（267）
图 32　洮州青苗总会部分成员 ……………………………………（270）
图 33　龙神塑像 ……………………………………………………（287）
图 34　观看"踩街"仪式的藏族女性 ……………………………（300）
图 35　龙神庙会里的汉族女性 ……………………………………（301）
图 36　王映熙和家族世传的经书 …………………………………（309）
图 37　旧城李道（右）和杨祖震（左）…………………………（311）
图 38　现任牛师爷牛俊毅 …………………………………………（313）
图 39　端阳沟青苗会的吹手们 ……………………………………（318）
图 40　龙神轿 ………………………………………………………（321）
图 41　万民伞 ………………………………………………………（322）
图 42　端阳沟青苗会插旗献辞的场景 ……………………………（330）
图 43　16 支青苗会参加龙神赛会"迎神出巡"的路线 …………（332）
图 44　走"神路"的龙神轿队 ……………………………………（333）
图 45　迎接龙神赛会到来的新城城隍庙 …………………………（338）
图 46　离开红山拱北的龙神轿队 …………………………………（340）
图 47　端阳沟青苗会冬报愿的仪式场景 …………………………（348）
图 48　端阳沟青苗会冬报愿的仪式场景 …………………………（351）
图 49　旧城青苗会的冬报愿场景 …………………………………（354）

导　言

　　凌晨五点，即使在仲夏端午的节序，站在流顺川地，这片属于青藏高原东北部的边缘地带里，仍然会禁不住打一个寒战。寒气从背部升起，整个人很难逃离那寒冷的笼罩。一支二十多人的队伍走出上寨村，月光皎洁，也只能照见眼前的路。出了村是条公路，公路对面是静待日月的田野。时近四月才播种的春小麦，在银色月光的映衬下幻化出沉沉墨色。田野的尽头是座低矮的山丘，乡民们叫它作狼耳山。龙神庙坐落在狼耳山的山嘴处，仿佛是在镇守列布在山脚下的阡绵青苗。在暗夜里，依旧可以辨认出龙神庙的大致剪影，一座布局精致小巧的二进式庭院，钟楼和大殿的飞檐翘角在月色下好似相接在一起，仿若一座穹宫。队伍并没有穿过田野去往龙神庙。他们径直走上公路，息言淡静。走出两里多地，公路的左侧出现一座明代军堡，当地人叫作流顺堡。队伍依序登上城门背侧的台阶来到城墙之上，走近位于城墙东南方位的角庙，有专人打开庙门把龙神朱亮祖塑像抱入帷轿内，四名青壮男子将龙神轿抬出庙外。锣声刺破寂夜，引领这支龙神轿队步下台阶回到公路继续前行。走出流顺堡十里开外，依稀看见侯家寺远远地蜷伏在公路左侧的田野之中。侯家寺是一座喇嘛寺庙，在透过云层的月光下，朱红色的院墙和金黄色的屋顶格外醒目。流顺堡与侯家寺互呈掎角之势，其中隐伏的空间秩序令人遐想。路过侯家寺，平川渐被起伏的丘陵替代，可以看到阳坡处牧草蔓生，露水溥溥。

　　高原上的晨曦总是稍纵即逝，阳光瞬间照耀得四周万分明亮。蓄存了月余的温煦之气催发出的草木生息，让周围的丘陵壑谷显得生动起来。龙神轿队顺着蜿蜒的山路下行，两侧是片片梯田。这些在丘陵背阴处开垦的田地，被修筑的高约半米的条状阶台分割开来。梯田里的麦苗上还挂着露珠，在阳光下极显青翠。围住麦苗的埂坎上种植着大豆和豌豆，郁郁葱葱。轿队下行到半山处，一片谷地豁然进入视野。它被亘连曲折的丘陵围在中间，一条小河若隐若现川流而过，把谷地一分为二。一步步地接近这片谷地，眼前的景色没有太大变化，只是残留的东城墙和南城门清晰起来。它们谈不上被保护得很好，但是古貌犹存。黄土夯实的城墙依然高耸，红砂石条拱成的城门洞深邃幽长。这两处景观比任何一种口头或文字介绍都能更直观地展现眼前这座小镇的历史。小镇是谓新城,明代洮州卫的卫城,今天甘肃省甘南藏族自治州临潭县的新城镇。龙神轿队进入依傍小河的南门河村,那里有他们的主家。主家要为来自流顺川的龙神轿队操办下马羊仪式。仪式之后,流顺川的乡老在主家喝茶叙旧,消磨去整个上午,再来到新城的东城门遗址处与其他 15 支龙神轿队会合。16 支龙神轿队浩浩荡荡,依序走向新城的城隍庙。这是一种古老的昇神出游仪式,当地人称为"踩街"。在号音和唢呐声的陪衬下,龙神轿队徐徐前行。所到之处,鞭炮轰响,烟色四溢。汉藏土等族人群都簇拥围观在踩街队伍的两旁。更有虔诚的女性、老人,或引着孩童,跪在龙神轿必经的路线之上,期待神轿从匍匐的身躯上空掠过,驱赶走自己的病痛和不幸。当地人把这种仪式叫作"过关"。每年一度的五月端午新城龙神赛会在"踩街"和过关的人群中拉开序幕。

图 1　龙神赛会里的过关场景

　　这是 2008 年新城龙神赛会的第二天,16 顶龙神轿依次出城隍庙去踩街的场景。龙神赛会已经成为"洮州民俗文化节"的依托与主体,为了突出洮州的历史,所有的轿夫穿着明代服饰。在新城城隍庙前长长的阶梯之上,跪着虔诚的妇孺,期待行进中的龙神轿从匍匐的身体上空掠过,驱赶走自己的病痛和不幸(马廷义摄)。①

---

①　本书采用的图片,如无特别注明作者,均由本书作者拍摄。

龙神轿队、踩街、过关的汉藏人群，皆为龙神赛会里颇为吸引人的场景。活跃在场景里的仪式人群是实际运作龙神赛会的社会力量，他们形成的社会组织，就是本书要研究的洮州青苗会。其实，并非临潭县才有青苗会。民国年间，青苗会就已遍布于全国各地，早为当时的政府和学界注意。20世纪20年代，中国农村经济日趋凋敝，农民濒临破产，农村问题异常严峻，引起国民政府和学术界的普遍关注。多地政府成立各种学会开展农村社会调查，以期认识中国农村，进行农村建设与改造。很长一段时间里，我们对青苗会的认识主要停留在民国时期。

1927年，中国从事民商事法律的社会调查者注意到吉林省舒兰县有青苗会。《司法公报》在第三十八次临时增刊之二百四十二期刊登了《民商事习惯调查录》（第二期），其"第一编 民律总则习惯"的"第四章 吉林省关于民律总则习惯之报告"之"舒兰县之习惯"一节载有"青苗会"："农民于禾稼将成之时为预防人畜之损害而成一种会约，名曰青苗会。其会中所议各种罚则，村镇各户咸遵守而弗违焉"。① 这批以西方民事法和商业法为教育背景的社会调查者并不谙知青苗会的历史，因此专门写了一条按语，"此习惯固属善良，惟会中看青之徒往往藉此招事，亦应严为取缔"。② 在他们看来，舒兰县的青苗会成员随时可能滋生事端、难以管理，故建议政府将其取缔。

河北定县有青苗会。1926年，中华平民教育促进会确立定县为"华北试验区"③，对定县进行社会调查。1933年，李景汉把持续六年的社会调查汇集成书，名曰《定县社会概况调查》。其中，第三章"县政府及其他地方团体"的第四节"东亭乡村社会区62村内各村所有各种自治组织"记录了当地青苗会的概况：

> 除保卫团以外，各村都有青苗会的设立，每到夏秋的时候，庄稼都要成熟，恐怕庄稼被人偷窃。所以各村都设有青苗会，目的在看护庄稼，防备偷盗。组织极为简单。会长多为村长佐担任，雇村中无职业者4人至6人，叫做"看青的"。看青的每天到田间分头巡视。遇偷盗庄稼的，把它捉住，送到村长佐家，或村公会；由村长责问，酌定罚项。若有某家庄稼被偷，而偷庄稼人未被"看青的"捕住，某家可向地方声明并各知村长

---

① 《民商事习惯调查录》（第二期），《司法公报》1927年（第三十八次临时增刊）第二百四十二期。

② 同上。

③ 李景汉编著：《定县社会概况调查》，上海书店1933年版，第3页。

佐、村长佐验明被盗情形，由看守该处庄稼的"看青的"负责查出。如不能查出时，则由村长佐及地方共同按损失的情形，酌量扣除看青的工资。

看青的每人每日工资在一角上下，食物自备。这种经费完全由村中公款支出。除看青的工资外，没有什么别的花销。看青的居住，没有一定的地方。普通由看青的自己选择庙宇、闲房休息。至于会所多在村公会或村长佐家里。

曹村青苗会有一定简章。曹村种苜蓿者居多，所以村人常有在田里放牛羊马猪的，也有在地里割草的。村长佐公直决定几条章程（一）在苜蓿地割草者罚洋二元。（二）放骡马者罚洋五元。（三）驴牛羊猪者罚洋二元。（四）在庄稼地内割莠草者罚洋一元。①

值得注意的是，该书第三章第三节是"旧有各种地方团体"，包括"一、农会；二、商会；三、息讼会；四、天足会"。② 李景汉并没有把青苗会纳入第三节"旧有各种地方团体"，而是将其归入第四节"东亭乡村社会区62村内各村所有各种自治组织"。显然，定县社会调查者深受清末宪政和地方自治运动如光绪三十四年（1908）清政府颁布实施《城镇乡地方自治章程》的影响，没有更多地注意和追问青苗会的历史，误认为青苗会是乡村建设运动中的新产物。学界对青苗会的认知概念影响到政府决策机构对于青苗会的性质判断。1935年，北平市政府"自治事务监理处"的电文呈报了北平四郊青苗会调查统计表，认为："查本市四郊青苗会为郊区农民固有之一种保卫组织，迨民国十八年区坊制度成立后，曾一度改称临时保卫团而隶属于各坊公所。上年各坊裁撤后，此项组织多由各原坊长及会首等继续维持本处，以该会组织内容任务概况以及收支情形，均于四郊编组保甲实具有密切关系，自非详加调查，不足以资参究。经即拟定调查表式，令饬各郊区分所遵照查填。"③ 这道电文说明当地政府把青苗会看作农民因自治而组建的保卫组织，隶属各坊公所，且与保甲组织关系密切。

当然，在这一时期，青苗会更多的是作为乡村建设的新成绩被政府和学界广为宣传报道。如1934年，《教育新路》刊载的《铜山县柳泉农民教育馆近

---

① 李景汉编著：《定县社会概况调查》，第98页。
② 同上书，第94—95页。
③ 《自治事务监理处》电文，载北平市政府秘书处编《北平市市政公报》第三百零六期，中华邮政特准挂号认为新闻纸类，1935年6月24日，第57页。

讯》之"(三)召开试验区青苗会"一文,对江苏省徐州铜山县的青苗会做了如此记述:

  该馆为保护试验区田苗,增加农家生产起见,曾于廿一年春间组织青苗会,迄今二载,成绩颇著。现闻该馆于二月十五日上午九时,召开会议,计到试验区全体间邻长卅余人,行礼如仪后,由会长朱泰顺报告,略谓:本会自成立以来,已有二年有余,在此两年中间,各农户庄稼都能得到很安全之收获,无形间增加许多生产,这种良好结果,可说全由各位间邻长通力合作所致。希望各位仍应抱此合作精神,努力做去。至本会会章有须修改之处甚多,即请大家共同讨论修正云云。①

  同样,1937年的《农村服务通讯》,刊发了特约通讯员李植庭对江西省敦厚服务区组织青苗会的记述:"本区(敦厚服务区)过去所指导成立之青苗会,对于保护农民青苗,颇能尽责,弱小农民,得益不浅。三月一日杜头、夏塘、盘龙岭等村农民推举代表来区敦请指导。经本区农业指导员指导后,均于三月三日正,成立杜头、夏塘、盘龙岭三村联合青苗保护会,其他未成立青苗会之各村庄,亦纷纷来区请求组织,农业组已预订时间,将一一前往指导矣。"② 这段记述显示出成立青苗会在当时的江西省敦厚服务区成为一种社会潮流。1940年的《农村服务通讯》,又刊发了特约通讯员柯亚藩对江西省尧村服务区组织青苗会的记述,在全民抗战的局势之下,青苗会成为尧村服务区督促生产的凭借:

  目前各地俱闹米荒,来春转瞬即届,冬季食用作物,亟宜尽量种植,然因乡间积习,农民任意散放牛猪,将田间作物,践踏啃噬,不独作物毁伤,甚而引起纷争,因此对于冬季作物,相率不种,值兹抗战紧急之际,军糈民食所需甚多,增加生产,急不容缓,本区特发动组织青苗会,于九月十日召集尧村附近村民代表,由王干事演讲多种冬季作物之急要及利益,并为禁止放猪牛以免伤害青苗起见,当晚即成立青苗委员会,现正继续推动,以广效益。③

---

 ① 佚名:《铜山县柳泉农民教育馆近讯》,《教育新路》1934年第五十一——五十二期。
 ② 李植庭:《组织青苗会》,载实业部江西农村服务区管理处编《农村服务通讯》1937年第二十一期。
 ③ 柯亚藩:《尧村组织青苗会积极发动冬耕运动》,载实业部江西农村服务区管理处编《农村服务通讯》1940年第三十期。

可是，透过这些记述不免产生的疑问是，一夜之间即可组建、没有任何社会声望积累的青苗会如何能够取得乡民的信赖，进而掌握乡村农业生产的话语权？对这个问题的回答肯定要关联到青苗会那隐而不见的历史。只是，依靠民国时期的农村社会调查资料很难去触及这类问题。作为社会科学研究的主要方法之一，社会调查强调的是在自然状态下观察和访谈特定地域的社会生活，以期建立一套系统的描述性框架，求得对获取的资料有更为丰富的展现和理解。然而，在经受过西方社会调查方法训练的调查者指导①，以及国民党政府层层官僚系统的运作与宣传下，民国时期全国各地的青苗会呈现在世人眼前的形象是"地方自治组织"或者乡村建设运动的"新产物"。这种没有把青苗会置于一种普遍性的时间前后关系之中去考察，仅仅对它进行当下调查所获取的现时段材料，深刻地局限了后世研究者的视野。

20世纪40年代，日本侵略者南满铁道株式会社调查部也在中国进行一系列社会调查，形成《中国惯行调查报告》（简称《满铁调查报告》）。1942年，日本人旗田巍调查过河北省静海县青苗会②，以这次调查资料为基础，于1973年出版的《中国村落と共同体理论》讨论到华北青苗会组织，列数了青苗会管理的村庄、人口和每年看青护苗的活动。③ 杜赞奇参考并利用了甘布尔④的《华北农村》《中国惯行调查报告》和旗田巍的《中国村落と共同体理论》等专著和报告，探讨河北省顺义县青苗会，认为，"关于青苗会的建立，缺乏历史资料，但顺义县农民声称该会按照县政府命令成立于1900—1907年间。另一说法是省政府命令各县为了便于警款和学款的征收而建立青苗会。而在河北和山东的某些地区，早在1900年之前便有青苗会"。⑤ 虽然资料显示顺义县青苗会在1900年之前可能就已存在，但是研究者更愿意接受前两种说法，这样有利于把华北青苗会置于如何调适国家与社会的关系这样一个分析框架里

---

① 例如，美国学者甘博（Gamble）指导了中国平民教育促进会对定县的调查工作，并给予经济上的援助。请见《定县社会概况调查》之晏阳初序。

② 《河北省静海县上口子门及冯家庄》，《北支惯行调查资料之部》第七七辑，1942年概况篇第一一号。

③ ［日］旗田巍：《中国村落と共同体理论》，岩波书店1973年版。

④ 甘布尔（Gamble）即是20世纪30年代指导李景汉等人实地进行定县调查的美国学者甘博（参见《定县社会概况调查》之晏阳初序），因为不同的译法出现了两个中文译名，特此说明。

⑤ ［美］杜赞奇：《文化、权力与国家1900—1942年的华北农村》，王福明译，江苏人民出版社2003年版，第143页。杜赞奇的这些说法引用的原始文献依次来自于《民商事习惯调查录》（以下简称《惯调》）第1卷，第154、204页；《惯调》第1卷，第174页；《惯调》第3卷，第42页；《惯调》第4卷，第35页；甘布尔：《华北农村》第85—96、163页。

去思考其组织特性，认定"青苗会的组织结构使它在20世纪初成为国家征收摊款的理想工具"。①"征收摊款"只能说明顺义县青苗会在特定时代里承担的公共职能，如果用这些材料去分析华北乡村的权力网络，显然割裂了华北社会原有的历史。这类脱离"历史学本位"②来进行传统中国乡村的社会调查和研究，很难保证对观察事实的定义和分类应具有的合理性，更遑论藉此推展出的研究结论所具有的科学性。

21世纪初期，学者继续运用民国时期的社会调查资料围绕青苗会在国家与乡村社会之间所具有的结构与功能展开讨论。③有学者在《固原州志》和《古今图书集成》里收集了两条不到110字的清代青苗会文字记录，由此把青苗会归为"社日时民间祭祀社神所举行的各种庆典活动及其相关社会组织"，即传统"社会"之一种。④限于资料，惜其对青苗会着墨太少。具有实质进展的是，周健和张思利用中国第一历史档案馆藏顺天府档案资料，把华北青苗会的历史推前到嘉庆十一年（1806）。⑤这应是现时学者对青苗会研究的重要推进。不过，随着自然环境与社会的变迁，多数调查报告和研究文章里提及的青苗会于今已然消逝，均定格在尘封故纸之中。学者很难通过青苗会在现代乡村公共生活中的人群构成、组织现状和行动特征等要素，去追溯它的历史源流，还原或描摹一套从某个时间点出发延续到今天的历史叙事。当然，更不可能去发现蓄积在其中的要求特定人群如何思考、怎样行动的社会规范。

洮州青苗会是一个稀罕的特例。至今，它仍然运行在一个汉回藏土⑥等多

---

① ［美］杜赞奇：《文化、权力与国家1900—1942年的华北农村》，第143页。

② "历史学本位"的说法引自刘志伟《地域社会与文化的结构过程——珠江三角洲研究的历史学与人类学对话》，《历史研究》2003年第1期。

③ 杨念群：《华北青苗会的组织结构与功能演变——以解口村、黄土北店村为个案》，《中州学刊》2001年第3期；张思：《近世以来华北农村青苗会组织的成长与村民自治》，载唐力行编《国家、地方、民众的互动与社会变迁》，商务印书馆2004年版，第151—162页；王洪兵：《冲突与融合：民国时期华北农村的青苗会组织》，《中国社会历史评论》第7卷2006年00期。

④ 陈宝良：《中国的社与会》（增订本），中国人民大学出版社2011年版，第413、421页。原始文献见王学伊等纂修《固原州志》卷十一，轶事志，社会，宣统元年，《中国方志丛书·华北地方》第三三七号，成文出版社有限公司1970年版，第1212页；《古今图书集成·方舆汇编·职方典》卷六百七十六，苏州部。

⑤ 周健、张思：《19世纪华北青苗会组织结构与功能变迁——以顺天府宝坻县为例》，《清史研究》2006年第2期。

⑥ 明清两代，土族人辖属于洮州卫（厅）；现在居住在卓尼县杓哇土族自治乡。

民族聚居之地，影响力遍布临潭县的各个乡镇。① 洮州青苗会的存亡继绝，首先取决于临潭的地势形貌。山川阻隔意味着这里与外部世界的疏离。不过，相对封闭的地形特征在一定程度上也确保了这里的居民历经无数次的兵燹和变乱，尚能藏身在群山深涧之中生息繁衍，把群体性的社会结构和文化模式延续下来。洮州青苗会的持久，应得益于自然状貌和社会结构共同赋予的一种强制性力量。当然，洮州青苗会能够具有相对稳定的性质，还要依赖内部有一套秩序化和模式化的联系方式来支撑其运转。在踩街仪式里头戴礼帽、身着长褂、手持供香走在龙神轿前端的乡老群体是洮州青苗会里颇具影响力和号召力的人物，掌管着所在青苗会的组织与行动。每支青苗会定期向村民们募收会费和会粮，用于崇祀龙神的仪式活动。龙神，是洮州青苗会得以存在和发展的灵魂，是寄托一种群体性精神和情感的象征。按乡老的讲述，洮州青苗会有18个会，每个会崇祀一位龙神，因此有"洮州十八龙神"之说。这些龙神均是由明代洪武年间的历史人物衍义的人格神，关于他们的来历是与临潭汉人口耳相传之"江淮移民"的祖先记忆结合在一起的。以龙神的名义，每支青苗会圈定了各自覆盖的村落范围，负责一定地域内的禳禬祈福和田间管理，以及因自然资源引发的民事纠纷。十八龙神与对应青苗会之间的逻辑关系被乡老们解释为部将拥戴旧主的忠义节行。

不过，洮州青苗会吸引当代学者关注的往往不是这些结构性的因素。洮州青苗会举办的庙会，兼具集市和民间信仰崇拜为一体，是一种被汉藏回土等民族普遍接受和共享的文化特质。每年农历的四至六月，各处青苗会主办的庙会此起彼伏，把不同村落和不同民族的人群引入彼此相关的场景里。"汉族人办会，藏族、土族人参会，回族人做生意"，是临潭乡民对于本地庙会的精妙总结。毋庸置疑，临潭庙会是这个民族地区多元文化的公共表达，从中洋溢出的历史味道和显现出的民族互动，是可资发挥诠释和象征的素材。因此在近几年

---

① 洮州青苗会主要运行在临潭县。据《临潭县志》（甘肃民族出版社1997年版）载，临潭县总面积为1557.68平方千米；至2006年，临潭县总人口为14.95万人（数据来源：《临潭县志》(1991—2006)，甘肃人民出版社2008年版）。以此数字为基准测算，临潭县每平方千米96人，可谓地广人稀。2006年10月，临潭县的行政区划进行了改革，撤销新堡乡、总寨乡，成立洮滨乡；撤销陈旗乡、龙元乡，成立陈旗乡；撤销扁都乡归入新城镇。作者对临潭的实地调查主要在2005年7月至2006年11月之间完成，为了保证叙述的统一性和如实性，对所获取的观察和访谈资料均按照2006年10月之前的行政区域概念来讲述，因此，本书所涉及的临潭县行政区划以2006年10月之前的行政区划为准。

里，人类学者和民族学者对洮州青苗会进行了初步研究①，并且扩及河湟地区的青苗会。② 然而，目前仍需要解决的问题是：洮州青苗会到底是如何产生的？集结了一批何种身份的人群？缘何会形成内聚力？经过了怎样的发展历程？临潭汉人如何把对自身文化的理解转换成为汉藏回土等民族均能共享的公共表达方式？为什么当多数青苗会已经消亡之后，洮州青苗会却依然存在，它对于当今世界的意义在哪里？对这些问题的回答必须要在西北地区历史的内在脉络③里仔细探寻。

研究西北历史的学术取向自清代乾嘉以来经历了两次大的转变，一次是从西北舆地学向边政学的转变，一次是从边政学向西北少数民族史的转变。西北舆地学兴起于嘉道边徼的多事之秋，"晚清尤盛"④，这一时期主要记载西北地区的山川地名、形胜扼塞兼及地方风俗人情。20世纪30年代，日本帝国主义侵略中国，一批爱国人士和文字工作者在"开发西北"的口号下来到西北考察。他们遵循的路线可以概括为两条：一是从西安出发沿道甘肃的陇东地区抵达兰州，经兰州再向西行深入河西走廊地带，从敦煌经哈密，进入渺渺新疆；一是从兰州一路向南行进，途经临洮和临夏到达夏河，观仰拉卜楞寺之后，顺路临潭和卓尼一线到达西宁，步入茫茫青海。沿途之上，他们不仅看到汉、藏、回、蒙等多个民族的聚居形态和彼此的互动关系，也领略到伊斯兰教和藏传佛教在这里的宗教文化影响力。采用游记、考察记和新闻报道等体裁，他们对西北地区的民风和民俗作了数量可观的采集和呈现工作。多民族混居、宗教林立的社会现状给他们留下了深刻印象。一批专业性的边疆研究刊物由此相继产生。学界把这一时期的西北研究定名为"边政学"。⑤ 新中国成立后，随着

---

① 范长风：《甘南高原上的族群合作——洮州"青苗会"的人类学研究》，华东师范大学出版社2009年版；王淑英、郝苏民：《村落：民间社会的文化等级——以甘肃洮岷地区青苗会权利类型为例》，《西北民族研究》2010年第3期。

② 赵利生、钟静静：《土族传统民间组织青苗会调查》，《西北师大学报》（社会科学版）2014年第3期。

③ "历史的内在脉络"一词引自陈春声《历史的内在脉络与区域社会经济史研究》，《史学月刊》2004年第8期。

④ 梁启超：《清代学术概论》，上海古籍出版社1998年版，第56页。

⑤ "边政学"名称主要来自当时的著名刊物《边政公论》和吴文藻的文章《边政学发凡》。在这篇文章里，吴文藻围绕边政学"能否成为一门独立学问"展开论述，文中指出："边政学原理的开发，可使移植科学迅速发达，专门智识日益增进，举凡人口移动，民族接触，文化交流，社会变迁，皆可追本寻源，探求法则。这是边政学在理论上的功用。"（请见吴文藻《边政学发凡》，《边政公论》第一卷第五—六期。）

民族识别和民族调查工作的开展，少数民族历史成为西北地区的研究重点，至20世纪80年代以后，相关的调查与研究取得了阶段性成果。[①] 然而，西北地区民族和宗教多样性的文化面貌只是社会的表面形态，引导和促使这种形态发生、发展和变化的内在脉络是什么，应是认知西北地区民族宗教和社会现状需要去进一步探究的问题。

拉铁摩尔很重视地理环境与社会经济形态对西北社会的影响，因地理环境、气候与技术条件决定了亚洲内陆分为"农耕"和"游牧"两大社会经济区域，形成以精耕灌溉为主的"中国社会"和游牧兼粗耕的"草原社会"。在农耕区域和游牧区域之间还存在过渡地带，这里亦耕亦牧，既未发展成精细农业，也不是纯粹的游牧经济。他认为"沿中国的草原边疆，从来没有一个建立在粗耕或农牧混合经济基础上的重要的独立社会，立足于中国的精耕经济及草原的游牧经济之间"[②]，"唯一可以真正整合以农业为主和以畜牧为主的社会的桥梁是工业化"[③]。这种看法固然有一定道理，但就明清时代的中国而言，具体地域的情况却非拉铁摩尔鸟瞰式的论断所能概括。西北地区广泛地分布着介于农耕与游牧经济之间的过渡地带，相对独立的社会体系存在其间，其强大的社会整合功能早在工业化之前就已存在，促使西北地区的农耕经济与游牧经济得以日渐紧密地联系，缔造了明清中华帝国。那么，这种过渡地带到底内孕着什么样的社会形态？汉人与少数民族分享怎样的融合过程？历代王朝政权又是如何把农耕与游牧容纳在一起，形成一个帝国？只有回答了这些问题，才可以理解是哪些因素决定了西北地区的社会变迁，及至演化出今天我们所看到的多种民族和多样宗教相互交织的社会面貌。

临潭是一个充满着宗教色彩的地域社会。外来者可以通过肤色、服饰、语言、经济生产方式等生理和文化特质，对这里的民族群体一目了然。与这些民族群体相适应的伊斯兰教、藏传佛教、道教、民间信仰均已形成各自的社会传统，规约着他们的生活日常。同时，基督教和汉传佛教也具有稳定的社会体现。文化的魅力与价值，来自人们对于文化差异性的欣赏与体验。宗教信仰的多样性构成临潭多元文化的主要表征。清真寺、藏传佛教寺院、龙神庙、道观和基督教堂等建筑分布在临潭县境内，成为各自信仰意义体系的物质表现。但

---

① 相关的研究成果主要有，郝苏民主编：《丝路走廊的报告：甘青特有民族文化形态研究》，民族出版社1999年版；周伟洲主编：《西北民族论丛》（第一辑），中国社会科学出版社2002年版；杨建新主编：《中国西北少数民族通史》（十三卷），民族出版社2009年版。

② [美] 拉铁摩尔：《中国的亚洲内陆边疆》，唐晓峰译，江苏人民出版社2005年版，第326页。

③ 同上书，第550页。

是，在宗教多样性的社会里，也郁结着许多相互抵触的文化要素。每种宗教都有专属的一套教义、仪式和价值观，同时也关联到身份和认同这两个概念。在实际的社会运作里，各种宗教因为强调更加符合自身发展利益的规则，形成了不同社会群体之间的竞争，必然会导致观念和行为的针锋相对。奇妙的地方在于，临潭在历史上虽然也出现过惨烈的民族冲突乃至仇杀，但是又会很快地弥合民族矛盾，涵衍出今天一派多民族共生共荣的社会气象。对洮州青苗会的研究为我们提供了一个详尽观察临潭社会史的机会。本书努力去展现一个传统中国的社会组织如何产生、怎样把不同民族的过往结合起来，并且在时代变迁中被不断创造与发挥作用，最终成为凝聚多民族社会的重要事物，推演出一套包含了不同群体彼此互利共享的社会秩序。

第一章

洮河上游的地域和居民

洮河，黄河上游的一条重要支流，自青海省境内的西倾山东麓喷涌而出，随着山势曲折东进，川流入黄土高原，一路上穿越了甘肃省的碌曲、卓尼、临潭等三县县境，至岷县的茶埠，因着东向延伸出来的突兀奇岗，急迴西北再次经行临潭境内，一路向北奔腾，行至临洮，继而在永靖县的刘家峡口入归黄河。历史上的洮州就分布在洮河的上游流域，涵盖了今天的临潭、卓尼两县以及碌曲县的部分县境。除"洮州"一词外，洮河上游流域还有过其他名称。《史记》里载录的"临洮"，是秦始皇时代的西至疆界。[①] 唐代的《括地志》以是时的"洮州"来注释秦时"临洮"，把这两个行政区划名称联系在一处。[②] 在"临洮"与"洮州"之间，这一带地域还历经了数次政权更迭，"洪和""洮阳""临潭"等地名象征着某种适时崛起的族群势力和相应的历史时期。"洮州"，是诞生在南北朝这样一个交织着动荡与融合时代的行政区划名称，随后被唐、元、明、清四个历史朝代沿用，深入人心，成为指代洮河上游流域的一个习见名称。"洮州"之名的流之久远，似乎隐喻了这个地域不遑启处的历史命运。

第一节 早期人群

洮州是一片从青藏高原向黄土高原过渡的地带。洮河沿岸在这一带地区，有向西南延展与青海南部和四川北部高原草地连接在一起的丰腴草山；也有经受雪水与河流长期冻融侵蚀形成的黄土台地构造出的绵延丘陵和宽谷；当然，还有河流深切形成的纵深峡涧，两岸壁立千仞，密布山林。如此地貌仿佛是对洮州社会特征的谶兆：一种很强的差异性与一种综合性结构的共存。气候和地理等自然条件始终贯穿在洮河上游流域的社会秩序之中，是形成洮州地方社会

---

① （汉）司马迁：《史记》卷六，秦始皇本纪第六，中华书局1959年版，第239页。
② 同上书，第240页。

规范的重要因素。同时,这种自然条件也促成地域性人群缔结对某种生活方式的认同并强加给他们一些限制。数百万年的地质运动形成了急剧下降的边坡和深切的峡谷,展现出洮州境内岭谷相间的地貌布局：一系列高大的山脉镶嵌以宽谷和盆地。这种地貌特征赋予了洮州地区多元化的气候样态。洮州属于高原气候的区域。① 所谓高原气候,是一种笼统的说法,具体而言是海拔高度引起的气流和云团变化与一定的地形地貌结合在一起,形成地域性的气候格局。当亚热带的气候成分延伸到洮河流域,已经是强弩之末。整个洮河流域被划入北温带的范围之内。然而,青藏高原的阶段性迅速上升形成并加强了东亚季风系统,洮河流域较多地受到西风环流及东南季风的影响,呈现出夏季温凉、冬季寒冷的总体特征。具体到洮州地区,同时并存着干热河谷气候、高寒半湿润性的山地气候和温暖湿润的森林草原气候。② 尤其需要注意的一点是,春夏之际的强对流天气系统会催发冰雹的产生,成为洮州地域最主要的气象灾害。春秋相连、长冬无夏的气候特点,没有阻碍洮州这个过渡地带的生机勃勃。地理和气候成分的密切联系,使洮州成为多种植物区系交汇的地区：海拔2100米以下的丘陵谷地分布着山地草原带,海拔2700—3500米的山地阴坡形成寒温性常绿暗针叶林。③ 这样的地貌与气候条件,从纯粹的经济意义上来讲不适于规模性的家畜饲养或者小麦种植,但是却为洮州丰富的经济形态提供了条件：畜牧业和农业互为补充,通过商贸活动来调剂彼此余缺。这种经济生活现象具有重要的历史意义。它可以部分地解释不同文化在洮州地域的交流接触和相互借鉴。传承不同经济生产方式的人群将与之形影相随的生活习惯扩展到自然条件界限之外的一种思维和行为惯性,决定了从历史视野的角度来辨识洮州地域人群结构的必要性。

一 羌

从目前的研究来看,羌人是最早生活在洮河上游流域的人群,其史前存在的依据只能通过考古资料来获得。20世纪50年代以来,临潭县境内陆续出土的文物遗迹显现了史前人群在洮河上游地域存在的痕迹。④ 地质学者从气候变化的角度勾勒出上古文化在这一带地域发展的大致轮廓：在马家窑文化和齐家文化的早期阶段,出现了以定居农业为特色的繁荣景象；至齐家文化的晚期阶

---

① 《中华人民共和国地图集》(缩印本),地图出版社1984年版,第12页。
② 张耀甲等：《甘肃洮河流域种子植物区系的初步研究》,《云南植物研究》1997年第1期。
③ 同上。
④ 临潭县志编纂委员会：《临潭县志》,甘肃民族出版社1997年版,第718—719页。

段，气候的干凉化改变了这种经济生活面貌，牧业因素显著增加；待到寺洼文化和辛店文化时期，畜牧经济在洮河流域一带占据主要地位，只有在河谷低地还保存了小规模的农业生产。① 这种以牧为主、农牧兼营的经济模式被居住在洮河上游地域的人群顺应和延续。

　　羌人活动进入汉文史籍的过程，源于秦人势力的向西扩张。《后汉书·西羌传》记载了大量关于羌人与王朝政权互动的事例，其中收录的羌人无弋爱剑的故事即是对这类社会接触的生动讲述。羌人爱剑的一生笼罩着神话色彩。秦厉公时，爱剑被秦人捉去做奴隶。秦人始终困惑于爱剑的身份背景，不知其族别。后来爱剑从秦人处逃跑，被追索躲入山洞。秦人火烧山洞逼迫爱剑就范，一只类虎一般的动物为爱剑挡蔽火焰，使爱剑奇迹般地存活下来，并与一名被割去鼻子的女子结为夫妇。羌人族众看到爱剑从火中生还，都惊呆了，对他奉若神明。是时，羌人以射猎为事。爱剑便教习羌人如何种田与畜牧。爱剑及其后代遂成为羌人里的世豪一系。②

　　《后汉书》的作者范晔，以中原世子的优越心理转述甚或夸张了这段可能在当时汉文化圈里广泛流传的羌人传说，字里行间流露出"以华化夷"的主流社会态度。"爱剑"被塑造为在羌地传播中原文化的使者，把种植和养殖技术带回故乡。不论这则故事的真假与否，其中令人可信的元素是建立在农耕和畜牧基础之上的劳动分工是羌人与中原王朝在长期交往中进行的一种社会模仿。只是，从自然聚落发展为一个社会，羌人需要经历漫长的历史过程。考察这种历史过程，有必要把羌人的活动与北方大草原的古代民族联系起来，才能讲清楚羌人的发展轨迹。

　　居住在北方大草原的古代民族，向来是威胁中原王朝的游牧势力。大草原开阔坦荡、起伏平缓。只需一两季的肥美秋草，这里的人群就具备驰马疾行、长驱直入的作战能力。先秦时期，活跃在这里的游牧人群在汉文文献里被记作"猃狁"。《诗经·小雅》里以将征之人口吻道出"靡室靡家"的惶惑，皆因于猃狁之患。宗周与秦是饱受其苦的。也是在这类交相攻击中，王朝政权与来自北方大草原的人群彼此渐熟。《史记》专辟一节用以记录这支对中原物阜怀有觊觎之心的游牧势力。先时的猃狁，在此时已被记作匈奴。③《史记》云，

---

① 安成邦、冯兆东、唐领余、陈发虎：《甘肃中部4000年前环境变化与古文化变迁》，《地理学报》2003年第58卷第5期。

② （南朝宋）范晔：《后汉书》卷八十七，《西羌传》第七十七，中华书局1965年版，第2875—2876页。

③ （汉）司马迁：《史记》卷一百十，《匈奴列传》第五十，第2879页。

"匈奴右方居盐泽以东，至陇西长城，南接羌，鬲汉道焉"。① 秦始皇修筑东西走向的长城，意在隔绝匈奴南下。然而，越过长城最西端的洮州，匈奴与羌人的地域接连在一起。

《汉书》和《后汉书》载录了许多羌人与匈奴联手侵袭王朝西北边陲的史实。包括洮河在内的整个河湟流域的羌人与北方大草原的匈奴人结成的地域联盟，成为汉王朝西北边境忧患的渊薮。西汉名将赵充国对这种结盟局面有过如此评论："羌人所以易制者，以其种自有豪，数相攻击，势不一也。往三十余岁，西羌反时，亦先解仇（匈奴），合约攻令居，与汉相距，五六年乃定。"② 为了"以鬲婼羌，裂匈奴之右肩"③，汉武帝开辟了武威、张掖、酒泉、敦煌四郡④，倚借青藏高原北边祁连山脉呈西北—东南走向的一系列高山和谷地作为屏障，建构出一条悠长的河西走廊。这条长廊似钉入匈奴与羌人之间的一枚楔子，阻断了游牧势力的联盟。同时，它也连接了中原与西域，见证了丝绸之路的文化交汇与物种传播。汉武帝计划凭借汉人军屯和与西域各族往来不绝的商旅营造出一片中间地带，拦截羌人与匈奴之间的往来。

经过王朝政府数百年的经营，羌人与北方匈奴人最终没有联合为一体。同时，羌人也应验了赵充国的分析，由于彼此结构松散，始终没有形成一支对中原王朝极具威胁的势力。洮河上游流域的羌人通行的是"不立君臣，无相长一，强则分种为酋豪，弱则为人附落，更相抄暴，以力为雄"⑤ 的丛林法则，缺乏相对稳定的权力秩序。从物质痕迹和文化传统的意义来考量，"羌"更多地存在于文献之中。汉文文献惯于根据羌人居住和活动的区域为其定名。散居在洮河流域高山峡谷之中的羌人，在《魏书》中是谓"洮阳羌"；⑥ 在唐代文献里则被记作"洮州羌"。⑦ 前者"洮阳"，采用的是吐谷浑修建的城池名称；后者"洮州"，依据的是王朝制定的行政区划。羌人始终没有建构出统一的社会体系。

---

① （汉）司马迁：《史记》卷一百二十三，大宛列传第六十三，第3160页。
② （汉）班固：《汉书》卷六十九，赵充国辛庆忌传第三十九，中华书局1964年版，第2973页。
③ （汉）班固：《汉书》卷七十三，韦贤传第四十三，第3126页。
④ （南朝宋）范晔：《后汉书》卷八十七，西羌传第七十七，第2876页。
⑤ 同上书，第2869页。
⑥ （北齐）魏收：《魏书》卷七上，高祖纪第七上，中华书局1974年版，第148页。
⑦ （宋）欧阳修、宋祁：《新唐书》卷二百二十一上，列传第一百四十六上，西域上，中华书局1975年版，第6225页。

二　吐谷浑

在民族大融合的魏晋南北朝时期，我们可以看到洮河上游地域出现的一支新势力——吐谷浑。这是一支源自辽东鲜卑慕容的人群。吐谷浑能够把包括洮河在内的整个河湟地区发展成为自己的势力范围，除却武力因素外，尚有一套有效的外交策略。在景平元年（423）[1] 和神䴥四年（431）[2]，吐谷浑分别向南朝宋少帝和北朝魏太武帝遣使奉表，与建立在黄河流域和长江流域的两个王朝政权建立联系，持续交往。同时，这种外交行为也促使王朝史学家能够知道和了解吐谷浑，把他们的活动写进汉文史料。

《宋书》是较早记录吐谷浑的汉文文献。按照它的描述，吐谷浑是在"晋乱"时期迁徙到洮河上游一带地区。比《宋书》晚几十年修撰的《魏书》相对记载得更为清晰一些：吐谷浑盛起于北魏孝文帝时期（471—499），是时首领伏连筹在洮河上游流域"辄修洮阳、泥和城而置戍焉"，深感自己羽翼丰满，佯病拒绝拓跋宏入朝的诏令。[3] 按照《魏书》的记载来看，吐谷浑有别于羌人，他们对洮河流域是怀有社会理想的，已经懂得划分空间对于社会控制所具有的意义。

依据汉文史料记载，吐谷浑实施的是一套相对固定的权力轮替制度。权力通常是在父子之间轮替。若轮替继位时恰逢儿子年幼，则先由其叔父接掌权力；待叔父去世后再由儿子继任。[4] 汉文史料把首位与王朝政权建立联系的吐谷浑首领阿豺记作恪守这种权力交替规则的典范人物，详细刻画了他重病之后（元嘉三年，426）的举动：订立"先公车骑舍其子虎以大业属吾，吾岂敢忘先公之举而私于纬代[5]，共以慕璝继事"的遗嘱，通过双箭折之、箭镞难断的实验，让他的兄弟和子侄明白"单者易折，众则难摧，戮力一心，然后社稷可固"的治世道理。在他死后，其兄长之子慕璝顺利接掌了统治吐谷浑族的权力。[6] 相对稳定的权力传承制度和以城郭为中心的空间秩序，有助于吐谷浑成为洮河上游流域的主宰者，控制了群羌世居的地域。

---

[1] （梁）沈约：《宋书》卷四，本纪第四，少帝，中华书局1974年版，第64页。
[2] （北齐）魏收：《魏书》卷四上，世祖纪第四上，第79页。
[3] （北齐）魏收：《魏书》卷一百一，列传第八十九，吐谷浑，第2239页。
[4] （梁）沈约：《宋书》卷九十六，列传第五十六，鲜卑吐谷浑，第2369—2375页；《晋书》卷九十七，列传第六十七，四夷，西戎，吐谷浑，中华书局1974年版，第2537—2542页。
[5] 纬代，阿豺的长子。慕璝，阿豺兄长树洛干的儿子。据《魏书》记载，阿豺共有20个儿子（魏收：《魏书》卷一百一，列传第八十九，吐谷浑，第2235页）。
[6] （北齐）魏收：《魏书》卷一百一，列传第八十九，吐谷浑，第2235页。

在这种社会整合的过程中,还需要关注"信仰"的功能。吐谷浑脱离鲜卑慕容部族远徙西北的经历是与"卜筮"联系在一起的①,透露出吐谷浑最初的信仰状态。依据周伟洲的研究,最早记载吐谷浑信奉佛教的史料为《高僧传》,其中的《释慧览传》里载录了445—452年高僧慧览从西域返回至吐谷浑时,得到慕利延世子琼的优待,慕利延还遣使资财,在成都建立左军寺。②这里需要注意的一点是,吐谷浑氏崇奉的佛教是有别于10世纪后期以乌思藏为中心东向传播的藏传佛教。

对于吐谷浑人的经济生活形态,《魏书》里也有一定的载录,供我们参考。吐谷浑"好射猎,以肉酪为粮。亦知种田,有大麦、粟、豆,然其北界气候多寒,唯得芜菁、大麦"③。吐谷浑人顺应了洮河上游流域以牧为主、农牧兼营的经济生产模式。只是在纬度较高的地带,大麦替代了小麦,成为吐谷浑人的主要经济作物。吐谷浑人善于牧养马匹,其中以出产一种名为"青海骢"的马种名闻广宇:"吐谷浑尝得波斯草马,放入海,因生骢驹,能日行千里,世传青海骢者是也。"④这条记录被后来的《周书》和《新唐书》等史料陆续采用,可见吐谷浑牧马的生活习俗逐渐演变成为洮河上游流域的一种经济传统。因此,对于马匹的管理成为吐谷浑人重要的法律条例,"其刑罚:杀人及盗马者死,余则征物以赎罪,亦量是决杖"⑤。吐谷浑人把马匹视作与人的生命同样珍贵。

除畜牧和农耕外,吐谷浑社会还出现了商业。《魏书》在言及吐谷浑的赋税条例时有云:"国无常赋,须则税富室商人以充用焉。"⑥ 在急需用钱之时,吐谷浑的首领从富有的大户和商人处筹措即是。吐谷浑的商人无疑是洮河上游流域最早与中原进行贸易的人群。从《魏书》记载吐谷浑"土出牦牛、马,多鹦鹉,饶铜、铁、朱沙"⑦ 可以知道,畜种与矿产是吐谷浑商人输入中原的物资,因而被王朝史学家录入典籍。吐谷浑社会内部虽然有贫富分化,但此种社会尚处于部落状态,缺乏阶层社会的特征。这也是吐谷浑没有形成文字系统的原因之一。

吐谷浑在洮河上游地区日渐强大,成为王朝政权有所忌惮的一支危险力

---

① (梁)沈约:《宋书》卷九十六,列传第五十六,鲜卑吐谷浑,第2369页。
② 周伟洲:《吐谷浑史》,广西师范大学出版社2006年版,第129—131页。
③ (北齐)魏收:《魏书》卷一百一,列传第八十九,吐谷浑,第2240页。
④ 同上书,第2240—2241页。
⑤ 同上书,第2240页。
⑥ 同上。
⑦ 同上书,第2241页。

量。北周、隋、唐等王朝都曾对吐谷浑用兵，力图驱逐这支盘桓在西北边陲的人群，把洮州纳入政权的管理体系内。但是，效果都不尽如人意。每当王朝政府赶走吐谷浑在洮州建立治所后，羌人多会在吐谷浑的诱引或胁迫之下兴起叛乱，策应吐谷浑的反击。吐谷浑对洮河上游流域羌人的控制效力显然胜于王朝政权。即使在唐太宗的铁腕时期，洮州羌仍然会叛杀刺史然后归附吐谷浑。[①] 王朝政权的势力很难在洮河上游流域根植。

如何处理与吐谷浑的关系，是初唐政府的一件大事。然而令唐王朝始料不及的是，又一支新的力量侵入洮河上游流域，地方秩序再次突变。贞观八年（634），吐蕃人在赞普弃宗开赞（松赞干布）的率领下，自喜马拉雅山地一泻千里，翻越昆仑山脉的中支——陇峭的阿尼玛卿山，远征吐谷浑。面对比自己更为粗犷和尚武的吐蕃民族，吐谷浑的首领只得避其锋芒，远遁青海，那些滞留在洮河上游流域的民众遂沦为吐蕃人的奴隶，所饲牛羊也尽落入吐蕃人囊中。[②] 经过这次劫掠，吐蕃与唐王朝接界，兵戎相见。唐政权需要一个与吐蕃拉开距离的中间地带，吐谷浑成为唐王朝想要扶持的中间力量，以期成为唐王朝与吐蕃之间的一道屏障。贞观九年（635）五月和贞观十年（636）三月，太宗皇帝接连颁布两道诏令——《原吐谷浑制》和《宥吐谷浑制》，分别册封吐谷浑的王子大宁王慕容顺为顺西平郡王、慕容顺之子燕王诺曷钵为河源郡王，各享食邑四千户。[③] 然而，此时的吐谷浑已经褪去两百多年前从辽东奔袭千里的锐气与勇猛，行将没落。唐王朝的册封也无助于吐谷浑的复兴。在唐王朝抵御吐蕃的进攻中，吐谷浑难以胜任西陲屏障的角色。

第二节 吐蕃势力的东进

吐蕃人生活在雄踞亚洲中部的高原之上。这片高原足以让地球表面的其他褶皱相形见绌。平均4000—5000米的海拔，赋予了这里的人群一种奇迹般的生存状态。也许是自出生起就要适应大气压极限的环境，以及长年浸淫在风暴卷起的积雪和飞沙之中，磨砺了吐蕃人无坚不摧的意志品质。在童恩正定义的大约从公元6世纪到10世纪的吐蕃时代里，这支高原人群兵震亚洲的中部和

[①] （宋）欧阳修、宋祁：《新唐书》卷二，本纪第二，太宗，第35页。

[②] （后晋）刘昫：《旧唐书》卷一百九十六上，列传第一百四十六上，吐蕃上，中华书局1975年版，第5221页。

[③] （宋）宋敏求编：《唐大诏令集》卷一百二十九，《原吐谷浑制》，《宥吐谷浑制》，中华书局2008年版，第699—700页。

南部，在历史上显赫一时。①

一　唐蕃兵争

唐代初期，王朝政府曾一度控制过洮州。据《元和郡县图志》载：

> 武德二年复于此置洮州。贞观四年，州移理故洪和城，于此置临洮镇，五年废镇置淳州，八年废州，复移洮州理此。永徽元年置都督府，开元十七年废入岷州。二十年于临潭又置临州，二十七年又改为洮州。广德元年陷于西蕃。②

洮州还下辖两个县：一为临潭，一为美相。美相县为隋朝在洮州境内设置的县份，后并入临潭县。③"临潭县"之名沿用至今。据史料记载，临潭县城的东、西、北三面被洮河环绕，县境东南11里的地方又有险峻的高山，造就了临潭易守难攻的军事地理优势。因此，这里成为唐王朝的驻军重地。仪凤二年（677），吐蕃势力东进时，唐王朝把原县西180里的莫门军调置在临潭县内，以备军需。唐王朝在洮州拥有3784户的在册户口。这些人户向唐王朝缴纳的贡赋是褐与酥。④褐，是一种以兽毛为材质的粗加工品；酥，从牛羊乳里提炼出的脂肪，一种类似于黄油的乳制品。

洮州，是吐蕃势力东进势必攻取的要地。吐蕃与唐王朝为了控制洮州展开的抗衡与对峙持续了一个世纪。大约在仪凤二年（677），吐蕃控制了吐谷浑及其统辖的地域，洮河上游流域被划入吐蕃的势力范围。这一地域性变化被记录在仪凤二年（677）十二月唐高宗李治颁布的《求猛士诏》中。其文曰："蕞尔吐蕃，僻居遐裔。吐谷浑是其邻国，遂乃夺其土宇。往者暂遣偏裨，欲复浑王故地，义存拯救。"⑤唐王朝失去了吐谷浑这道屏障后，迅速被裹挟到一场更为艰险和血腥的战争里。一些拥有南北朝时期北方少数民族贵族出身背景的子弟及其部众成为唐王朝征伐吐蕃的主力。《新唐书》卷一百一十、列传第三十五的"诸夷蕃将"一节即是对其中13位将领的记录。

---

① 童恩正：《西藏考古综述》，《文物》1985年第9期。
② （唐）李吉甫：《元和郡县图志》卷三十九，陇右道上，洮州，贺次君点校，中华书局1983年版，第997页。
③ 同上书，第997—998页。
④ 同上书，第997页。
⑤ （宋）宋敏求编：《唐大诏令集》卷一百二，政事，举荐上，求猛士诏，第520页。

现在甘南藏族自治州博物馆保存的洮州"李将军碑"纪念的就是一位出身洮州、捐身疆场的少数民族将领。碑文多处字迹漫漶，难以帮助我们更多地了解碑主置身的社会场景。但是，这通碑对于洮州的地域历史意义重大，是我们以当地文献讲述洮州历史的起点。

大唐故临潭侯左金卫大将军□□……
飚言地火之风鼓天下□动□□……
天子所以授钺于将军也，认□山□□……
天同姓锡为李氏□名□□增华□□□日扬□□丁忠□□……
性预立体远知受诸眷□□□□也出□□……
蕃人殊溪大岭将军督统兵马□□九曲荻□长利□□……
府折冲九年春□□充经经略□□……
愈万计防御陇右分□朔方北逐□□……
牛马兵□器械乃行将至迁□卫郎□三年□欲私和□□……
好戎犯大斗狄至山丹潜结亲怜闻□山□□将军左羽□……
林上下兼保塞州刺史□□陇右军□□利□无计□□……
将军□尽闻□□上怿利请命纵兵□户以忠孝□……
并至存没式嘉赠父□道右武卫郎将人人□全显□□……
振□□□扞荒十八年秋同陇右节度副使□界□□……
不□□迁右武卫大将军其年夏秋□□□入□□……
天朝通藉金门□□□□阶左卫□□……
明命以将军战必胜中军攻必克右矩边□□……
屠洪济垂身不测其中□□……
石堡有若金汤士□闻□以□武心□□……
则至矣事未成图待□养七百户□□……
恩泽累治恰□恩照荐臻□□照使相望□□□□六年□□……
夏六月卒于临洮私第春秋六十有四陇右边□括□□……
恩宠□终荣文□分加盛列□使持节诸军事天水郡太守□也□□……
崇泽山河重复连峰杳嶂隔阂笔戈白□□……
质永锡孝恩窃比载书明征盛曲汗□□石立□□之功□□……
于昭将军性习风贤□苗夏蒂同兮□金行设藏明川劳兮□命□□……
边尘扫尽申命忠节兮有死无隐荣命□质兮□□□圣□□……
君青龙玉剑兮□御□□日□□阳□金羁兮特纳腾茂□□□□兮山□□……
于昭将军兮谅天阴鹭生殍之内□死休□六□之□□……

东溟出西汜黄裳元吉筮于翠壁□□塞北永□□……①

　　李振翼和马明达根据残存的碑文对唐故李将军的身份背景做了考释，认为李将军是唐朝名将李晟之父李钦，出身自贞观初年率部内附的党项酋长家族，其祖李嵩被皇帝赐为"李氏"；李钦在参与开元十七年（729）唐与吐蕃的石堡之战时重伤，后于家中故去。② 其时，李晟"数岁而孤"，后来亦是在部伍中扬名立万。蕃相尚结赞以诈谋著称，但是对李晟颇多忌惮，说"唐之名将，李晟与马燧、浑瑊耳。不去三人，必为我忧"③。而此时，李晟的故乡洮州及其家族封地重陷吐蕃久矣。

　　为了争夺洮州，天宝八年（749）唐蕃在石堡城进行了一次惨烈的战斗，史称"石堡城之战"。这场战役以唐王朝的胜利告终，一扫对吐蕃作战不振之晦气，举国欢腾。统军将领哥舒翰更是名满天下。一向恃才傲物的李白也为此慨叹曰："君不能学哥舒，横行青海夜带刀，西屠石堡取紫袍。"后世对石堡之役是充满争议的。争议主要集中在两点：一是战争的利与弊。最初在论证石堡之战的可行性时，唐玄宗诏见对吐蕃作战极富经验的王忠嗣。王忠嗣认为"石堡险固，吐蕃举国而守之。若顿兵坚城之下，必死者数万，然后事可图也。臣恐所得不如所失，请休兵秣马，观衅而取之，计之上者"④。王忠嗣的见解没有说到玄宗心里去，遂引起玄宗不快。其后哥舒翰兵伐石堡城，虽获胜，但死者大半，竟如忠嗣之言。⑤

　　争议之二在于汉文史料对石堡城的记载较为模糊，后人对石堡城地理位置的判断长期存疑。从《资治通鉴》胡三省的注释至顾祖禹的《读史方舆纪要》，再到范文澜的《中国通史简编》，都认为石堡城在今天的青海省共和县境内。据李振翼、马明达对《李将军碑》的考释，认为石堡城在今天甘肃省的卓尼县境内。⑥ 所幸，光绪《洮州厅志》记载了在今卓尼县羊巴山的羊巴城遗址和曾经矗立于此的《石堡战楼颂》碑⑦，并且收录了残存的碑文⑧，其内

---

① 张俊立主编：《临潭金石文钞》，甘肃文化出版社2011年版，第7—10页。
② 李振翼、马明达：《甘肃卓尼县〈唐李将军碑〉考略》，《兰州大学学报》（社会科学版）1982年第1期。
③ （后晋）刘昫：《旧唐书》卷一百三十三，列传第八十三，李晟，第3672页。
④ 同上书，卷一百三，列传第五十三，王忠嗣，第3200页。
⑤ 同上书，第3201页。
⑥ 李振翼、马明达：《甘肃卓尼县〈唐李将军碑〉考略》。
⑦ （清）张彦笃、包永昌修纂：《洮州厅志》卷二，古迹，光绪三十三年（1907）。
⑧ 同上书，卷十四，金石。

容主以歌咏，少有叙事，文采富丽，多以骈体对仗，赞叹当时战争场面的宏大和唐军的勇猛。可惜的是，这通具有史料价值的碑刻在民国初年就流失了。①李宗俊凭据此碑也认为石堡城在今天甘肃省的卓尼县境内。他还从唐蕃战争的史事背景和军事地理的角度进行考证，认为洮州石堡城是唐王朝西取河西九曲地的一个关隘，是阻止吐蕃东扩的一道天然屏障；黄河九曲地的得与失，意味着唐领土与战略要地的得失。② 由此可知，攻取石堡城对唐王朝的意义重大，虽失万人军马，也是值得。

石堡城大捷之后，唐王朝对洮河南北地区进行了新的军事布置。在洮河以北地区，唐王朝仍然屯以重兵，不敢掉以轻心。洮州城内本驻扎着莫门军，管兵 5500 人，马 200 匹。③ 天宝十二年（753）七月的《陇右河西节度使哥舒翰西平郡王制》指出，"（哥舒翰）收九曲之旧疆，开千里之沃壤，亭障卧鼓，既成禁暴之勋。屯田馈军，益以封财之用"④。在洮河以南地区，唐王朝亦楔入了相当的军事力量。天宝十三年（754），哥叔翰向朝廷请奏，准其在临洮军西二百余里的地方设置洮阳郡，内置神策军，委派成如璆为洮阳太守兼神策军使。⑤ 神策军就驻扎在洮河以南地区。⑥

但是，石堡城大捷并不能说明唐王朝在洮州军事力量的牢不可破。14 年之后，吐蕃再次卷土重来。据石硕研究认为，"安史之乱"（755）后吐蕃的东部疆域大致囊括了现在青海的全部、甘肃大部、陕西西部和川西高原及滇西北高原等辽阔地区。⑦ 正是在这种时代背景下，广德元年（763）洮州复被吐蕃所控制。

二 洮州的吐蕃化

吐蕃统治洮州后，洮州地方社会经历了一个吐蕃化的过程。以语言作为指标来考量，吐蕃对洮州地方社会的影响一直延续到今天。杨士宏对洮州和与洮

---

① 《甘肃新通志》记录了八棱碑的下落："此碑剥落已多，幸碑末年号尚存。后为美国教士以重值购送纽约博物馆。旧志谓其剥落不全，实则已断二。乡人周姓筑场得之，以无字之斗改为碌碡。上半字迹犹存，遂为外人所收。"

② 李宗俊：《唐代石堡城、赤岭位置与唐蕃古道再考》，《民族研究》2011 年第 6 期。

③ （后晋）刘昫：《旧唐书》卷三十八，志第十八，地理一，第 1388 页。

④ （宋）宋敏求编：《唐大诏令集》卷六十，大臣，将帅，赏功，陇右河西节度使哥舒翰西平郡王制，第 323 页。

⑤ （宋）王溥：《唐会要》卷七十八，诸使中，节度使，中华书局 1955 年版，第 1427 页。

⑥ （唐）李吉甫：《元和郡县图志》卷三十九，陇右道上，洮州，第 998 页。

⑦ 石硕：《青藏高原的历史与文明》，中国藏学出版社 2007 年版，第 275 页。

州仅一山之隔的迭州地区藏族民众的语言与康藏方言的德格话和拉萨话进行分析对比,认为洮迭的藏族是7世纪末8世纪初来到洮河上游流域的随军蕃民后代自然形成的社会团体。① 除了口语,吐蕃在7世纪中叶就拥有完整形态的文字系统,而且写下了法律文书。② 目前发现的吐蕃法律文书,大多出自河西走廊西端的敦煌地区,借助敦煌文献,我们可以对吐蕃如何控制吐谷浑人有零星的了解。敦煌吐蕃文献 P.T.1124 号材料名为《一份关于放牧范围的通知》,通告牧人们:

  付与究江之都噶、甘西、浦西诸人牒状:秋季到来,马匹需长时放牧,要依照以往惯例,狠抓放牧哨规定,全部羔羊,一头也不能留在堡塞之外。此次一去就前往放牧场(不得稽延)。若不从命,将给都噶、甘西、浦西以惩罚。③

  吐蕃统辖的每个部落都有自己明确的放牧周期、范围和确定的牧场,同时设置专门的人员监管部落成员的放牧行为是否符合规范,一旦发现哪个部落人群在放牧过程中出现越轨行为,监管人员会承受处罚。这条材料透露出的信息是,吐蕃控制的社会形成了一定的权力体系。吐蕃社会的高层管理者通过制定律例以明确专门人员在畜牧生产中承担的责任和面临的惩罚。由此也可以知道,"依随水草"是成长于农耕社会的汉人历史学家对游牧人群的经济生活持有的一种田园牧歌式的另类想象。牧场是吐蕃社会的重要资源,是吐蕃制定律例的一项重要内容。

  吐蕃还设有专门审理民事纠纷的权力机构——大理法司。吐蕃使用户籍册来管理吐谷浑部落,在吐谷浑部落中设立了千户长、副千户长等职官,以文字契约来确定吐谷浑部落的人口买卖行为是否合法,承认并沿用吐谷浑部落的习俗旧规。关于这一点,敦煌吐蕃文献 P.T.1081 号名为《关于吐谷浑莫贺延部落奴隶李央贝事诉状》④ 即是一个典型的案例。

  吐蕃管理着两个吐谷浑部落,一个部落名为莫贺延部,一个部落名为慕落瓦部。一名叫张纪新的人从莫贺延部那里购买了一名奴隶。张纪新与这名奴隶

---

 ① 杨士宏:《试论洮迭藏语的语音特点及其形成的历史渊源》,《西北民族学院学报》(哲学社会科学版)1983年第1期。
 ② 王尧、陈践译注:《敦煌吐蕃文献选》,四川民族出版社1983年版,第3页。
 ③ 同上书,第56页。
 ④ 同上书,第48—50页。

的主人签订了一份奴隶买卖契约，这份契约上戳盖了莫贺延部和通颊[①]的印章，以及奴隶主的手印。当张纪新要把这名奴隶呈报到吐蕃管理机构以便把奴隶登记在自己的户籍册内时，慕落瓦部的人提出了异议。慕落瓦部认为这名奴隶曾经是他们的奴隶，他的生年时辰与慕落瓦部的户籍册都相符合，只是名字不一样。慕落瓦部声称，名字不一样的原因是这名奴隶跑到莫贺延部后更改了名字。因此，慕落瓦部认为张纪新购买奴隶的行为无效，要求张纪新把这名奴隶还给慕落瓦部。吐蕃大理法司审问了各方人员，最后根据奴隶买卖契约判定慕落瓦部败诉，这名奴隶仍归张纪新所有。

P. T. 1124 号和 P. T. 1081 两份吐蕃文书让我们看到吐蕃王朝管理社会的一些小记录。目前，我们尚没有在洮州地区发现同时期的吐蕃文献[②]，不过可以推想，当吐蕃控制了洮河上游流域之后，吐蕃管理社会的模式随之进入洮州。

我们还需要注意到，另一种传统——藏传佛教也伴随吐蕃的势力进入洮州。公元 7 世纪，吐蕃赞普松赞干布已经成功地运用了佛教这一社会设置，建构起雪域高原上各个部落之间从心灵到行为的一种认同，藉此完成了吐蕃人群的社会化过程。吐蕃势力进入洮州后，运用藏传佛教这样一套完备的信仰和实践体系，培养当地的羌人和吐谷浑人在超出世俗生活界限之外发展出对吐蕃的认同感，促进洮州社会的稳定。

第三节 你来我往的地域

进入 10 世纪，唐王朝已经笼罩在夕阳的余晖里，自顾不暇。五代十国时期的吐蕃也步入"族种分散，大者数千家，小者百十家，无复统一矣"[③] 的分裂局面。与此形成鲜明对比的是，在祁连山褶皱与一系列高大台地交错的地带上，一支北魏拓跋氏的后代民俗悍勇，适时崛起，以兰州东北方向的黄河河道为核心建立了一个政权。他们的首领唐季受赐"李"姓，后臣宋有年，被赐

[①] "通颊，吐蕃人占领了唐廷属地以后，在蕃汉杂聚地区设置的新机构，相当于一个千户长。"参见王尧、陈践译注《敦煌吐蕃文献选》，第 61 页，注 2。

[②] 近年来，洲塔和阿旺嘉措发掘、整理和出版了甘肃宕昌地区的家藏苯教文献，相信随着研究的深入，这批苯教文献里可能会有涉及洮州在吐蕃化时期呈现出的社会状貌。洲塔、阿旺嘉措主编：《甘肃宕昌藏族家藏古藏文苯教文献》（全三十卷），甘肃文化出版社 2011 年版。

[③] （元）脱脱等：《宋史》卷四百九十二，列传第二百五十一，外国八，吐蕃，中华书局 1977 年版，第 14151 页。

姓"赵";986年,又恢复"李"姓,史称"西夏"。① 几乎在同一时期,黑水靺鞨的后代在黑龙江和松花江流域生活发展,成长壮大。北方大草原的鞑靼人也在厉兵秣马,他们将会成为世界历史上另一个波澜壮阔时代的开创者。与这些游牧民族共处的王朝政权是宋朝(960—1279),一个在中国历史上被公认为创造出巅峰式文化成果的政权。洮州在这些势力此消彼长的过程里,反复易帜。

然而,也是在11—14世纪这种你来我往的场景里,王朝政府通过设置茶马互市,把充斥在洮州的一种紧张且复杂的社会关系转化为一种强大的社会整合力。这种整合力始终贯穿在洮州地方社会的进程之中。按《宋史》记载,北宋与吐蕃反复控制洮州,如"元符二年得之,寻弃不守。大观二年收复,改临洮城仍旧为洮州"②。大约从北宋中期开始,在宋王朝的筹划治理下,洮州逐渐被纳入茶马互市的行列。市场的力量吸引了各类人群在这里贸易交往。与洮州有关的战争,大多也是为了争夺对茶马互市的控制权。

一 西蕃与北宋

洮州被纳入茶马互市,是北宋中期王韶、王安石极富创造性经营的结果。是时,王朝的西北边境面临着吐蕃、西夏和辽的威胁。熙宁四年(1071)八月,北宋设置洮河安抚司,任命王韶来主持招蕃事务。③ 王韶控制洮州等地之后,于熙宁五年(1072)推行招纳西北蕃部的措施,"自洮、河、武胜军以西,至兰州、马衔山、洮、岷、宕、叠等州,凡补蕃官、首领九百三十二人,首领给餐钱、蕃官给奉者四百七十二人,月计费钱四百八十余缗,得正兵三万,族帐数千"④。王韶策略涉及的首领、蕃官等人应是曾在吐蕃治下的羌人、吐谷浑以及贞观初年内附唐王朝的党项、突厥等部落首领。王韶以金钱招安洮州等地蕃人部落、征集蕃人兵马的策略颇为有效,其本意在于扼制西夏人,使得朝廷招安的西蕃不与西夏人结盟。熙宁六年(1073)九月,岷州首领本令征以其城归降,王韶得入岷州。同年冬十月,熙、河、洮、岷、叠、宕等州皆被收复。⑤

---

① (元)脱脱等:《宋史》卷一百十五,列传第四十五,二外国记,西夏,中华书局1974年版,第1523—1525页。
② (元)脱脱等:《宋史》卷八十七,志第四十,地理三,陕西,第2166页。
③ (元)脱脱等:《宋史》卷十五,本纪第十五,神宗二,第280页。
④ (元)脱脱等:《宋史》卷一百九十一,志第一百四十四,兵五,乡兵二,第4757页。
⑤ (元)脱脱等:《宋史》卷十五,本纪第十五,神宗二,第284页。

王安石对王韶的策略深感佩服。他曾向宋神宗高度评价王韶的西北之策："刚克柔克，所用有宜。王韶以为先以恩信结纳其人，有强梗不服者，乃以杀伐加之。大抵蕃部之情，视西夏与中国强弱为向背。若中国形势强，附中国为利，即不假杀伐，自当坚附。"① 王安石在此基础上颇具联想力地把金钱招安的形式转换作马匹贸易的形式，以实现同化西蕃的目的：

> 蕃部既得为汉，而其俗又贱土贵货，汉人得以货与蕃部易田，蕃人得货，两得所欲，而田畴垦，货殖通，蕃汉为一，其势易以调御。请令韶如诸路以钱借助收息，又捐百余万缗养马于蕃部，且什伍其人，奖劝以武艺，使其人民富足，士马强盛，奋而使之，则所响可以有功。今蕃部初附，如洪荒之人，唯我所御而已。②

王安石认为，加强蕃汉之间的贸易往来，促使他们的联系日益密切，那么汉人就可以用货品去交换蕃人的田地。只要蕃汉共同生活在洮州地域，经年日久，即可达致"蕃汉为一"。

王安石还想出一个颇有创意的办法："捐百余万缗养马于蕃部"。具体来说：朝廷出巨款，在名义上购置西蕃人手里的大量马匹，然后再把这些马继续牧养在西蕃人手中，随时供宋王朝征收。这是王安石笼络西蕃的手段。但是，这项措施最大的问题在于，王朝政府不可能长期用现金来购买西蕃之马，国家财政难以维持这种只出不进的开支模式。宋王朝必须要寻找一种可以与马匹对等交换的商品。茶叶，成为首选之物。这项茶马贸易政策在洮州实施一年后，王朝政府发现自己手里也没有足够多的茶叶继续用以交换。王韶的奏词记录了此种窘况："西人颇以善马至边，所嗜唯茶，乏茶与市。"③

筹措茶叶成为北宋政府经营西北地区的一项重要环节。当时的政府已经在洮州附近的熙河地区开设多处买马场④，四川的茶叶源源不断地运输到熙河地区出售。鉴于如此时局，我们有理由相信洮州地区也受此浸染，逐渐加入到茶马互市的贸易之中。北宋诗人陆游的诗作《小出塞曲》即有了"金络洮州马，珠装夏国刀"的诗句。到了南宋时期，洮州马匹络绎不绝地被送至南宋北部边界交易，即《宋史》所载："洮州蕃马或一月或两月一至焉"，与洮州一山

---

① （元）脱脱等：《宋史》卷一百九十一，志第一百四十四，兵五，乡兵二，第 4758 页。
② 同上书，第 4759 页。
③ （元）脱脱等：《宋史》卷一百八十四，志第一百三十七，食货下六，茶下，第 4498 页。
④ 贾大泉、陈一石：《四川茶业史》，巴蜀书社 1989 年版，第 79 页。

之隔的叠州"蕃马或半年或三月一至焉"。① 相较而言，洮州蕃马单月或双月的交换周期，频率极高。《宋史》评价洮州马、叠州马"皆良马也"。② 拜王韶、王安石推行的熙河地区茶马互市所赐，洮州马闻名海内。

宋王朝仅凭经济策略是不可能在洮州顺利推行茶马互市的。它也在运用武力去打击不服从王朝政府的蕃人部落。从熙宁六年（1073）至元祐二年（1087），西蕃与北宋王朝一直处于打打停停、停停打打的状态。元祐二年（1087）岷州行营将种谊打击蕃酋鬼章和青宜结，再次收复洮州，这场连绵的战争才暂时告一段落。《平洮州诗碑》记录了这次战事。这通碑曾立于今天岷县境内的广仁禅院内，碑文被收录在张维的《陇右金石录》中。据碑文记载，熙宁六年（1073）三月，"西蕃大酋鬼章宜急□□……今不图，必有后患，侯持重安逸，不为之顾但严斥侯□□……可掩袭以摧其锋"。③ 结合文献来看，洮州、岷州一带的西蕃部落在其首领鬼章、青宜结的领导下，对抗宋王朝。④ 碑文中出现的"西蕃"一词，大约包括吐蕃、吐谷浑、羌等洮州本地人群，是洮、岷之地的守军官兵对当地人群约定俗成的叫法。是时，"吐蕃寇边，其酋鬼章青宜结乘间胁属羌构夏人为乱，谋分据熙河"。⑤ "夏人"即为西夏，"属羌"即曾经臣属于宋王朝的洮州羌人，这些羌人一度向政府纳粮当差。关于"鬼章胁属羌"的情节，《宋史》里有较为细致的记载："元祐初，（种谊）知岷州。鬼章诱杀景思立，后益自矜，大有窥故土之心，使其子诣宗哥请益兵入寇，且结属羌为内应。"总而言之，北宋与西蕃之间的战事时起，其茶马互市的贸易往来亦不曾中断。

一件必须引起关注的事情是：矗立于洮州石窟洞前的唐李将军碑，在北宋末年依然具有生命力，它成为时刻激励宋人牢牢控制洮州的不朽丰碑。⑥ 宣和二年（1120），一位廉访使者因公途经洮州，瞻观了唐李将军碑。他心生感慨，遂在李将军神道碑的碑阴下半截处勒石刻字，楷书七行，每行九字，格式规整。这些字到了光绪末年已经泯灭殆半。光绪年间编撰的《洮州厅志》收录这些文字时，已无从知晓观碑者的名字。民国年间张维编辑《陇右金石录》时亲见这些文字，形容其"字大三寸，书法殊俊伟"。遗憾的是，碑文内容于

---

① （元）脱脱等：《宋史》卷一百八十四，志第一百三十七，食货下六，茶下，第4511页。
② 同上。
③ 张俊立主编：《临潭金石文钞》，甘肃文化出版社2011年版，第21页。
④ （元）脱脱等：《宋史》卷三百三十五，列传第九十四，种世衡，第10748页。
⑤ （元）脱脱等：《宋史》卷三百三十二，列传第九十一，游师雄，第10689页。
⑥ 此碑文被光绪《洮州厅志》收录。后张维编辑《陇右金石录》时，收录此碑文。碑文漫漶之处多矣，可识者不过三十四字。张维对残存碑文校注后判断此碑文刻于宣和二年（1120）。

今天已难以裁断,醒目的只有残存碑文第七行起首的"何幸"二字。想来观碑者定是位心怀天下的经边之士,极为欣赏唐代李钦将军在开元十七年(729)石堡城之战捐躯沙场的事迹。"何幸"一词有两层含义,一层指观碑者置身于战事频仍的洮州之地竟然目睹旧唐之古碑实乃一种荣幸,一层指李钦将军有幸成为世代王朝歌咏的忠勇之士。可能还有一点,观碑者嘉羡李钦身处一个拥有强大兵力和盛行主战观念的时代,反观自己身处的北宋末年,朝廷里的主战派与投降派纷争不休,令胸怀经略之人难以施展才华,这个"何幸"又是多么的无奈。

尽管茶马互市在洮州逐渐兴起,然而有宋一代的王朝政府并没有完全控制洮州。《宋史》所记录的洮州,依然呈现出朝得夕失的不安定局面:"洮州。唐末陷于吐蕃,号临洮城。熙宁五年,诏以熙河洮岷、通远军为一路,时未得洮州。元符二年得之,寻弃不守。大观二年收复,改临洮城仍旧为洮州。"① 随着宋王朝政权南移临安,洮州成为女真人的属地。

二　从金到元

1115 年,完颜阿骨打统一了女真部落,成立金国。这支势力沿着北方大草原的东南边缘向中原挺进。十余年后靖康之变,宋高宗被迫南迁。金人继续向西深入,到达了洮河上游流域。金朝沿用了洮州这一北宋的军事要塞。在洮州境内设有两座堡寨,一曰通佑,一曰铁城,都驻防了金兵。② 金对洮州的控制历时约一个世纪。从史料的些微记载可以知道,金人也并未完全控制住洮州。宋金之间时常发生小规模战役。如兴定二年(1218),金国的提控洮州刺史纳兰记僧与宋兵在铁城堡有过几次战事,均以纳兰记僧的胜利告终。史料和地方文献的缺乏,不能够让我们全面了解金人在洮河上游流域的活动。

在宋金争战的时期里,北方大草原上的蒙古势力趁机获得长足发展。当成吉思汗统一高原诸部成为蒙古大汗时,这支游牧势力已经具备了折腐摧枯的能量。他们持刀跃马,费时一百余年陆续荡平了西辽、西夏、金、大理和南宋等政权,招降吐蕃。洮州毫无悬念地被纳入蒙古人的统治范围里。蒙元王朝设立洮州元帅府派驻达鲁花赤③,统辖洮州地域的羌、吐蕃、吐谷浑等人群。蒙古人与洮州西蕃人具有宗教文化的同一性:结缘于萨迦派高僧八思巴,元王朝与藏传佛教萨迦派缔结了政教关系。

---

① (元)脱脱等:《宋史》卷八十七,志第四十,地理三,陕西,第 2166 页。
② (元)脱脱等:《金史》卷二十六,志第七,地理下,中华书局 1975 年版,第 654 页。
③ (明)宋濂等:《元史》卷八十七,志第三十七,百官三,中华书局 1976 年版,第 2195 页。

在蒙元王朝统治洮州期间，唐李将军碑再次凭借它所特有的精神感召力，成为元政府蒙古高官仰慕的对象。至正二十三年（1363），一位掌枢密院事的重臣来到洮州，视察洮州一带的军队。当看到唐李将军碑矗立在西蕃之地时，这位蒙古高官对唐蕃"石堡之战"感慨万千。他也模仿宋人的做法，在唐李将军碑碑阴的上半截刻写了一篇汉文。光绪《洮州厅志》收录了这些文字：

> 大元至正癸卯岁
> 便宜总兵官银青荣禄
> 大夫兼枢密院事□□
> 行宣政院为头院使阿
> □□速氏菊荁定□公
> 特命迤西诸王驸马官员之上总兵□都督事
> 握银章秉节钺统制诸军□□治□
> 宣慰使司
> 劳赐
> 御酒以勉其行人臣
> 眷顾隆重非前世所及是年冬军次洮州搜狩
> 讲武褒善武功擢用贤良诛除凶丑
> 巡省风俗问民疾苦因率两院官□
> 从事将佐亲军观兵河
> 上过唐李将军碑时世
> 虽异事功则同寿诣碑阴
> 爰记其事云
> 冬十二月吉日①

蒙古高官巡视洮州，"擢用贤良，诛除凶丑，巡省风俗，问民疾苦"。在他看来，自己虽与唐故李将军分隔时空，但是他的这种行为与唐故李将军征战沙场具有同样的意义：宣告元王朝继承唐王朝的政治传统，拥有继续统治洮州的合法地位，即"时世虽异，事功则同"之语。

从汉代到元代，洮州一直处于被觊觎、被争夺的场景里，朝夕易主，政权更迭。但是，孕育其间的历史主线也越来越清晰：只有被正统王朝所统治，洮

---

① （清）张彦笃、包永昌修纂：《洮州厅志》卷十四，金石，光绪三十三年（1907）。

州的地域身份才是合法的。这种历史观念和政治观念被唐、宋、元三朝官员勒刻在唐李将军碑的碑阳与碑阴，就此定格。然而，要把这种历史与政治观念转换为永恒的现实，还需要经历多个世纪地方秩序的整合。本章介绍的洮州先存之社会状貌，就是力图提供洮河上游流域在 14 世纪以前的历史参照与社会背景。

第二章

明代的洮州卫

洪武元年（1368），朱元璋在南京登基称帝。两年之后，吐蕃宣慰使何锁南普①携带故元朝廷授予的金银牌印归降明王朝，同时献上了一片辽阔的地域，洮州就被涵盖在这片地域里。② 明廷统一将其命名为河州卫，依旧命何琐南普担任河州卫指挥同知，而且让他的子孙世代承袭这个职位。河州卫被细分为八个千户所、一个军民千户所、七个百户所和两个汉番军民百户所，其中唯一的军民千户所就设置在洮州。③ 洪武初期，朝廷还无暇经营西北洮州这样的边乡之地。这里仍由故元旧官体系主导的河州卫来控制与管理。④ 通过汉文文献很难去解析和评价故元王朝对洮州番人的管理机制。不过，有一点可以确认：元王朝设置吐蕃宣慰使，委任蒙古人来统辖洮州番人，从汉文文献里虽然没有看到这个番人社会的发展状况，但是也没有管窥到洮州社会出现大规模的社会波动或变乱。当一个以汉人为主导的王朝政权接续元朝统治后，将会如何治理洮州番人，成为一个有意思的话题。

第一节 设置洮州卫

洮州卫的出现，以洪武帝铲除不愿臣服明廷的旧元势力为开端。洪武十二年（1379）春正月，故元旧官洮州十八族番酋三副使叛乱，汪舒朵儿、瘿嗉子乌都儿及阿卜商等占据了纳邻七站之地。⑤ "洮州十八族"是元代十八族元

---

① 《明太祖实录》对"suo"存在同音异形的记录，卷五十三记为"何锁南普"，卷六十记为"何琐南普"。
② 《明太祖实录》卷五十三，洪武三年六月乙酉条，台湾："中央研究院"历史语言研究所校印，第1056—1057页。
③ 《明太祖实录》卷六十，洪武四年春正月辛卯条，第1173页。
④ 《明太祖实录》卷七十九，洪武六年二月庚辰条，第1439页。
⑤ 《明太祖实录》卷一百二十二，洪武十二年春正月甲申条，第1972页。

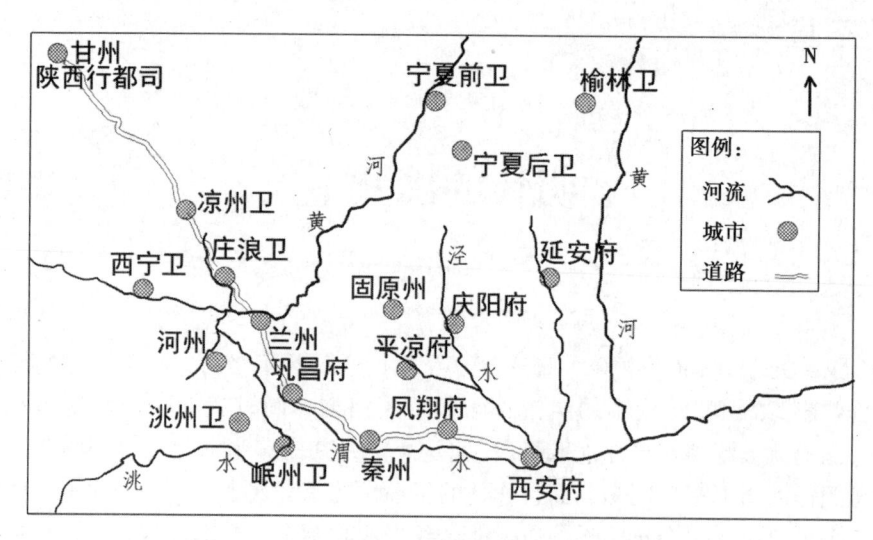

图 2 明代的洮州卫

帅府①辖下的番族部落，明初，这里成为河州卫辖下的洮州军民千户所管辖的地域。他们散居在洮州旧堡城西北方向的高原草地之间。②这一次的"十八族番酋三副使叛乱"，其实质是统领十八族的旧元故官带领辖下番人叛乱，并且胁迫居住在纳怜河一带的七个聚落的番人一起对抗明王朝。"番人"，是明代官方文献对洮州当地人群的笼统称呼，具体来说，包括了秦汉时期的羌人之后、魏晋时期迁徙来此的吐谷浑之后和七至八世纪势力东进的吐蕃人之后。"族"，被明代官方文献用以区分番人聚落，是构成洮州番人社会的基本单位，有时也写作"簇"。

边乱之讯很快传到南京。朝廷命令征西将军沐英统兵平乱。③ 其时，沐英正带领南京卫、河南、陕西、山西的马步官兵在征伐河州"西番朵工"④之地，距离洮州仅有几百里之遥。沐英迅速率军向南进发，从北部进入洮州地

---

① （明）宋濂等：《元史》卷八十七，志第三十七，百官三，中华书局1976年版，第2195页。

② 明朝廷先后设立河州卫（洪武四年）、岷州卫（洪武十一年）、洮州卫（洪武十二年）；河州卫原辖各类千户所、百户所的隶属关系相应发生变化，武沐对此有详细研究（武沐：《明代河岷洮三卫戍边军屯研究》，《暨南史学》2014年第九辑）。"洮州十八族"是一个相对宽泛的统称，不但洮州有十八族，岷州也有十八族，两者所在地域是不一样的。据石泰安、汤开建、武沐等学者研究，黄河上游地区普遍存在着"十八"这一数字，大约为藏人社会的吉祥数字，与宗教文化密切相关（武沐：《明代吐蕃十八族考》，《西藏研究》2010年第2期）。

③ 《明太祖实录》卷一百二十二，洪武十二年春正月甲申条，第1972页。

④ 《明太祖实录》卷二百十八，洪武二十五年六月丁卯条，第3206页。

域。曹国公李文忠接到敕令，负责为沐英筹备各种军事物资，率军从东部铁城进入洮州。① 待沐英抵达洮州旧堡城时，十八族的番酋三副使早已闻讯遁去。② 同年三月，沐英派遣金朝兴领军深入十八族的属地追击叛军，力斩番酋三副使，"获马二万，牛羊十余万"③。平番乱前后共计三个月的时间，旧元在洮州的地方势力彻底被铲除。从此，洮州全面进入明王朝统治的新时代。

一 建造卫城

朝廷得知洮州大捷后，部署了下一步的建置规划。一是"河州二卫之兵，止留一卫，以一卫守洮州"，④ 决定南移河州一个卫的兵力到洮州，成立洮州卫。二是从跟随沐英平乱的军队中截留一部分军官士卒，编入洮州卫官军的序列里。是时，平叛的将官并没有看重这片鄙土边乡。以李文忠为代表的前方将领主张朝廷放弃这一带地域。他们的理由是这里地处高寒，道路陂陀且土质瘠薄，所谓"洮州馈运甚艰，民劳不便"。⑤ 朝廷的看法却大为不同：

> 洮州西控番夷，东蔽湟陇。自汉唐以来，备边之要地也。今羌虏既斥，若弃之不守，数年之后番人将复为边患矣。虑小费而生大患，非计也。敕至，令将士慎守，所获牛羊分给将士，亦足为二年军食。⑥

朝廷为此下发了一道敕谕，命令前方将士执行朝廷建立洮州卫的决定，让他们就地"慎守"。所谓"慎守"，即是执行明初的军屯制度。既然是朝廷的命令，前方将士只能遵从行事。平叛的将士着手准备建城戍守洮州边地。在哪里选址筑城戍守，成为前方将士面临的一个新问题。洮州本有一座旧洮堡城，它是洪武初年洮州军民千户所的旧治。这座城据说是晋代永嘉时期（307—313）由吐谷浑建筑。洪武初年，朝廷在这座堡城的基础上修筑洮州军民千户所城，"城周二里，高一丈八尺，池无"⑦。十八族番乱之后，这座旧城堡墙垣被毁，坍塌无存。对平定地方叛乱的前方军队来讲，洮州旧堡城深居番人集聚的地域，任何一次番人叛乱都可能摧毁这座城堡，继而演变成危及西北边陲的

---

① 《明太祖实录》卷一百二十二，洪武十二年二月癸亥条，第1978页。
② 同上书，洪武十二年二月丙寅条，第1979页。
③ 《明太祖实录》卷一百二十六，洪武十二年九月己亥条，第2014页。
④ 《明太实实录》卷一百二十三，洪武十二年三月庚午条，第1982页。
⑤ 《明太祖实录》卷一百二十三，洪武十二年三月丁亥条，第1986页。
⑥ 同上。
⑦ （清）乌兰、吴堃编纂：《洮州卫志》，城池，康熙二十六年（1687）。

肘腋之变。因此，旧堡城不是设置洮州卫城的理想地点。

有鉴于此，李文忠和金朝兴在旧洮堡城以东绵延约一百里的东笼山脉之中找到一片有河水流经的川地，决定在这里建造洮州卫城治所，① 是为后来的洮州卫城，即今天临潭县的新城镇。洮州卫城所选之址并非凭空任择之地，除却驻军屯田和战略纵深的考量外，更重要的因素在于这里本有一座历史悠久的藏传佛教寺院，是洮州番人重要的宗教中心之一。关于这一点，清代光绪《洮州厅志》收录了一通明代成化十八年（1482）的"重兴寺碑记"，其文曰："出州之域西二十步许有寺焉，曰竹当哈，盖番名也。寺创于唐。自唐而宋，千有余年，其名不替，循故事也。"② 碑文透露出，叫作"竹当哈"的藏传佛教寺院自唐代就已存在于洮州，洮州卫城就在距离这座寺院二十余步的位置。显然，李文忠和金朝兴当年选择在这个地点修建治所正是为了便于监视和控制这座寺院，进而相对容易地掌控洮州这片番人地域。据现存的《筑洮城工竣碑记》所言，这座新城在很短时间内就迅速建成：

> 大明洪武己未春二月，大将军削平叛逆，贼首何汪输尕只、赵党只乩、阿卜商并七站各部落心怀疑二酋长。夏五月庚午，建城垣于洮河之北、东笼山之南川，屯兵镇守，以靖边域。城周凡九里余。不旬日而工完。
>
> 金大都督府奉国将军金朝兴与奉总兵官征虏副将军曹国公钧旨督工成造。
>
> 洪武己未夏五月戊申吉辰立③

洪武十二年（1379）五月，洮州卫城工竣。"不旬日而工完"自然有夸张的成分，但是筑城速度之快，当时将领的心情之愉悦，也是溢于这短短六字之中的。这座新城规模较为宏大，"周九里，城高三丈，收顶两丈，池深一丈五尺，辟四门，各覆一楼：东曰武定，南曰镇南，西曰怀远，北曰仁和。小北门一座，角楼四座，窝铺五十五座"④。从角楼和窝铺的设计，体现出卫所新城强大的军事防御功能。⑤ 朝廷任命洮州卫指挥聂纬、陈晖、杨林、孙祯、李

---

① 《明太祖实录》卷一百二十二，洪武十二年二月丙寅条，第1979页。
② （清）张彦笃、包永昌修纂：《洮州厅志》卷十五，艺文，光绪三十三年（1907）。
③ 同上书，卷三，建置。
④ （清）乌兰、吴堂编纂：《洮州卫志》，城池，康熙二十六年（1687）。
⑤ 参见李严、张玉坤《明长城军堡与明、清村堡的比较研究》，《新建筑》2006年第1期。

聚、丁能等六人"领兵守之"。①

明代卫所制度规定,"大率五千六百人为卫,千一百二十人为千户所,百十有二人为百户所。所设总旗二,小旗十,大小联比以成军"②。但是,洮州卫建卫之初远没有达到足额 5600 人的规模,其实际人数应低于额定人数。根据沐英所率军队的籍贯来源可知,驻守洮州卫的官兵多来自南京卫、陕西、河南和山西等地。这批中原官兵遂以洮州卫城为中心散布于洮州各地,成为明代进入洮州的第一批军屯户和洮州地区最早的汉人力量。这些"屯兵镇守"官兵按照"七分屯种,三分守城"③的规定,以"每分田五十亩"④的标准授给屯种军户土地。屯军耕种土地获得秋粮之后,除去次年下种粮食部分,剩余粮食"以十分之二上仓,给守城军士"⑤。屯军所上之粮的用途又分为二,一半粮食进入卫所屯仓用于本卫发放军粮,一半粮食作为各级卫官俸禄。这样,洮州卫军队既解决了军队自身吃饭的问题,又达到了明王朝军事势力在洮州长期存在的效果。依据洪武帝的敕谕可知,当时驻扎洮州的军队在平叛中缴获了番人的大批牛羊马匹,即便部分牛羊被宰杀以供将兵食用,其余部分也会被放牧蓄养以备补给。这些牛羊马匹足够平叛军队享用两年时间。从这一细节可以推断,从洪武十二年(1379)开始,洮州卫就控制了相当面积的草场牧地,以牧养牛羊马匹;与此同时,卫所制度的实施,也开启了汉人在这片牧草纵恣的区域里大规模开展粗耕农业生产的土地开发史。

二 招军拓地

洪武十二年(1379)洮州卫所新城的建修,并不能够说明生活在洮州这片广阔地域的番人已完全臣服于朝廷。事实上,洮州卫起初控制的地方范围非常之小,仅以卫所新城为中心不足 100 里的范围。如何进一步扩大洮州卫的有效控制范围,是朝廷下一步要考虑的问题。这时,一对名叫刘贵、刘顺的父子出现了。他们展示了明廷在洮州招军拓地的宏伟历史画面。关于刘贵的来历,临潭县刘氏族人至今珍藏三份明代朝廷颁给其祖先的敕书,一份为洪武十三年(1380),其余两份为正统四年(1439)和五年(1440)。这三份敕书原件是了

---

① 《明太祖实录》卷一百二十二,洪武十二年二月丙寅条,第 1979 页。
② (清)张廷玉等:《明史》卷九十,志第六十六,兵二,卫所,中华书局 1974 年版,第 2193 页。
③ (明)申时行、赵用贤等修纂:《大明会典》卷十八,户部五,凡开立屯田,《续修四库全书》789 册,上海古籍出版社 2001 年版,第 313 页。
④ 同上。
⑤ 同上书,第 315 页。

解明代洪武年间百户刘贵、刘顺父子在洮州招军守御、建堡驻防等军屯行为的重要依据。①

刘氏珍藏的洪武十三年（1380）敕书完整地记录了刘贵来到洮州的原因。这份敕书由黄色丝绸织锦而成，保存至今虽稍有褪色，但是依然能够看到当初精美的制作工艺。织锦多处有亮丝织成的暗纹文字，起首为亮丝篆体暗纹文字"奉天承运"，文后有亮丝篆体暗纹文字"洪武十三年二月二十四日制"。正文由黑色毛笔正楷书写，台阁体，笔画工整，文字方正，大小如一，文末盖有"敕命之宝"御印一方。另外，御印之左尚竖写一行勘合文字，只有左一半文字留于这份敕书之上，经辨认为"盈字□□九十二号"，其后还有"查考相同，并无洗改"八字。此处文字盖有一方勘合红印，方印与水平线呈90度角盖下，敕书上只留有方印对角线一半的左部印文，现已无法辨认其印文内容。敕书全文如下：

> 奉天承运，皇帝圣旨：朕以武功定天下，必任勇毅之士，宣力以广疆宇。考之古典，有功者宜报焉。昭信校尉管军百户刘贵，事朕以来，战攻守御，功劳居多。今天下已定，论功行赏，进以武秩，使尔子孙世世承袭。尔尚益加恭谨，严纪律以抚军士，保禄职以及后人，庶称朕报功之意。可仍前昭信校尉管军百户。宜令刘贵准此洮西开占地土，尔招军守御。
>
> 洪武十三年十一月　日

洮州卫建立之后，朝廷认为洮州卫的军事力量不够强大，需要调遣更多的军队前去增援，震慑和讨伐番人，以巩固洮州卫。于是洪武十三年（1380），刘贵从山西大同卫被派往洮州卫。朝廷特许刘贵在"洮西开占地土"，且可以"招军守御"。所谓"招军"，即招徕民人做军户，编其为军籍，以组成作战部队开拓洮西之地。一般来讲，明代三大类户口即民户、军户和匠户均不得轻易更改户籍性质，是以"人户以籍为断"。② 朝廷准许刘贵"招军"，透露出洪武初年洮州卫的驻防兵员严重不足，其兵力不足以控制卫城以西的广大地域。按"管军百户"的级别来看，刘贵当时可以招收和集结的军员下限为112名

---

① 2012年10月，刘志伟教授、赵世瑜教授和程美宝教授现场勘验了刘氏家族珍藏的三份明代敕书。

② （清）张廷玉等：《明史》卷七十七，志第五十三，食货一，第1878页。

士兵。若以"军户"为单位，依据王毓铨的研究，"每一军户出正军一名"①，那么刘贵主建的军堡，其军户规模至少为112户。

正统四年（1439）的敕书以很长的篇幅载录了刘贵的家世背景、生平经历和刘贵、刘顺父子驻防洮州并在此地世代相衍的来龙去脉。按这道敕书的记载，刘贵原籍庐州府六安州，刘贵的祖父为前元刘太保麾下的元帅，在至正二十五年（1365，乙巳）归附朱元璋，担负守御六安州城的职责。至正二十六年（1366，丙午），刘贵被选充"总□"。他先后参加了攻取濠州（今安徽凤阳）、安丰（安徽寿县）等地的战斗，屡立战功。洪武元年（1368）六月，刘贵奉命守御河南。其间，他带领军队攻克了潞州（今山西省长治市）、泽州（今山西晋城）、平阳（今山西临汾）和绛州（今山西新绛），然后回守平阳。洪武三年（1370）五月，率军经过铁仓。同年十月，刘贵接到授袭的敕命，被明廷封为昭信校尉世袭管军百户之职。洪武四年（1371），刘贵奉命攻克四川成都等地，随后"征进沙漠"。洪武七年（1374）二月，刘贵调大同任前卫前所守御。

关于刘贵在洮州的具体活动，据正统四年（1439）的敕书记载是："洪武十三年，钦调洮西征进始古多、姑古世等处，开展疆土，招军守御。在洮河南湾建御堡一座，预防番贼，隄设河口。"敕书所谓"洮西"，是指洮州卫城以西的一带地域。按这道敕书的记载，刘贵初来洮州，就按朝廷钦命进入番人聚集的洮西地域，相继征服并控制了始古多、姑古世等番人部落。这些部落主要分布在洮河南湾一带地区。刘贵在洮河南湾修建一座军堡，招军守御，随时提防南湾河口一带番人的叛乱行径，有效拓展了洮州卫震慑番人的势力范围。刘贵"在洮河南湾建御堡一座"，表明他将洮州卫的军事势力延伸到洮河南岸，并且长期驻扎在洮河以南的御堡之中。洮河是洮州地区的一条地貌分界线，以南地区多是嵯峨苍山，间有芊绵高山草原，是番人传统的势力范围；以北地区多是川地和草山，是明代军屯及其后裔的驻扎之地。刘贵带兵打到了洮河以南的番人地区，实属不易。洪武二十五年（1392）十一月，刘贵遭遇"番贼，对敌中伤"，于是告病回到山西大同卫养病，次年五月病故。刘贵在洮州征战12年，活动范围遍布洮州卫城以西的洮河南北两岸，军事重点应是在洮河以南地区。他曾在洮河以南建立过一个堡寨长期驻扎。就洮西北岸地区而言，刘贵当时管辖着除现在的临潭县流顺乡全境之外，还包括卓逊、丹藏等番区，以及于家庄、色路、壕路、白土、火焰口和洮河以南麻占等一带地区。刘贵的去世，宣告了明王朝向洮河以南扩张势头的结束。在此之后，没有军官再尝试深

---

① 王毓铨：《明代的军屯》，中华书局1965年版，第52页。

入洮河南岸去建立军堡卫所。

洪武二十六年（1393）刘贵去世后，他的儿子刘顺更向往去物阜民丰的中原地带生活，于是向朝廷申请承袭其父生前在山西大同前卫前所的职位。朝廷没有批准刘顺的这一请求，而是做出如下决定：

> （刘顺）除洮州卫左所世袭管军百户，赠昭信校尉，妻张氏封安人。城西南更改地名刘顺川，遵旨招军开耕田地，设安军余、当房，仍前照例守御，以俟后人有功承命。

这项旨令从此断绝了刘顺携家回迁中原的念头，也改变了刘顺统辖的军兵的命运。他们改隶洮州卫，世代以此为家。洮州卫的军事力量也由此得到加强。

为了稳定刘顺及其族人的戍边之心，朝廷把洮州卫城西之地即今天临潭县流顺堡一带的地名更改为"刘顺川"，特许刘顺"招军开耕田地"，并"设安军余、当房"。洪武二十六年（1393）朝廷特许刘顺"招军开耕田地"，与13年前（1380）朝廷特许刘贵"招军守御"的政策重点是不同的。"招军守御"的重点是扩充卫所军队，以利于在洮西之地扩张征伐；"招军开耕田地"旨在扩充卫所军队实行屯田。此种由"战"转"耕"的政策变化还体现在"设安军余、当房"一句。关于"军余"，据王毓铨研究认为，"每一正军携带户下余丁一名，在营生理，佐助正军，供给军装。这个供给正军的余丁名曰'军余'，或通称曰'余丁'。……明代的军伍中，正军经常不只有家小，且有余丁，而余丁有的也有妻子"。① 于志嘉根据研究江西军户的经验，不同意王毓铨的说法，认为"明初曾规定'每一正军携带户下余丁一名，在营生理'是不合常理的"。② 以洮州的情况来看，王毓铨的观点更接近历史事实。依据这份正统四年的敕书可以知道，明廷在洪武年间的确在西北洮州推行了"军余"制度，朝廷大力提倡正军的军余族人子弟一起到洮州屯田戍边。过去一直认为只有正军才有"当房"（当房，即正军家庭里的父母妻子③），凭据正统四年的敕书可以知道，军余也有当房。洪武二十六年（1393）朝廷就鼓励洮州卫军官大力招徕和安置"军余、当房"，即鼓励军余全家大小一同迁入洮州卫屯

---

① 王毓铨：《明代的军屯》，中华书局1965年版，第52页。
② 于志嘉：《卫所、军户与军役——以明清江西地区为中心的研究》，北京大学出版社2010年版，第174页。
③ 同上书，第176页。

田居住。

正统五年（1440），明英宗再次降旨刘顺：

> 奉天承运，皇帝制曰：昔者圣王之治天下也，必资威武以安黔黎，未尝专修文而不演武。朕特仿古制，设武职以卫治功。受斯任者，必忠以立身，仁以抚众，智以微察，防奸御侮，机无暇时。能此，则荣及前人，福延后嗣，身家永昌矣。敬之勿怠。
>
> 正统五年四月十一日

在这份敕书里，明英宗告知刘顺，只要安心驻守卫所，上能尽心效忠朝廷，下可全意率服兵士，专注地方事务管理，小心提防番人叛乱，那么他的享职和待遇就可以被后代承嗣，家世永昌。从明廷颁给刘贵、刘顺父子的三份敕书可以知道流顺堡的建立过程：洪武二十六年（1393）刘贵接到敕书后，开始在洮西地区度地修筑军堡。军堡的修建花费了较长时间，最终在刘贵之子刘顺的督造下完工，是为刘顺堡。刘顺堡西距洮州卫新城约20里之地。它的建成标志着洮州卫"城—堡"联防体系的出现。洮州卫的军事防御力量渐次向西延伸。

三 增修关堡

建修军堡是洮州卫扩张明王朝势力范围的重要方式之一。明廷以洮州卫治所新城为中心，在东西南北四至的重要地区相继设置军堡。宣德五年（1430），明政府在距离洮州卫所新城东北方向约200里左右的地方修建了一座军堡。《明实录》对此有确切记载，"镇守洮州都指挥使李达奏，洮州大岭山路通河州，而去洮州城远，番寇往往潜伏其间，窥伺抢掠，请于大岭山北，增设关堡，以旗军二十人守备"①。在明代交通线路里，洮州卫境只有两处方位使这个番人世居的地区与外部世界连接：一处是洮州东部的铁城堡，步出此堡就进入岷州卫的辖境；一处即是大岭山。大岭山是东西走向的山脉，位于洮州卫境的北端，距离洮州卫治所新城约200里的路程。这一带地区山脉连绵起伏，大岭山是其中最为险峻的一座。翻越这座高山，再继续步行百多里跌宕起伏的山路，就进入河州卫的辖境。大岭山的北部有一条洮河的支流蜿蜒奔流。河流北部的莽莽群山里，散布着番人的聚落。从河州卫浩浩荡荡而来的货队进入洮州卫境，大岭山是必经之地。番人多会潜出群山，蹚过河流，埋伏在大岭

---

① 《明宣宗实录》卷七十，宣德五年九月甲子条，第1652—1653页。

山密布的丛林里，伺机抢掠。洮州卫都指挥使李达奏请朝廷在大岭山北麓山根下修建关堡，即是为了守护货队的安全。李达的奏请获得朝廷的批准。同年，洮州卫兴修关堡，分军20人驻守这一交通要道。

第二节 建构统治秩序

历代开国皇帝皆以兵得天下，亲历行阵，习知武事，知居重驭轻之势。洪武皇帝亦然。明王朝设置洮州卫，以军堡卫所和驻守其间的军队为依托建立起的防卫体系，对西北边陲的番人产生了威慑作用。但是，威而不战、承平日久定会出现将玩兵堕的局面，因此，朝廷要对洮州地域实现稳定的统治，仅仅凭借军事势力则难免落入唐王朝与吐蕃冲突不休的历史窠臼之中。以长远之计，朝廷需要采用其他的统治方式"恩威并重"，才能真正驾驭狂放不羁的番人。明王朝延续了北宋以降在洮州兴起马市的经济传统，完善了以茶马互市为核心的经济政策，强化了汉番之间的往来联系。同时借鉴"以夷制夷"的政治策略，设立土官、僧纲（正）司来统御番人。

一 招番纳马

明廷最初是通过官方运输四川地区的巴茶与洮州番人进行茶马贸易，获取马匹。然而，朝廷推行了一段时期官茶贸易之后，"私茶"贸易相继生发，导致官方与洮州番人交易马匹时官茶价格逐渐下降。为了扼制"私茶"贸易，洪武三十年（1397）朝廷在洮州正式推行茶马金牌制度。《明实录》对这种茶马贸易方式的转变有着明确记载：

> 巴茶自国初征收，累年与西番易马。近因私茶出境，致茶贱马贵，不独国课有亏，殆使戎羌放肆，生侮慢之心。盖由守边者不能御防，或滥交无度，纵放私茶，或假朝廷为名，横科马匹，以致番人悖信。朝廷初不知此，但谓西番不顺，岂知边吏有以激之。故尝命曹国公李景隆赍金牌勘合，直抵西番，以传朕命，令各番酋领受，俾为符契，以绝奸欺。①

"私茶"兴起，官茶则无法卖出，不但有损国家征收茶税与换取马匹的工作，而且导致番人轻视朝廷权威。加之边将营私，收受贿赂而纵放私茶，或假借朝廷之命对番人横征暴敛。为了控制这种混乱的地方局面，明廷想出了

---

① 《明太祖实录》卷二百五十一，洪武三十年三月壬午条，第3635—3636页。

"金牌"制度,首先让李景隆执行这套制度。李景隆为曹国公李文忠之子,于洪武十九年(1386)承袭曹国公爵位。考之《明实录》,李景隆于洪武二十五年(1392)来到西北,"上以陕西、山西、河南诸处,城池久不修浚,士马久不简阅,屯田之兵亦多逋逃,恐武备渐致废弛。乃命……曹国公李景隆理巩昌、岷州、洮州、临洮、河州五卫"①。李景隆在西北地区停留了五年。洪武三十年(1397),朝廷命令李景隆带金牌到洮州番人地区,"令各番酋领受,俾为符契"。李景隆把金牌给予洮州的西番部落头人,命令持有金牌的番人部落定期与朝廷进行茶马贸易,并于当年第一次成功地与番人进行了金牌茶马贸易。据《明实录》洪武三十一年(1398)春正月载:"曹国公李景隆还自西蕃。先是命景隆赍金符往西番以茶易马,凡用茶五十余万斤,得马一万三千五百一十八匹。至是还命,分给京卫骑士操养。"②朝廷从洮州卫获取的马匹用以供给京城周边的卫所军队。

关于洮州卫茶马金牌制具体运行的情况,有赖于弘治十八年(1505)西北重臣杨一清的回顾。据杨一清记载,洮州卫共有四面金牌,其运行办法如下:

> 洮州卫地方,火把、哈藏、思曩日等族金牌四面,该纳差发马三千五十匹。上号在于内府收贮。每三年一次,钦遣近臣赍捧前来,公同镇守、三司等官统领官军,深入番境扎营,调聚番夷,比对金牌字号,收纳差发马匹,给与价茶。如有拖欠之数,次年前去催收。③

按照规定,朝廷发给番人部落四面金牌,内府亦存有相同的四面金牌。每三年朝廷派中官持内府所藏金牌至洮州,洮州卫官军派军兵陪同钦差大臣、都司、布政司、按察司等官员一同进入番境"扎营",召集持有金牌的番人头目前来,比对金牌字号一致之后,番人部落向朝廷交纳马匹,其额为3050匹。朝廷则补偿番人以相应数量的茶叶。以杨一清的记载来看,茶马金牌制度的实质在于,把番人部落与朝廷进行茶马贸易界定为一种"差",规定持有金牌的番人部落要承担政府的"差",因此杨一清才会有"收纳差发马匹"之说。茶马金牌制度具有两方面的约束力,一方面约束了番人,朝廷通过金牌来控制某

---

① 《明太祖实录》卷二百七十七,洪武二十五年三月癸未条,第3187页。
② 《明太祖实录》卷二百五十六,洪武三十一年二月戊寅条,第3698页。
③ (明)杨一清:《杨一清集》,唐景绅、谢玉杰点校,关中奏议,卷三,茶马类,中华书局2001年版,第77页。

一番人部落，规定其长期、稳定地向朝廷供应马匹，另一方面也约束了地方势力，没有金牌的官军无权擅自向番人征收马匹。洮州卫指挥使是具体执行茶马金牌制度的地方官员。

朱棣成功登上皇位后，年号永乐。一朝天子一朝臣，镇守洮州卫的军官也随之更换。永乐元年（1403），永乐皇帝不循旧章，命陕西都司都指挥使李达镇守洮州卫。循制度而言，明代的卫指挥使是卫所最高作战指挥官，都指挥使为都司一级最高作战指挥官。在实际运作中，明初政府常常派遣卫指挥使以上的军事官员镇守重要卫所。洮州卫要向朝廷提供战马，重要性不言而喻，这是都指挥使长期镇守洮州卫的基本原因。李达定居洮州，家族繁衍。关于李达的家世与生平事迹，《明史》里只有一句话："李达，定远人。累官都督佥事。正统中致仕"。① 相较而言，《明实录》粗略勾勒了李达的一生：

> 永乐元年以功自都指挥使奉命镇守洮州。七年，帅师征西宁申藏等簇，禽其贼首。宣德十年，升右军都督佥事，赐白金彩币，镇守如故。正统九年致仕。至是卒。达年八十八岁。在边余四十年，兵威甚著。番人畏服效顺，贡献不绝。朝廷嘉之。②

这段盖棺定论的话说明，李达镇守洮州卫四十余年，依靠军事打击的"兵威"，使番人部落对李达"畏服效顺"。洮州汉番相对安定的局面对地方社会的发展影响深远。李达后人至今仍在洮州（今甘肃临潭县）居住。李氏家族存有一部《李氏家谱》，是李达嫡系后裔在20世纪80年代中后期重修的。其中收录了两篇旧谱之序，对李达的家世生平记载更为详细。第一篇是李达镇守洮州卫后请人所修家谱之序；另一篇是李达长子李瓛在正统十二年（1447）重修家谱时请秦王所写之序。这两篇谱序均记载李达原籍为凤阳府定远县。

李达之父李胜乃布衣出身，元末时跟随朱元璋起事。明王朝定鼎之后，李胜相继被授官为常州卫千户和颍川卫指挥。太祖朱元璋亲见李胜作战之勇敢，叹为观止。此后，李胜相继到永清、淮安和南海任职。每至一地，李胜都会有功加身。洪武十七年（1384），李胜升任左军都督府都督佥事，褒封三代。李胜有二子二女，长子李达官授南海卫指挥佥事，次子李泰官授淮安卫指挥同知，长女为魏国公徐夫人，次女为平羌将军总兵官都督刘广夫人。洪武十八年（1385）李胜以总兵官镇守辽东，洪武二十七年（1394）于任上寿终，葬于凤

---

① （清）张廷玉等：《明史》卷一百七十四，列传第六十二，李达，第4633页。
② 《明英宗实录》卷一百二十八，正统十年夏四月甲寅条，第2556页。

阳，赐田五顷一十三亩，鱼塘一口，家人一十三户，看耕供祀。

关于李达，据《李氏家谱》"历代名爵事功"载，曾任南海卫指挥使佥事，洪武十八年（1385）出海擒贼麦宗远；十九年（1386）领军捕倭；二十年（1387）出征惠州、兴宁、龙川、长乐、黄塘、坤崙等地，累计战功，获得世袭资格。二十一年（1388），李达升任骁骑右卫指挥使，调羽林左卫，征沅州等处，追敌至重庆。二十二年（1389），李达出征云南、播州、贵州等地，到达播州宣慰司和新添卫，有效策应了平越、玉龙战役。二十三年（1390），调羽林右卫。二十四年（1391），李达调广宁中护卫任。二十六年（1393）征哨大宁以北。二十八年（1395），李达进入松花江等地收捕野人，历时三年。三十一年（1398）回南京。三十二年（1399）升彰德都指挥同知。三十五年（1402）升任陕西都司都指挥使。《李氏家谱》记叙李达履历时，把建文一朝按洪武三十二至三十五年来纪年，这是符合明代初年政治氛围的，也反映其家谱的修撰年代是在明初。

永乐元年（1403），李达以都指挥使官职镇守洮州卫。据《李氏家谱》记载，李达奉敕镇守洮州时，永乐皇帝钦赐给他庄田房屋："城西五里，钦赐田产三百余亩，东至西城根，西至红领山，南至烟墩山，北至石岭山，以为后嗣之计。处所之地，有府第在焉。"此处所指的"城"即是修建于洪武十二年（1379）的洮州卫新城。朝廷在新城西边五里的地方划拨良田三百余亩统归李达所有，供其修建府邸，定居乐业。是年，46岁的李达基本结束了前半生南征北战的流官生涯，进入相对平稳的定居生活。李氏后人遂入籍洮州卫。洮州卫都指挥使的首要职责是守卫洮州地方以靖西番之地安宁，其次就是主持监督茶马金牌制度的运行，加强番地与内地的经济往来。李达履新洮州卫都指挥使，正值盛年，处于人生经验与体能精力结合最佳的一段年华。多年征伐，胆识过人，李达开拓进取的锋芒正健。他并不因循守旧于茶马金牌制度三年一次交易的规定。武力招番是他在这一时段里认为震慑与收降番人的有效方式。他定期向洮河周边的番人部落收取贡马，推广纳马中茶的制度，其活动半径和管辖范围也不囿于洮州卫原有的统辖范围。

李达在洮州卫进行了一系列的武力招番行动：永乐二年（1404），李达进入与洮州卫南部（今卓尼县的南部）接壤的叠州地域（今迭部县），向那里的番人部落收取贡马。同年，他又招抚答剌等簇归降，收马3000匹。[①] 这些行动树立了李达在洮州番人部族间的威名，确保朝廷官军入番收马的工作能够顺利进行。永乐三年（1405）十二月，朝廷决定次年在河州卫、洮州卫、西宁

---

① 《李氏家谱》。

卫 "诸处与西番易马"①，"遣金牌信符给西番为验，使比对相同即纳马，如洪武中例，不可后期"。②《李氏家谱》收录了一份朝廷敕书，为我们理解这次茶马金牌制度的具体运行提供了更为详细的资料。永乐四年（1406）八月，李达接到朝廷敕书：

> 敕都指挥使李达。尔处收到茶马，可用心爱惜调养。待明年二月半差军到时，都将骡马尽数交与，送赴北京孳收。故敕。
>
> 永乐四年八月十一日③

番人的马匹被洮州卫官兵收拢至卫所后，还需要喂养大约七个月的时间，才能等来北京的差军收马核验。在七个月的时间里，喂马所需的粮草支出和可能发生的马匹伤病或者偷盗机率，都会加重洮州卫官兵的职责和经济成本。对此中甘苦，光绪《洮州厅志》里有较为详细的记载：

> 然未解之先，既不能不畜养，或有解剩之马，又安能免于畜养乎？定例于春夏放牧，秋冬还厩。每马日给料二仓升，草二束。每岁约需费一二万金不止。以用之金钱，掷诸虚牝。况司库给价必待奏销之后，而马则不能一日柙腹。司马者更多垫赔之忧。是公私交困也。④

执行茶马贸易的风险是难以预计的。洮州卫收到马匹之后还需要饲食一段时间方能交公，在此期间马匹的草料费用由洮州卫负担，这往往令卫所官军"更多垫赔"。如何保证畜养马匹费用的收支平衡，有时候比纳马本身更费思量。对洮州卫都指挥使李达来说，最为保险的办法就是不断武力招番以扩大纳马的洮州番人数量，获得更多的马匹。这些马匹既能保证京差如数收受之用，又能冲抵卫所军官垫付的草料人工等费。同时，这条材料也暗示了一个重要现象：洮州卫辖属了大片草场为牧地，用以秋、冬季牧养马匹，来年二月里交付京差。

永乐七年（1409），李达率军深入旧洮州堡北面的丘陵山川之中，剿平聚

---

① 《明太宗实录》卷四十九，永乐三年十二月乙酉条，第742页。

② 同上。

③ 《李氏家谱》。

④ （清）张彦笃、包永昌修纂：《洮州厅志》卷十六，番族，茶马，光绪三十三年（1907）。

居在那里的申藏等簇，斩获头首 138 颗，擒族属 64 人，牛羊马数成万。① 同年，李达又招降了藏卜等族，令其贡马 300 匹。也在同一时间，牵涉到李达的一件丑闻传到千里之外的朝廷。兵科给事中倪峻弹劾陕西都指挥同知刘昭，认为刘昭在征讨申藏簇的叛逃者时虐杀了本属于隆奔等簇的无罪番民，有杀良冒功之嫌，而且刘昭还欺瞒了失陷三十余名官军的事情。在这次事件中，洮州卫都指挥使李达是知道刘昭这些劣迹的，但没有具实上报朝廷。于是，刘昭和李达两人同时被兵部责问。朝廷还派遣监察御史前去实地审验。② 被弹劾的刘昭是徽州府全椒人，永乐五年（1407）以都指挥同知的身份出使过朵甘、乌思藏，建设驿站。③ 他是镇守西宁卫 20 年的老臣。在明代的边臣里，他与镇守洮州卫四十余年的李达，共同成为番汉畏服的军官。永乐皇帝是一位精明的国君。他统领大军多年，深知领兵打仗之道。对永乐皇帝而言，如何开拓西番边疆、有效控制番人社会才是重点。至于刘昭在武力招番的过程中偶尔出现的虐杀行为，永乐皇帝大可睁一只眼闭一只眼。因此，弹劾刘昭和李达之事自然也就不了了之。

洪武至永乐的短短几十年间，洮州汉番贸易形式发生了变化。洪武末年朝廷只给洮州卫境内的番人颁发了四面金牌，意味着只有四族番人承担向朝廷缴纳马匹以换取茶叶的义务。永乐初年，随着李达以洮州卫为中心向四围地区势力的延伸，越来越多的番人归诚朝廷，承担纳马中茶的义务。在这种情势之下，金牌制度的实际意义也就减弱许多。番汉之间以茶马为纽带的经济联系逐渐密切，且渐次进入自发的状态。旧洮州堡深入番地，东距洮州卫所新城 70 里地左右，早在北宋时期就是洮州茶马互市的所在，亦成为明代汉番茶马交易之地，即《洮州厅志》所言，"西控生番，北枕番族，南抗叠部，正东毗连新城"。④ 永乐十三年（1415），朝廷颁给李达的一道敕书就透露出这一重要的社会变化：

> 敕镇守洮州卫都指挥李达。今天下太平，四海一家。各处商旅往来者，听从其便。今陇答卫番人来洮州买卖交易，亦听其便。彼此并不许生事。故敕。
>
> 永乐十三年正月二十二日⑤

---

① 《李氏家谱》。
② 《明太宗实录》卷九十二，永乐七年五月壬辰条，第 1223 页。
③ （清）张廷玉等：《明史》卷一百七十四，列传第六十二，刘昭，第 4632 页。
④ （清）张彦笃、包永昌修纂：《洮州厅志》卷三，建置，城池，光绪三十三年（1907）。
⑤ 《李氏家谱》。

今天再读这道敕书时会产生一个疑问：为什么是在这一年，朝廷要专门给洮州卫都指挥使李达下达这道敕书？按照茶马金牌制度的规定，洮州只有四族番人承担纳马之差，其他没有金牌的番人不承担这项义务，他们更没有与汉人交易的权利。由此推知，产生这道敕书的可能性是：随着李达积极经营西番的纳马当差事宜，众多番人纷纷来到洮州旧洮堡贸易，这些贸易自然以茶马贸易为主要内容。汉番交涉之事并非小事。作为洮州卫最高长官的李达，一定请示朝廷是否需要严格执行茶马金牌制度。朝廷根据洮州的现实情况认识到金牌制度已经出现局限性，于是颁下这道敕书，命令李达对各处商旅来洮州卫经商"听从其便"，各处番人"来洮州买卖贸易，亦听其便"。这道敕书承认了洮州汉番民间贸易兴起的新格局，改变了过去"纳马中茶"的形式：官军不用再深入番人地域里"扎营"，招集纳马，番人可以驱赶马匹来洮州自由买卖，从此朝廷也不用专与四个持有金牌的番人部落进行茶马贸易。

　　永乐十四年（1416），朝廷正式宣布"停止茶马金牌"。① 一直以来，我们对朝廷废除运行四十余年的茶马金牌制度的原因不甚清楚。结合《李氏家谱》收录的永乐十三年（1415）的敕书以及李达在洮州的活动来重新分析这一历史现象，问题迎刃而解。洪武时期推行茶马金牌制度的主要目的，是保证有相对固定的西番人群来承担纳马之"差"。随着永乐时期明王朝积极经营西番，纳马的番人部落日渐增多。他们对茶的需求量也不断上涨，茶马贸易日渐兴盛。以洮州为例，很多番人部落主动前往洮州旧洮州堡来交易。通过这类茶马贸易，朝廷足可以获得大量马匹，纳马之差的金牌制度随之失去功用，自然可以取消。茶马金牌制度停止之后，洮州地区的番人部落均可以来到旧洮州堡进行茶马贸易。这种没有金牌限制的贸易方式促使洮州番人更加看重马匹的价值，只要稍有不慎，被人偷去的马匹就会被赶到旧洮州堡的集市里轻松销赃。由此引发的社会问题是洮州地区频发番人之间相互偷袭、盗抢马匹的事件。

　　永乐十九年（1421），在番人内部发生暴力抢盗事件。洮州卫辖境内乌尔藏②等族的外叛头目阿束等人，率领人马侵袭沙剌簇，掠去沙剌簇的人口、牛羊和马匹。③ 都指挥使李达遂将此事上奏朝廷，请示可否出动军队追剿阿束。

---

① （明）申时行、赵用贤等修纂：《大明会典》卷三十七，课程六，茶课，凡易马，《续修四库全书》789册，第654—655页。

② 对于这次事件在《李氏家谱》和《洮州厅志》都有载录。其中，《李氏家谱》收录的永乐十九年敕书和《洮州厅志》（1907）茶马条目收录的内容里均记载番族名称为"乌尔藏"。《明太宗实录》卷二百四十一"永乐十九年秋九月壬申"条目下记载的番族名称是"马儿藏"。本书以《李氏家谱》和《洮州厅志》（1907）的记载的番族名称为准。

③ 《明太宗实录》卷二百四十一，永乐十九年秋九月壬申条，第2290页。

朝廷认为"军马之动，只恐有伤良善"①，指示李达派人去说服阿束等人，把抢掳的人口、马匹等物退还给沙剌簇。②同时再派人去往思曩尔簇劝说头目阿思官把逃去他那里的番民少舍思等人归还给沙剌簇。在这封敕书的结尾，朝廷强调："仍令其各守簇分，安生乐业，当纳差发。毋得互相仇杀。敢有执迷不悛，仍将抢掳马匹牛羊等物占吝不还，及逃去人户不即各归簇分、纳马当差者，定行奏闻朝廷，调拨大军来时，悔将不及。"③这次事件凸显了洮州卫都指挥使李达维护番人秩序的重要性。

宣德年间，洮州番人相互抢夺财物的情况层出不穷，再次强化了李达管理和调解番人争端的地位。宣德元年（1426）六月，洮州思曩日簇番人屡次盗窃思曩日沙剌簇的牛羊、马匹等物。这件事情被不断上告，终由兵部上奏宣德皇帝。宣德皇帝有旨：命陕西三司和洮州都指挥李达共同去核准事实；如是，要求思曩日簇向沙剌族归还盗取的牛羊等物。④宣德七年（1432）二月，思曩日簇番民盼舌搠尔节强抢本簇人畜，杀了思曩日簇的千户搠尔结，李达奏请朝廷允许他在入番收马时捉拿盼舌搠尔节治罪。⑤一个月之后，李达又与火把等簇国师班丹星吉共同向朝廷上奏，洮州卫辖境番民容少等191户逃去松潘卫的思曩儿班班等簇的土官头目泼隔处，李达和班丹星吉曾派人去追还容少等人，但这191户番户与追去的官军对抗，拒绝回还。⑥宣德十年（1435），朝廷给李达一道敕书，其中涉及对上述两件事情的处理。这份敕书保存于《李氏家谱》之中：

> 敕镇守洮州都督李达。卿奏马儿藏等簇番民逃去松州卫管属，现行整理，今发去敕谕一道。卿即差人赍去招抚复业，纳马当差。如拗不服，卿去收茶马就相机整理。又奏火把等簇番民容少等一百九十一户逃去松潘卫管下思曩儿班等簇土官泼隔等名下潜住。已发去敕谕一道，令总兵官都督陈怀差人赍去松潘卫，着落思曩儿班等簇头目将逃去番民发去本簇，纳马当差。如再生拗拗不服，就令陈怀差拨官军会同卿相机整理。又奏思曩日簇番僧都瓦监藏父搠尔结被管属番民盼舌搠尔节子阿烟杀死，抢去人口牛

---

① 《李氏家谱》。
② 《明太宗实录》卷二百四十一，永乐十九年秋九月壬申条，第2290页。
③ 《李氏家谱》。
④ 《明宣宗实录》卷十八，宣德元年六月丁亥条，第489页。
⑤ 《明宣宗实录》卷八十七，宣德七年二月乙卯条，第2012页。
⑥ 《明宣宗实录》卷八十八，宣德七年三月辛酉条，第2023页。

羊马匹。□若头目将入番收马时，可从公与之整理。或者番人已自愿相赔，卿不必深究。仍戒饬下人，毋得因而生事激变番民。所言入番收马官军口粮不敷，已敕户部差人来整理。特谕卿知之。故敕。

宣德十年八月初二日①

这份敕书表明，朝廷要处理的问题在于如何能够有效控制番人，使其"纳马当差"，并维持番人之间相对和平的局面。对那些脱离族属的番人，朝廷会命令土官协助卫所官军将这些番人追还给原属番族。番族之间发生了斗争，明廷也鼓励番族之间和解，以达息事宁人的目的。如果番人部落实在不听朝廷劝诫，边防卫所官军才可"相机整理"。朝廷要求卫所官军加强"戒饬下人"，命令他们统率的军队不得"生事激变番民"，以维持洮州边地的社会稳定。

李达镇守洮州卫四十余年，为朝廷提供战马多达一万余匹。据《李氏家谱》载：永乐七年（1409）收马3000匹送京，十一年（1413）收马3000匹解京，十五年（1417）收马3100匹送京，二十年（1422）收马2510匹送甘州给军，二十二年（1424）起送赴部。宣德七年（1432）收马1750匹送京。②

二　洮州土官

洮州番人社会内部存在一套统治秩序。这种统治秩序在元代就被王朝政府以设置土官的方式所吸纳。明王朝虽然逐除了在此停驻的蒙元势力，但是继承了这套统治边地人群的策略，其办法就是把洮州各族地方势力广泛地吸收到卫所制度之中，采用授予当地各族头人以土指挥、土千户、土百户等职，把洮州地方各族势力纳入洮州卫之中。③ 早在洮州卫建立之前，明王朝以河州卫为依托，在洮州常阳十八族等处设置了"千户所六，百户所九，各族都管十七，俱以故元旧官鞑靼等为之"④。

洮州卫成立之后，洮州地区最早归附明王朝的番部是底古族西番头目南秀节。他于洪武十一年（1378）率领辖部归附曹国公李文忠。是时，南秀节的政治地位尚处于含混朦胧之间。朝廷于洪武十二年（1379）平定了洮州十八

---

①　《李氏家谱》。

②　同上。

③　王继光、武沐等学者较早注意到明代西北地区的河州卫、洮州卫、岷州卫普遍存在土指挥、土千户、土百户现象，他们把这种现象归纳为"土流参治"。

④　《明太祖实录》卷七十九，洪武六年二月庚辰条，第1439页。

族番乱之后，南秀节之名出现在洮州卫新城修建者之列。他身为督修官，率领部属番民积极参与洮州卫治所边壕城池的修建事务里。由此来看，所谓"不旬日"建修的治所"新城"，并非全是汉人军兵的行为，多半是洮州南秀节部落番民之功劳。直到洪武十五年（1382），南秀节跟随指挥马烨征伐叠州、建立战功，被奖授洮州卫世袭中千户所百户一职，才正式成为洮州卫第一位世袭土官。永乐三年（1405），明成祖下旨赐南秀节家族"昝"姓。昝系土官是明代初期洮州番人势力以献地、战功为途径获取朝廷授封洮州卫武职的土官缩影。

洮州卫历史上影响较大的土官还有两位。一位是卓尼族人些的。永乐二年（1404），些的率领叠番达拉等族向明廷献地，归附洮州卫。直到永乐十六年（1418），些的才因功被授予世袭指挥佥事兼武德将军。正德年间（1506—1521），指挥佥事些的的第五代承袭者旺秀进入宫廷朝见武宗皇帝，被赐姓"杨"。旺秀因此更名杨洪。自此之后，这支番人家族世代沿用杨姓，是为卓尼杨土司最早的汉文记录。卓尼杨土司的后人在清代乾隆三十一年（1766）刻印过一部《丹珠尔》经版，他们在序目里记载了其祖先历史。据载，杨土司最先信仰萨迦派藏传佛教，大约在景泰年间（1450—1456）改宗格鲁派。正德三年（1508），噶吉的长子被赐姓杨，改名杨洪。① 另一位是杨寿。他的传统领地是一处叫作"着逊族"的地方，西距洮州卫治所新城15里。嘉靖年间（1522—1566），杨寿因为立功被明廷授予洮州卫的世袭副千户。光绪《洮州厅志》对于杨寿一支土官家族的源出背景没有多的记载，只是着重说明这支番人家族承担的主要职责是"中马守边，管理土务"，协助卫所指挥深入番地为朝廷收马，守护地方的边境安全。

从时间背景来看，洮州卫的这三支影响较大的土官，与是时的社会形势关联密切。昝百户能够获得世袭军职荫泽后代，缘于他是洮州当地最早向明王朝投诚献地的番人首领。卓尼族人些的的第五代承袭人旺秀被皇帝亲赐"杨"姓，在于正德年间北方蒙古部落亦不剌占据青海、时常抢掠洮岷地区时，旺秀拒敌有功之故。嘉靖年间杨寿获袭副千户一职，与俺达汗拥众南牧、侵占青海相关。由此看来，明廷授封土官安抚番众，取决于当时当地北房情势的松紧缓急。三支授封的土官，除了把守隘口的职责外，纳马中茶是他们的主要

---

① （清）久美昂波：《卓尼版〈丹珠尔〉大藏经序目》，杨士宏译，甘肃民族出版社1995年版，第202—207页。

事务。①

事实上，洮州卫下辖的土指挥、土千户、土百户远远多于上述三位。例如，建文四年（1402）七月"洮州卫指挥佥事苏孛罗帖木儿"被升为都指挥佥事②，永乐二年（1404）正月"洮州卫百户按宗巴他立"进京贡马③，永乐二十二年（1424）八月洮州卫"火把等簇土官千户喃喇约思"贡马④，宣德元年（1426）三月洮州卫土官百户张喜来朝贡马⑤，宣德七年（1432）三月"洮州卫土官指挥同知苏霖等来朝驼马"⑥，等等。

透过上述文献记载，需要注意的地方在于，洮州卫的土指挥、土千户、土百户有向洮州卫卫官实职转化的趋势，一个显例就是洮州卫土官指挥同知苏霖（宁）。正统元年（1436）九月，洮州卫都督李达向朝廷推荐"洮州卫带俸指挥同知苏宁理卫事"。⑦ 按照旧例"外夷官不署事"⑧，但苏宁承袭洮州卫带俸指挥同知以来"颇知书"⑨，延伸到字面之外的意思即是苏宁汉化得非常彻底，而且对朝廷忠心耿耿。在李达的极力推荐下，明朝廷批准了这一请求。所谓"理卫事"，即苏宁成为洮州卫的实职卫官，与兵部铨选卫官无异，拿朝廷的俸禄，具有管理洮州卫地方的实际职权，有资格带兵打仗。从此，苏宁不仅要负责他所在"族"的贡马职责，还要管理洮州卫的具体军事事务。从正统朝（1436—1449）以后，《明实录》里有关洮州卫土指挥、土千户、土百户的记录越来越少，因此有理由相信，经过明代70年的同化过程，洮州卫土指挥、土千户、土百户逐渐向洮州卫实职指挥、千户、百户转化的情况非常普遍。

洮州卫此种"土、实"转化趋势能够长期存在，与明前期统治者持有的开放和正确的民族政策有密切关系，典型的例子就是永乐皇帝处理洮州卫官员建议的事件。永乐十年（1412）十一月，洮州卫所镇抚陈恭向朝廷上言，说皇帝的侍卫防禁这些要害部门"宜严外夷，异类之人不宜置左右"⑩，还提到

---

① 本章节里有关洮州土官的资料，如无特别注明，均参见（清）张彦笃、包永昌修纂《洮州厅志》卷十六，番族，光绪三十三年（1907）。
② 《明太宗实录》卷十下，洪武三十五年七月丙午条，第171—172页。
③ 《明太宗实录》卷二十七，永乐二年正月丙午条，第493页。
④ 《明仁宗实录》卷一下，永乐二十二年八月戊辰条，第32页。
⑤ 《明宣宗实录》卷二十，宣德元年八月戊辰条，第528页。
⑥ 《明宣宗实录》卷八十八，宣德七年三月戊辰条，第2027—2028页。
⑦ 《明英宗实录》卷二十二，正统元年九月丙午条，第437页。
⑧ 同上。
⑨ 同上。
⑩ 《明太宗实录》卷一百三十四，永乐十年十一月癸卯条，第1641页。

唐玄宗、宋徽宗任用少数民族之人由此带来政局大动荡。永乐皇帝非常重视这份奏疏，因为它涉及明朝廷的民族政策走向问题。永乐皇帝把这份奏疏拿给群臣阅览，然后说：作为一国之君主，他的用人标准是其人贤不贤，不必区分是什么民族的人，如果其人不贤，虽然是至亲之人也不能使用。汉武帝任用金日䃅、唐太宗任用阿史那社尔，都收到很好效果，就是因为这两人贤。至于唐玄宗任用安禄山、宋徽宗宠信小人，因为这两人是小人，方才导致了国家政局大动荡，与他们是否为夷狄之人无关。《春秋》上常讲，夷狄之人进入中国，就要同化他们为中国人，让他们认同中国，一律平等对待，远的且不说了，拿最近的胡元来说，他们错误的民族政策就是"分别彼此，柄用蒙古鞑靼，而外汉人、南人，以至灭亡"①，这是最近的一次历史教训，应该以此为鉴才对。永乐皇帝通过这件事，统一了朝廷上下的思想，确定了开放和正确的民族政策，为明代各民族团结和融合局面奠定了重要基础。

三 番僧纲（正）司

尽管洮州卫设立于洪武十二年（1379），但在其后近 20 年的时段里朝廷并没有注意到洮州地区番人的宗教信仰问题。洮州地区藏传佛教逐渐受到朝廷的关注是从永乐朝开始的。这种转变与永乐皇帝的宗教政策关联密切。据《明实录》记载：永乐元年（1403），永乐皇帝派遣司礼监中官侯显去往乌思藏迎请尚师哈立麻。②永乐四年（1406），侯显接引哈立麻进入明王朝辖境，永乐帝特派遣驸马都尉沐昕前往迎迓。③永乐帝"乃封哈立麻万行具足十方最胜圆觉妙智慧善普应祐国演教如来大宝法王西天大善自在佛，领天下释教，给印诰制如诸王，其徒三人亦封灌顶大国师"④。关于这次迎请高僧之事，藏文史料里也有所记载。据《新红史》云：

> 燕王皇帝掌政二十二年。此皇帝最初也曾派人迎请宗喀巴，但是未去。因此，迎请了噶玛巴法王却贝桑波、萨迦巴衮嘎扎西及塞热哇释迦益西等三人。遂后，他们依次被赐以封号：如来大宝法王、大乘法王及大慈法王。（此皇帝）又向尊者佛像献了衣服供物等，他崇敬汉藏僧人，据说

---

① 《明太宗实录》卷一百三十四，永乐十年十一月癸卯条，第 1642 页。
② 《明太宗实录》卷十七，永乐元年二月乙丑条，第 310 页。
③ 《明太宗实录》卷六十二，永乐四年十二月戊子条，第 890 页。
④ （清）张廷玉等：《明史》卷三百四，列传第一百九十二，宦官一，第 7769 页。

其所赐器物（之丰）不可思议。①

这段藏文史料没有说明永乐皇帝迎请乌思藏高僧的具体时间和次数。不过，按照永乐皇帝敕封顺序来看，噶玛巴法王却贝桑波被封为"如来大宝法王"。这个封号与《明实录》记载侯显第一次迎请的哈立麻被永乐皇帝敕封为"如来大宝法王"彼此对应，可以确定汉、藏史料记录的是同一位高僧，即噶玛巴法王却贝桑波。《新红史》载，噶玛巴法王却贝桑波是噶玛噶举派黑帽系的第五世活佛。永乐六年（1408），噶玛巴法王却贝桑波回到乌思藏地之后，格鲁派创始人宗喀巴大师向永乐帝提交了一份奏书。楚杰王曲吉撰写的《宗喀巴传》记载了这件史事。宗喀巴在奏书里向永乐帝解释了自己不能赴京的原委："承大皇帝圣意，诏我一往彼处，此圣谕之原委，已由诸金字使者及王予以详述，其意已明。……唯因久与众人相触而染重疾之故也。"② 值得注意的是，宗喀巴在奏书的末尾有如下耐人寻味的语句：

吾亦常闻，当今大皇帝心意笃诚，行为奇异，故使天上人间普皆悦意。由是我等多数高僧，在此一再虔诚祈祷，祝大皇帝圣寿万安、国朝永固。特将此情呈奏。至于如何护卫大皇帝之事业，因皇帝自可亲知，对此如我等之辈则不宜详述也。谨呈。③

按照这份奏书的逻辑来看，其隐含意思是很清楚的：永乐皇帝迎请我宗喀巴，就是想要国朝永固；想要国朝永固、护卫大皇帝的事业，自然要尊崇佛教（格鲁派）。这反映了当时格鲁派在乌思藏地所具有的宗教权威与世俗权力。奏书间的话语情态营造出一种与永乐帝"心照不宣"的语境，"至于如何护卫大皇帝之事业"，"因皇帝自可亲知"，当然就"不宜详述"了。永乐皇帝从统治国家的角度出发，亦显示出尊崇藏传佛教的态度和行为。除"如来大宝法王"噶玛巴法王却贝桑波之外，《新红史》提到的另外两位被永乐皇帝敕封的同行高僧也具有强大的宗派背景：萨迦巴衮嘎扎西是元朝帝师衮噶坚赞之孙，萨迦派的高僧；塞热哇释迦益西是宗喀巴的弟子，格鲁派高僧。④ 可见，永乐帝对乌思藏噶玛派、萨迦派和格鲁派的三位高僧均施以亲善姿态。这是永乐皇

---

① 班钦索南查巴：《新红史》，黄颢译，西藏人民出版社1984年版，第50—51页。
② 转引自班钦索南查巴《新红史》，第207页，注[206]。
③ 同上。
④ 参见班钦索南查巴《新红史》，第208—211页，注[261]、[262]、[263]。

帝以弘扬藏传佛教之举来控制和稳定西北边陲的重要策略。这项策略成为永乐皇帝及其继任者推行的传统宗教政策。

从汉文史料记载来看，永乐时期藏传佛教在洮州地区的传播和发展是很快的。朝廷也注意到洮州社会发展的新动向，先后在洮州卫境内设立了四位番僧纲（正）司来管理番人。最早的番僧纲司大约在永乐年间（1403—1424）成立的，其僧纲司的驻地为麻你寺，距离洮州卫城西60里。①《洮州厅志》记载了光绪年间麻你寺自述的祖先历史：麻你寺僧纲的始祖力车加绽原本为乌思藏人，在元代即是膳王。洪武六年（1373），朝廷授其为"西藏膳王千户"世袭。他的儿子八点旺秀在乌思藏承袭父职后，于永乐三年（1405）走出乌思藏，率领百名僧人来到洮州卫地的阳坡庄落居，重新翻修了阳坡庄对面一座被废弃的寺院。永乐前期，八点旺秀在招徕叠番达拉等族归顺明王朝的过程中有功，于是朝廷加赏八点旺秀为"禅师"职衔，授予他"世袭僧纲兼管百户"之职。从麻你寺的事例可以清楚看到永乐初年藏传佛教传入洮州的过程。明王朝授予麻你寺僧纲"兼管百户"的土卫职务，这表明朝廷承认麻你寺番僧纲司具有资格统领僧人和番人军队的双重权力。麻你寺僧纲司亦担负着两项职责：分守关隘和中马。

第二个番僧纲司为着洛寺都纲司。着洛寺西距洮州卫治所新城约70里。这个番僧纲司的成立反映了明代洮州土官与僧纲司这两种权力集团结合的过程。永乐十六年（1418）永鲁札获得朝廷授职，为"昭信校尉洮州卫指挥使司着藏族百户"土官，承担分守隘口的职责。其授职文书如下：

> 朕惟帝王之治天下，无有远近，皆欲使之乐业安生。尔着藏族永鲁札，远处边隅，近顺天道，恭事朝廷，忠顺之心，良足嘉尚。今特授尔昭信校尉、洮州卫指挥使司着藏族百户。尔其益坚臣节，上顺天心，则尔子孙永有无穷之福。钦哉。
>
> 永乐十六年正月二十一日②

宣德二年（1427），土官永鲁札的侄子锁南藏卜出家为僧，宣传佛教，建

---

① （清）张彦笃、包永昌修纂：《洮州厅志》卷十六，番族，光绪三十三年（1907）。本书采用的有关卓洛寺、麻你寺、垂巴寺、圆成寺等文献资料，如无特别注明，均参见光绪《洮州厅志》卷十六，番族一章。为行文方便，下文不再做专门注释，特此说明。

② （清）张彦笃、包永昌修纂：《洮州厅志》卷十六，番族，光绪三十三年（1907）。《洮州厅志》把这份敕书记录为"成化十六年"，实际应为永乐十六年，引文中已改正。

立了一座藏传佛教寺院,即着洛寺。宣德皇帝秉承了永乐帝的宗教政策,颁布敕书授封锁南藏卜为着洛寺都纲。敕书云:

> 敕着洛寺都纲锁南藏卜。朕惟佛氏之教,清净圆明,慈悲方便。上以阴翊皇度,下以利济显幽。功德宏深,超出五等。自昔有国家者,莫不褒崇其教,以广其传。尔锁南藏卜,严洁毘尼,坚持梵行,三乘早闻于要旨,六根早断于尘缘。眷此精勤,良用嘉奖。今特赐尔菩提妙果图书。尔尚益宏,愿力用丕,阐于宗风,化导群迷,俾同归于善治。钦哉。故谕。
>
> 宣德二年三月初九日①

朝廷对洮州藏传佛教坚持"褒崇其教,以广其传"的政策。正统九年(1444),锁南藏卜的儿子领占伦卜承袭都纲职位时,英宗再次敕谕。在这封敕书里,英宗又遵循宣宗的提法,"自昔有能尊崇其教者,国家莫不褒显之",意在让"领占伦卜坚持戒行,谨事朝廷。安处西陲,导人为善,良用嘉之"②。到了卓洛寺的第三任都纲、锁南赞卜的孙子班南尖卒袭职时,他也收到朝廷的敕书。③正德朝重申"凡其徒能阐扬其教者,国家斯褒奖之"的宗教政策。

第三个番僧纲司为圆成寺僧正。圆成寺距离洮州卫城南十里。据《洮州厅志》载,圆成寺僧正的始祖为永乐、宣德两朝出使乌思藏的侯显。考之《明史》,侯显在明代早期中官里的历史地位仅次于郑和,曾先后五次奉命出使"绝域"。永乐元年(1403),侯显出使乌思藏恭迎尚师哈立麻去北京④,其后"显以奉使劳,擢太监"。⑤继之,侯显于永乐十一年(1413)出使尼八剌(今尼泊尔)⑥,永乐十三年(1415)出使榜葛剌(今孟加拉)诸番国⑦,永乐十八年(1420)出使沼纳朴尔⑧,宣德二年(1427)在洮州卫土司昝卜尔结的

---

① (清)张彦笃、包永昌修纂:《洮州厅志》卷十六,番族,光绪三十三年(1907)。

② 同上。

③ (清)张彦笃、包永昌修纂:《洮州厅志》卷十六,番族,光绪三十三年(1907)。

④ 《明太宗实录》卷十七,永乐元年二月乙丑条,第310页。

⑤ (清)张廷玉等:《明史》卷三百四,列传第一九十二,宦官一,第7769页。

⑥ 《明太宗实录》卷一百三十七,永乐十一年二月己未条,第1665页。

⑦ 《明太宗实录》卷一百六十六,永乐十三年秋七月甲辰条,第1859页。

⑧ 《明太宗实录》卷二百二十九,永乐十八年九月乙亥条,第2226页。

护送下最后一次出使乌思藏、怕木竹巴、必力工瓦等地。①

关于侯显的来历,《明史》本传只有寥寥几句:"侯显者,司礼少监。帝闻乌思藏僧尚师哈立麻有道术,善幻化,欲致一见,因通迤西诸番。乃命显赍书币往迓,选壮士健马护行。"② 这段话透露了一个重要信息,永乐皇帝选择侯显出使乌思藏,大概因为侯显出生地紧靠乌思藏,熟悉从中原到乌思藏的道路和沿路状况。至于侯显何许人也,目前尚没有其他官方资料可以印证。圆成寺与侯显之间的故事最早收录在光绪年间的《洮州厅志》里。据今天的《临潭县志》记载,侯显晚年回到故乡洮州,在贡玛寺的旧址让侄子侯文主持修建了叶尔哇佛教寺院。③ 藏语"叶尔哇桑珠林"为"如意洲"之意,是为明代圆成寺的来历。今天的圆成寺已改名为侯家寺。从《临潭县志》的记述可知,侯家寺里面供奉着三部金汁写成的《甘珠尔》大藏经、黄金制成的大明洪武皇帝牌位和石筑的侯显灵塔。④ 目前很难判断圆成寺与侯显之间的联系是明代本来的历史,还是后来历史记忆叠加之后的故事与传说再造。不过,圆成寺大致在宣德年间(1426—1435)获得洮州卫圆成寺僧正司,这应该是符合历史事实的。

第四个番僧纲司为垂巴寺僧纲司。垂巴寺距离洮州卫城西 75 里。垂巴寺获得僧纲司一职是在嘉靖元年(1522)。关于这座寺庙的来历,《洮州厅志》载,其始祖阿旺老布藏本是乌思藏的一位喇嘛。成化三年(1467),他从乌思藏来到洮州卫以西名曰"古务他"的地方诵经,招徕了百余名僧人修建了垂巴寺。建成之后的垂巴寺历经劫难,因流贼变乱被焚毁。正德四年(1509),阿旺老布藏的侄子阿松恼布在洮河以北的格吾那地建修寺院重招僧人,又增修了两座寺院,分别为录巴寺和江口寺。

以上四个僧纲(正)司均由洮州卫管辖。明王朝重视这四个藏传佛教寺院的原因是出于管理洮州番人的需要。永乐十四年(1416)朝廷废除茶马金牌制度后,就不再限制番人以马换茶的贸易资格。洮州卫境的所有番人都可以来旧洮州堡以马换茶,由此引发番人之间相互偷盗和争夺马匹。明王朝设置僧纲(正)司的初衷意在借此控制洮州番人。直到光绪年间,这四座寺院仍然管辖着广阔的土地和众多的番族部落。《洮州厅志》载,麻你寺僧人 183 名,

---

① 《明宣宗实录》卷二十七,宣德二年夏四月辛酉条、甲子条,702—703 页;又,赵尔巽等:《清史稿》卷五百十七,列传三百四,土司六,甘肃,中华书局 1976 年版,第 14308 页。
② (清)张廷玉等:《明史》卷三百四,列传第一百九十二,宦官一,第 7769 页。
③ 临潭县志编纂委员会:《临潭县志》,甘肃民族出版社 1997 年版,第 850 页。
④ 同上书,第 798 页。

管番人 21 族，120 户，把守达加闇门一处；着洛寺管理着堡族 23 族，番民兵 113 户，把守红腰岘隘口一处；圆成寺管理僧人 43 名，番族四族；垂巴寺管理 3 处寺院，番僧 410 名，管理番人 10 族，共计 63 户。① 清末藏传佛教寺院管理番人的传统应是承继了明代的统治秩序。明王朝以洮州卫军事力量为统治支撑点，逐步清除旧元故官在西番基层社会的势力，陆续扶植或者重新认定番人头目，授予他们洮州卫世袭"土官"职衔，设置僧纲（正）司的宗教政策，再把这些统治手段整合入汉番之间的茶马贸易之中，确立了洮州卫在西番基层社会的统治地位。

第三节　卫官豪强化

洮州卫都指挥使的权力在地方上是巨大的。他不仅统辖卫所屯军守城作战，还要督察当地茶马贸易的经营，管理土官以及僧纲（正）司。洮州境内番人部落之间发生争斗，如果影响到番人部落向明王朝纳马之差，洮州卫都指挥使有责任出面调停处理。都指挥使李达常年戍守洮州卫，他不仅打击洮州卫及其周边地区不诚服的番人，同时也主持汉番之间的日常茶马贸易。他经常与土官打交道，于剿于抚均为熟悉。朝廷自然不敢轻易把李达调作他用，希望他能够长期镇守洮州，以靖地方安宁、保国家太平。卫所高级军官权甲一方，经年日久，势必会走向地方基层势力的豪强化。洮州卫军官的豪强化，从表面上看缘于明代军屯制度的废弛，究其实质，乃茶马贸易带动起来的商品经济向军屯制度渗透的结果。洮州卫都指挥使李达家族演化为地方豪强的轨迹，为这一段历史提供了一个鲜活的例证。

一　买卖军屯土地

永乐元年（1403），李达承敕命拥有洮州卫新城以西五里之处的 300 亩田产，府邸占据了新城内西大道的半条街。这是李达初来洮州的所有不动资产。宣德年间（1426—1435），李达开始陆续购买下属官兵的屯地和房产。李氏家族后裔至今还保存着 4 份成化年间的契纸。其中，两张契纸前后粘连在一起，另外两张契纸相对独立。每张契纸约八开大小，分为三折折叠保存。契纸质量上乘，坚韧度和厚度较好，总体呈土黄色，契纸各处颜色已不均匀，多处有水

---

① （清）张彦笃、包永昌修纂：《洮州厅志》卷十六，番族，光绪三十三年（1907）。

渍浸痕和破损之处。这些契纸为重新认识明代洮州军屯制度的演变提供了重要依据。①

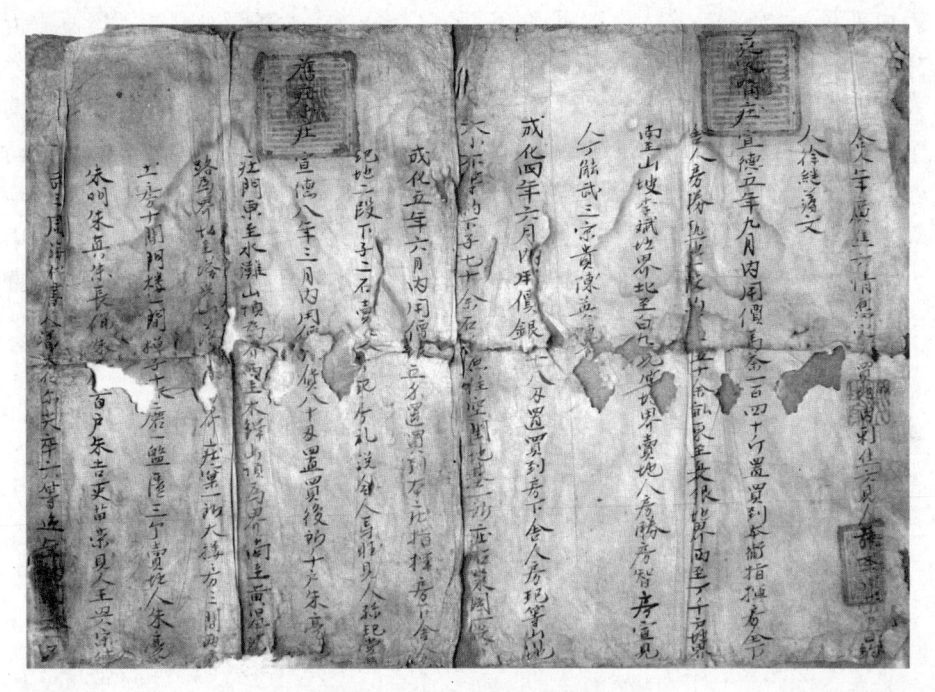

图 3　李达家族的分家抄契

　　宣德五年九月内，用价马茶一百四十斤置买到本卫指挥房全下舍人房胜熟地一段约下籽五十余亩，东至夏银地界，西至丁千户地界，南至山坡李斌地界，北至白九儿等地界。

　　　　　　　　　　　　　　卖地人　房胜　房智　房宣
　　　　　　　　　见人　丁能　武三　宋贵　陈英　陈贵

　　宣德五年（1430），李达用买马的官茶 140 斤置买到洮州卫指挥房全户名下舍人房胜的 50 亩熟地。按照洪武祖制，屯军七分屯田，三分守城，耕种屯

---

① 　王毓铨通过统计《明实录》官军兼并军士屯地资料，认为明代军屯制度从洪武末年就开始败坏。（王毓铨：《明代的军屯》，第 212—218 页）但是由于资料的限制，一直都没有一个具体例子可以展示这一过程。洮州卫的情况正好能够补充这一点。请参见阚岳、陈志刚《从洮州卫地契看明代军屯土地的买卖》，《青海民族研究》2016 年第 3 期。

田的屯军按照"五十亩为一分"①的规格分配土地。李达购买的正是一户屯军的额定土地。卖地人的身份为"舍人",归于洮州卫指挥户名之下。按照契约表述来看,"舍人"应为屯军军户的一种,具体指卫所各级军官如指挥使、指挥同知、指挥佥事、正副千户、百户等军官名下"户"内的子弟或族人。"舍人"在军官的户名之内,与军官沾亲带故,因此"舍人"的社会地位可能高于一般的正军户或军余。所谓"价马茶"其实就是茶叶,它可以换取番人马匹,因此被称为"马茶"。按照明初官方规定,120斤茶叶可以换取一匹上等马,70斤茶叶可以换取一匹中等马,50斤茶叶可以换取一匹下等马。李达用可以换取两匹中等马的茶叶,"置买"到了一块五十余亩的土地,应该说这是一个非常低廉的购买价格。

宣德八年(1433),李达又收购属下军官的大量房产:

> 宣德八年三月内用价银货八十两置买后所千户朱亮庄门,东至水滩山顶为界,西至木绎山顶为界,南至黄举沟路为界,北至塔兴山落□□为界。庄窠一所,大楼房三间两□,土房十间,门楼一间,榨子十水磨一盘,柜三个。
>
> 卖地人　朱亮　朱明　朱真　朱长保　朱□　百户朱吉　吏苗荣
> 　　　　　　　见人　王兴　宋德　武三　周海
> 　　　代书人　潘天化　尔尖卒六等　迎年纳团禾一□

这次李达购买了朱亮千户及其族人居住的整个庄子。这座庄子位于距离旧洮堡城约40里处的地方。契纸里的"庄窠"意即房屋地基。卖方名单里有一名后所千户和一名百户,这可能显示了洮州卫所的屯军已经大为减少,他们居住的房屋不断被上级军官转相售卖。据顾诚研究,由于祖军后裔的不断增加,除一般由长子袭替外,次子以下成为舍余、军余,按官方册籍只登记祖军及其承袭世系这一"家",祖军的后裔必然繁殖成为越来越多的小家庭。②朱亮千户所在的庄子聚居了许多同宗的朱姓小家庭,这应该就是祖军后裔聚居在一起的情况。李达把这座庄子买来之后,它就成为李达长子嫡系一支世代居住的村落。这种聚居形态延续至今。李达的后裔子孙习惯把这处村落叫作"旧庄子",是他们心目里的"老宅"。至于出售房产的朱千户,其家族去向仍被保

---

① (明)申时行、赵用贤等修纂:《大明会典》卷十八,户部五,《续修四库全书》789册,第310页。

② 顾诚:《谈明代的卫籍》,《北京师范大学学报》1989年第5期。

存在李达长房嫡系一支的口述记忆里：千户朱亮在典卖了住宅之后，携整个家族迁居到洮河流域的下游地带，相较洮州卫海拔较低、气候更为温暖适宜的临洮府。①

正统七年（1442），李达年老多病，长子李瓛代为洮州卫指挥使。② 李瓛代职后，仍然没有停止购买房屋田产的行为。成化四年（1468）和成化五年（1469），他又相继购买了两处地产：

> 成化四年六月内用价银二十二两置买到本庄优给指挥下堂叔房泰、房顺双轮水磨一所，房三间，油房五间，一油梁，两河树木为界。
> 卖磨人　房泰、房顺、房敬、房宣、房十的、房遂、房迪、房玘、房礼，优给指挥房学
> 　　　　　　　　　　　说合人　王宣　朱礼　陈□宣党

范家嘴庄房姓军官的舍人陆续抛出手里的房产。卖方户名为"优给指挥房学"。所谓"优给指挥"，一般指担任指挥使或指挥佥事的父亲去世后，其应袭长子尚且年幼，朝廷出于照顾的目的准许年幼长子承袭父亲职衔。此种袭职可以令其获得一定的政治待遇，比如可以领取原职一半的俸禄，但是承袭之人没有实际职权，因此称为"优给"。房学虽然是优给指挥，然而在实际生活里缺乏处理家族事务的话语权。他的堂叔房泰、房顺等把优给指挥房学户名下的水磨、油房等器具一并出卖给了李瓛。房学户名下的这些财产应属于房姓家族内的许多家庭所共有，因此契约里出现了10个以上的卖磨人名。第二年，优给指挥房学户名下的土地又被他的堂叔做主卖给了李瓛：

> 成化五年四月内用价银首饰三十两置买到优给指挥房学水磨山川地约下籽□□。东至买的地畔，南至山顶，西至房顺地畔，北至河沟。又川地二段，约下子三石五斗。
> 卖地人房遂　房玘　房□　房□
> 说合人　□真　马旺　李聚
> 代书人　胡广

---

① 访谈对象：李希贤（男，68岁）；访谈地点：旧城李希贤的家里；访谈时间：2007年11月3日。
② 《明英宗实录》卷九十一，正统七年夏四月壬寅条，第1834页。

从目前发现的契纸可以看到，洮州卫都指挥使李达及其长子李瓛自宣德至正统近40年的时间里持续购买军官及其舍人的田产和房屋，完成了兼并其他屯军土地成为豪军①的过程。按照明代军屯制度规定，军户名下的土地属于官田，只能屯种，不得买卖。明代中期的时人就已经注意到军屯土地的买卖现象，把这一现象称为"侵占盗卖"，看作是军屯制度的败坏。如成化朝重臣马文升所说，"不知始自何年，屯田政废……以致卫所官旗势豪军民侵占盗卖，十去其五六"②，马文升为此想了很多办法来"复旧制"③。这一思路无疑会影响到现代学者对明代军屯土地买卖现象的评价。王毓铨曾指出，明初军屯制度运行不到30年就出现了官豪势要"侵占""占耕""占种"军屯土地的现象。④ 一般认为，明代军屯制度败坏的重要原因就是上级军官使用低价购买的方式兼并下级官兵的土地，导致屯田所有权变更，卫所无法获得足够的屯粮。但是，从李达后裔保留的四份契纸可以了解到，洮州卫都指挥李达及其长子李瓛在40年的时间里持续购买的田产和房屋，其出卖一方多为社会身份较高的洮州卫指挥使、千户和百户，地位较低者亦是官军族人子弟——"舍人"，而且均以家族为单位，并不似通常意识里的"正军"或"军余"之类位序较低的社会身份者。这似乎与过去常讲豪强兼并卫所军屯土地问题存在一定的距离。

要合理解释洮州卫军屯土地买卖这一现象，可能要将其置于15世纪以来中国社会发展的历史背景之中来考虑。明王朝政府设计的军屯土地制度是一套固定的实物供给制，官军耕种国有性质的屯田土地并向国家交纳相对较重的粮食税。这种制度在明初一段时期里曾发挥了积极作用。但是从长远发展来看，军屯制度又是一套相对僵化的制度，它与商品经济格格不入。商品经济和市场化是15世纪以来中国社会发展的大趋势和时代潮流。随着洮州茶马贸易日渐兴盛，商品经济的因素迅速向军屯制度渗透，军屯土地亦向商品化方向发展。李达家族能够历次购买土地房产，与他们经营洮州卫茶马贸易积累个体资财具有内在联系。洮州卫所控制下的土地被买卖，其性质不过是换了一个新主人而已。它们并不会因为其他军官家族的离开而被抛荒，只是转入另一套新的租佃

---

① 王毓铨认为"屯军兼并别个屯军的土地的就是所谓豪军"（王毓铨：《明代的军屯》，第80页）。

② （明）马文升：《清屯田以复旧制疏》，《皇明经世文编》卷六十三，《续修四库全书》1655册，第604页。

③ 同上。

④ 王毓铨：《明代的军屯》，第212—218页。

关系里进行生产与再生产。

二 缔结姻亲关系

不动资产的扩充和积聚,还不能完全说明一个明代军官家族在地方社会具有的社会地位和影响力。要从豪军转化为地方豪强,还需要经历一个社会关系网络的缔结过程。在这个环节里,姻亲关系是最为有效和可靠的途径。据《李氏家谱》记载,李达的三女儿被授封为仁宗皇帝的贵妃。虽然洪熙朝短命,只匆匆一年就谢幕了,但是"皇亲国戚"的名号对于远在西北边陲的洮州卫都指挥使李达而言却是一份难得的殊荣,为这个家族蒙上一层显贵色彩。李达应是深谙官场规则的人物。宣德四年(1429),李达第五个儿子李琛聘娶了秦隐王的三女儿华阴郡主为妻①,被授封为秦州仪宾。《李氏家谱》记载李达有五子八女,除娶了华阴郡主的五子李琛、被封为仁宗贵妃的三女和早早夭折的六女儿之外,其余子女的婚适背景为:

〇四世祖 达
长子瓛:娶征西将军总兵都督史昭 次女
次子瑄:娶岷州卫指挥陈 次女
三子瑮:娶陕西都指挥孙林 次女
四子琮:娶甘州卫指挥左 次女,继娶岷州卫指挥后 女
六子璹,娶本卫指挥张 次女
长女:适北京都指挥常钊
次女:适洮州卫守备都指挥陈玘大人
四女:适巩昌卫指挥赵□□人
五女:适巩昌卫指挥雷玘□人
七女:适本卫指挥杨谕□人
八女:适分守凉州总兵官赵英大人

这种婚娶模式又被李瓛兄弟所延续,李瓛的两个儿子及其兄弟的各嫡子的婚配状况为:

〇五世祖 瓛
长子隆:娶镇守岷州都指挥后能次女,继娶巩昌府城内监生杨浩次女

---

① 《明宣宗实录》卷五十五,宣德四年六月己亥条,第1319页。

文：瑄之长子，居于洮州，娶岷州卫杜氏
昇：璟之子，居岷州，婚娶未记
荣：琮之长子，居洮州，娶本卫后所千户细弘长女
锌：琛之长子，居长安城，娶洮州卫指挥张泰次女
贤：嫦之长子，居于洮州，娶本卫左所千户孙□女
陵：瓛之次子，居洮州城南，娶临洮致仕推官梁□次女

上述资料呈现出一个豪军家族转变为地方豪强的社会图景：李达及其三世子孙通过罗织以明代军官这一身份认同为核心的通婚圈，紧密了卫所高级军官彼此的往来关系，在当地社会形成了以豪军阶层为控制主体的社会结构。

三　私茶贸易

洮州卫军官豪强化的另一特征是，他们与当地番人社会套接出一条私茶贸易的利益链。按照明代茶法的规定，茶商从户部领得茶引，去产茶地方购买茶叶，按照茶引规定额数运送茶叶到洮州卫。其中，商人运送茶叶总数的一半交官，以作为官方与洮州番人交换马匹之用；另一半数量的茶叶为商人所有，用于在当地贸易。由于茶马贸易蕴藏巨大利益，刺激了一些商人进行茶法规定之外的贩运私茶的贸易活动。洮州卫官军掌握地方权势的关节在于：他们既是深入番区面对面与番人进行茶马互换的交易者，又是私茶的盘验者。从理论上说，官军缴获的私茶既可以充公，也可以自己拿去私卖。更进一步言之，如果与贩卖私茶的商人勾结，放任洮州卫私茶贸易，官军既可收取一定的贿赂，又可亲自参与私茶贸易，这对洮州卫官军来说未尝不是一条生财之道。因此，私茶贸易是洮州卫官军谋私自肥的一条捷径。

李信的例子最为典型。李信是正统元年（1436）从大兴左卫带俸署都指挥佥事迁任为洮州卫都指挥佥事①，在洮州卫任职近20年。正统七年（1442）夏四月，陕西都督郑铭上奏朝廷，参奏"镇守洮州都指挥李信率所部征茶马，受番人赂，且私有所货。诸簇由是多负所征"，请朝廷治罪李信及其部下。②同年九月，巡按陕西监察御史孙毓继续弹劾李信接受了番人百匹马，只以其中的八匹交给边军操练守备的事情，请求朝廷依法处置。③不过朝廷息事宁人，这些事情最终不了了之，李信仍然镇守洮州卫。

---

① 《明英宗实录》卷十八，正统元年六月甲辰条，第354页。
② 《明英宗实录》卷九十一，正统七年夏四月己未条，第1841页。
③ 《明英宗实录》卷九十六，正统七年九月辛巳条，第1935页。

正统九年（1444），87岁的李达已是桑榆暮景，无力管理洮州卫事务。朝廷索性把洮州卫全部要事都委托李信来管理。① 正统十年（1445），陕西右布政使王暹又上奏朝廷，每年负责运茶的洮州、河州、岷州三卫军官往往会夹带私茶入番，致使茶价亏损，马数不敷，请求朝廷遵从永乐年间的例制，派遣监察御史三员分督，以革除宿弊。② 然而，各地在具体实施的过程中并未严格执行王暹的提议。此后，洮州卫夹带私茶入番收马之事更盛。正统十一年（1446），洮州卫的哈偏等簇番民不堪官军盘剥，为了逃脱249匹的马差，他们逃徙到其他地境。③ 正统十三年（1448）二月，洮州茶马司上奏，言称本司三年一次去四川收官茶易买番马3000匹，但是没有完成额度，原因在于近年来洮州周边地区的军民兴贩私茶。四川产茶处以细茶作为商品出卖，以粗茶纳官。番人不喜粗茶，致使纳马一事不能如数完成。户部请镇守陕西的右都御史王文等官禁止洮州卫附近军民贩卖私茶，同时要求四川布政司严格监督产茶地必须以细茶纳官。④ 正统十四年（1449），李信再次被人以贪污罪告发。⑤ 直至景泰七年（1456），李信才被罢免洮州都指挥佥事的职务。⑥

为什么正统年间（1436—1449）会出现如此多弹劾洮州卫官军从事私茶贸易的记录？而且，李信被弹劾多次却没有被朝廷撤职查办？这与同时期洮州茶马贸易市场的扩张有很大关系。过去废除洮州茶马金牌制度只是取消了对番人贸易资格的限制，官方则一直想要通过控制茶引来保证获得茶叶与番人进行茶马交换。但是，随着商人夹带私茶行为越来越频繁，就连运送官茶的官军都开始携带私茶，这种情况使越来越多的茶叶汇聚到洮州卫。洮州各类茶叶供给充足，官方规定的茶马交换价格自然趋向下跌，导致官方无法收到足够的马匹。从洮州卫官的角度来看，为了完成征收马匹的任务，与其无法禁止商人夹带私茶，不如让军队也参与到私茶贸易里，一方面可以补充征收马匹的数量，另一方面还可以中饱私囊。因此，正统年间官方文献里逐渐出现的所谓"私茶"贸易，正是民间茶马贸易兴盛的重要标志。在20年左右的时间里，洮州卫军官亦走向地方化。他们与番人的贸易往来愈加频繁，关系更为紧密。对明王朝政府来说，李信是否从事私茶贸易并不重要，重要的是李信能够长期维持

---

① 《明英宗实录》卷一百十九，正统九年闰七月丙申条，第2408页。
② 《明英宗实录》卷一百三十三，正统十年九月壬申条，第2640页。
③ 《明英宗实录》卷一百六十四，正统十三年三月庚子条，第3181页。
④ 《明英宗实录》卷一百六十三，正统十三年二月辛酉条，第3158页。
⑤ 《明英宗实录》卷一百七十五，正统十四年二月戊午条，第3364页。
⑥ 《明英宗实录》卷二百六十七，景泰七年六月甲辰条，第5669页。

洮州卫地方社会的稳定,并保证向朝廷足额纳马。因此,李信做一点私茶贸易,贪污些许马匹,又有何妨呢?弘治十八年(1505),杨一清根据陕西监察御史李玑的奏疏指出:

> 访得西宁、河州、洮州地方土民,切邻番族,多会番语。各省军民流聚巨万,通番买马,雇请土民,传译导引。群附党援,深入番境,潜住不出。不特军民而已,军职自将官以下,少有不令家人伴当通番。番人受其恐吓,马牛任其计取,变诈渐萌,含愤未发。诚恐一旦不受束约,患何胜言?且通番之人,明知事例,犯该充军,乃互相嘻谓:"无故亦要投军,有甚打紧。"①

在茶马贸易市场扩张的推动下,西宁卫、洮州卫、河州卫三处地方的土民与番民关系趋向密切,土民可以讲"番语"。各省大量军民纷纷进入这三处地方从事贸易活动,呈现出无比兴盛的民间贸易景象。洮州卫的军民、土民、卫官、番人四类人群通过茶马贸易交织在一起。从正统至弘治近60年的时间里,洮州卫军官派遣家人伴当"通番",甚至在番人境内"潜住不出",这已是当地社会的常态。一般民人明知"通番"贸易有违禁例,该当充军,但他们仍然从事茶马生意。一些人甚至相互调侃取笑道,没有罪行之人无故都要充军,我们做一点茶马生意,即使被抓住充军了,又有什么打紧的呢。这种社会现象进一步促成洮州卫豪军阶层向土豪转化。杨一清的另一份报告证明了这一点。正德三年(1508),济阳卫指挥使高谦被升调至洮州卫担任署都指挥佥事。②这次升职并没有给高谦带来发挥才能的新机遇,而是让他的任职充满屈辱与辛酸:

> 据守备洮州地方署都指挥佥事高谦呈:……被洮州卫指挥张纶倚恃土豪,聚众家人,毁骂赶打,抢夺衣服器皿,要乞调守别项地方,另推官员前来代守等情……访得守备都指挥高谦,委被指挥张纶挟制欺凌,毁骂赶打,不止一次。缘洮州卫僻在万山之中,极临边境,番汉杂处,最难控驭。高谦奉敕守备,乃被一属官凌侮。出入之间动辄受制;行事之际,不得自由。体统乖违,下人玩慢。若不早为易置,倘或番夷侵境,不能统兵出御,贻患非轻。但彼处土豪、官舍、军民交结番夷,生事害人者,不止

---

① (明)杨一清:《杨一清集》卷三,茶马类,第80—81页。
② 《明武宗实录》卷四十三,正德三年冬十月丁丑条,第993页。

张纶一人。若止照常例,将京营及别镇官员推补,恐其不知番情,又为奸豪之人所制。①

　　洮州可谓天高皇帝远,洮州卫指挥张纶虽名为朝廷命官,但他"倚恃土豪",欺压上官。实际上,张纶本人就是地方土豪,他全然不把朝廷派来的上司都指挥佥事高谦放在眼里,随意刁难殴打欺侮这位新上司。像张纶这样的地方土豪人物在洮州卫还有不少,即"生事害人者不止张纶一人",他们"交结番夷",成为一股特殊的地方土豪势力。朝廷面对这种局面也无可奈何。如果将这些人撤职,然后重新派遣卫所军官,那么新任军官随即陷入"不知番情,又为奸豪之人所制"的局势里。一旦因此惹出边地番人的叛乱,更是得不偿失。明王朝最初设置洮州卫,派遣都指挥使等职官的目的是镇守地方、抚绥番人、收取马匹,殊不知,一百余年之后,洮州卫的豪军阶层已经发展成为介于明王朝政府与洮州番人之间的地方新势力——土豪。明代洮州卫的这一发展趋势深刻影响到其后的社会历史演进。

---

① (明)杨一清:《杨一清集》卷十,后总制类,第382—383页。

第三章

清代洮州青苗会

军官谋私自肥、家人伴当通番、豪军阶层把持地方，是明中期以后洮州卫的社会特点。在明廷的眼里，只要洮州卫保证年年有足够数量的良马入京，且没有番人叛乱，也算作长治久安了。渐渐地，明廷还需要去应对颇为焦灼的局面：东北后金势力的步步进逼，让他们哪里有精力去考虑西北的经边问题。清王朝定鼎北京，一统中原。萧规曹随，是清政府对待洮州茶马贸易、土官和僧纲这三项制度的态度。以茶马贸易为例，早在顺治二年（1645）四月，清政府在没有完全控制陕西全境之时就对陕西省发布了一道告示，昭布政策以争取民心。在这道多达40条的告示之中，涉及洮州的一条是，"西番都指挥宣慰、招讨等司，万户、千户等官，旧例应于洮、河、西宁等处各茶马司通贸易者，准照旧贸易"①。这项政策确定了清代洮州的番汉茶马贸易循归旧例。至于前明设置的洮州卫土官与僧纲（正）司，只要这些人顺从清政府、支持清政府的统治，他们就能够继续承袭原有职位。然而，洮州卫的命运就不一样了。清政府锐意取消全国范围内的前明军事卫所制度，洮州卫也不例外。随着洮州卫被改革乃至最终被裁撤，汉人军户逐渐失去王朝政府的官军身份，从军户转向民户。洮州青苗会的故事就是在这种社会背景之下渐次展开的。

第一节 清初的洮州卫

顾诚曾对清政府取消前明军事卫所制度作过研究。他指出，明代卫所在清初大约存在了八十多年，卫所经历了一个鲜明的变化轨迹，即都司、卫、所官员由世袭制改为任命制，卫所内部的"民化"和辖地的"行政化"过程加速，卫所最后被并入州县行政管理之中，雍正年间全国大规模改卫所为州县。② 具

---

① 《世祖章皇帝实录》卷十五，顺治二年夏四月丁卯条，《清实录》（第三册），中华书局1985年版，第137页。

② 顾诚：《卫所制度在清代的变革》，《北京师范大学学报》1988年第2期。

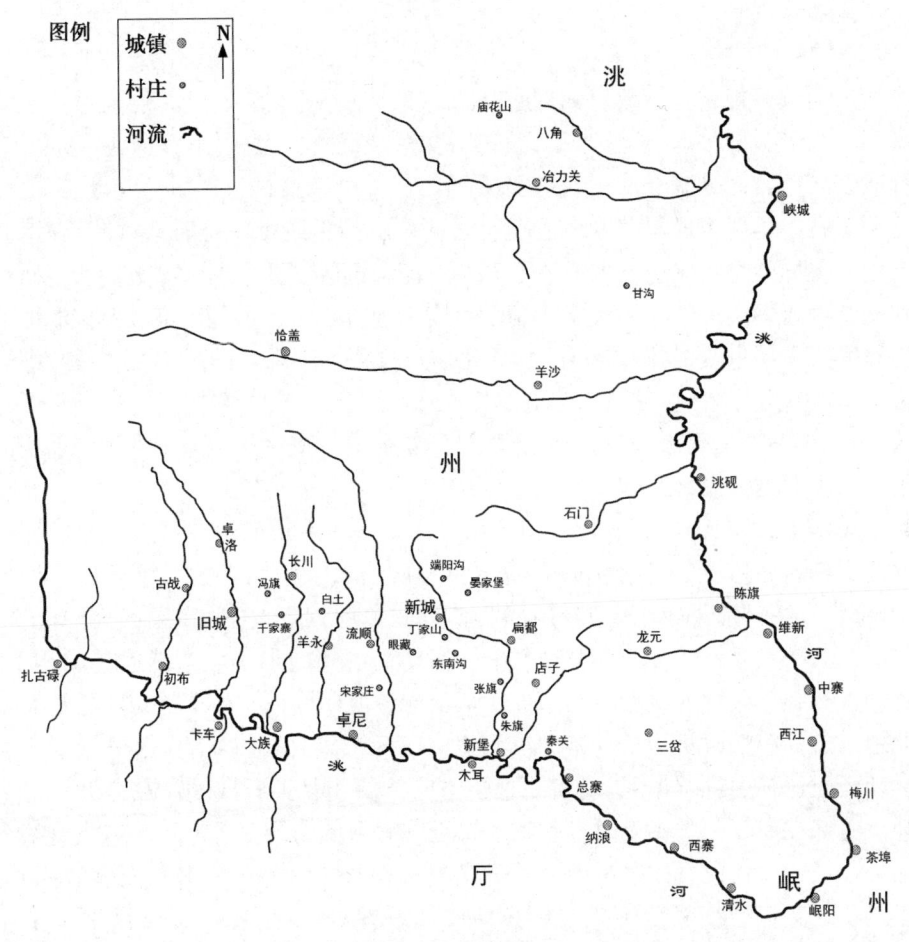

图 4 清代的洮州

体到洮州卫,这种社会变化的细节进程以及产生的具体影响值得进一步讨论。

一 从世袭到流官

为了讲清楚洮州卫军官和卫军身份变化的过程,需要赘引一段顺治三年(1646)九月清政府改革前明卫所制度的政策:

> 指挥千百户名色既已尽裁,而卫所必不可裁。应每卫设掌印官一员,兼理屯事,改为卫守备。千户改为卫千总,每所设一员,俱由部推。百户改为卫百总,每所设一员,由督府选委。其不属于卫之所,俱给关防。卫

军改为屯丁。①

这项政策规定，清政府裁撤所有的前明卫官各职，"卫指挥"改为"卫守备"，"千户"改为"千总"，"百户"改为"百总"。这并非是单纯的职官名称改变问题，而是确立清王朝对卫所军事官员重新授权、授职的问题。如此，前明卫官要担任卫所军官需由清政府兵部重新推举或者"督府选委"。在清政府重新授职的过程中，某些前明卫官有可能被继续授职，绝大多数前明卫官则就此结束管军生涯。与明代卫所制度不同的地方在于，那些被清政府授职的卫所军官失去了世袭的特权资格。至于前明卫所的正军、军余等"卫军"则全部"改为屯丁"。"屯丁"与"屯军"是不一样的，它更类似于民户身份。顺治四年（1647），清政府决定屯丁"永不勾补"②，进一步把卫所屯丁与前明的卫所军事制度分离开来。

顺治十二年（1655），洮州卫精简机构，裁去洮州卫的左、前、后三所③，保留了中所和右所，其治所分别是洮州卫所新城和洮州卫的旧洮堡城。次年（1656），清政府裁去洮州卫经历。④ 经历是前明政府在卫所设置的文职流官，"掌文移出入"。⑤ 然而，清政府不论如何精简洮州卫也不敢贸然撤销洮州卫。关于这一点，康熙初年发生的两件事情很能说明问题。一件事情是朝廷精简西北地区道一级行政机构时保留了洮岷道。康熙二年（1663），甘肃巡抚刘斗上奏朝廷建议裁去洮岷道⑥，把洮岷道原本管辖的州县卫所归入陇右道巩昌府兼理。吏部在商议此条奏议时，查知隶属于洮岷道的州县卫所，距离巩昌府都有八九百里的路程，且一路深山穷谷，是犯法作乱之人易于集聚和闹事的地方，于是朝廷决定继续保留洮岷道以方便弹压这些奸宄之徒。⑦ 既然洮岷道不能撤，其治下的洮州卫就保留下来。另一件事情是由康熙十四年（1675）吴三桂反清引发的。当年，陕西提督王辅臣策应吴三桂反清。⑧ 甘肃总兵潘瑀、副将曾文耀均响应起兵，占据了洮州、河州二城。洮、河附近的番人趁机侵入洮

---

① 《世祖章皇帝实录》卷二十八，顺治三年冬十月乙未条，《清实录》（第三册），第238页。
② 《世祖章皇帝实录》卷三十三，顺治四年秋七月甲子条，《清实录》（第三册），第274页。
③ 《世祖章皇帝实录》卷九十，顺治十二年三月丙申条，《清实录》（第三册），第707页。
④ 《世祖章皇帝实录》卷九十九，顺治十三年三月丁酉条，《清实录》（第三册），第770页。
⑤ （清）张廷玉等：《明史》卷七十六，志第五十二，职官五，第1863页。
⑥ "洮岷道"管辖阶、文、成、漳四州县和洮、岷二卫以及西固所。参见《清实录》（第四册），《圣祖仁皇帝实录》卷十，康熙二年九月己卯条，第158页。
⑦ 《圣祖仁皇帝实录》卷九，康熙二年五月壬辰条，《清实录》（第四册），第148页。
⑧ 《圣祖仁皇帝实录》卷五十六，康熙十四年六月壬午条，《清实录》（第四册），第726页。

州地境抢掠地方人民。甘肃提督张勇率兵到达河州，曾文耀闻讯先一步逃走。洮州卫土官杨朝梁配合张勇进攻洮州，打败潘瑀，洮、河二城遂靖。番人看到如此情势，也就息止骚乱，回归自己的驻牧之地。① 卓尼版《丹珠尔》大藏经序目亦详细记载了杨朝梁协助清政府镇压西北地区反清势力的经过。② 清政府通过这两件事认识到，西北边地仍需要洮州卫来管理地方和收服番人，不能轻易裁撤。这是洮州卫一直存在到乾隆十三年（1748）才改为洮州厅的基本原因。

清政府采取任命流官的办法管理洮州卫。康熙《洮州卫志》载，洮州卫掌印守备为靖远卫的武进士吴辇，中所千总为甘州卫人陈馨，洮州卫总兵、副总兵"治兵，不与民事"。③ 据光绪《洮州厅志》记录，康熙、雍正至乾隆十三年（1748），洮州卫守备、总兵、副总兵、参将等级别较高的职位均由外地人担任，这是清政府在卫所军队中推行流官的重要措施。至于前明的洮州卫军官，《洮州厅志》对其中的六个军官家族世袭记载得较为清晰，分别是都指挥使李达、指挥佥事金朝兴、指挥佥事宋忠、镇抚千户杨遇春、卫前千户所正千户范应宗和百户刘贵。按《洮州厅志》载：李达家族约在万历年间停止袭职；金朝兴只有一次袭职记录；宋忠家族约在明万历年间停止袭职；杨遇春家族约在明万历年间停止袭职；范应宗家族于明万历八年（1580）最后一次袭职；刘贵家族袭职时间最长，直到明崇祯十七年（1644）仍在职。这六个家族是明代洮州卫较为显赫的卫官家族，他们的后人在清初没有担任洮州卫较高级别军职的记录。

二 充任通事与衙役

按照明代洮州卫建置来计算，洮州卫应有 5 个千户，50 个百户，100 个总旗，500 个小旗。光绪《洮州厅志》共收录了 30 位前明洮州卫指挥姓名、37 位前明洮州卫千户姓名、48 位前明洮州卫百户姓名。这么多卫所军官的后裔在清代不能再担任洮州卫军职，他们的际遇会怎样？关于这一点，《洮州厅志》有一段非常重要的评论，是了解清代初年前明洮州卫军官身份转换的重要线索：

---

① 《圣祖仁皇帝实录》卷五十五，康熙十四年五月甲申条，《清实录》（第四册），第 714 页。
② 久美昂波：《卓尼版〈丹珠尔〉大藏经序目》，杨士宏译，甘肃民族出版社 1995 年版，第 209—212 页。
③ （清）乌兰、吴辇编纂：《洮州卫志》，武署，康熙二十六年（1687）。

> 洮邑指挥、千户、百户甚夥。今所谓二十四家通事，七十二家荫袭者，皆前代勋裔也。时世既殊，加以兵燹，子孙降为皂隶，家乘多就焚如，良足浩叹。兹既按谱表其世次，其余姓名可考者，亦胪列如右。①

这段评论表明，前明洮州卫军官的后裔大多做了清代洮州卫（厅）衙门里的"通事"，即汉番之间的通事翻译。明代中期以来，洮州卫各级军官及其家人就参与了汉番之间的茶马贸易，致使西北地区民间茶马贸易日益兴盛。清政府改革前明卫所制度，卫所军官不再世袭，这对前明洮州卫军官家族的影响至大。所幸的是，洮州汉番之间的茶马贸易照旧进行，洮州卫军官及其家人凭借前朝与番人打交道积累的经验和人脉关系，在洮州卫（厅）衙门的茶马贸易中充当通事，承担职役，是条再好不过的谋生出路。于是，明代以官方为主导的纳马之差延至清初，成为一种家族使命，由特定的地方家族为清廷代理收马事宜。李达家族的例子最为典型。李达家族后裔在康熙、雍正年间依然承担着纳马的差役。一份康熙四十七年（1708）的领状即是对此的说明：

> 登四号讫（红色铅印）。领状人洮州头目李加谟今于本府太老爷案下领到四十六年分中马一十六匹，每匹该茶一十二笼。中间不敢冒领是实。康熙四十七年三月五日领状人李加谟。准领。未完茶□另立新领讫。

据领状字面意思来看，李加谟作为洮州卫"头目"领到巩昌府康熙四十六年（1707）度"中马"16匹，每匹马该兑换茶叶12笼。如果以此认为李加谟领到了16匹马，那就太过天真。事实上，这份领状是李加谟认领巩昌府康熙四十六年度中马额度的差役文书，他要完成巩昌府给他下达纳马16匹的差役，中马的茶马比例官方亦有明确规定，即每匹马给12笼茶叶。"未完茶□另立新领讫"表明，李加谟从巩昌府领茶若干，以完成纳马之差。

雍正四年（1726）十月，李达家族的李之太收到了旧洮堡营马姓官员的信牌，马姓官员把李之太称为"土目"，要求李之太核查洮州卫各处寺院国师、喇嘛，检点洮州卫茶马贸易人员。其信牌内容如下：

> 护理旧洮堡守府事马 为钦奉上谕事。准洮州卫正堂张 手本蒙署洮岷协镇府事张 令牌，蒙钦命副都统达、总镇府周 令牌，照得本都统、本镇奉命安番，详议寺院国师、族分、中马纳粮之□□□□会甘抚都院并

---

① （清）张彦笃、包永昌修纂：《洮州厅志》卷十一，选举，世袭，光绪三十三年（1907）。

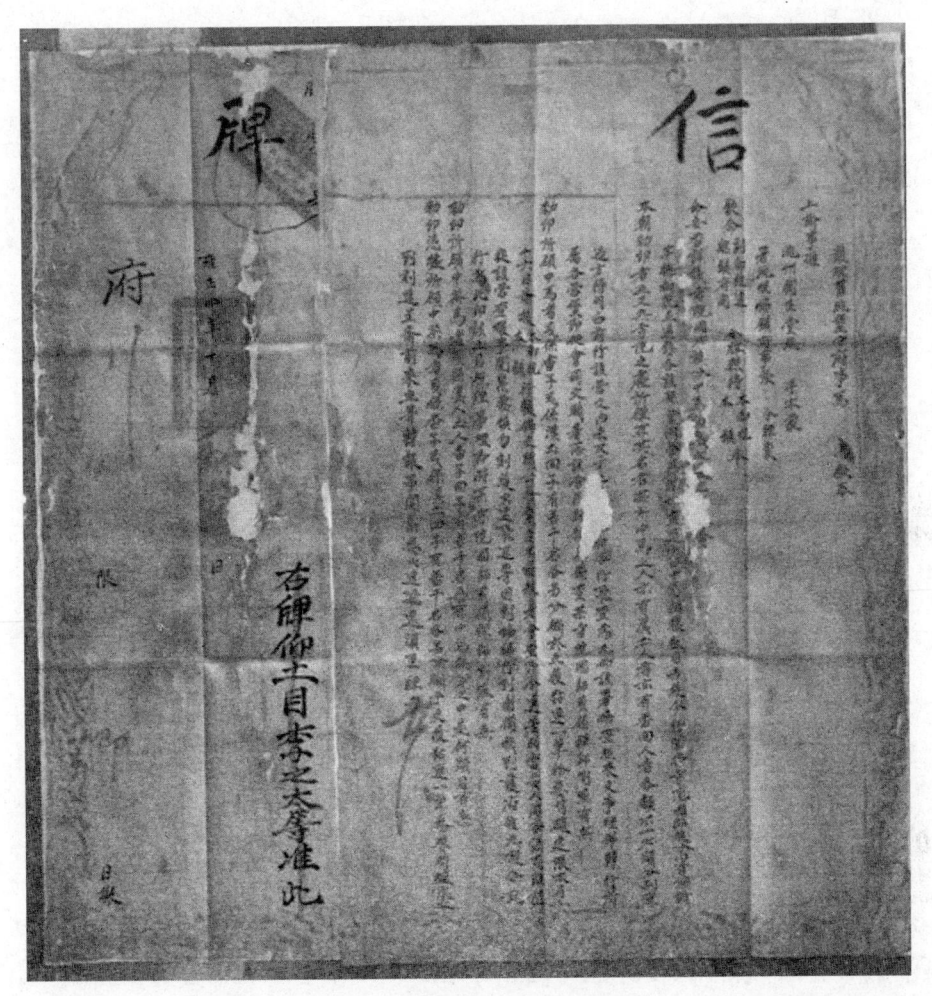

图 5　雍正四年（1726）信牌

通饬各该县会同营员详加查造户口、中马、纳粮数目去后。今访闻各寺院国师族分内有颁请本朝敕印者，旦又无寺院之处所，仅存其名者，其所中马之人亦有汉、土人者，亦有番、回人者，各类不一。必须分别查造，方得明白。前行该营文内未及于□□□□晰，合行飞查。为此仰该署协查照来文事理，并转行所属各营堡，即便会同文职着落该管马头亲身备查。某寺院国师或系禅师、喇嘛，有无敕印，所领中马者，或系番子，或系汉、土、回子，有若干名，各另分晰于文后，粘连一单，务要明确。定限本月二十六日赍投本都统、本镇行辕。倘文职公务繁多，不能亲身会查，即令选差的当妥人同各该马头随从该营查报。事关紧要，慎勿刻缓，火速飞速等因到协，转行到卫备，移到护府，准此拟合就行。为此印该土目照牌事理，即将某寺院国师或系禅师喇嘛，有无敕印，所领中茶马者或系汉人、土人、番子、回子，有若干名，再有中马族分之中是何头目，有无敕印凭据，所领中茶马者或系番子、或系汉、土、回子，有若干名，各另分晰于文后，粘连一单，务要明确。限文到刻速呈赍前来，立等转报。事关紧要，火速飞速。须至牌者。

右牌仰土目李之太等准此
雍正四年十月初九日
府　限即日缴

信牌上说，奉上谕，中央政府要"安番"，甘肃省要把各处寺院国师、族分、中马纳粮的情况调查清楚，做一份清单回复上报。副都统、总兵官知道甘肃的情况很复杂，境内各处寺院的国师族分里，有的获得本朝的敕印，有的仅有名号、没有寺院；承担茶马贸易的人有的是汉人，有的是土人，有的是番人，有的是回民。因此，副都统、总兵官会同甘肃省巡抚联合发文，要求各县会同当地绿营官兵，切实调查，若相关文职人员不能亲自去各地调查，也要差派"的当妥人"会同"马头"，与绿营官兵一起调查，务必于十月二十六日造册上报。这份文件层层下发到巩昌府，巩昌府于十月初九日下发到洮州卫。由于旧洮堡（即旧城）是洮州茶马贸易的中心地，因此洮州卫再把文件转发到护理旧洮堡营的马姓官员处。马姓官员最后转给"土目"李之太，要求李之太把洮州卫范围内"某寺院国师或系禅师喇嘛，有无敕印，所领中茶马者或系汉人、土人、番子、回子，有若干名，再有中马族分之中是何头目，有无敕印凭据……各另分晰于文后，粘连一单，务要明确"。李之太作为洮州卫"土目"出现在洮州卫行政公文之中，证明了清初李达家族后裔从军官身份向洮州卫属"土目"转换的过程。同时，这份信牌也显示洮州卫出现回民商人经营茶马贸易。在明代，洮州茶马贸易只是在汉番之间进行，清代雍正年间回民已经进入洮州茶马市场，形成了汉人、土人、番人和回民在同一个市场里进行茶马贸易的格局。

雍正十年（1732）左右，李加谟又收到一份洮州卫掌印守备杨玺的信牌。

巩昌府洮州卫正堂杨　为议奏采买马匹事。本月初八日蒙洮岷陇右道副使加二级记录五次吴　宪牌，奉巡抚甘肃都察院许　宪牌前事，仰卫官吏查照来院　牌内事理，于文到日作速催令各番目星夜赴辕牵中，当堂给发茶封。倘以驽驰瘦小不堪搪塞，定行揭报。请参火速飞速等因。蒙此，查此案业经屡催该土司，作速催令各番目牵中。去后迄今多日，该土目并未牵中，以致道宪差马夫守催，本应严拿该土司，押解宪辕究处。姑再差役飞催。为此仰该土司查照来节催事理，限文到刻速责令各番族头目星夜牵赴本道辕门验中。倘再似前抗不牵中，以及驽骀瘦小不堪搪塞，定行指名揭报请参，仍将启程日期具文飞报本府，以凭查考。毋得刻速火速。

右牌仰头目李加谟准此。

……九日
……限到日缴

据信牌可知，甘肃省政府下文通知洮岷陇右道，要求洮岷陇右道从洮州卫采买马匹若干。洮州卫因此下发公文，催促洮州各处番人头目赶上马匹，日夜兼程赶往洮岷陇右道衙门"牵中"，由洮岷陇右道衙门当堂"给发茶封"。洮州卫在公文里还强调，各番人头目不得把劣马、瘦马、小马送给洮岷陇右道衙门"搪塞"差事，否则"定行揭报"。可是，通知下发给各处番人头目已经"迄今多日"，这些番人头目仍没有把马匹牵去，以至于上司洮岷陇右道又差马夫前来催促责问洮州卫掌印守备杨玺。杨玺说，李加谟作为洮州卫"土目"本有"牵中"纳马之职，这次也没有及时"牵中"，本应该严拿究处，现在再次"差役飞催"，要求李加谟拿到信牌之后，"刻速责令各番族头目星夜牵赴本道辕门验中"。在洮州卫掌印守备杨玺眼中，李加谟的政治地位与番人头目是一样的，具有当差纳马之职，唯一不同的地方在于，李达家族在洮州根深叶茂，能够影响和控制番人社会。洮州卫想要获得当地番人的马匹，只能依靠李加谟去催征，方能成功。值得玩味的是，这份信牌有两处地方都把李加谟称作"土司"。换言之，李达家族后裔在清初世代充任"土目"，其实质已等同于土司。这是一幅带有喜剧色彩的历史场景：330年前李达奉命镇守洮州卫，330年之后李达家族后裔早已本地化，成为介于洮州卫与番人之间的"土目""土司"，发挥着"催征番人"的重要作用。

前明军官后裔在洮州卫（厅）衙门里任职供差，他们的任务就是向番人催征税粮。卓尼杨土司属洮州厅管辖，其境内尚存一份藏文文件，生动地证明了这一点：

奉大清乾隆皇帝圣旨（印）所属杓哇（上冶旗）旗下之总管及百姓须知：你们在收税时，定要保质保量，收齐后由总管依向例集中，务于十月一日送到卓尼，若有违者，要严加惩处。特此发文。一七〇九年九月十日（洮州厅属世袭指挥佥事印）。①

该藏文文件翻译成汉文时少换算了一个甲子，落款年代应为1769年9月10日，不过藏文文件本身所述事件应为真实。印文"洮州厅属世袭指挥佥事印"表明，清政府取消了前明卫所军官的世袭资格，但是洮州厅的行政架构仍然吸纳前明军官后裔在洮州厅衙门里供事，他们精通藏文和藏语，熟知番俗，管理番人时仍然使用前明卫所军官的印信，其职责正是催收土司境内番人之税。此种历史继承性使通事在清代洮州地方政治体制中具有特殊地位，他们不但承担洮州卫（厅）衙门向番人征讨税收的职责，还成为往来于洮州汉番之间的商人群体。关于这一点，《洮州厅志》有如下归纳：

> 洮州厅所属各族距城过远，催科为难，加以语言不通，地产无出，故每年丁粮抗欠为多。但每族原有土官各一，以统番众。每年遣通事等催粮，专向土官，犹得十之四五。因山高地瘠，不事耕稼，多以羊只及羊毛缠子等物折作粮价，通事等变卖，以交公焉。
>
> 又按，洮州充通事者数十家，为洮州厅番地催科差遣之用。名荫袭者数十人，为洮州厅春秋祭祀、阶前击鼓之役。及询其来历，皆前明千户、百户、指挥等官。
>
> 朝廷又以地方极边，语言嗜好皆不相通。每年粮税催收不易，仍令原日头目等代收之，名为通事，世辈相承。至今仍延其名，供其差使。二百余年，供力不衰。②

由此可见，前明洮州卫军官的后裔基本留任在清代洮州卫（厅）的衙门里，或充当通事，或充当衙门差役，为地方政府"催科差遣"之用。洮州卫（厅）衙门很需要这批人，因为他们熟知当地社会情状，精通番人语言文字。就通事而言，这些通事深入番境征税之时，把番人的羊只、羊毛缠子等畜牧产品运出卖掉，作为番人缴纳的粮差。如果没有通事，洮州厅衙门就没有办法向周边地区的番人征收税粮。因此，通事"世辈相承"。就书吏、衙役而言，他们也是由前明洮州卫军官后裔转化而来。洮州卫（厅）任用"原日头目"即指"前明千户、百户、指挥等官"之后人，如李达家族后裔，当然也不排除少数"原日头目"为番人社会土官之后人。

---

① 转引自杨士宏《卓尼土司历史文化》，甘肃民族出版社2007年版，第110页。
② （清）张彦笃、包永昌修纂：《洮州厅志》卷十六，番族，光绪三十三年（1907）。

三 卫军改为屯丁

"卫军改为屯丁"是清政府在全国推行的国策,前明洮州卫辖属"卫军"向"屯丁"转换,其势不可逆转。所谓"屯丁",实质就是民户,其成为民户的重要标志是"屯地"可以合法买卖。洮州卫军屯土地买卖的现象从宣德年间(1426—1435)就已出现,但当时军屯土地买卖为明政府所禁止,属于民间私相售卖的非法行为。军屯土地要合法买卖,是清代初年才可能实现的事情。顺治十年(1653),李达家族出现一份土地买卖契约,证明清初洮州卫军屯土地买卖已经合法:

> 立卖地土冠带应袭李大任为因缺少使用,今将祖父所遗城北治里地桥湾地土一处共七段下籽石数不等,其地四至,东至什四地为界,南至红土嘴为界,西至大沟为界,北至马家地为界,四至分明,情愿卖与六叔李化龙名下父子永远耕种为业。得到地价银货一十五两整。当日钱地两交,并不欠少。自卖之后,如有外人等争言,大任一面承当。恐后[无]凭,立此文约存照用。
> 随带原契一张
> 验讫(汉满合璧方印"洮州卫守备印")
> 　　　　中见人马文哥,钱一百文
> 　　　　亲母史氏,钱三百文
> 顺治十年正月十二日立卖地土侄李大任
> 　　　　男李众佛保
> 　　　　李吉祥保,二人钱四百
> 家人　张包子
> 　　　　骆哥子,二人钱二百文
> 　　　　　　　　　　　　永远为照①

这起土地买卖发生于李达家族内部族人之间。所谓"冠带应袭",大约因为清政府取消了洮州卫军官的世袭特权,但洮州卫当地各级军官后人仍然认为应该继承祖辈"冠带",故自称"冠带应袭",其拥有的土地为军屯土地。这份地契写有"验讫"二字,其上还盖有一方满汉合璧文"洮州卫守备印"红印章,表明军屯土地买卖得到了洮州卫守备的检验与认可,洮州卫屯地买卖属

---

① 文中 [ ] 内的字为作者所加。

于合法。这种合法性正是来自顺治三年（1646）清政府推行"卫军改为屯丁"的国策。据康熙《洮州卫志》载，清初洮州卫户口"原额屯丁并节年招徕编审新增实在共丁一千五百八十丁"①，如果把一丁算作一户的话，那么清初洮州卫有1580户的前明"卫军"转变为"屯丁"。在这样的历史背景中，清代洮州相继产生土地买卖契约。洮州包氏家族保存了一份雍正十三年（1735）地契，其契约残缺了周边契纸部分，残文如下：

……沟西至本家地，北至本人场墙，各为……路从东行走，父子商议情愿出卖，凭中人殷仲春等问到包万显父子名下永远为业。得到地价银四两整。除酒礼□字在外。自卖……万显父子作为庄稼修盖，不干尔魁父子之事。如有房亲户内人等争言者，有尔……面承当。或尔魁父子有返言者，自认嗑嚇之罪。恐后无凭，立以卖约存照用。每年税年一斤并地亩丁银交原主上仓。

中人　张廷荣　殷仲春　孙现福　各……
　　　　……房亲人等新……
应袭宋梁仁 给银一分　宋七十二 给银……
雍正十三年十月二十二日立卖约人宋文德……
　　　　　　　　书约生员宋长城……
　　　　　　　　　　　　永远□□

这份地契上盖有洮州卫官方红印。卖方宋氏为明代军官之后，故有"应袭宋梁仁"之语，其土地应为军屯土地。包氏购买土地后，仍需把地粮和丁银交给宋氏，由"原主上仓"纳粮缴税。随着洮州卫"屯地"合法买卖现象越来越多，洮州卫"屯丁"向民户身份转化的步伐也就越来越快。

四　汉番草山纠纷

康熙三十六年（1697），原属明代洮州卫左所管辖的东路②境内距离洮州卫所新城约六里地的刘旗出现了一通界碑，主要处理汉番之间的草山纠纷与划界问题。这通碑记录了清初汉番关系的变化：

署洮州卫张为赏给执照，以便永远遵守……继龙□□等控告刘旗强霸

---

① （清）乌兰、吴壆编纂：《洮州卫志》卷四，户口，康熙二十六年（1687）。
② （清）乌兰、吴壆编纂：《洮州卫志》卷二，堡寨，东路，康熙二十六年（1687）。

草山一案，内有干证，侯……刘豹子董万希□□□徐自勉等，执出草山字据，内载在田场，本……当堂□□，况为一人之己私，绝众家畜之咽喉，于理不可。照依……不查□□册内刘旗重众姓，每年上纳草山额粮一斗，……手无□□仓无合粮，盗买干证，强夺草山，假充……合行□□。为此照仰刘旗刘豹子、董万希、徐自勉□□□永……牲畜□□□人擅入争夺。倘堂断之后，其杨朝辅……争夺□刘旗刘豹子、董万希等执字鸣官，决不宽恕。□□□遵……者□□□□草山四址：东址虎坐石，南址深沟嘴并□沟，西址党家路，北址长松树各为界。

大清康熙三十六年三月十七日　刘旗什人等公□①

"署洮州卫张"应为洮州卫掌印守备张良臣。据光绪《洮州厅志》卷十《职官》载录，张良臣于康熙三十六年至四十五年（1697—1706）担任洮州卫掌印守备。这通碑文大致讲述刘旗一方与另一方就放牧牲畜的草山发生纠纷与争夺。刘旗一方作为军屯户民，他们自明代以来就管理这座草山，故执有"草山字据"，"每年上纳草山额粮一斗"，以此为凭据打赢了这场官司，明确了草山四至，得以照旧牧放牲畜。由于石碑阳面风化和残损的情况颇为严重，很难从现存文字看出与刘旗争讼的另外一方的姓名、背景和身份。但这昭示了一种社会现象：草山争夺成为清初洮州地方的主要社会矛盾。康熙年间与刘旗争夺草山的另一方到底是谁，这通石碑的碑阴文字给出了答案。咸丰六年（1856），这片草山再次被双方人等争夺，又一次诉诸公堂。刘旗一方人等把这一次草山争夺的来龙去脉以及康熙年间的旧情，全部勒刻于这通石碑的碑阴，让后人知道康熙年间与刘旗村民争夺这片草山的另一方是洮州卫的昝土司。其碑阴全文如下：

立传后须知永守草山情形事。情缘咸丰六年间，据昝土司控告刘旗什人等，以强霸草山、不令牧牲等情，具控在案。有严厅主亲临草山查验时，其昝土司身带番兵数百，犹如猛虎出山，驰赴草山之境。将无作有，原将名叫黑马家坟滩……既将无影像之草滩，假充祖宗祭奠拜扫，实乃藉此争夺草山之意。那时什人心血难甘，于伊争斗一场。伊恃土司之声□，□压百姓，如浮云遮日，蒙蔽厅主，断令草山两造公牧。什人岂肯允从，亦未具结，案悬日久。不料陡起恶心，以争斗草山之情，□在巩昌府宪大

---

① 这通碑现存于新城镇刘旗村。有关碑文的记录还可参见张俊立主编《临潭金石文钞》，第53页。

人辖下，即饬委通渭县马大老爷来洮，亲赴草山，勘验详察。有什人查出草山字据，□辅等为草山争控在前署衔张案下，将伊当堂枷示，与我赏给断札，刊立铭碑，呈明电阅。什人又呈诉词云：为……马，恳恩作主，扶弱锄强，以杜祸根事。情缘先时侯瞎子系昝土司之先人，与杨朝辅充当干证，后人弃干证而……证，夺业之例，那有皇仓无粮之基。盖闻普天之下，莫非王土；率土之滨，莫非王臣。是子民之，自古以来□□有据之……粮上皇仓，银储国库，为邦之本也。邦是民之业也。人民有粮即有地，有业即有主。其番民原设□□□泉湾儿族……黄风湾族一处，两族俱各上半山牧牲，下半山种地。后藉伊土司之重势，以强凌弱，以众暴寡，逆行争夺等情，俱诉在……老爷晓明大情，当堂讯断，即饬番民照依两族之地管业，其外不得横夺。又劝汉民仍将兑儿条湾阴坡，系混连民之……开拓让给一些，其界准栽至汉民草山，南至深沟嘴官路为界，各息讼端，以合怜之谊，饬令两造照旧管业，具结销……谋业未遂，心生鬼蜮，二次复告在严厅主案下。什人等仍将字据、碑记、诉词，又查出康熙年间卷宗，一并呈阅。当堂……老爷断语断案，查汉民草山，四址分明：东至虎坐石，南至深沟嘴，西至党家路顶，北至长松树甲木局，各为……。具结在案，泾渭既分，曲直有归，应使外人不得争夺。倘后昝家如有复争情事，书立记事铭碑，永远遵守……

咸丰八年四月初九日刘旗两会绅耆：贡生刘生秀　生员徐以增　徐以采

执事：刘克俊　许薛家保　汪十月来　贾马代　阎新神喜　杨生奎

老民：位尚俊　徐辛未　阎家神喜　贾学至　白圣母代　寇林勋以及……

碑文所记之"昝土司"为明代洮州卫第一个土官南秀节的后人，有明一代其土官职位世袭罔替。迨至清王朝统治洮州卫之后，其后人昝承福"于康熙十四年以功授游击衔"[①]。虽然昝承福名为"游击"，其实与明代土官职权无异。据《洮州厅志》记录来看，昝土官能够重新获得清政府的世袭授职，与他们在吴三桂反清过程中坚定支持清政府有关。康熙年间，刘旗一方人等称世袭昝土官为"土司"。《洮州厅志》载，康熙三十六年（1697）昝土司为昝承福之孙昝继祖。据咸丰六年（1856）草山纠纷来看，昝土司为了争夺这片草山，甚至模仿了汉人祭祀祖先的做法。明代洮州军官把祖先画像挂于堂屋正中祭祀，今天的临潭

---

① （清）张彦笃、包永昌修纂：《洮州厅志》卷十六，番族，光绪三十三年（1907）。

县刘贵家族后裔依然如此祭祀祖先。此种挂于堂屋正中的画像即为"神祖图"。昝土司为了争得这片草山，谎称这片草山是用来祭祀祖先的。刘旗一方人等则驳斥道，昝土司连祖先"影像"都没有，这片"无影像之草滩"怎么可能是他用来祭祀祖先的呢？洮州厅同知严长宦实地调查，昝土司趁机带领数百番兵包围了严长宦，胁迫他把草山判分出一半给了昝土司。刘旗一方人等当时没有准备，既无法抵御昝土司的胁迫，也不同意严长宦的判定。刘旗与昝土司就草山归属又持续了两年纠纷。最后，刘旗一方人等把康熙年间的字据、碑记、诉词以及康熙年间洮州卫衙门里的卷宗一并找了出来，要求洮州厅同知严长宦重新把另一半草山划归刘旗一方管辖。这一纠纷方才告以结束。

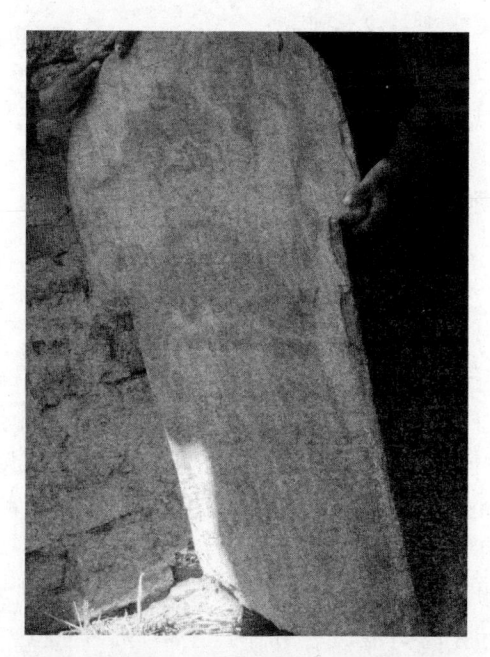

图 6　刘旗众人与昝土司百姓的草山界碑

咸丰六年（1856）之后，这通界碑立于刘旗龙神庙的庭院内。1958 年以后，这通界碑被时任刘旗青苗会的刘姓提领悄悄移至自己家中的牛圈内保藏，保存至今。

　　清代康熙至咸丰年间刘旗汉番之间的草山纠纷说明，洮州地方社会的势力格局发生了显著变化。在明代，洮州卫防卫体系本建立于三面临番的洮河北岸地区，军防堡寨的选址即以防御和控制番人为目的，洮河北岸的许多支流已经用军屯堡寨名称来命名，间或有"古尔占""洛藏"等番语堡名，显示汉人军屯卫所、堡寨穿插于番人之间，构成了洮河北岸地区汉番混居的空间格局。明代洮州卫没有留下有关汉番之间草山、土地争夺的记录，这并不意味着当时社会没有草山纠纷。事实上，明代洮州卫千户、百户历次领兵讨伐番人以开疆拓土，就是通过武力开拓番人地域来解决类似的纠纷问题。及至清代，洮州卫土官照准袭替，其势力依然强大，例如康熙三十六年（1697）昝继祖仍带"游击衔"，有权力组织地方武装。《洮州厅志》载，昝继祖"报部番马兵五十名，步兵一百名"①。相形之下，洮州卫军屯户渐变为民户，就此疏远了与洮州卫军队的关系。原本要控制周边番人的汉人群体被解除军事武装后，立刻面临周围番人势力的逼厌。洮州卫境内的番人势力相对强大，汉人势力减弱，导致两群势力陷入对草山与土地重新分配的争夺之中。这种争夺表现为汉番之间的民事纠纷，需由洮州卫掌印守备来"当堂讯断"，而不似明代那样随时调集军队进行武力征伐。康熙四十七年（1708），在现今的卓尼县藏巴哇乡新堡村南约两公里处的山坡上又出现一块界碑：

> 狄道县、洮州卫，蒙临巩、洮岷两道宪大老爷，并准甘肃行都阃司，饬卫会县，遵奉详批，屡经勘合，明确田土，立石定界，永为遵守。自四轮磨迤东屯民地界，四轮磨迤西番民地界。各守界址，勿得混争，有干罪戾。
>
> 大清康熙四十七年三月初十日立②

界碑中的"屯民"即指前明洮州卫军屯户人等，他们在清代官方正式文献里又被称为"屯丁"。这批汉人屯民与当地番人发生田土地界纠纷后，上诉到洮州卫，洮州卫的主事人员会同巩昌府、洮岷道和狄道县的官员一起勘合地界，明确了屯民与番人之间的土地界限，立下界碑以提示番汉人群各安其分，勿得再发生"混争"。

康熙后期，洮州卫土官势力进一步增强。据光绪《洮州厅志》载，康熙四十八年（1709）洮州卫军队对洮州附近生番地区进行过一次征伐。这次征伐由流官张宏印带领洮州卫兵马，依赖当地土官黄登烛坚错、马天骥的军事力量完成，洮州卫屯民不与其事。随后，康熙五十一年（1712）、五十三年（1714）洮州卫南部的生番相继投诚，清政府让土官杨汝松管辖这批投诚番人。③ 土官杨汝松的祖先就是明代洮州卫辖下的土官些的，其后人在成化年间被赐姓为杨。在康熙十四年（1675）的吴三桂反清活动中，土官杨朝梁支持

---

① （清）张彦笃、包永昌修纂：《洮州厅志》卷十六，番族，光绪三十三年（1907）。

② 张俊立主编：《临潭金石文钞》，第59页。另，《卓尼县志》亦收录此碑文。请参见卓尼县志编纂委员会《卓尼县志》，甘肃民族出版社1994年版，第776页。

③ （清）张彦笃、包永昌修纂：《洮州厅志》卷十六，番族，光绪三十三年（1907）。

清政府，从而"以功授洮岷协副将，并加世袭，拜他喇布勒哈番三品世职，准袭二次"。① 杨汝松为杨朝梁之孙。康熙五十三年（1714），深居在洮岷所属边外大山之内的生番喇子等十九族在头目扎世咱等的引领下归顺清王朝廷，所献地方周围约有一千余里，共计1292户，合8046人，清政府准许这片地域由土官杨汝松管辖。② 清政府多倚助这一支土官来管理洮州卫番人，促使这支土官在康熙年间得到大规模发展，其下辖48旗，所涉地域东至岷州归安里交界60里，南至阶、文、西固、四川松潘龙安交界四百余里，西至洮州户口六哨风库交界130里，北至洮州作盖交界110里，共有520族，总计11599户。③ 当地人将这支杨土官俗称作"大杨土司"。

从康熙中期开始，洮州卫汉番争夺草山的纠纷一直未有停歇。为了平息纠纷，洮州卫官府只得以明代军屯户开拓的土地为汉番界限，勘合土地四址、竖立界碑，以避免汉番之间矛盾进一步升级。乾隆八年（1743），洮州卫城附近又连续出现两通汉番交界碑。一通为当年四月所立，内容为："洮州抚番府王，于乾隆八年四月二十五日验断，罗卜沟寨大墙匡庄与昝、杨二土司所管力洛族接壤，在于力洛沟之口旧立碑处，仍立汉番交界之碑"。④ 这通石碑今天亦立于临潭县石门乡力洛沟口内小道旁的山坡之上。另一通石碑为当年五月所立，其文如下："洮州卫正堂王，奉巡抚部院黄令，将汉番地方分土交界，乾隆八年五月初八日立碑。"⑤ 这通石碑曾立于今天临潭县羊永乡孙家磨村白杨树园子，现已不存。明代洮州卫官军开拓的土地，到了清代需要由官方竖立界碑保护起来，这正是"卫军改为屯丁"国策带来的重要地方社会变化。

第二节　新城青苗会

清初，洮州卫汉人丧失军屯户身份，面临着反被洮州番人包围的态势。这种不太妙的现实情况使前明军屯户人群想方设法另辟蹊径，努力来维护他们昔日在洮州卫的强势地位。否则，这群汉人在被番人三面环绕的社会环境之中难以继续生存和发展下去，稍有不慎，就可能在某一次番乱之中被赶出洮州。洮

---

① （清）张彦笃、包永昌修纂：《洮州厅志》卷十六，番族，光绪三十三年（1907）。
② 《圣祖仁皇帝实录》卷二百六十一，康熙五十三年十二月辛卯条，《清实录》（第六册），第577页。《圣祖仁皇帝实录》把"杨汝松"记作"杨如松"。
③ （清）张彦笃、包永昌修纂：《洮州厅志》卷十六，番族，光绪三十三年（1907）。
④ 张俊立主编：《临潭金石文钞》，第65页。
⑤ 同上书，第64页。

州新城青苗会就是在此社会背景中兴起的,它是一个在"看青护苗"的名义下以前明卫所官兵的身份认同为基础的社会组织。所谓"新城",即洮州卫城。"新城青苗会"兴起之初涵盖了以洮州卫城为圆点、半径 50 里地之内的前明军堡村落。

一 宋城隍的产生

洮州新城青苗会的兴起以洮州卫新城"宋城隍"的出现为开端。新城是洮州汉人势力的中心,城隍则是汉人聚居城镇的符号象征或者说精神依靠。康熙《洮州卫志》有载:"城隍庙,在城北。"① 新城城隍被赋予"人格神"的属性与洮州卫军官——宋家庄宋氏家族具有密切渊源。距离洮州新城西面约十里的地方至今仍然居住着明代洮州卫指挥佥事宋忠的后人。宋氏族人保存了一本《宋氏家簿》,详细记载了其祖先来历以及在明代的袭替情况。据《宋氏家簿》载,宋忠之父宋珪,原籍徐州直隶二乡屯头村人,元末追随徐丞相从军,一生南征北战,最后因战伤去世。其子宋忠实授总旗一职,历次征战有功而升为沈阳卫后所世袭正千户。永乐元年(1403),宋忠被铨选为陕西都司洮州卫世袭正千户,是为宋氏入住洮州卫之始。万历四十二年(1614)宋邦宁袭职,四十四年病故,其子宋双寿年方三岁,照例告保优给,不幸期间患腰疮病,于天启三年(1623)五月十五日病故。至此,宋氏无人承袭洮州卫指挥佥事一职,变成一般军户家庭。清代康熙后期宋氏再次重修《宋氏家簿》。主持修谱之人为宋茂奇之子宋瑞。宋瑞为自己的父亲宋茂奇写了一份《儒庠士显考云峰府君行述》,记载了宋茂奇如何成为洮州卫新城城隍爷即"宋城隍"的传奇故事。据载:

……生于明万历四十二年十一月二十日午时。幼而颖异,长入胶庠。平居独嗜书籍,终日不释。其人端严正直,庄敬日强而举止安闲,淡然无欲焉。乡邻宗族莫不敬若神明也。以故本卫赵、本学张二公尝题"三多并茂庆余堂"数字,爰颜其额,以光门楣。迨至晚年犹可异者,神妙莫测之事。至昏暮时,家人夜出,偶遇有人持灯笼扶轿乘,旌旗导前,骑卒拥后,来盈我门。家人惊问其故。佥曰:"特应尊神以理政事。"家人异而反询诸我先父。先父竟不动声色,警戒瑞等勿言。家人每遇如此,正在猜疑之间,于康熙四十二年正月二十九日临终,嘱先慈任氏孺人曰:"吾将归尽,汝当慎持家事,义训诸子,如吾生前可也。今而后敬识吾言。"

---

① (清)乌兰、吴堃编纂:《洮州卫志》,庙坛,康熙二十六年(1687)。

孺人惊问曰："君其无恙，胡言及此。"先父曰："将赴吾任。"孺人曰："将焉赴任。"先父曰："本邑城隍府即任所也。"孺人游移未定，竟语毕而果终矣。夫聪明正直而一者，神也。知吾先父生前为人是此，其作本邑城隍，岂有愧欤？矧有遗言，姑置勿论。且家人于生前历历见之。后抱关击柝者又见夜半城门忽开，询其故，伊谓："宋城隍关外去。"守者惊惧不敢褒视，急报于官。官验之果真，每岁送仪从等项，以送往迎来。即令合族之人呈图写真，以垂后世也。不孝男瑞等按之，古人韩忠公、寇莱公皆作阎罗王，他如石曼卿以及丁度皆主芙蓉城者，类皆如此信乎。吾先考为城隍之神，诚不诬耳。

洮州卫儒学廪生马书升填讳

宋茂奇被塑造成"宋城隍"的时间点，应在他逝世之后至这篇《行述》成文之间。据《行述》可知，宋茂奇（1614—1703）享年90岁。"本卫赵"当为康熙十年（1671）任洮州卫掌印守备的赵宗文。考之光绪《洮州厅志》卷十《职官》，赵宗文任职至康熙四十四年（1705）。"填讳"书写这份《行述》之人为马书升，他当时的身份为廪生。考之《洮州厅志》卷十一《选举》，马书升为康熙丁酉（五十六年，1717）科举人，是清代洮州卫的第一位举人。据此可以推断，宋茂奇被塑造成新城城隍爷的故事大致产生于康熙四十二年至五十五年（1703—1716）之间。宋城隍故事产生的时间点与番汉之间草山相争具有内在关联。康熙三十六年（1697），在距洮州卫城东面五里之地的刘旗发生了一次汉人与番人争夺草山的纠纷。这次纠纷事件在洮州卫汉人社会中的影响应该很大。距离洮州卫城西仅十里之地的宋氏族人应该知道这件事情。加之刘旗、宋家庄都是明代军官、军屯户的后裔，面对与他们混居在一起的洮州番人节节侵逼，这些军屯户的后人心里自然有一种隐隐的危机感。他们要想办法维持"明代军官兵身份"以继续控制各处草山，这应是"宋城隍"故事产生的社会动机与时代背景。

宋茂奇能够被塑造成洮州卫"宋城隍"，还有几个必要条件和关键环节。宋茂奇身为明代洮州卫指挥佥事宋忠之后人，他是前明洮州卫官兵后裔的代表。宋茂奇本人是洮州卫庠生，他也是洮州卫士人的代表。加之宋茂奇身为洮州耆老，其生前就已得到洮州卫官方题字表彰。前明军官后裔、士人和耆老等多重身份的叠加，有助于传播宋茂奇的神话故事。在传播的过程中，不仅有洮州卫最有学问的儒学廪生马书升对这则故事的推崇，还有洮州卫城打更巡夜人和守城门者对这则故事的渲染，最终博取洮州卫官员的相信。"宋城隍"从神话故事到民间信仰的确立，即是被军官后裔创造、被新城汉人传播、再被士绅

图 7　宋城隍塑像

2012年新城城隍庙大殿内景。宋城隍塑像端坐在殿内中央，享祀每月农历初一、十五乡民的敬香敬裱。

学者肯定、最后被洮州卫官方认可的过程。一个家族的族人被官方确认为当地的城隍爷，接下来就要配套系列的祭祀仪式："每岁送仪从等项，以送往迎来。即令合族之人呈图写真，以垂后世也。"这正是宋城隍故事所要实现的社会目标：经洮州卫官方许可之后，宋氏家族成员每年都要从十里之外的宋家庄浩浩荡荡结队赶往洮州卫城的城隍庙，祭祀自己的祖先。从官方的角度来看，清代的城隍本为一城之保护神，载于官方祀典。民间社会隆重祭祀城隍爷，官方顺其自然，乐于鼓励这种活动。洮州卫官方每年向宋氏族人提供旗鼓等礼仪用品，要求宋氏族人呈上宋茂奇的"写真"画像挂于城隍庙内，以副"宋城隍"之实。

康熙后期，"宋城隍"成为联结洮州卫官方与洮州卫汉人力量的结合点。宋氏族人每年结队前往洮州卫城城隍庙，已发展成为非常重要的社会集体活动。康熙后期，洮州卫制度改革不到60年［自顺治十二年（1655）算起］，当地应该还有诸如宋茂奇这样的耆老存在，他们仍然能讲述前朝洮州卫官兵勇猛作战征讨番人的英雄故事。与这些口传历史相对应的，还有前朝皇帝敕书等珍贵文献资料佐证。这些光辉历史时刻激励着转变了社会身份的军官兵后裔维护自身的社会地位。面对依旧世袭罔替的洮州土司以及咄咄逼人的番人势力，洮州卫军屯户后人亦在寻找另一种合法的集体行动，以凝结成有效统一的汉人力量共同应对番人社会。于是，每年一次进新城公祭城隍爷的活动成为最好的方式。可以说，康熙后期洮州卫宋城隍的出现，成为后来洮州各地青苗会巡路并集结于洮州卫城城隍庙的肇始者。直到今天，洮州青苗会总会长仍然由宋氏族人担任，其历史原因正在于此。

二　修谱的兴盛

宋氏家族通过修谱塑造了宋城隍，这种示范效应激发了洮州卫其他前明卫官族人修谱的热情。修谱，开始成为洮州卫汉人集结力量的另一种方式。洮州金氏的例子最为鲜明。目前看到的《金氏祖谱》是2003年的版本。据这本家谱后记介绍，《金氏祖谱》为上、下两巨册，下册在"文化大革命"期间被抄家搜去，所幸上册"蒙尘多年，尚得偏安"。金氏后人在2000年重修《金氏祖谱》时收录了老谱上册的多篇序文，包括康熙六十年（1721）和乾隆七年（1742）的序文和短跋。根据这些序文可以知道，《金氏祖谱》初修于康熙六十年（1721），再修于乾隆七年（1742）。康熙六十年（1721）初修者为洮州卫掌案金秉斗和洮州卫医官金秉贞，他们在序文中指出："吾家祖籍南京纻丝巷。吾始祖考殁葬于彼，未及详载。惟吾始祖妣沈氏育子三人，长朝兴、次鼎兴、少则建兴。自生而英勇非常。居家孝，故事君忠。于明洪武十一年秋八月西番等处戎寇为乱，敕同西平侯沐英为征西将军。"金氏的祖先是跟随沐英平叛洮州"十八族番乱"、与曹国公李文忠共同督修卫所新城的金大都督府事奉国将军金朝兴。

乾隆七年（1742）金氏再次修谱。这次修谱活动成为洮州卫读书士子间的一大盛事。《金氏祖谱》共收录了五篇洮州卫士子所写跋语。第一篇跋语为王继尧所写。据跋语记载，洮州卫乡约金殿试是主持填续金氏家谱之人。入秋的一日，和风煦暖，金殿试去洮州卫凤山书院拜访友人。是时，热衷于洮州地方史的王继尧等读书人齐聚在凤山书院内阅读《朱子纲目》，后来又读《明史》。他们谈论到《明史》里的"金朝兴"时，几位士子褒扬宣德侯金朝兴"功高东陕，名重西倾"。金殿试恰其时步入凤山书院，"向余笑而言曰：'先生所读者何书也？'余应之曰：'史书。'殿试曰：'某代史？'余曰：'《明史》。'殿试曰：'明天子所敕封宣德侯金讳朝兴者，乃吾始祖也。今吾有志纂修家谱，恨无一人以叙之。兹吾与兄忝在知己，盍题一言于其部首。'"王继尧爽朗地答应了金殿试的请求，给《金氏祖谱》写了这篇跋语。王继尧还对在座的其他同好讲道："余由读史而叙金子家谱，抑由叙金氏家谱而读史也。"

第二篇跋语为王鸿赋所写。据跋语载，王鸿赋拿着康熙六十年（1721）修撰的金氏旧谱"展而读之"，方才知道金殿试家族"为洮城平番都督府奉国将军宣德侯讳朝兴之苗裔"。于是王鸿赋谦虚自忖，金氏旧谱的世系门第不仅有国书记载，还有乡评荣题，掇语详明，自己虽不必再赘言详述，因是"阔大其谱，重勒世代次第"，所以"持毛锥，续貂尾，而为之跋"。第三篇跋语为洮州卫庠生武德隆（时年72岁）所写。武德隆肯定了金殿试修谱的活动，其跋语写道，金氏先祖金朝兴为明代旧勋，功烈盖世，岂能任意将这一系谱湮没在历史路尘中无迹可循，"余乐其成尔。俾金氏世逢清明，拜扫祖茔，其祖宗之灵如在其上焉"。除上述三人外，洮州卫庠生赵邦宾和李作标写有短跋。可以说，乾隆七年（1742）成为洮州卫士人重视修谱的一个重要年份。从此，修谱成为在洮州卫军官家族的一项重要活动，加强了具有卫所官兵后裔身份的汉人认同与团结。

图 8　金标老人与《金氏祖谱》

金标老人是依据乾隆年间金氏家族的老谱重修 2003 年《金氏祖谱》的主导者和组织者。

三　城乡七会

乾隆十三年（1748）洮州卫正式裁卫改厅[①]，洮州卫仅存的中所和右所一

---

① 赵尔巽等：《清史稿》卷六十四，志三十九，地理十一，甘肃，中华书局1977年版，第2113页。

并被裁撤，隶属于中所和右所的屯丁从形式上完全转变成民户，洮州进入厅治时代。如何重新整合这里的汉人力量，应该是新城原中所管辖的屯丁们考虑的问题。几年之后，"城乡七会"——一个新的社会组织出现在新城城隍庙中。乾隆二十年（1755）新城城隍庙内竖立了一通石碑，该碑文收录于《临潭金石文钞》，其文如下：

> 从来欲民物之各随其生而各得其所者，在乎耕牧也。我洮处在极边，山高地冷，土瘠民贫；田土草厂，尤甚狭隘；日用之度，赖耕牧以养生命。虽田土各有其额，而牧厂原无分司。惟城北党家沟山后，原设草山一处，系在大沟底青龙湫池迤西一带，东址神山顶、马鸡坡，沿岭南党王二沟、元石头、西大沟、西口椽子嘴，沿岭北石头沟、河谷为界。自古历今，接辈相传，皆系城乡七会士庶军民牧牲之草厂。近年以来，被朋谋作奸告垦，幸逢我仁恩张卫主驾临，踏验得实，为龙神、湫池、神林众姓牧牲草山。我公上体皇上简命之德，下恤生民衣食之艰，验明当堂给照，准其承纳后所李七花税粮一斗五升，永为牧牲之草山也，皆赖我公曲成所致。公德政洋溢，恩泽叠沛，民无能名焉。由是城乡七会众姓人等，李光明会同众姓，慨然兴拟，在于……动土勒石，大书深镌，永垂久远，谨志不朽矣。
>
> 神林油贴、军单二张，俱交李之成收存
>
>   城乡七会众姓人等提领……
> 大清乾隆二十年岁次乙亥四月十八日立
>   都阃府稿房丁世臣撰　赵文彩书①

想要充分理解这通碑文蕴含的信息，有必要把碑文中的"城乡七会"与洮州卫的裁撤、前明卫所官兵后裔身份转变、新城城隍庙以及祭祀宋城隍综合在一起来思考。据《临潭金石文钞》载，其碑阴尚有一些残字："其碑额正中分两行自左至右竖刻'重修寝宫□□'6字，楷书，每字6厘米见方。碑文可识者有'福神'、'会少长咸集□不有意'、'士庶军民人等'、'分七有□□阜'及末行'大清乾隆□十□'等字。每字1.5厘米见方，楷书。"② 这通碑立于城隍庙内，碑阳文字已然出现"城乡七会人等提领"。依据碑阴文字来看，时人似乎还重修了城隍庙内的某些建筑。这些信息证明乾隆二十年

---

① 张俊立主编：《临潭金石文钞》，第70—71页。
② 同上书，第71页。

(1755)洮州新城以城隍庙为中心形成了七个"会",这些"会"分布在新城四围的七处地方。七个"会"均有内部组织,"提领"是这类组织的领袖人物。"提领"一词并非时人凭空臆造,它是明代南京兵部所属衙门"典牧所"的官员名称,其品秩为从九品。关于典牧所提领的职掌,据《大明会典》载,"凡在京征收刍草,俱于田亩内照例科征。当征收之时,户部先行定拟具奏,行移该征有司,限定月日。先取部运官吏姓名开报,候起运至日,照数填定拨各该卫所,并典牧、千户所等衙门交纳,以备支用"。① 这说明典牧所提领的职责是征收牧草。时值乾隆朝洮州厅治时代,城乡七会仍然公开沿用"提领"这一前明旧职名称,意在接续前明典牧所提领管理洮州卫草山牧厂的历史关系。由于典牧所提领在前明众多衙门里的职衔太小,寂寂无闻,清代一般官员不知其实,自然不会去深究"提领"的真实含义,这促成城乡七会仍然沿用"提领"一词,借此透露出前明洮州卫官兵管理草山牧厂的权力渊源,即如碑文所称"自古历今,接辈相传,皆系城乡七会士庶军民牧牲之草厂"。

城乡七会的组成人员是前明洮州卫官兵后裔,碑文中的"后所"和"油帖、军单"即是对这种身份的证明。"后所"即洮州卫后所,它于顺治十二年(1655)被裁撤,逐渐从军事管理单位演变为地理单位,被前明卫所官兵后裔所沿用。"油帖"应为"由帖",即明代政府发给军户、民户、匠户、灶户开荒的土地凭证。据《大明会典》载:"嘉靖六年,令各处板荒、积荒、抛荒田地,遗下税粮,派民陪纳者,所在官司,出榜召募,不拘本府别府,军民匠灶,尽力垦种,给与由帖,永远管业。量免税粮。三年以后照例每亩征官租,瘠田二斗,肥田三斗。"② 按照规定,军户"由帖"每十年更换一次,它作为明政府登记军籍文册项下的人丁、事产、籍贯、卫所等项工作内容之一。"军单"为明政府勾补军人的单证。明代对卫所军队人员采用造军册的方式管理,这些军册包括户口册、收军册、清勾册等。各府州县亦要造军户文册。如果卫所军人因逃亡、病故造成减员,卫所就根据军队的户口册向兵部上报清勾名单,兵部印制有专门的勾军军单,"每军一名,填单一张,用印钤记。隶兵部者,径送;隶都司者,类送兵部挂号,转发各司府州县,照名清勾"③。各府

---

① (明)申时行、赵用贤等修纂:《大明会典》卷二十九,户部十六,征收,凡征收草料,《续修四库全书》789 册,第 537 页。

② (明)申时行、赵用贤等修纂:《大明会典》卷十七,户部四,田土,凡开荒田,《续修四库全书》789 册,第 291 页。

③ (明)申时行、赵用贤等修纂:《大明会典》卷一百五十五,兵部三十八,军政二,册单,凡勾军册式,《续修四库全书》791 册,第 622 页。

州县收到军单之后,根据军单指定派送该州县军户一员补入相应的卫所军队。此份军单则由补入卫所军队的人员收执保存。

碑文中言明的四至范围即是自明代以来洮州卫官兵传统的牧放牲畜之地。回溯明代的历史,当初沐英、李文忠领军讨伐三副使时缴获了成千上万只牛羊,这些畜群足够军队食用两年。按照常理,军队必须寻找合适的草山牧厂放牧孳养畜群以备军队两年之需,由此推断洮州卫在建卫之初就给各屯军配备草山牧厂。洮州的自然气候与地理条件也决定了这种耕牧结合的经济形态。以今天临潭县县城城关镇(旧洮堡城)的气象资料为准,年平均温度为3.1℃,最冷月(1月)平均气温为-8.1℃,最热月(7月)平均气温是13.3℃,绝对无霜期仅为9—11天。① 考虑到全球变暖因素,明清时代洮州全年温度可能会更低。无霜期短促、常年低温和丘陵地貌等因素注定洮州不适宜大面积展开农耕生产,此地的汉人不会单纯凭借农业经济形态维持自身的长久生计,畜牧业成为必需的经济补充。洮州地区半农半牧的经济形态正好对应了碑文所言"赖耕牧以养生命"。当清代乾隆年间出现外人入垦草山的现象时,城乡七会出示了明代由帖和军单,以证明这些草山和牧厂均为城乡七会成员历来所有,不准外人垦种。

城乡七会把这些公告性质的文字刊刻于城隍庙内,表明城乡七会是依托新城城隍庙来组织活动的,他们可能也是祭祀宋城隍的社会组织。值得一提的是,这通碑文还出现了不同于城隍的新神灵:"龙神"、"湫池"和"神林"。这是迄今为止洮州发现最早有关"龙神"的文字记录。按照碑文叙述,城乡七会的草山牧厂属于信仰龙神、湫池、神林的众姓人等所有。换言之,这些草山牧厂属于龙神、湫池和神林。要合理解释乾隆年间出现的新神灵,还需要从洮州卫所制度的变更中找寻答案。在明代的洮州卫,这些草山、牧厂和森林概由卫所的提领专职管理,少有混乱。进入清代,卫所制度变更了,这些草山牧厂的归属权被悬空,即碑文所言"牧厂原无分司"。但是,前明洮州卫官兵后裔还要继续依靠这些草山牧厂维持生计,他们若以明代卫所早有管辖的理由来力争自己对牧厂的合法权益,显然不合时宜。既然卫所制度失去效用,城乡七会就制造一些新神灵,把这些土地资源归属于神灵名下,从而也就顺理成章地属于信仰这些神灵的前明洮州卫官兵后裔了。这大约是乾隆时期洮州"龙神"产生的社会历史原因。

可以想见,洮州卫中所虽然在名义上已不复存在,但是在实际的社会运转中换成了"城乡七会"的形式团结了新城周围的汉人力量。按照明代卫所制度

---

① 临潭县统计局:《临潭县国民经济统计资料》(1980—1992),1994年,第5页。

规定，一个百户所可以管辖112名军人，那么一名百户至少可以管112户正军户。如果再附加军余当房等人，百户所管人口数目远多于112户。一个百户细分为总旗两人，小旗十人。一个小旗管理十个军户以及军余。到了清代乾隆时期，前明军屯之地已经形成为村庄聚落，它们的名称按照东、南、西、北四路被康熙《洮州卫志》和乾隆《洮州卫志》所记载。因此，乾隆二十年（1755）的城乡七会整合了明代洮州卫中所管辖的"旗"这个单位内军屯户的聚落村庄。

有一点存疑的地方在于，城乡七会并非直接称为"青苗会"。目前尚不能找到城乡七会与后世青苗会关系的直接证据，但不容忽视的是：后世洮州青苗会延续了城乡七会奉祀龙神的做法，新城城隍庙依然是洮州青苗会的聚集中心，宋城隍亦为洮州青苗会崇奉的神祇。由此可以推知，城乡七会是洮州卫被裁撤之后在中所管辖的地域范围内进行的社会组织重建，洮州青苗会应是脱胎于城乡七会。由于资料所限，目前很难讲清楚城乡七会的发展过程以及它的具体运转情况。然而，距离新城以西70里的旧城青苗会提供了认识洮州青苗会发展的典型案例。

第三节　旧城青苗会

旧城即吐谷浑时期建修的旧洮州堡，宋、明两代这里已经成为汉番茶马贸易的传统市场。明代中后期，洮州卫指挥使修缮旧城，"城周二里，高二丈，长五百八十丈，底宽二丈，收顶一丈三尺。设南、西二门。南曰镇夷，西曰得胜"。[①] 乾隆十三年（1748）洮州卫被裁撤，旧城内的洮州卫右所一并裁撤。与新城城乡七会一样，旧城青苗会的出现属于在洮州卫右所管辖地域范围内的社会组织重建。今天旧城青苗会保存的一套清代文契，是我们认识旧城青苗会发展历史的重要文献资料。

一　五国老爷及其神路

现存最早的两份文契分别产生于乾隆四十七年（1782）和四十八年（1783），关涉的是旧城汉人与邻近番人就道路行走一事引发的纠纷：

（一）

立永断葛藤合同文字。新苗会会长袁栋、秦世隆、宋育德、姜复汉等，巴龙川番目龙卜次力等，原因春至夏天田苗茂盛，五国老爷领会长、

[①]（清）张彦笃、包永昌修纂：《洮州厅志》卷三，建置，光绪三十三年（1907）。

小班閤会人等，抬神采青献羊自北，巴龙川番子头目人抬神，原有神行路道一条。两家争嚷打架。首明本城斯民爷台处，唤齐公所与两家秉公详说，乡保会长将番子定罚服口后，再无争端。两家俱各心悦输服。若遇节年，五国爷巡山采青，神路一条，原来古迹。巴龙川番子迎神，不许汉人扭神打墙，番子亦不敢拦阻，照常办□巴龙川白嘛呢子大路为例。恐后无凭，立此合同文约存照用。

　　　　乡约　夏宗虞　丁□凤
　　　　　　　　　　　　乾隆四十七年六月十二日
　　合同人　巴龙川番目　官巴　昂哈　龙卜次力等
　　会　长　秦世隆　袁栋　宋育德
　　中间人　张尔义　李春霖

（二）

立永断葛藤文字。青庙会首民袁栋、李桂等，巴龙庄佃住民李春林，缘因林佃住巴龙，每年旧城龙神老爷踩青巡山，从李春林佃地内原有旧路七尺，其抬神众会人共走。此系原□巡山旧路。今因林开种此路，以致閤会人等首明总老爷，同本城乡约处□林又首卓泥杨老爷差头目查验。而李姓兑中头目三面言明，嗣后每年逢巡山踩青，不敢滋生事端，拦阻神道，任游古路。林父子输服息词。会首人等对头目等言明，任游古路，不许进庄扭打墙坦，不许攥踏田禾，许番人抬迎上山。此系同众两相议明情由。随有亲交与会说明。会中人亦输服息词。恐该人心不一，立此永断葛藤合同，一样二张。存照用。

　　卓泥头目
　　本城乡约丁育凤
　　青庙会首袁栋　李桂
　　书写生员　公克绳
　　在中亲友　位光弼　金有相　牛毛哇口　□代奇　张尔才
　　巴龙庄佃住人　番人龙卜兹力　李春林共立永断葛藤文字
　　乾隆四十八年三月十九　日立永断葛藤人　李桂　袁栋等同众会

契文里的"巴龙川""巴龙庄"即光绪《洮州厅志》所载"八龙池，在旧洮堡西北五里"①的一带地域。直到今天，这里的藏民村庄仍被称为巴龙

---

① （清）张彦笃、包永昌修纂：《洮州厅志》卷二，山川，光绪三十三年（1907）。

庄。乾隆四十七年（1782）春夏之交，旧城新苗会众人在会长、小班人等带领下，抬着五国老爷神像出山，举行"采青献羊"仪式。途中迎面遇到巴龙川番人头目人等亦抬其神像出游。两家在道路上互不相让，争攘打架。如果旧城新苗会在这场纠纷中输于番人，将表示他们以后不再有资格从这条道路经过，与道路相接的四至地域也不再属于他们。于是，旧城新苗会请来乡约、保长，又约到巴龙川头目龙卜次力，依靠洮州抚番厅的官方力量把巴龙川番人制服。新苗会指出，五国爷巡山采青之路是一条"古迹"，巴龙川番人必须同意新苗会抬着五国爷塑身走这条"神路"，以便"巡视"新苗会众人的耕地与草山。同时，洮州抚番厅也承认这条道路是巴龙川番人的迎神之路，规定在番人迎神之时，汉人不得"扭神打墙"。"扭神"是在今天临潭的龙神庙会里仍然延续的"扭神"游戏。当神轿被抬出来后，会内的两位或四位年轻男子面对面抬起神轿，利用臂膀的力量相互进行反作用力的运动，哪一方能够带动对方朝自己旋转的方向运动，哪一方就算作胜利。参考今天的"扭神"习俗，可以明了两百多年前的"扭神"内涵。当汉番双方狭路相逢时，双方都极力扭动对方的神轿，意图把对方的神轿扭转掉头，以令其后退或返回。这应是文契中"扭神"之本义。

待汉番争执后的第二年，旧城青庙会人等遵循原有"神路"抬神巡走时，发现途经巴龙庄的道路被挖断，已经被开垦做田地。经过查问，旧城青庙会才知道这是巴龙庄的佃户李春林所为。于是，青庙会人等通知巴龙川的最高番人首领"卓泥杨老爷"处理此事。这位杨老爷差了头目一起来现场勘验。所谓"杨老爷"，即大杨土司杨宗业，他在乾隆四十八年（1783）"因河州之乱，以功奉赏给三品顶戴，并赏戴花翎，领受兵部号纸"①，当时已博得清政府的信赖，根基稳固。旧城的乡约也被青庙会请来一同勘验现场。经双方协商，巴龙庄不准侵占道路以资垦地，恢复道路通畅；日后李春林不得拦阻青庙会人等"巡山踩青"，青庙会人等也不能进入巴龙庄"扭打墙垣""攘踏田禾"。以这份文契来看，汉番之间的耕牧土地相互穿插其间，青庙会在番人聚居的巴龙庄一带有世传土地，这是他们每年来这里"踩青巡山"的主要缘由。

两份文契涉及的汉人群体都是同一批人，如会长（首）袁栋同时出现在两份文契之中。两份文契述及的汉人神事活动内容也大体一致，且地点同一。文契事关的番人群体也是同一的，他们的头目是龙卜次力（第二份写为"龙卜兹力"）。从这些细节可以判断，两份文契属于同一"会"的文件存档。需要注意的一点是：两份文契在"会"与"神灵"两个关键词上出现了前后不

---

① （清）张彦笃、包永昌修纂：《洮州厅志》卷十六，番族，光绪三十三年（1907）。

图 9　曾经番汉争执的"神路"

山顶之上漆成白色的混凝土基座内插着多束柳条的建筑，是巴龙山的"山神"。通往山神的这条山脊小路即是旧城青苗会曾经与巴龙村番人相争的"神路"。

一的现象，如出现在第一份文契里的是"新苗会"，第二份文契里的是"青庙会"；又如，神灵名字也不统一，第一份文契称"五国老爷"，第二份文契称"龙神老爷"。这表明，乾隆四十八年（1783）旧城青苗会尚处于发展阶段，会的名称和神灵的名称都未固定下来。

旧城青苗会会众为前明洮州卫官兵之后裔。两份文契文字之间存有明代卫所制度的遗痕，如青苗会组织架构中的"小班"。考之明代官方记录，两条"小班"史料都与军队有关。正德十六年（1521）正德皇帝驾崩，因为没有儿子，于是皇帝之位传给了正德皇帝父亲的亲弟兴献王之长子，是为嘉靖皇帝。嘉靖皇帝登基改元，大赦天下，把正德朝的许多政治问题一一列举出来颁布天下，以示新皇帝"与民更始"。嘉靖皇帝布告天下"合行事宜"之中，有如下一条：

> 先在军门办事指挥张玺、张伦及掌案、写字等项人员，官勋赵真、殷大安、王镐、王缜、陈贵、庞玺、晁用、郑曦、贾铭、高淡、朱凤翔，管皇店千户赵姚俊，俱倚势生事，蠹政害人，内外军民，怨入骨髓。本都当处死，姑从宽。各连当房家小，押发两广烟瘴卫分，永远充军。其余跟随办事，管店助恶，有名小班、答应、旗校人等，锦衣卫还拏送法司究问。

中间罪恶显著者，一体押发两广烟瘴卫分，永远充军。家小随住，俱遇赦不宥。①

嘉靖皇帝整顿军队的力度很大，上至指挥使，下至小班，只要有"倚势生事，蠹政害人"情节，一律严惩。"小班"属于明代军事组织里层级很低的职役角色。又据《大明会典》载，弘治七年（1494）朝廷规定"京城九门守门官吏，如有私立小班，多勒客商车辆等项财物，巡城御史拏问"②。把守京城九门的官军有时亦会"私立小班""小班"亦为军事组织里低级职役角色。上述两条史料证明"小班"为明代军事组织的一部分。清代洮州旧城青苗会组织中的"小班"应是继承了前明军事制度，他们沿用"小班"名称的理由，应与新城七会沿用"提领"名称的理由是一样的。

旧城青苗会崇奉的"五国老爷"到底为何方神圣，我们可从明代历史和典制中寻找蛛丝马迹。明太祖朱元璋定鼎南京，于洪武三年（1370）十一月大封功臣。他册封了六位"公"，二十八位"侯"，赐给他们诰命和铁券，以及文绮、帛和白银。其中，受到敕封的六位"公"分别是，"韩国公"李善长、"魏国公"徐达、"郑国公"常茂（常遇春之子）、"曹国公"李文忠、"宋国公"冯胜、"卫国公"邓愈。③朱元璋规定，"俱令子孙世袭。惟常茂如无后嗣，兄终弟及"④。这六位"公"可谓荣极一时，风光无限。洪武六年（1373）二月朱元璋谕令："今后祭太岁、风云雷雨、岳镇、海渎、山川、城隍、旗纛诸神，朕亲行中五坛礼。余坛命魏、郑、曹、宋、卫五国公及中山、江夏、江阴三侯分祀"⑤，是为"五国公"连称之始。按明初的礼制规定，"告祭风云雷雨、岳镇、海渎、山川、城隍、旗纛诸神。中设风云雷雨、五岳、五镇、四海、四渎，凡五坛。东设钟山、两淮、江西、两广、海南、海北、山东、燕南、燕蓟、山川、旗纛等神，凡七坛。西则江东、两浙、福建、湖广、荆襄、河南、河北、河东、华州、京都城隍，凡六坛。共一十八坛"⑥，这些祭祀礼仪专属于皇帝主持行使。洪武六年（1373）二月，朱元璋命令五国公和三位侯（中山侯汤和、江夏侯周德兴、江阴侯吴良）代皇帝祭祀东、

---

① 《明世宗实录》卷一，正德十六年四月壬寅条，第35—36页。
② （明）申时行、赵用贤等修纂：《大明会典》卷二百一十，都察院二，巡视五城，《续修四库全书》792册，第489页。
③ 《明太祖实录》卷五十八，洪武三年十一月丙申条，第1126—1129页。
④ 同上书，第1129页。
⑤ 《明太祖实录》卷七十九，洪武六年二月癸酉条，第1437页。
⑥ 《明太祖实录》卷四十，洪武二年三月丁酉条，第804页。

西十三坛。五国公的政治地位被大大提高了。据此可知，明初开国功臣当以五国公为最。乾隆年间洮州旧城崇奉"五国老爷"，当为明初之五国公无疑，即徐达、常茂（常遇春之子）、李文忠、冯胜和邓愈。洮州祭祀五国老爷的习俗流传到清代乾隆年间已有四百余年历史。估计至乾隆年间，已是少有人知道"五国老爷"的具体人称，但"五国庙"和"五国老爷"的叫法被完好地继承下来。

据（一）、（二）文契来看，"五国老爷"与"龙神老爷"为同一个神祇。以洮州旧城为中心延伸出去的军屯堡寨在清代已经变成民村。这些民村仍然与旧城保持密切往来，传承着崇祀"五国老爷"的信仰习俗。"五国老爷"巡山踩青时行走的"神路"，与洮州卫右所在旧城周边设置的军屯堡寨有关，应是依循洮州卫右所通往各处军屯堡寨的道路。

二 合会与扩产

乾隆后期至嘉庆初年，旧城青苗会发展势头迅猛，相继在旧城内购买房屋地基，扩建庙宇，走向合会与合庙。旧城青苗会崇祀神灵的名称正式确定为"五国龙神"，组织名称也正式确定为"青苗会"。产生于乾嘉时期的几份文契记录了这一历史过程。

（三）

> 立卖地基文字人马存哥子同侄马九见，因为使用不足，无处借贷，今将自己分受北街空地一所，叔侄商议情愿出卖。有五国龙神建修厨房，地基狭隘。特央彭绪梅、范廷璋问到首事提领袁栋、李十九、王起圣等，青苗会虔心建修厨房，从来秉公说合，除酒礼画字在外，马存哥子、马九见叔侄实受地价厘钱一十一千五百文整。其地四字（至），北至韩麻子墙，西至本人，南至马化哥墙，东至庙宇。四至分明，毫无侵粘别姓地基。自卖之后，任凭青苗会建修，不干马姓之事。倘日后有房亲族人争端者，有马存哥子叔侄一面承当。若有自己叔侄返言价值不足者，许青苗会执字陈情，自甘罪咎。恐后无凭，立此卖契，以存后照用。
>
> 　　　　　问中人范廷璋　彭绪梅
> 乾隆四十九年五月二十五　日立约人马存哥子　侄马九见

乾隆四十九年（1784），旧城青苗会开始购买房产土地。此时的旧城青苗会应是琢磨透清政府的用意。从清政府的角度来看，青苗会就是农民看护青苗的会，属于农业生产互助组织，它有利于提高农业生产水平和减灾防灾的能力，这是政府允许此类民间农业组织存在的基本理由。旧城青苗会人等发现，只有固定使用"青苗会"这一名称，会社组织才可能取得合法地位。因此，从（三）契文开始，所有文契都固定使用"青苗会"一词，再也没有变动过。嘉庆六年（1801）五月一份官方发给的"执照"显示了旧城青苗会从"多会"走向"合会"的过程：

（四）

　　立写执照。众会人等，因为马脚位望，扯烂袍件，提领牛开江、姜重周，会掌杜长年、袁尚琳嚼口相让，仝铎约张自汗合会人等说合，日后不准扯袍。挽领留于单帐，存于庙管牛四十八。所有龙袍、袖衫、衣物等件，俱开于单帐。倘或以后内差一件，许庙管照字补给。执照存用
　　金有祖 牛开太 房铁个大 牛开□
　　铎约 张自汗
　　提领 牛开江 姜重周
　　会掌 杜长年 袁尚琳
　　合会 曹居广 杜如金 王祖贤 肖凤耀
　　合学 闫世安 金梁
　　掌柜 王国隆 金盘
　　□□ 彭显祖 牛三哥 闫新□□ 夏孟奇 陈二斤半 雷八十存 李龙虎代
　　　　　　　嘉庆六年五月初九　　　日
　　计开　　龙袍一件 大满缎靴一双 □一件 五莲铜灯一对 银袍玉带一条 小满缎靴二双 新旧锣四个 三莲铜灯一对 新旧袖衫五件 黄缎轿帘一件 红袖轿 大铜海灯四个 小铜灯三个 铜烛一对 老爷所穿袍带靴补救俱未开单张内 庙内日用旗绳等项以未开单张 袖缎椅□二付 袖缎坐褥三付 次后若有改侧、换新改旧、火化旧烂，俱全于会首。

（四）契文"执照"的日期之上盖有长方形红色官印，由于年代久远，印文已经模糊。原文日期本写有九日，在"九"与"日"之间空隔较远，空出的部分是用红笔写成的"十二"两字。执照中"龙袍"的"龙"原是写作了"庞"，有红笔书写了"龙"字覆盖在"庞"字之上，以示纠正。执照文字中所有人名的姓氏如"牛""姜""杜""袁"等字体上都用红笔作点。"计开"部分为另纸书写，粘于执照之左下角，粘接部分亦斜盖有大小形状相同的一方红色官印。"计开"内容里凡是涉及数字单位的，如"一""二""四"等均用红笔作点。据瞿同祖研究，此类文书的红色标记一般为州县官的长随所为，

是州县衙门签发公文时的必要一道程序，通常被称为"标判"。"一般而言，在下发公文、告示、捕票、证照和解送囚犯、银两的文书上要用朱笔写上某种标准的编码符号。公文中一个或几个关键字也用朱笔做记号标识。"① 可见，这是一份洮州抚番厅发出的标准官方执照文书。一个值得注意的问题是，过去旧城青苗会与番人打架争路所订立的合同都没有官方印戳，只是把洮州抚番厅的基层社会管理者乡约邀请来作为协调者和见证者。购买房屋地基的契约也是白契，没有请乡约前来作中证。何以这次"合会"事件需要洮州抚番厅以盖有官方印信的"执照"以资证明？这个问题需要在执照内容里寻找答案。

这份执照是由洮州抚番厅下发给旧城青苗会。执照中列具的各种祭祀"五国龙神"的物件以"计开"清单形式呈现。这些物件由五国龙神庙的庙管收存。庙管如若遗失这些物件，必须赔偿"补给"。依据常理，旧城青苗会的所有成员在提领、会掌的带领之下，在合会、合学人等参与的场景里制定一个内部管理物件的办法，由庙管具体执行，其程序既简单有效且能相互监督，何至于惊动洮州抚番厅出面规定青苗会内部祭祀物件的管理制度？若仔细研读执照前半部分所涉及的人事，我们可以看出一些端倪。执照的起始称谓是"众会人等"，而不是写作"会众人等"，俨然表明洮州抚番厅是针对两个或两个以上的会社组织颁发的一张执照。一般来说，青苗会由一个提领和一个会长（掌）共同构成高级管理层。（四）契文的执照里同时出现了两个提领和两个会掌，他们"嚼口相让"发生了争执，于是请来乡约说合。看来，会与会之间若发生矛盾，并且相互无法协调，必须由官方出面调解。会与会争执的核心在于"马脚位望，扯烂袍件"。众会经乡约调停后，由官府规定会与会之间"日后不准扯袍"。

关于嘉庆初年的"马脚"问题，目前尚没有更多的资料来考证，后文会专门探讨当代洮州青苗会的"马脚"，在此不作赘述。结合前几份契文内容可以勾勒出旧城青苗会的发展轨迹。嘉庆初年五国龙神庙出现了一个专门侍奉五国龙神的人物，被称为"马脚"，他在众会中的地位很高。旧城青苗会抬神出巡、游走神路期间，各会人等都在争拽"马脚"，力求马脚以及马脚侍奉的五国龙神塑身去往本会修建的庙中安顿下来，以便本会成员敬香崇奉，于是出现扯烂马脚袍身的事件。由于五国龙神老爷的塑身只有一个，而信仰五国龙神的人群已经形成好几个会，且各会都添置了祭祀五国龙神老爷的物件。多会而无首的局面使各会之间无法调解"争抢"矛盾，于是洮州抚番厅出面下达官方处理意见：五国龙神老爷塑身仍在旧城五国龙神庙中祀奉，各会持有的祭祀物

---

① 瞿同祖：《清代地方政府》，范忠信、何鹏、晏锋译，法律出版社2011年版，第122页注33。

件交由旧城五国龙神庙的庙管统一管理。这份执照的颁发，标志着洮州旧城青苗会合会圆满完成，各会的祭祀物件也被顺利归拢到旧城五国龙神庙内。

旧城青苗会合会之后财力与物力大增，已经具有经营多座庙宇的能力。嘉庆六年（1801）九月，旧城青苗会购买了五国龙神庙旁的一处地基房产，留下一份契约。其文如下：

> 立写实卖房屋地基文契人韩世勋，因为住居不便，今将自己祖遗北街至北向南土房二间，坐西向东土房四间，并院道出入，父子商议情愿出卖。央请亲识牛经芳等问到龙王庙提领会长姜宋周、牛开江、杜长年、袁尚琳等名下，从往来说合，三面评议。是议价纹银贰拾两整。除画字酒食在外。其房屋四至，东至龙神庙为界，南至马姓园为界，西至马姓房为界，北至官街为界。四至分明，毫无混杂。当日钱契两交，并无欠少分文，亦无准折等弊。自卖之后，任凭地方十人与龙神世守为业，不与韩姓父子相干。两家情愿，各无反悔。恐后无凭，立此永远实卖文契，存照用。
>
> 　　　　　　中间问到人　位朝相　牛经芳　闫灵官佑
> 嘉庆六年九月初二　日立卖约人韩世勋　男七十一　画合银一钱五分
> 　　　　　　书契生陈虞昆

契文出现了一座"龙王庙"，位于五国龙神庙的旁边，也由"提领"和"会长"来管理。嘉庆十六年（1811），旧城青苗会又置买了文昌宫附近的地产，继续扩大五国龙神庙庙产，并留有契约。在文契中，旧城青苗会把"五国老爷"又叫作"龙神老爷"，文中还把"五国"与"龙神"名称合二为一，称"五国龙神"。"龙神"本为新城城乡七会最先奉祀的神祇之一，旧城青苗会把"五国"与"龙神"联在一起称呼，从神的名称上实现了新城七会与旧城青苗会的神祇统一，为两会创造了走向联合的可能性。

三　地方权力组织

道光年间（1821—1850），旧城青苗会名义上是一个崇奉"五国龙神"的农业互助组织，承担看青护苗的职责。如果它要成为地方社会秩序的维护者和番汉之间互动规矩的裁定者，还必须获得洮州抚番厅的认可。这是一件很难的事情。清政府的地方官员最警惕和防备的现象就是地方社会出现强大的以某种信仰为纽带的社会组织。这些社会组织对基层社会的掌控程度会威胁到官府日常的施政行为，小至收税，大到地方动乱乃至有组织、有预谋的叛乱。在地方官员看来,如果辖境内发生骚动,就意味着自己在官场的进阶受到阻碍,甚或项上人头落地。在这样的官场氛围,旧城青苗会想要实现他们在洮州地方社会的话语权,的确需要足够的智慧与策略。一份道光十七年(1837)由洮州抚番厅发出的告示,显示了青苗会成为地方权力组织的过程。该告示全文如下:

> 特授洮州抚番分府加五级随带军功加四级纪录五次刘。为晓谕防御冰雹事。照得洮属地处深山,阴气常盛。入夏以后,骤发风雷,往往雨雹,甚为可虞。查雨雹之由,皆因阴气转阳而成。救之之法,在宣达阳气,以抑阴气。前人深知此意,每于夏秋起云黑黄,风雷阵击之先,施放铳炮,多鸣金鼓,以御邪厉,而止冰雹。窃思洮属山深川江,致雹最易,不可不预为防御。合亟出示晓谕,为此示仰乡、保、会首、农民人等知悉。自示之后,凡尔等各寨每遇雷风阵击,阴云密布,宜先鸣锣击鼓撞钟,施放纸炮,愈多愈妙,以助阳气,以免雹灾。此法行之,久有效验,毋得视为具文可也。至于吃酒行凶之人,尤以严禁,皆毋得视为泛常具文可也。倘乡、保、会首不预先遍谕居民,不临时认真奉行,查出定行提案,重惩不贷。凛遵。特示。
>
> 右仰通知
>
> 道光十七年四月五日
> 告示押　　　　　　　　　　　　　　　　　实贴西乡旧城张挂

这份告示的内容简洁明了,官府要求洮州抚番厅属各处乡约、保长、青苗会会首注意,由于洮州地处深山,春夏交互之际常出现冰雹灾害伤坏田苗,需要上述人等依据传统惯例在冰雹来临之前组织人员鸣锣、击鼓、撞钟,制造出巨大的声响;点燃纸炮、铳炮等,施放出冲天的能量,驱散聚集在旧城上空的乌云,防御冰雹。这是洮州厅属各地自我提升减灾防灾能力的措施,显示出洮州抚番厅刘姓长官爱民之心和勤政务实的作风。他在了解当地自然气候与社会传统的基础上做出了正确的决定。

这份告示是"标判"过的正式文件,页面八开大小,显然不作为张贴之用。当时真正用于张贴在旧城各处墙面的应该是被重新誊抄的、页面和字体均更为醒目的告示。留存的这份告示为原始官方文件。从表面看来,官府要求旧城青苗会承担一定的驱雹职责是青苗会保存这份告示的直接理由。然而,如果考虑到冰雹是洮州地区每年春夏之交常见的气象灾害,为什么官府只在道光十七年(1837)专门发此告示?换言之,如果这类告示是官府的惯常行为,为何旧城青苗会只保存了这份告示?显然,这份告示对旧城青苗会意义重大。按告示要求，整个防雹事务必须由官方基层组织的乡约、保甲联合旧城青苗会会首共同完成，旧城青苗会缘何能够成为官方基层组织的协同者甚或合作者？进一步细查，告示的发布者洮州抚番厅"刘"姓高官，其姓名并未载入光绪《洮州厅志》，这说明他在洮州厅同知任上时间太短，不足以留名地方。那么，他又是如何体察到洮州当地的自然气候与驱雹传统？

如果将这些疑问综合起来加以合理想象，大致可以还原出"制造"这份告示的历史情景。刘姓官员履新伊始，就要清理洮州厅的钱粮赋税以及一应事务。通过询问衙门的书吏、差役了解地方常情是他必需的工作环节。衙门内的书吏、差役多为前明洮州卫军官的后裔或与此有关联的人群。他们向这位初来乍到的刘姓官员反映乡情，献计献策。书吏、差役说："抚台老爷有所不知，我们洮州当地春夏之交常发冰雹。现在时值春夏之交，需倍加小心提防才是。"刘姓抚番同知问："为何有如此多的冰雹？"书吏、差役答："因为洮州地处深山，阴气太盛。入夏以后，阳气骤然上升，形成大风大雷，极易引发冰雹，伤害稼禾。"刘姓抚番同知问："那该如何是好？"书吏、差役答："冰雹来临是有征兆的。天上突现黑色、黄色甚或黑黄色之云，伴有起风、打雷之时，就是要下冰雹了。驱散冰雹的老办法就是在下冰雹之前赶快放铳炮、鸣锣、击鼓、撞钟、施放纸炮，越多越好。这样阳气上升，可以把阴气驱散，免除洮州受到雹灾祸害。"刘姓抚番同知听了，点头之间若有所思："那就让乡约、保长提前预防好了。"书吏、差役接道："老爷您不如发下一道告示，要求所属乡约、保长、青苗会会首随时提防冰雹，及时处理吧。"刘姓抚番同知皱皱眉头，问道："为何还要青苗会来做这件事？"书吏、差役答："驱赶冰雹的老法子就是青苗会发明的。青苗会里都是一群靠天吃饭的农民，他们祈求龙神保佑，除雹禳灾，风调雨顺。老爷把保护庄稼的差事派给他们，算是对他们的恩典。他们肯定乐意承担这份差事。况且青苗会人多力量大，由他们具体经办驱赶冰雹的效果比单由乡约、保长领导乡民做的效果要好很多哩。"刘姓抚番同知听了这话，感觉有理，欣然接受。因为他明白，只要洮州风调雨顺、稼穑丰收，抚番厅的征税事务就易于推行，他的同知职位也就稳固了。刘姓抚番同知命书吏拟写告示。书吏撷取对话内容一蹴而就，请刘姓抚番同知审阅。一道交由乡约、保长和青苗会会首共同"禳雹护苗"的告示新鲜出炉。

不论上述虚构的历史场景与历史事实相差有多远，可以确定的史实是这份告示与旧城青苗会日益强盛的社会影响之间有密切关联。洮州旧城青苗会通过承担抚番厅分配的"禳雹护苗"差役任务，从而获得洮州抚番厅的正式承认。洮州抚番厅还允许旧城青苗会使用铳炮的权力。以当时社会发展水平来衡量，铳炮属于具有杀伤力的火器。旧城青苗会得到官府的许可持有铳炮，即是配备了可以震慑番人的武器。这份告示标志着旧城青苗会已经顺利完成与洮州官府之间最为重要的一项互动步骤。

从旧城青苗会经历的"神路纠纷"到"禳雹护苗"的过程来分析，旧城青苗会存在的真正理由如新城七会一样，是前明卫所官兵后裔团结起来与番人抗衡、争夺草山田地资源的凭借。他们通过维护和扩大这一组织在洮州地方的影响力来保持和巩固汉人自明代以来开拓的土地资源。青苗会能够集结人群和组织运转的关键元素在于"龙神"。从这一点出发，旧城青苗会进一步向洮州抚番厅争取的权利就是给自己崇奉的神祇一个合法地位。道光二十五年（1845）五月，接连发生了两件事情，都与龙神有关。这两件事情促使洮州旧城青苗会获得更多的官方认可，巩固了它在洮州基层社会的主导地位。洮州抚番厅"礼房众弟"写给旧城青苗会首一封私人信件：

> 情在知己，套言叙遥忆。宋、陈二位大人福随时茂，不可知启者。五月十三日接奉阁下等函音内云，洮邑各位龙神显应，请加晋封巨典。系何神显应之处，敝房并未奉到明文。昨据张旗寨提领会首具禀来房，声言伊亦不知情，奉洮岷协张大人令伊具禀此处龙神请加封典。弟等将此禀亦未投上人。兹据阁下来函，应将贵处龙王履历出身具禀来房，陆续呈投上人，以便详请各宪请加巨典。专此布达，并请时安不一。礼房众弟等顿首拜。

这封信件没有具体时间落款。信中提到洮州张旗寨的提领会首写信到礼房求证一事：他们听说洮岷协的张大人要求洮州各地方上报本处龙神是"何神显应之处"以便于"加封巨典"，为什么张旗寨青苗会没有得到通知？张旗寨送交礼房询问信件的同时一并把他们的龙神履历率先禀报到礼房。礼房人等把张旗寨青苗会的这份"禀"压了下来，然后通知旧城青苗会会首，要求旧城青苗会"将贵处龙王履历出身具禀来房"，然后将其"禀"来上报政府，以"请各宪请加巨典"。张旗寨位于新城南向约十里地，他们获知衙门信息的时间肯定要短于西距新城约70里地之遥的旧城青苗会。然而旧城青苗会在洮州抚番厅衙门里的人脉势力显然强于张旗寨青苗会，抚番厅礼房掌事人等会向旧城青苗会私递函件告知封神事宜。

今天再来阅读这份私人信件，即可理解洮岷协"封神"给洮州青苗会带来的深远影响。是时，洮州各地青苗会的势力日渐壮大，政府既要吸纳这些力量以配合或协助政府，也要在基层社会设立自己的代理人管理会众组织。"封神"是政府拉拢和控制青苗会的策略，封神依据就是龙神出处和显应神迹的履历。官方激励洮州众多青苗会跃跃欲试，各会均想让自己崇奉的龙神履历被官方采纳，进而被册封。大约从道光二十五年（1845）五月开始，龙神经历了人格化的过程，洮州各个青苗会纷纷制造出各自龙神显应一方的传奇故事，很多传奇故事一直流传到今天。旧城青苗会崇祀的龙神最终获得了政府册封，成为官方认可的地方神祇。道光二十五年（1845）六月洮州旧城青苗会获得了一份"标判"过的正式文件，其文如下：

谕。特授洮州抚番分府严 谕旧城乡约知。发来祭文四通。一，城隍。一，龙神。一，巴龙池。一，山上泉神。尔同会首、绅民用香烛酒礼祭神焚化，切宜敬惧，毋得亵渎。特谕。计发祭文四通。

道光二十五年六月初五日谕

洮州抚番厅正式批准"龙神"进入地方官府的祀典。这份"谕"文宣告旧城青苗会崇祀的"龙神"属于官方许可祭祀的神祇。为此，官方专门题写了崇祀龙神的祭文附在"谕"文之后一并颁发给旧城青苗会。需要注意的是，除了龙神之外，还有三位神祇也在官方享祀之列，城隍、番人崇奉的巴龙池和山上泉神。从中看出洮州抚番厅官员治理地方社会的智慧，兼顾到汉番双方的各自信仰，没有厚此薄彼之分。抚番厅的厅治设在新城，对于管理70里之外的旧城及其周边方圆百里之内的汉番村落和人群颇有鞭长莫及之感。"封神"之后，如抚番厅所期望的那样，旧城青苗会成为他们管理洮州厅治以西地域的得力助手。旧城青苗会保存的一份道光二十五年（1845）十一月的"谕"文显示，洮州抚番厅革职了两名旧城抗粮不缴的乡约，要求"旧城阖学、耆老、会首人等"推选二三名乡约以便"给帖办公"。虽然目前很难知悉被推选的乡约是否属于青苗会中人，但谕文流露出洮州抚番厅在征税和乡约人选等事宜上对于旧城青苗会的依赖是非常明显的。

迨至同治二年（1863），震动晚清时局的"回民起事"裹挟了整个西北，洮州亦无法置身事外。洮州境内的回民起事持续了4年之久。其间，洮州、河州回民与地方民团、绿营军队反复争夺洮州各处城堡。趁此时机，民团乡勇多有残害洮州地方社会的劣迹。据光绪《洮州厅志》记载，同治二年（1863）二月始，回民起事陆续波及洮州的东路和南路一带，东乡民团和东南乡民团节节败退。同治三年（1864），河州回民军队也进入洮州，攻破了位于今天卓尼县境内的藏传佛教寺院圆城寺，又攻破"小杨土司"据守的着逊堡（今卓尼县卓逊堡），杀害土司杨绣春。同治四年（1865），地方民团乡勇崔永禄、何建威从西路方向的旧城进攻着逊堡并向洮州新城进攻，途中攻破西距新城六里地左右的水磨川堡。民团乡勇军纪涣散，肆意残害百姓，对回民曾经攻打和停驻过的城堡实施屠城，"杀绅民几尽"。于是，洮州东南路一带的百姓又转而求助于回民，"请回逐勇"。这种纷乱局面持续到同治六年（1867）秋，提督范铭收编了狄道州和河州的散兵游勇，并把洮州的起事回民驱逐到河州，洮州乱象才得以平息。①

旧城是洮州、河州回民的必争之地。然而，洮州旧城固若金汤，始终没有被攻破，其重要的一项原因是洮州旧城驻扎有旧洮营都司署，额制官兵为220余人。这些绿营官兵能够坚守洮州旧城，与旧城青苗会的鼎力支持密不可分。产生于同治三年至四年（1864—1865）的四份典房、典地契约，证明旧城青苗会在乱世之中盘活因逃难被弃的房屋和田地，收缴租金充作官税，有效支持了绿营官军的财政供给；同时也稳定了旧城及其周边地区的局势，令乡民安心从事经济生产，减少因战乱兵燹而造成的社会经济损失。其中一份文契的内容是：

> 立典房屋合同文契人阖郡人等，缘因张姓应额租钱，至今全家出外逃难，租无出处。因此阖郡老□商议，将张姓古城坐北向南土□一所，今有问到人□新庄郭有义、牛秉秀、陈□□、张林□、彭广□，问到黎怒害子名下，典得市厘钱壹拾串文整。当日同郡□明，住居三年，有钱取赎，无钱典主一面住居。恐口难凭。立此合同典契为□
>
> 同治三年十一月初二 日立典契人合郡人等
> 　　　　绅士人　于万全　张□隆　张绍贤　汪玉麟
> 　　　　青苗会　闫生辉　杨□玉　陈登甲　杨步选　杨步盛
> 　　　　李连　陈步青　李四九义　王朝魁

这份典房契约房屋的主人为张姓人家，出典的一方却是"合郡人等"，即由旧城绅士与青苗会联合主持了这座房屋的出典。张姓人家因兵燹逃亡，他们应向政府交纳的"应额租钱"无处收取，旧城绅士和旧城青苗会出面典租张姓房屋，找了一名叫"黎怒害子"的人承典下来，收取了十串铜钱的典金。旧城青苗会为此做出"有钱取赎，无钱典主一面住居"的承诺。显然，旧城青苗会把这种空置房屋凭公典租收取典金以完纳房屋主人的"应额租钱"，以供应旧城驻军财政之用。无疑，旧城青苗会在行使乡约征税的职能。另三份典租土地契约也是由旧城绅士和旧城青苗会共同主持，其租典理由均为"应额

---

① （清）张彦笃、包永昌修纂：《洮州厅志》卷十八，杂录，光绪三十三年（1907）。

租钱无处出"。同时，三份契约还具有其他三项共同特点：从订立的时间区间来讲，三份契约均订立在同治四年（1865），分别为当年的二月、闰五月和六月；从空间位置来讲，这些土地均分布在旧城城外近郊的方位；从典租人群来讲，典租人均姓"马"，分别为"马四十儿""马哈三哥儿"和"马商户"，从当地姓氏渊源判断，这些典主应为回民。结合是时的洮州局势分析，绿营军队从旧城出发，一路向东渐次收复旧城以东各地乃至新城。旧城作为当时军队粮饷的后方补给之地，旧城青苗会在筹集军饷方面可谓想尽办法。在当时洮州战乱的局面里，旧城青苗会通过"典"出被弃置抛荒的土地和房屋的方式向旧城回民筹集税收，保障了地方税收来源，在维护地方税收体系和稳定地方社会的事务里发挥了中流砥柱的作用。

第四章

清代洮州的回民

清代洮州的回民主要聚居在洮州旧城。每天，富有韵律的宣礼召唤声回荡在旧城的上空，提醒居住在旧城及其近郊的伊斯兰教信众们谨守拜功。按光绪《洮州厅志》载："旧洮堡为洮州旧地，较新城为繁富，其俗重农善贾。汉回杂处，番夷往来，五方人民贸易者，络绎不绝。其土著以回民为多，无人不商，亦无家不农。"① 这段评论性叙述虽然写于20世纪初，但它所记录的社会现象却可以追溯到更早时间。如果以回民社区标志性建筑物清真寺的建立时间作为参考，那么旧城回民的历史大约可以追溯到明代。《洮州厅志》载，"旧洮礼拜上寺，在旧城。明洪武丁未年创建"②。洪武一朝没有"丁未"年，距离洪武朝最近的"丁未"年是至正二十七年（1367）。《洮州厅志》记载清真寺于"丁未年创建"，其依据来自何处不得而知。因此，旧城清真寺何年建成，是悬而未决的问题，只能存疑待考。

洮州旧城回民的历史在康熙至乾隆时期真正清晰起来。《洮州厅志》载，旧城礼拜上寺重修于康熙年间（1662—1722），旧城礼拜下寺于乾隆年间（1736—1795）修建了一座塔楼。③ 这条载录说明旧城的回民人数在康熙至乾隆年间持续增长，两座清真寺必须进行适当地扩建来容纳前来礼拜的伊斯兰教信众。又按《洮州厅志》记载，乾隆五十五年（1790）两广总督上奏朝廷，希望朝廷命令各省修建回民义学，以教化回民子弟。在此背景下，"洮州厅福副将观（官）督同廪生敏晋成、丁朝弼捐建"一所义学于旧城西门之外。为了培养回民子弟读书，旧城回民上层人士又修建义学，通过出租房屋铺面以商养学的方式维持回民义学的日常运转。"嘉庆十五年后添修学舍，于隙地修铺面一十五间，所租藉助修脯。"④ 以此看来，康熙至乾隆时期，旧城已经成为

---

① （清）张彦笃、包永昌修纂：《洮州厅志》卷二，舆地，风俗，光绪三十三年（1907）。
② （清）张彦笃、包永昌修纂：《洮州厅志》卷三，寺观，光绪三十三年（1907）。
③ 同上。
④ （清）张彦笃、包永昌修纂：《洮州厅志》卷八，学校下，光绪三十三年（1907）。

洮州回民的聚居之地，嘉庆年间旧城回民社区获得进一步的发展。

第一节　旧城丁氏家族

　　能够认识洮州旧城的回民丁氏家族完全拜《洮州丁氏族谱》所赐。在认识这个回民世家之前，需要先了解《洮州丁氏族谱》的修撰过程。光绪二十三年（1897），丁星垣的儿子丁裕谦（字益三）邀请同为洮州旧城回民士子的敏步堂重修家谱。敏步堂即是参与撰修《洮州厅志》的敏翰章，是《洮州丁氏族谱》的实际撰修者。

　　关于敏翰章的生平来历，有一份《临潭敏倬丞先生行状》① 可作参考。这份《行状》提到了敏翰章的父亲："君考辑五公，有文名，从胜克斋少保戎幕，以功绩授官。不乐仕进，退隐林下，潜德未彰。"胜克斋即清末咸丰、同治、光绪时期朝中大臣胜保，克斋为其字。据《清史稿》胜保的本传载，胜保为苏完瓜尔佳氏，满洲镶白旗之人，道光二十年（1840）举人，后历任光禄寺卿和内阁学士。咸丰年间（1851—1861），他是镇压两湖地区、江南地区和山东地区太平天国运动的重要将领。同治元年（1862），陕西回民起事，胜保作为钦差大臣"督办陕西军务"。当年八月，胜保转战至陕西，解围西安。胜保在对西安东路回民的弹压过程中无法有效制胜，于是"擅调苗沛霖率兵赴陕"，以扩充自己的军力。这件事情影响较大，朝中大臣相继弹劾胜保。胜保于当年被免职送京治罪。② 依据胜保在西北的任职时间来判断，敏辑五应是在同治元年充任胜保幕友。从敏辑五的这段经历可以了解他的政治立场：敏辑五坚定站在清政府一方，积极为胜保出谋划策。敏翰章自然会受到父亲政治立场的影响。光绪二十三年（1897）敏翰章成为洮州厅廪生，立志重修家谱的丁裕谦立即邀请这位新晋廪生荣笔修撰《洮州丁氏族谱》。丁氏家族与敏氏家族有续世之谊，且持有共同的政治态度，敏翰章欣然接受邀请，研磨执笔，精心撰修了《洮州丁氏族谱》。

一　恪守五功的回儒

　　丁氏进入洮州的时间，应在清代初年。据《洮州丁氏族谱》载，丁氏始迁祖麟（玉书公）生于明天启六年（1626），籍在巩昌府陇西县。丁麟的妻子为"陇西女"，说明明末时期年轻的丁麟尚生活在原籍陇西县，他的婚配关系

---

① 高友唐：《临潭敏倬丞先生行状（附先伯子青公行述）》（刻印本），1934年。
② （清）赵尔巽等：《清史稿》卷四百三，列传一百九十，胜保，第11879页。

才会保持在陇西县。后来丁麟"诰封武德骑尉,署陕西西宁、洮岷营中军,赠武翼都尉","因官迁洮,莅任临潭。洮水人民罔不咏仁而戴德。故公之爱民愈深,而民之留公愈切。公于是遂家于洮焉"。因此,清代初年丁麟以回民官军身份出任陕西西宁、洮岷营中军,因官而定居洮州。丁麟的儿子名养元,字中三,据《洮州丁氏族谱》载:

> 中三公,承先有象贤之德,明经应鸿文之选,修身以忠诚为本,治家以孝悌为先。其于同族之秀而良者,供纸笔以课读。其于共井之贫且乏者,给衣食以恤难。公又与余之二世祖克菴公,同膺清真教中掌教,徐引向善之路,宏开救苦之门。康熙丁丑年,二公修理清真大寺,共输倾囊之金,旋起撑天之宇,举一切利济之事,知无不为,为无不力。

丁养元在康熙朝已经成为旧城回民社会中具有影响力的人物。在敏翰章的笔下,丁麟之子丁养元饱读儒家经典,恪守儒家立身行事之法,资助族中良秀子弟读书;他捐助那些处于弱势地位的邻舍,帮他们渡过难关;他会同敏氏二世祖克菴公共同执清真寺掌教之职,为同教之人讲经释义。值得注意的是,敏翰章在撰写丁养元的事迹时,把敏氏家族和丁氏家族的历史合并在清真寺的历史里来叙述。养元公和克菴公于康熙三十六年(丁丑,1697)捐资"修理清真大寺"。这座清真寺即为光绪《洮州厅志》中载录的旧城礼拜上寺。由此来看,旧城回民士绅对于家族早期的历史记忆,更多是附着在清真寺这一实物形态进行叙事的。没有清真寺,洮州回民家族的历史就会欠缺确定的时间点。

丁氏第一次修谱约在乾隆年间(1736—1795)。据《洮州丁氏族谱》载:

> 七世……兆鹏公者,乃二公之兄也。其生平不苟言,不苟笑,为人诚悫,相貌特奇。雪案躬伏,云路足登,追宗派,修家乘,凡善事义举,□系竭力为之。乾隆庚戌年,公与余之四世祖缉熙公,同建义塾,树百年之奇材,宏开学田;启□间之广厦,济贫恤困。□颠持危,修身本于诚正,待人必以厚忠,盖绰绰然有古君子之风焉。而且药捨青囊济贫,本济世之苦意。精制丹灶医人,即医国之见瑞。

丁氏七世祖兆鹏公有三项功绩:积极进行"追宗派,修家乘"的活动;乾隆五十五年(庚戌,1790),丁兆鹏与敏翰章的四世祖敏缉熙共同建立义塾、开辟学田;丁兆鹏本着济贫济世之道施行医术。这些记叙体现了丁兆鹏实践儒家道德伦理和社会责任的做法。然而,把丁兆鹏的活动单纯视为儒家行为,是不全面的。丁兆鹏是一位恪守伊斯兰教信仰的回民。他周济同教贫困之民、辟学田建义塾,应与当时洮州伊斯兰教教派的分化、竞争有某种内在联系。康乾时期,旧城有两座清真寺。一座是丁氏二世祖养元公和敏氏二世祖克菴公于康熙丁丑年(1697)合力出资重修的旧城礼拜上寺。另一座是仅一墙之隔的旧城礼拜下寺,在乾隆四十二年(1777)修建。据马通研究,洮州旧城原本只有一座清真寺;乾隆四十二年(1777)花寺道祖马来迟在青海循化和甘肃河州等地传播虎夫耶学理后,洮州旧城有部分回民开始改遵花(华)寺门宦;此后,花寺教徒马葆真(阿訇)脱离花寺门宦另立门户,在东乡北庄开始传播虎夫耶学理,被称为北庄门宦,旧城部分花寺门徒也改信北庄门宦,马葆真遂派敏尚礼为北庄驻旧城的"木勒提",管理北庄门宦教务。① 因各自遵循伊斯兰教学理的区别,旧城回民产生了分化,旧城清真寺遂分为上寺和下寺,上寺改遵北庄门宦,下寺改遵花(华)寺门宦。② 在这种社会与宗教背景下,丁兆鹏借鉴儒家敬宗收族的方法来追宗派、修家乘,其目的旨在规约本族子弟,统一教门。他与敏缉熙合办义塾、开辟学田的目的,应是为所属清真寺收纳教民。

《洮州丁氏族谱》把获得清政府授职和功名的族人一一列出来,呈现丁氏家族特殊的社会身份和崇高的社会地位。

○一世祖
　　麟公,诰封武德骑尉署陕西西宁洮岷营中军,赠武翼都尉
○二世祖
　　1 养元公,字中三,例授修职郎,吏部候选训导,诰赠武翼都尉
　　2 养才,字英三,例授宣郎,吏部候铨州同
　　3 养贤,字佑卿,儒学廪生
　　4 养育,字爱叔,例授修武佐校尉,本营额外外委
　　8 养林,字翰如,洮州卫儒学武庠生
○三世祖
　　1 朝臣公,字苡菴,诰授武翼都尉署巴燕戎营游击,例赠武信骑尉
　　2 朝宗,字海帆,例授修职郎,吏部候铨儒学训导

---

① 马通:《中国伊斯兰教派与门宦制度史略》,宁夏人民出版社2000年版,第114页。
② 访谈对象:丁志胜(男,36岁),临潭县民族宗教局干部;访谈地点:旧城民族旅社;访谈时间:2005年9月18日。

第四章 清代洮州的回民

　　3 朝弼，字良伯，洮州卫儒学廪膳生
　　4 朝俊，字秀三，太学生
　　5 世杰，字汉三，洮州卫儒学武庠生
　　6 世仁，字寿生，委护旧洮营司印务，本营把总加一级
　〇四世祖
　　1 附凤公，字依桐，儒学廪膳生
　　2 鸣凤，字竹谿，洮州卫儒学增广生
　　3 仪凤，字仲令，洮州卫儒学武庠生
　　4 龙凤，字云从，诰授武信骑尉，委护旧洮营都司印务事，外委把总
　　5 集凤，字岐冈，敕授武信骑尉，阶州分防白马关把总，加一级，寻常加二级
　〇五世祖
　　1 乙丙公，字藜阁，洮州厅儒学武庠生
　　2 配离，字明若，洮州厅儒学廪膳生
　〇六世祖
　　1 继琳公，字善亭，儒学武庠生
　　2 述琳，字承之，儒学武庠生
　　3 绍琳，字克夫，国子监太学生
　　5 绪琳，字缵吾，儒学廪膳生
　〇七世祖
　　1 正南公，字兆鹏，儒学武庠生，膺寿官
　　2 向南，字对山，儒学武庠生
　　3 位南，字列三，儒学廪膳生，膺清真寺掌教
　　4 毓南，字子灵，从九品
　　9 莫南，国子监太学生
　〇八世祖
　　1 作柱公，字砥如，无授职
　〇九世祖
　　1 占魁公，字星垣，赏戴五品蓝翎，以俟先千总补用，例授武畧都尉
　　2 科，字登甫，旧洮营外委
　　3 福，字锡五，西宁换防江南出征伍次，赏戴六品顶戴

丁氏家族的历代先祖大多获得朝廷功名，在政府担任一定官职。敏翰章在修撰《洮州丁氏族谱》时，精心塑造了历代丁氏祖先的行谊。如对丁养元行谊的叙事安排是：起始四句褒扬丁养元"承先""明经"的儒学修养，实践儒家"忠""孝"的伦理观念；然后说丁养元资助族中优秀子弟读书、抚恤贫寒家庭；再叙述丁养元与敏翰章的二世祖克菴公同膺清真教中掌教；最后讲丁养元生平最重要的行为，于康熙丁丑年（1697）和克菴公一起筹钱物修理清真大寺。敏翰章还以儒学名士的标准描写丁氏第四世至六世祖，把丁氏四世祖至六世祖的言行刻画为"追孙吴，景韩范，做颜柳，仰钟王"；"夫是孝无间于人言者，义旋称于众口也"；"至于奉亲极冼湎诚，睦族效割肉之均。课子以义方，待人以诚意。与人世竞，与物无忤"。这种先"儒"再"回"的叙事结构，贯穿于《洮州丁氏族谱》的各处文字部分，而且"儒"与"回"的先后次序清晰分明，毫无紊乱。

洮州丁氏历代祖先的行谊具有"儒化"的典型特征，其社会身份可以确定为"回儒"。丁氏家族把儒家文化贯穿于精神追求和日常生活的同时，又恪守伊斯兰教义规定的"五功"，积极建设清真寺，参加清真寺各项活动，资助教民中的贫寒子弟。二世祖丁养元既被例授修职郎、吏部候选训导，又兼任清真教掌教；七世祖丁位南既是儒学廪膳生员，也是清真寺掌教。在丁氏家族的行谊里，伊斯兰教并没有与儒家文化发生冲突。丁氏家族既是洮州官方正统文化的代表，也是洮州回民伊斯兰教文化的代表，伊斯兰教信仰与儒学修为在家族的衍迤绵亘中被和谐统一起来。丁氏家族正是以"回儒"的社会身份把回民群体与洮州官府联结在一起，保持他们在洮州地方的崇高社会地位。丁氏家族的家规和行为反映了清代洮州回儒士绅恪守的普遍价值观：首先要积极接受清代国家意识形态层面的儒家文化，鼓励子弟努力学习儒家经典，遵循儒家礼节，实践儒家教义，强调"忠诚""孝悌"伦理，主动参加科举考试，博取朝廷功名。在此基础之上，回儒才能保全、维护和发扬回民笃守的伊斯兰教。因此，清代洮州地区的伊斯兰教能够顺利发展，与回民家族的儒化以及回儒的产生关联密切。

二 回汉番通婚圈

《洮州丁氏族谱》采用竖栏表格形式填录了各代嫡长子及其元、继配的生卒年月，以及元、继配、女儿婚配夫家的姻亲背景，我们借此可以认识丁氏家族基于通婚圈罗织的社会关系网络。

第四章　清代洮州的回民　　　　　　　　　　　　111

《洮州丁氏族谱》表格体例

父祖曾祖						第某世 讳某某公	
妣	公	女适某某	子	某氏 / 胞伯叔 堂伯叔祖	妣氏 继 原配	生年	字号行
年享岁葬							

　　丁氏一世祖麟公原配陇西李姓女。二世祖养元公原配旧庄子李姓女。三世祖朝臣公原配洮州新城本营千总马崇德之长女，继配洮州世袭拜他喇布勒哈番指挥佥事加一级杨汝松之女。四世祖附凤公原配洮州旧城岁贡生敏永昌之女。五世祖乙丙公原配洮州旧城高自魁之女，她为旧洮营外委高得禄的姑母。六世祖继琳公原配洮州新城本营经制外委马骐的次女。七世祖正南公原配洮州太平寨武庠生冶进仁之妹，继配陇西马景融之女，继配河州马应祥之女。八世祖作柱公原配洮州旧城苏姓女子。九世祖占魁公（即星垣公）原配狄道马姓女子，继配四川马姓女子。丁氏嫡子婚配情况表明，丁氏家族大多遵从回族内部通婚准则，如丁氏三世祖、四世祖和六世祖的原配，七世祖和九世祖的原配与继配皆来自回民家庭。从社会阶层来看，丁氏家族历代嫡长子共配十三位女子，有四位女子来自绿营军官家庭，一位女子来自武庠生员家庭，一位女子来自贡生家庭。绿营官家庭的女子是丁氏家族首选对象，其次是回儒家庭的女子。

　　对丁氏家族嫡长子的女儿婚配情况也有必要做一说明。一世祖麟公有一女，配与洮州旧城庠生敏毓秀。二世祖养元公有两女，长女配与本邑庠生苏朝俊长子生福，次女配与本邑张成德。三世祖朝臣公有一女，配与西宁四品花翎即补游击马有仁。四世祖附凤公有一女，无婚配记载。五世祖乙丙公有两女，长女配与洮州旧城黎清，次女配与洮岷协标经制外委千总李世魁。六世祖继琳公有两女，长女配与洮州旧城儒学庠生张廷壁，张廷壁的父亲是乡约张文魁；次女配与洮州新城洮岷协标经制外委把总李世雄的长子。七世祖正南公的女儿婚配情况不详。八世祖作柱公有一女，配与旧城北乡升藏庄敏七个。九世祖占魁公有两女，长女配与旧城敏有得，次女婚配情况不详。从社会阶层来看，丁氏历代嫡长子共有 13 名女儿，除 3 名女儿的婚配背景没有被载录之外，10 名女儿中有 3 名配与绿营军官，3 名配与儒学庠生。清代丁氏家族通过姻亲关系紧密了与洮州绿营、回儒两个阶层的往来联系。

丁氏家族的通婚圈并非完全封闭在回民家庭范围，而是形成一个相对开放的格局。丁养元原配乃洮州汉人名宦世家李达后裔之女，丁朝臣继配为洮州番人杨土司后裔之女。为此，《洮州丁氏族谱》附注了一段有关丁养元原配"旧庄子李氏"的文字介绍：

> 公于康熙三十六年丁丑，建修本邑清真礼拜寺大殿内助地基壹所，助银壹百贰拾两。公乐善好施，原膺旧洮堡掌教。妣李氏则淑慎孝顺，于三十八年助寺内各柱口打造铁箍，全应足数。公忠孝成性，友恭宅心，弓马之式，最为出奇。士卒之间，善于循抚，此大略也。妣氏以顺为正教，读后增光。

丁养元在康熙三十六年（1697）建修旧城礼拜上寺时捐助了一片地基和120两白银。这种虔敬而慷慨的行为无上光荣，丁养元掌清真寺主教之位。丁养元原配妻子来自旧庄子李姓，即明代李达家族后裔之女。家谱中谈及祖妣李氏"顺为正教"，是耐人寻味的说法。关于"顺为正教"的本义，要追溯到明代回儒王岱舆（1584—1670）提出的"正教贵一"思想。王岱舆在《正教真诠》中讲道：

> 真者，化灭诸邪；忠者，斩除万有，此为人之大本也。是故君子务本，本立而道生。本若不立，何道之有？吾教自生民以来，不拜像，灭诸邪，方谓之清净；尊独一，无二主，方谓之真忠。一国只有一君，二之则非；天地惟有一主，而二之，岂非宇宙间莫大之罪乎。故正教贵一也。①

王岱舆从论述"真""忠"出发，指出"真"就是祛除"诸邪""不拜像"，"忠"就是"尊独一"。那么所谓"正教贵一"，就是不拜像、信仰真主唯一。这是明代回儒阐释伊斯兰教为正教的基本内涵。《洮州丁氏族谱》中认为丁养元原配李氏"顺为正教"，即是说明李氏配与回民丁养元后，顺从夫家信仰而皈依了伊斯兰教。

丁朝臣的继配夫人是洮州番人大杨土司杨汝松的女儿。关于这位丁杨氏，《洮州丁氏族谱》给予其重点描述：

---

① （明）王岱舆：《正教真诠》（下卷），真忠，中国宗教历史文献集成编纂委员会编纂：《清真大典》十六册，黄山书社2005年版，第116页。

第四章 清代洮州的回民

所最羡者，世袭土司杨公之女，淑人杨太君者，盖臣公之淑配也。幼袭女经，长娴母训，贤徽鸡鸣。主中馈而□愧眉齐鸿案□内助之有方。且也课子，披蒲肄业，苦助熊丸，书荻学业，功催萤案。母道能兼师道，恒言即定格言。

出身土司世家的杨氏克勤克俭、相夫教子、持家有道。《洮州丁氏族谱》用近百字篇幅记述三世祖妣杨氏，流露出丁氏后裔对三世祖妣的热爱与珍视。至于杨氏与《洮州丁氏族谱》提及的"代管土务事杨李氏"之间的关系则需要一些考证。据光绪《洮州厅志》载："汝松子杨冲霄于乾隆十五年承袭。冲霄子杨昭于乾隆辛酉中式武举，未及承袭而卒。其子杨声年幼，暂请以祖母李氏护印，于乾隆十九年承理土务。"[①] 杨汝松的儿子杨冲霄于乾隆十五年（1750）承袭土司职位，杨冲霄的儿子杨昭先于杨冲霄去世，杨昭的儿子杨声尚年幼。杨冲霄于乾隆十九年（1754）去世后，土司事务暂由杨冲霄之妻、杨声的祖母李氏"护印"代管。这就是大杨土司家族中享有声望的"杨李氏"，亦即《洮州丁氏族谱》中提及的"代管土务事杨李氏"。这位"杨李氏"为杨汝松嫡长子之妻。丁朝臣继配夫人杨氏为杨汝松之女。因此，若按杨土司家族世系来看，"代管土务事杨李氏"与丁朝臣继配夫人杨氏乃为姑嫂关系。据《洮州丁氏族谱》载，"代管土务事杨李氏"也"于建修清真寺所用木植全管总数"，意即杨李氏曾为清真寺的建修捐助了充足木材，此举因托三世祖妣杨氏之福。

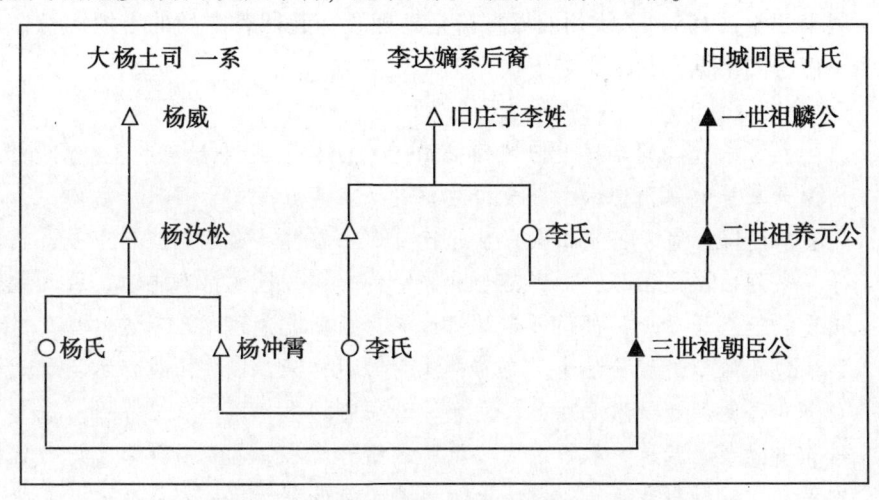

洮州丁氏、李氏、杨氏家族的部分血亲姻亲关系示意

---

① （清）张彦笃、包永昌修纂：《洮州厅志》卷十六，番族，光绪三十三年（1907）。

相对开放的通婚圈显示出回民丁氏家族并不是一个自我封闭的社会群体。丁氏二世祖养元公和三世祖朝臣公分别与汉族军屯世家和卓尼杨土司家族的通婚，促使丁氏家族很快融入洮州地方社会，同时也为洮州本地世家望族注入新鲜活力，绵延福泽。丁氏家族的回儒将精神生活交付于清真寺和儒家经典教义，把日常生活与汉番人群结合在一起。他们基于朝廷命官的身份与当地汉、番世家望族通婚，以此构建洮州旧城地方社会的上层网络，一定程度上促进了洮州旧城的汉、番、回人群走向社会融合。

第二节　咸同时期的回民

咸丰年间，洮州回民处于历史性的转折时期。在此之前，有关洮州回民的记载大多只涉及回民自身的发展状况，较少涉及与洮州其他民族的关系状况。咸丰年间，洮州旧城回民有了更多的历史记录。这种历史记录所涉及的并非单纯回民之事，而是回民与番人之间的土地纠纷。值得注意的是，这起土地纠纷的记录并非保存在清真寺或者番人之手，而是保存于洮州旧城青苗会。这一复杂情况反映出洮州旧城番、汉、回三种社会力量对比发生了深刻变化。

一　回番土地纠纷

咸丰四年（1854），洮州旧城青苗会处理了一起回番之间的土地纠纷，并立下一份合同字据，其全文如下：

> 立写永远合同字据人旧城回民敏七八子，巴龙会首李申多、胡丹铢，因为开犁神池暴雨伤禾，合会护救事。缘本年五月二十三日午后内，云恶风暴，陡降冰雹，伤损田苗。从此连日四山昏霾。有巴龙庄李申多、胡丹铢等来到旧城龙王庙，对青苗会首同铎约言说，巴龙原有神池，西北地址接连敏七八子熟地，被伊开犁神池边界，将西北池边草滩犁进六步，将北面池边草滩犁进壹拾陆步。有妨神池，触犯神禁，以致雨雹伤禾。于是城乡会同铎约邓起云禀明厅县，即令铎约往查地界，照旧栽立界石。敏七八子亦情愿留为荒地。界石以内，再不敢擅开壹线。倘日后开犁，许会首执字呈官，敏姓自认责罚。兹将地界界石步数开列于后。今欲有凭，立此合同字据，一样二张，各执一纸，永远存照。计开神池界石界为，西北犁进池边草滩六步，照旧栽立界石。自界石至池边陆步，日后不不许擅开。北面犁进池边草滩壹拾六步，照旧栽立界石。自界石至池边壹拾陆步，日后

不许擅开。
      铎约 邓起云
 咸丰四年六月初四 日立合同字据人敏七八子
            李申多
            胡丹硃
        中间生 张耀卿
        代书 彭南台

  据合同字据所言，咸丰四年（1854）农历五月二十三日的午后，旧城巴龙庄一带上空乌云骤聚、陡降冰雹。番人巴龙庄的会首李申多、胡丹硃来到旧城龙王庙，向旧城青苗会会首细说降雹缘由。李申多等人认为，回民敏七八子不安守自己名下熟地的界限，私自拓宽了地土，开犁了巴龙庄的巴龙神池，冒犯了巴龙神，才招致神灵处罚降下冰雹毁伤禾苗。因此，巴龙庄会首请求旧城青苗会邀同乡约一起，责令回民敏七八子退出巴龙池附近开拓之地，竖立界石，命令敏七八子保证今后不得再侵越私开巴龙池土地半步。巴龙池直到今天仍然存在，它是巴龙庄北面山坡草甸上的一眼泉池，四围为一片沼泽，泉池与沼泽的面积共计约一亩。巴龙池水不知源头，也无去处，常年不涸。

  这起番回之间的土地纠纷发生在巴龙庄的巴龙池，是非同小可的社会新现象。巴龙庄北距旧城五里左右，为番人的传统聚居地，素来属于洮州大杨土司辖地。乾隆四十七年（1782）旧城青苗会与巴龙庄番民发生"神路"之争的地点就在这里。番人在这里亦有"迎神"之会。道光二十五年（1845）巴龙池获得了洮州抚番厅的认可，成为洮州官方确定祭祀的四大神祇之一。应该说，巴龙池在旧城番人社会中的神圣地位是不可冒犯的。咸丰四年（1854），回民敏七八子敢于在番人视为神池的地带公然开垦地土，而番人的巴龙会会首却没有解决这一纠纷的能力，需要上诉到旧城青苗会，请他们出面来解决。依据常识即可以判断，巴龙会面对的绝不仅是敏七八子一个回民，而是洮州旧城的一群回民势力，这是巴龙会无法独立解决回番之间土地纠纷的真正原因。巴龙会求助于旧城青苗会，隐含两种可能：其一，巴龙会已经隶属于旧城青苗会，巴龙池周边的田土管理被纳入旧城青苗会的体系之内，番人遇到回民垦占巴龙池周边土地的问题，第一时间向旧城青苗会汇报；其二，旧城青苗会与乡约的关系非常紧密，此类民间土地纠纷大致先由旧城青苗会初步审核，再由旧城青苗会提交给官方层面的基层组织乡约来处理。也许，实际情况还会更复杂，旧城青苗会的成员同时充任了乡约。

  旧城青苗会处理的这起咸丰四年（1854）的土地纠纷，呈现出旧城回、

图 10　现在的巴龙池

番、汉三种社会势力博弈的全新图景。受到利益侵损的番人只有借助旧城青苗会的力量才能与洮州旧城的回民势力抗衡。在旧城青苗会的施压之下，敏七八子退还了私垦土地并做出不再越界开垦的保证，但是他却没有受到任何处罚。以敏七八子为代表的洮州旧城回民势力，在与巴龙庄番人地土纠纷中显示出的强势姿态，令人印象深刻。这无疑是咸丰年间洮州旧城的社会新动向。旧城青苗会从康乾时期处理汉番纠纷、确立汉番秩序获取的经验又将得到进一步深化，它要亟待解决的新问题是：在洮州旧城及其周边地域里建立一种汉番回关系的新秩序。始料未及的是，历史发展往往不以某个人或某类群体的和平愿望与意志为转移，在洮州这片地域里回民经历了一场与汉、番的惨烈流血冲突。只有承受了这场血与火、生与死的大劫难，洮州回番汉的平衡社会才得以建立。

二　兵燹中的回番汉关系

同治年间的回民起事席卷了整个西北地区，它不可避免地波及洮州。光绪《洮州厅志》把同治二年至六年（1863—1867）牵涉到洮州的回民起事称为"同治兵燹"，本书亦遵从这一中性的表述。同治兵燹爆发之前，洮州旧城的回民势力已经在回番土地纠纷里积聚了潜在的社会冲突力量。同治兵燹则把这股潜在的冲突力量彻底引燃。据《洮州厅志》载,同治元年(1862)盐固河湟等地回民在中原地区"有发捻之忧,趁机煽乱",洮州回民于同治二年(1863)二月十一日起事。当年六月初九日,回民起事队伍大胜,洮州东乡民团败绩,死亡483人。① 清政府立即把时任广西浔州府同知的严长宦调任巩昌府,使其带兵备道衔督办军务。② 严长宦被清政府调到巩昌府督办军务是有理由的,他从道光二十一年(1841)担任洮州厅同知,直到咸丰十年(1860)才改任浔州府同知。严长宦在洮州厅同知任上的十余年,熟悉洮州本地情形,官威与宦绩显著,洮州士风由此大振,番人慑服,洮州百姓还为严长宦建立了生祠以示爱戴之情。③ 马芳是洮州回民起事队伍的首领,素知严长宦之德望,听闻严长宦回到巩昌府,连忙严命手下暂时收敛行止,伺机待发。④ 不久,洮州回民再次起事。同治三年(1864)六月十二日,回民起事队伍大胜,洮州西南乡民团败绩,七百余人死亡。⑤ 同治三年(1864)八月,河州回民起事队伍进入洮州地境攻破番人的圆成寺。⑥ 时年75岁的严长宦正在用饭,闻此讯息不禁喷饭立起,急火攻心,遂即倒地,猝然而亡,一命殒西。⑦ 严长宦一死,清政府失去了镇压洮州回民起事的最后一根救命稻草。

随着同治兵燹持续,驻扎在洮州的部分回民官军也参与到兵乱之中。洮州回民李发珍被清政府授命为洮州厅署篆同知,驻守洮州新城。同治三年(1864),李发珍据城叛乱,导致驻扎在洮州新城内的洮州副总兵及其七百余人马战亡、溃散。同治四年(1864),冯光明被清政府授为洮岷协副将。当时的洮州新城仍被回民起事队伍占据。冯光明骁战多谋,从岷州蝉洞堡进入洮州境内,选择偏僻小路抵达卓尼番区。他在卓尼召集了百余名番人兵丁,驻扎在洮州东部的戚旗,与回民起事队伍周旋作战。同治五年(1865)的正月二十六日,冯光明及其手下兵士跟随甘肃提督曹克忠的队伍收复洮州新城。为了表示自己誓与新城共存亡,冯光明携带家眷入驻新城,而此时其麾下兵士尚不满200人,足见其勇毅之心。在近一年的时间里,新城平安无事,冯光明由此放松警惕。同治五年(1865)十二月初八日,洮州本地人、时任中军都司的回

---

① (清)张彦笃、包永昌修纂:《洮州厅志》卷十八,杂录,光绪三十三年(1907)。
② (清)张彦笃、包永昌修纂:《洮州厅志》卷十,名宦,光绪三十三年(1907)。
③ 有关严长宦的生平事迹,见(清)张彦笃、包永昌修纂《洮州厅志》卷十,名宦,光绪三十三年(1907)。
④ (清)张彦笃、包永昌修纂:《洮州厅志》卷十,名宦,光绪三十三年(1907)。
⑤ (清)张彦笃、包永昌修纂:《洮州厅志》卷十八,杂录,光绪三十三年(1907)。
⑥ 同上。
⑦ (清)张彦笃、包永昌修纂:《洮州厅志》卷十,名宦,光绪三十三年(1907)。

民将领丁永安邀请冯光明"饮于署"。这是丁永安设计谋杀冯光明的一个圈套。他令下属在席间报称自己的坐骑被贼人牵去，遂借机离开，独留冯光明一人在衙署之中。不一会儿，"数十贼越墙入"，杀死冯光明。失去首领，洮州绿营军迅速被回民起事队伍击垮，洮州新城再次失陷。令人感怀的是，冯光明的灵柩和家室被属下送到南距新城十里地之外的卓尼寺，在僧人和番民的庇护下，得以避祸。①

清政府授职的番人土司和僧纲效忠朝廷，参与了镇压回民起事的军事行动。如麻你寺僧纲马中魁奉朝廷之命率领僧兵赶往巩昌府各属地镇压回民起事；② 冯光明在番人传统势力范围的卓尼招收兵丁；卓尼寺收容冯光明的灵柩和家属。因此，起事回民也攻击洮州境内的番人土司和僧纲。据《洮州厅志》载，同治四年（1865）回民起事队伍攻打小杨土司驻居的着逊堡。小杨土司杨绣春召集堡内番民三百余人与起事回民战斗。当时堡内缺乏粮草物资，救援队伍也迟迟未到。眼看着逊堡就要被攻陷，手下百姓请示杨绣春是否趁夜色逃亡。杨绣春不免悲泣，但坚持道："守土而死，吾分内事也。"最终，杨绣春战死于着逊堡前，堡内番民三百余人无一幸免于难。③ 自明代以来，洮州番汉和平共处，在长期经济交往和民俗生活里积淀的互融相依的地域情感促使番汉团结相助，共同应对回民起事。洮州番人为时时身处惊恐与离决煎熬的汉人提供保护。正如大劫之后《洮州厅志》撰写者所指出的："洮地人民至今犹有孑遗者，皆番人保护之功居多。"④ 从社会意义上来考量，同治兵燹促使洮州番汉关系更为紧密。

同治兵燹充满违历错度、坏伦乱法之事，造成洮州地区汉、回之间相互仇杀。但是，洮州旧城及其附近地区的回民与汉人却没有走向分裂对立。洮州旧城固若金汤，没有被起事回民攻破过，除了地势险要、城墙高成⑤以及旧城青苗会为了保证守城绿营官兵的粮饷供应筹集税收之外，旧城内回儒士绅的行为、态度以及汉人对回儒士绅的态度也决定着旧城安危。洮州旧城回民丁氏家族是保卫旧城的一支重要力量。《洮州丁氏族谱》记载了同治兵燹时期九世祖丁星垣的事迹：

---

① 有关冯光明的生平事迹，见（清）张彦笃、包永昌修纂《洮州厅志》卷十，名宦，光绪三十三年（1907）。

② （清）张彦笃、包永昌修纂：《洮州厅志》卷十八，杂录，光绪三十三年（1907）。

③ 同上。

④ （清）张彦笃、包永昌修纂：《洮州厅志》卷二，舆地，光绪三十三年（1907）。

⑤ 洮州旧城城高二丈，只设南、西两座城门，东、北两面均以嵯峨高山为掩体。请见（清）张彦笃、包永昌修纂《洮州厅志》卷三，建置，城池，光绪三十三年（1907）。

星垣公者，则益三之严君也。其生平以义制事，以礼制心，持身涉世，固卓卓然，有可述者矣。回忆同治年，沧桑累变，兵燹频仍。公防守城社三载，未曾解衣。委办粮台，终日不遑□食。提宪曹甚见重也，赏戴五品蓝翎，俾先以千总补用，以望为出力鼓励也。

在兵火连绵的年代里，丁星垣组织旧城民众防守城社三年，他接受洮州抚番厅的委任，承担了为旧城绿营官兵筹集和运输粮饷的要务。洮州旧城回民丁氏家族的历史地位和他们构建的社会网络关系，决定了丁星垣在同治兵燹期间能够胜任这一要职。丁星垣集合了家族名望、各阶层和各民族的人脉、精明与果敢等要素于一身，睡不解衣，日夜忙于粮饷供给守城绿营官兵之事。旧城汉人也非常信任他。丁星垣的勤勉工作被甘肃提督曹克忠看重，获得朝廷嘉奖，赏戴五品蓝翎，官升千总补用。随着西北各处回民起事陆续被清政府镇压，曹克忠以洮州旧城为军事基地，相继平定了旧城以东的洮州地区。

第三节　地方社会的重建

同治兵燹之后，西北地区的回民大多被清政府有策略地区隔开来，分片而居。例如，陕西省的部分回民被安置在甘肃省的泾川与平凉之间，甘肃省东部地区的回民被安置到秦州张家川。就洮州而言，兵燹平息于同治六年（1867），洮州回汉民人照旧生活在一起，尤其是在旧城，仍然保持着回番汉混居的社会空间格局。这在西北地区是较为少见的情况。当然，洮州地方社会也发生了一些显著变化，社会风气趋于败坏，世风日下，"盗窃时兴，人心欺诈，淫荡赌博，烧香聚众之徒，所在多有此"①。如何消弭回民与汉番之间的隔阂、恢复社会秩序、重建社会道德伦理、繁荣地方经济，是当时洮州地方官、青苗会和回汉士绅共同面临的社会问题。

一　历任地方官之施政

据《洮州厅志》载，有五任官员为恢复同治兵燹之后的洮州地方社会做出了贡献。他们是同治十年（1871）就任洮州厅同知的陈台，光绪元年（1875）就任的叶克信，光绪七年（1881）就任的喻光容，光绪十年（1884）

---

① （清）张彦笃、包永昌修纂：《洮州厅志》卷二，风俗，光绪三十三年（1907）。

就任的李日乾，光绪二十二年（1896）就任的赵谦。①

同治十年（1871），浙江仁和人陈台就任洮州厅同知。陈台有三项措施值得称道。其一，恢复洮州地方农业生产。他下车伊始即到洮州旧城一带视察，"招流亡，劝开垦，徒步草履为民祈雨"。其二，尊重儒学士绅，发展地方教育事业。每每遇到可堪造就的童生，陈台都会赠以冠帽或扇子，劝勉他们好好读书。在陈台的提倡鼓励之下，洮州童生数目递增，读书之风日炽，社会风气也随之好转。其三，严厉惩处同治兵燹中为非作歹、民愤极大的回民。从国家政策的层面来讲，虽然清政府不再细究每一名参与起事的回民在同治兵燹中的所作所为，但是地方官却要切实处理本地民人对罪大恶极之人不依不饶的追究，以正视听。陈台任上果决地处理了两件事情，深得人望。第一件事是"徐信仁事件"。同治十一年（1872）的一天，徐信仁在洮州旧城市场里看到一位名为"托哥子"的回民混迹于市。徐信仁认出此人正是当年杀害亲人的凶手。愤怒的徐信仁手执尖刀欲杀托哥子，但却未能如愿。于是徐信仁来到洮州厅衙门哭诉，控告托哥子当年的恶行。兵燹之后回番汉人群依然生活在洮州，表面上照常往来交道，但是各自内心深处的创伤远未治愈。汉番与回民彼此忌惮，互相害怕。汉番担心的问题是：隐藏在回民内心的真实想法到底如何？他们是否还会在某一个时间点再次爆发？这种恐惧之情雾屯在洮州汉番民众心中。任何一次有关回民起事的传闻都如同风声鹤唳之警，引发当地举室仓皇的不安状态。因此，地方官必须积极面对和处理此类事件，以安民心。陈台审理了这起案件，最终依法处决了托哥子。

陈台处理的第二件事是"马芳事件"。马芳为洮州回民起事首领，在同治兵燹中"杀戮尤惨"。甘肃提督曹克忠平定洮州之时，马芳逃入河州境内而免于诛戮。后来马芳听闻"朝廷不咎既往"，再次潜回洮州本籍居住。如何处理马芳？是一味执行朝廷政策，对马芳视而不见，置若罔闻，任其逍遥法外；还是根据洮州当时当地的实际情况，立刻逮捕马芳，绳之以法？这考量着陈台的政治智慧。陈台做出的决定是立刻逮捕马芳，并把他投入大牢。当其时，有人把同治兵燹时期冯光明惨死于手下回民官军的故事告诉陈台，警告陈台对马芳不要动真格，否则可能遭遇不测。面对这种人身威胁，陈台不为所动，坚决要惩处起事回民首领马芳。是时河州起事回民还没有完全平息，甘肃省上的意见是不要动马芳，一旦再次激起洮州回民起事会更加麻烦。但是陈台的考虑是，如果不及时惩处马芳，同治兵燹在洮州犯下的种种

---

① 有关这五任官员的事迹均来自（清）张彦笃、包永昌修纂《洮州厅志》卷十，名宦，光绪三十三年（1907）。本节引文不再一一注明出处。

罪恶就没有得到清算，一旦没有人为此承担责任，那么洮州以后还会悲剧重演。陈台"再三恳详"，终于获得甘肃省批准，诛杀马芳，并把马芳的家属驱逐出洮州。后来的历史事实证明，陈台处决马芳，震慑了洮州的不轨之徒，清除了洮州社会的不稳定因素。

光绪元年（1875），江苏上元县人叶克信就任洮州厅同知。叶克信有两项措施值得称道。其一，整饬洮州厅衙门的吏治，不准胥吏滥用酷刑。吏治清明，则百姓安分。高效廉洁的地方政府自然有利于洮州社会的恢复。其二，在新城和旧城各建一处社仓，加强政府应对灾荒的能力。丁星垣参与了旧城社仓的修建，据《洮州丁氏族谱》载："平息后，建修社仓，鸠工不废于半途。稽察保甲，鸿规聿著于□全。此厅主叶公累以尚义见许。"

光绪七年（1881），湖南宁乡县人喻光容任洮州厅同知。喻光容有三项措施有助洮州地方社会恢复。其一，修葺文庙和城隍庙。这两处官方祭祀场所事关世道人心，风俗纯良。其二，加强训导儒学生员。喻光容自拟一首正气歌，把它镌刻于石，立之于明伦堂，要求厅学诸生背诵学习。喻氏坚信，儒学生员学风醇正，社会风气即可随之改变。其三，提倡吟诗和书法，引导洮州士绅诗书传家和从事汉字艺术。喻光容模仿郑板桥的字体极像，只要他有只字片纸流出，洮州士绅都"争宝藏之"。

光绪十年（1884），云南易门人李日乾任洮州厅同知。李日乾在洮州厅的任职时间最长，历时九年。他着力于三项事务。其一，在前任叶克信建立社仓的基础上，李日乾及时平抑洮州市场的米价。任职九年时间里，洮州米价每斗从没有超过300文。长期稳定的物价水平，有利于洮州地方社会的恢复。其二，加强书院建设，着力培养士子。李日乾聘请举人高振震主讲莲峰书院，又出资新修另一座书院，聘请进士魏立、举人张涣瀛为院长。空暇之余，他也到书院里讲授，与诸生切磋义礼。其三，李日乾于新城和旧城各建一所义学，捐资聘请训蒙教师，发展洮州的基础教育事业。《洮州厅志》评价道，在李日乾任期之内，洮州"士风由此盛焉"。如果这一评价中允的话，那么同治兵燹过后经历了20年的时间，洮州地方社会的文化教育事业才渐有起色。

然而，二十余年的时间对西北地区的地方社会恢复来说，还远远不够。同治兵燹中幸存的人大多还在世，民族仇杀造成的社会分裂和社会恐惧潜藏在时人的内心深处，难以化解。光绪二十一年（1895）五月"河湟回民起事"事件证明，一旦西北地区有回民起事的风吹草动，各地回汉之间立刻陷入彼此提防、互相害怕的窘局。洮州汉民经历同治兵燹后，其旧伤还未抚平，听闻河湟地区的各种骇人传言之后，惊恐莫名，犹如"谈虎饮蛇"，顿时"惊散奔逃，人情汹汹，城市一空"。① 就在这个危局时刻，洮州旧城的回汉士绅联合起来，在陈登甲、魏学文、丁喜元、杨遇魁、权得衡、马兆瑞、马明德、马呈文、马呈图以及敏翰章兄弟等人的主持下，冒险调停汉回之间的猜忌与矛盾，挨家挨户良言相劝。汉人士绅劝说汉人不要离开旧城，回民士绅劝说回民不要再次起事。这是一次"冒险调停"。因为回汉士绅的话语有可能不会被普通百姓所认可，反而会惹人嫌恶。如果遇到暴虐之徒，他们还会招致杀身之祸。然而，旧城的回汉士绅团结起来，以自己的诚意和声望最终力挽狂澜，避免旧城陷入惨烈的流血冲突，"地方赖以安堵"。② 当然，洮州也有极少数不听从回汉士绅劝告的回民，不过他们已经难以形成气候。《洮州厅志》载，河州镇军败绩，汤姓将领准备率军取道洮州草地返回巩昌府，洮州回民敏四哥子闻讯后邀约回民"欲纠党邀击"这支败军。多数洮州回民并没有响应敏四哥子的号召。《洮州厅志》称为"天心厌乱"。有人把这件密谋之事告知洮州厅官府，汤姓将领得知后，"由间道去"，躲过一劫。③ 地方文献所记的"汤姓将领"即河州总兵汤彦和。④ 据地方学者考证，回民敏四哥子是旧城申藏沟的开学阿訇。⑤

光绪二十二年（1896），湖南人赵谦任洮州厅同知。赵谦面对的洮州与25年前陈台面对的洮州有一点相似之处，那就是洮州刚刚经历一场回汉之间的社会动荡。虽然这次社会动荡没有同治兵燹那样惨烈，但洮州再一次濒于社会分裂的边缘。在这种社会背景之下，赵谦推行三项举措。其一，厘定收粮章程，减轻洮州百姓纳粮交税负担。早在道光年间洮州厅的收粮章程就已明确规定，洮州厅官方的"每石"是按照六市斗计算。同治兵燹后，由于官方案卷遗失，洮州厅掌管粮仓的仓书、掌管粮食收缴的斗级"溢取浮收"，每石按照八市斗来征收粮食。这种浮收的做法一直延续到光绪二十二年（1896）。赵谦重新厘定收粮章程，恢复每石合六市斗的征收标准，准许百姓"自行灌斛灌斗"，不许斗级"淋尖"，从而杜绝了百姓纳粮时的浮收弊端，缓解了洮州官民之间的矛盾。其二，驱逐洮州北乡录麻地方的起事回民。光绪二十一年（1895）河州回民起事时，北乡录麻地方的回民响应起事，进入河州境内。清政府镇压了河州回民起事后，这些回民欲重新回到录麻村。赵谦拒绝这些回民再回到录麻

---

① （清）张彦笃、包永昌修纂：《洮州厅志》卷十八，杂录，光绪三十三年（1907）。

② 同上。

③ 同上。

④ 马培清：《清光绪二十一年河湟事变起因》，载《甘肃文史资料选辑》（第二辑），甘肃人民出版社1987年版，第10—11页。

⑤ 访谈对象：城关镇临潭县政府史志办马廷义（男，44岁）；访谈地点：马廷义办公室；访谈时间：2006年8月29日。

村，把他们的土地"归公，招令汉民开垦入课"，肃清洮州境内的起事回民。①其三，诛杀洮州起事回民首领。河湟回民起事被平定之后，赵谦"按诛敏四哥子、宛能儿等，洮民快之"②。

洮州历经了约三十年时间才逐渐恢复社会秩序。在这一过程中，发展农业生产，建设儒学教育体系，惩处起事恶徒，平抑市场物价，振兴地方文化事业，减轻百姓纳粮负担，是不同任期的地方官各有侧重的施政要点。然而，地方官员的施政固然重要，但它还不能涵盖洮州地方社会恢复与整合的全部过程，旧城青苗会的活动显示了民间社会自我修复的能力。

二 旧城青苗会与社会整合

同治六年至同治十年之间（1867—1871），洮州厅一直处于正印官空缺的状态。不过，洮州地方社会自有其正常运转的法则。一份同治六年（1867）九月的合同字据显示，旧城青苗会在此期间成为维持地方社会安宁、解决民人纠纷的重要组织。

> 合同字据人魏恒巷、杨□盛、牛秉秀，缘因同治二年地方变乱，魏姓脱难在外，有杨□盛、牛秉秀住居魏姓房内。不意三年正月初四日家中失事，被贼窃去衣物等项，控告在案，追获赃一半。又于二月间夤夜，复被贼将前次所剩衣物尽数窃去。杨、牛二人怕事，急速搬去。迨至六年九月间，魏姓进城，探家找业。因于杨、牛二人角口相嚷。杨姓呈请蒙协宪丁批饬青苗会老民等，公同理论，三面□和。杨牛二人自知情屈，馋与魏姓赔罪，议罚献神羊一只。从今三家和睦，永不行事。倘日后有人争长道短者，有青苗会执合同字而自认嗑骗之咎。恐人心不古，立此合同字据一样四张，各执一张为据
>
> 青苗会老民　闫哈哇　陆屯生　雷起春　郭有义　王存义　杨步选
> 　刘从祥　王应贵　王重德　王□清
> 　　同治六年九月十日　立合同字据人　魏恒巷　杨□盛　牛秉秀

文契中出现的"协宪丁"应为洮州绿营中军都司丁永安。③他于同治五年（1866）十二月设计杀死冯光明后，一度掌控洮州地方社会，把维持旧城社会

---

① （清）张彦笃、包永昌修纂：《洮州厅志》卷十，名宦，光绪三十三年（1907）。
② 同上。
③ （清）张彦笃、包永昌修纂：《洮州厅志》卷十，职官，历官，光绪三十三年（1907）。

治安、处置民事纠纷的工作交与旧城青苗会。旧城青苗会调解了魏恒巷与杨□盛、牛秉秀的财产纠纷。青苗会众人认为，杨、牛二人未能看管好魏姓衣物，应该承担一定责任，但兵燹期间杨、牛二人搬出魏姓房屋以避祸乱又情有可原，于是处罚杨、牛二人向龙神老爷献羊一只，以平息业主魏恒巷的怒气。就此三面言和，双方保证不得再生争端。旧城青苗会成为洮州厅基层管理的政治代理人。

陈台就任洮州厅同知后推行"招流亡"政策，外来商人随之进入洮州旧城。同治十年（1871）二月，旧城青苗会把白衣阁一院房屋出租给一家名为"天顺店"的商号，并订立了一份合约，商定房屋租金为每年10千文正。光绪元年（1875）叶克信继任洮州厅同知，他维持相对宽松的社会政策，支持旧城青苗会恢复迎神活动，以刺激旧城传统商业贸易。当时的一份谕文生动反映了这一幕：

> 谕钦赐花翎旧洮营都阃府即补游府阮。谕青苗社首人等知悉。照得本处现值迎神之期，原为春祈报赛，仰迓神惠。本府业已祈请各处龙神降临，福佑下民外合行谕知，为此仰该社首人等遵将迎神一切事宜会商绅耆人等一体预备齐全，勿致怠惰疏懈，以致亵渎神明。此系非轻，凛凛可也。毋违。速速。特谕。
>
> 光绪元年四月二十七日谕

复兴迎神赛会，是清末地方政府复兴社会经济、重振人心的一项重要措施。光绪元年（1875），旧城青苗会正式恢复了迎神赛会的传统。这是同治兵燹之后洮州旧城的第一次大型民间民俗活动，洮州厅官府要求会、商、绅、耆团结一体，切实"预备齐全"。这次迎神赛会向人们传达了一个强烈信号：洮州是一个稳定而富有活力的社会，能够为四方商人提供充满商机的贸易环境。每年一次迎神赛会的确起到了招商的宣传效果，各地商人陆续来到洮州旧城租佃房屋，开设店铺。

从此，旧城逐步恢复商业繁荣，最为突出的表现是茶马市集重新运转。据光绪《洮州厅志》载录，过去牲畜税没有定额，每年大约收银100两；光绪二十八年（1902），"同知陈端瀛每年以四百八十两加解"，牲畜税上升非常明显。迨至清末新政时期，各地开始建立警察局，订立巡警章程。洮州厅在光绪三十二年（1906）设法筹措经费，设立巡警局。当时制订《洮州巡警章程》时规定巡警局的经费来源主要有四项，其中三项都与洮州传统的茶马贸易有关。据《洮州厅志》载：

洮地向产牲畜，凡陕甘各属客商来洮贩买，除旧章完税外，每骡马一匹，牙行向买者卖者各取用钱一百文，牛驴一匹，各取钱五十文。兹后每骡马一匹向买者卖者各加用钱一百文，牛驴一匹，各加用钱五十文，以作巡警之费。洮州所产羊毛虽非大宗，亦时有外来收买之客，设有牙行经理出入。除完纳厘金外，每羊毛一斤向买者卖者各取用钱二文。兹后买者卖者各加用钱二文以作巡警之费。洮州每年入番粗茶亦属不少，设有牙行经理。除完厘金外，每茶一斤，牙行向买者卖者各取用钱二文，兹后买者卖者每斤各加用钱二文，以作巡警之费。

茶马牲畜的贸易是洮州市场的大宗。这类贸易主要在定期的集市里进行。光绪《洮州厅志》对当时具有规模性的集市有所载录。其中在旧城的西门外设有西河滩集，"番汉贸易"多在此地。①从旧城青苗会自光绪五年（1879）至宣统二年（1910）出租房屋以做商铺的契约里，可以窥见旧城商业恢复、商人密集的状况。这些契约也显示了神祀组织旧城青苗会的华丽转身：他们盘活了旧城及其近郊被弃用、荒废和焚毁的多处庙产，在带动旧城商业贸易复兴的过程中，一举成为地产的控产与经营机构。

表1　　　　　　光绪五年至宣统二年（1879—1910）契约一览

时间	租借项目	原址庙宇	租借人	付款方式	年租金
光绪五年三月	房屋一处	白衣阁	莫致忠	按四季交纳	三拾千文
光绪五年腊月	房屋并铺面二间	三官殿	杨成儿哇	按圣诞日期作四次清交	一千二百文
光绪七年二月	铺面二间侧房一所	白衣阁	朱海文	按二六月遇会之期清交	八两整
光绪十五年二月	铺面三间	龙王财神庙	王迎魁子	按春冬还愿之期清交	陆串文整
宣统二年二月	铺面一间	龙王庙	薛建勋	作四季交清	陆两整

旧城青苗会为恢复洮州地方经济做出贡献的同时，他们的实力亦随之大增，具有控驭洮州旧城回汉番社会的能力。光绪二十四年（1898）的字据充分显示了这一点。

立写字据人勺洛庄敏七三子因为巴龙池滩耕力，将有巴龙人等呈请青苗会情愿明官。敏姓央请中人黎元魁、马五九子在中说合，罚油贰斤，表

---

① （清）张彦笃、包永昌修纂：《洮州厅志》卷三，墟市，光绪三十三年（1907）。

贰刀，香贰合。若日后敏姓占池滩，有来人一面承揽，敏姓自任其罪。恐后人心难保，立此字据，一样二张，各执一张为证。

　　　　节什在间　　　　　　　中间人　黎元魁
　　　　永不伤害　　　　　　　　　　　马五九子
　　　　光绪二十四年五月二十日立　字据人　敏七三子
　　　　　　　　　　　　　　　　□书　房瑞安
　　　青苗会首　　权得中　金生珠　会长　王殿魁　魏学儒
　　　巴龙提领　　　　　　李次炭　会长　　　　　郝得明

　　这是一件似曾相识的番回土地纠纷。早在咸丰四年（1854）巴龙池就发生过类似事件，当时回民敏七八子仅仅退出侵占耕地，并没有受到处罚。时隔45年之后，巴龙池再次出现回番土地纠纷。但是这次回民的结局迥然不同，回民敏七三子"央请"中人说合，情愿接受旧城青苗会提出"油贰斤、表贰刀、香贰合"的惩罚。字据开头有"呈请"一词，落款处巴龙会采用"提领""会首"等称谓，说明旧城青苗会与巴龙会之间存在的隶属关系。显然，洮州旧城青苗会能够控制本地回汉番地方社会。

　　为了整合洮州旧城回汉番社会，旧城青苗会组织发起了一项新的民俗活动——"扯绳之戏"。按光绪《洮州厅志》载：

　　每岁正月元旦及岁时各节，皆无异俗。惟正月初五日午后，有扯绳之戏。其俗在西门外河滩以大麻绳挽作二股，长数十丈。将小绳连挂在大绳之末，分上下二朋，两钩齐挽。少壮咸牵绳首，极力扯之。老弱旁观鼓躁，声可撼岳。以西城门为界，上下齐扯。凡家居上者上扯，家居下者则下扯。胜者踊跃欢呼，负者亦颇为失意。其说以为扯绳之胜负，即以占年岁之丰歉焉。相沿已久，不知所自。按襄汉拔河之举，上古牵钩之俗，此殆其遗意欤。①

　　《洮州厅志》认为正月初五的扯绳之戏"相沿已久，不知所自"，这一说法需要考辨。既然扯绳之戏是"相沿已久"的盛大民俗活动，那么之前的方志就会有所记载。事实上，康熙和乾隆两版《洮州卫志》并未记载此种民俗活动。乾隆《洮州卫志》具体修于何年并无明文记载，但洮州卫一直存在到乾隆十三年（1748）。因此可以判断，洮州旧城的扯绳之戏应是乾隆十三年

---

① （清）张彦笃、包永昌修纂：《洮州厅志》卷二，风俗，光绪三十三年（1907）。

（1748）之后才兴起的，其兴起的时间不会早于旧城青苗会的历史，其复兴的时间应在光绪元年（1875）之后。扯绳之戏在西门外的河滩举行，以旧城西城门为界限，西城门以东的旧城城内之人为"居上者"，西城门以西的旧城城外之人为"居下者"，城、乡两片区域的青壮年男子组织成人数相等的两支队伍，扯绳拔河以定输赢，比赛结果预示着双方在这一年的稼穑丰歉。这项游戏的社会意义在于，它不以民族来区分人群，而是以居住地域来划定人群，意在打破旧城回汉番的民族隔阂，加强旧城各民族之间的社区认同感。

关于清末的扯绳活动，旧城青苗会自身也有记载。1994 年旧城青苗会组织几位老人编写了一本旧城青苗会的简史，取名为《洮州农民文化宫简史》。该书记载：光绪年间，旧城青苗会在每年农历正月十四、十五、十六三个晚上组织扯绳活动。青苗会鼓动上下两片居民，家家扯绳，商家资助。扯绳场地在街上，以南门十字为界，按上下两片为比赛双方，各自将绳捆扎城头连（称为龙头）、二连、三连、连尾（又称双飞燕），每方之绳长约 500 米。扯时，由双方把杠子者将杠子（呈纺锤形的桦木短杠）串在龙头之间，以鸣炮为号。每晚扯绳三次，三晚九局，以决胜负。扯绳不分男女老幼，不论汉、回、藏、土，人人皆可参加，人数最多时，可达四万多人。① 清末洮州旧城青苗会组织的"扯绳之戏"，标志着旧城回汉番等多族民众逐渐恢复友好团结的社会关系。据《洮州厅志》载，光绪年间洮州回汉人口数量亦相应增加，尤以汉人人口增速最快，翻了一番。②

表 2　　　　　　　　光绪年间洮州人口结构对比

1. 光绪五年（1879）
家户总数：4791　　　人口总数：30546
其中，汉民 3541 户，20430 口；回民 1250 户，10116 口
2. 光绪三十三年（1907）
家户总数：7340　　　人口总数：51603
其中，汉民 5672 户，40920 口；回民 1668 户，10683 口

三　回汉士绅重塑地方意识形态

在同治兵燹中，洮州旧城的回汉士绅没有走向分裂对立，而是形成一个彼

---

① 宁文焕、权世英执笔：《洮州农民文化宫简史》（油印本），1994 年，第 14 页。
② （清）张彦笃、包永昌修纂：《洮州厅志》卷四，赋役，光绪三十三年（1907）。

此团结和相互支持的社会阶层，这对洮州地方来说是一个莫大的福气。光绪二十一年（1895）河州回民起事对洮州影响不大，有赖于洮州旧城回汉士绅的团结。在这样的社会背景里，可以更好地理解光绪二十三年（1897）产生《洮州丁氏族谱》的原因。如果把回民廪生敏翰章撰写的《洮州丁氏族谱》看作丁裕谦为彰显家族历史功绩、光耀门楣之用，无疑流于肤浅。在光绪二十三年（1897）这个时间点，回民士绅思考更多的问题是如何重塑回民的社会形象。旧城丁氏家族重修族谱蕴含的社会深义是：《洮州丁氏族谱》描绘了尊儒学、谨拜功、服务地方、靖边护家的回民家族形象，力求扭转汉人望族和土司世家对洮州回民形成的不良印象，并且期待借助汉番上层人士的良好印象来改变洮州百姓对回民的偏见。回民修谱是改良地方社会对回民印象的开端，然而，这仅仅是回民士绅单方面的努力。重修地方志，则关系到回汉士绅怎样书写和评价同治兵燹、如何重塑地方意识形态的历史问题。《洮州厅志》恰逢其时地承担了这样的时代使命。

《洮州厅志》修于光绪三十三年（1907）。在此之前，洮州有两部方志，康熙二十六年（1687）洮州卫掌印守备兼理屯事吴甃修撰的《洮州卫志》和乾隆初年修撰的《洮州卫志》。① 康熙《洮州卫志》属于草创，仅有官员、兵制、户口等类目，内容简略；乾隆《洮州卫志》类目设置与康熙年方志相差无几，内容并无多少更新。真正具有划时代意义的新方志，当属光绪《洮州厅志》。《洮州厅志》的产生，与清末甘肃省统一的行政命令以及洮州厅同知张彦笃有关。据《洮州厅志》序文载，光绪三十三年（1907），张彦笃又一次被派往洮州厅出任同知。在赴任的途中，他想起过去洮州厅的一起沉年积案。这份积案关涉到江岔地方的番人，那里距离厅治道途遥远，运粮艰难，番人请求洮州厅减轻赋税。想至此处，张彦笃忽有"披图之想"。然而张彦笃寻找一遍后发现巩昌府没有《洮州厅志》，于是他向当地士绅之家借阅，"又以兵燹之余，片纸只字荡焉无余"。适逢甘肃省命令各属"通修邑志"，于是张彦笃延请乡贤——前广东崖州知州丁丑进士包永昌为总纂稿人，聘请拣选知县辛丑补行庚子恩正科举人宋育辰、甲午科副贡吕芳规、岁贡祝昌龄、廪生汪映奎为分纂辑人，洮州厅资深廪生汪永清、敏翰章、丁启元和丁裕谦等人参与采访。

包永昌，字世卿，明代洮州卫千户包万象之后。包永昌是甘肃省光绪丙子科（1876）乡试第一名，丁丑（1877）进士，历任广东万州、归善、新会（1887）、高要（1887—1890）、三水、香山等县知县，后升授崖州知州（1893—1895）。光绪二十一年（1895），包永昌修《包氏家乘》（刻本），由

---

① 这部方志修撰时间不详，按《洮州卫志》书名判断，应在乾隆十三年（1748）前。

《包氏家乘序》《诰命录》《世系图》《茔域图》《历代列传》《家训韵语十则》六部分组成，是一部良谱。据《临潭县志》载，光绪二十一年（1895）河州回民起事，包永昌正好请假在洮州老家，"他在村前西寿山捐资筑堡，可容万人。继又为洮州莲峰书院捐银三千两，并对乡会赴试者皆加资助"①。包永昌素有文名，多年在外历任正印官，对家乡亦有贡献，影响较大，故被延请为《洮州厅志》总纂稿人。

《洮州厅志》的撰写班底为回汉士绅知识群体，这在当时的甘肃省是独一无二的。除去《洮州厅志》之外，光绪、宣统年间甘肃省各地修撰的方志共有 18 部流传下来：《光绪阶州直隶州续志》（光绪十二年）、《光绪重纂秦州直隶州新志》（光绪十五年）、《光绪重纂礼县新志》（光绪十六年）、《光绪重修皋兰县志》（光绪十八年）、《光绪重修通渭县新志》（光绪十九年）、《光绪泾州乡土志》（光绪三十三年）、《光绪陇西分县武阳志》（光绪三十四年）、《光绪打拉池县丞志》（光绪三十四年）、《光绪文县志》（光绪年间）、《光绪安西采访底本》（光绪年间）、《光绪肃州新志》（光绪年间）、《光绪陇西县志》（光绪年间，残本）、《光绪会宁县乡土志》（光绪末年）、《光绪合水县志》（光绪末年）、《光绪岷州乡土志》（光绪末年）、《光绪镇番县乡土志》（光绪末年）、《宣统泾州采访册》（宣统元年）、《宣统狄道州续志》（宣统元年）。这些方志的撰修者多为汉人，没有回民士绅参与修撰的记录。在这样的时代背景里，回汉士绅共同修撰的《洮州厅志》是值得仔细研究的，尤其是回汉士绅如何撰写《洮州厅志》、通过《洮州厅志》要重塑一个怎样的地方意识形态。

撰写《洮州厅志》的回汉士绅知识群体接触到当时中国知识界的最新之书。这是同时期整个西北地区绝无仅有的文化现象。光绪三十二年（1906），江西省的监生余重基署理洮州厅同知，他为洮州高等学堂购买了一批共计 51 种的最新之书，这些书是 1902 年、1904 年清政府颁布《钦定学堂章程》、《奏定学堂章程》废除科举制度之后中国学界知识转型的新产物。平时读惯了四书五经、圣谕广训、钦定科场条例、历代正史、御纂朱子全书、御制文、御制诗的洮州回汉士绅，在采访、撰写《洮州厅志》时看到了这些新书，头脑里切切实实地濡染到"西学东渐"风气下中西杂糅的新的知识体系。这些书籍是：

植物教科书一本；动物教科书一本；物理教科书一本；外国地理志一

---

① 临潭县志编纂委员会：《临潭县志》，第 855 页。

本；蒙学读本七本；书学教科一本；笔算数学草详三本；万国舆图一本；大清国疆域分图二本；地理问答二本；□□黄斌绘一本；蒙学课本十八本；蒙学历史与地歌括一本；小学国文教科八本；日本维新史六本；蒙学镜一本；学计韵言一本；学算笔谈四本；蒙学心算三十本；蒙学课本三本；史论启蒙一本；小学启蒙一本；心算教科二本；地球韵言三十本；生理教科一本；工学教科一本；心算教授法一本；地文教科一本；体操教科一本；农学教科一本；世界地理一本；体操教范图说四本；普通体操教科四本；新学三字经二本；东洋历史教科一本；御批历代通鉴辑览十八本；史鉴节要便读二本；本国中等地理教科三本；中国历史教科书八本；绘图普通新历史二本；御制数理精蕴二十四本；西洋历史教科书四本；笔算数学十二本；华英字课图说二本；外国历史歌一本；毛笔习书帖六本；三字经图说一本；博物图谱四本；普通学歌诀一本；字课图说八本；族制进化一本。①

  以《万国舆图》为例，它是明末西方传教士利玛窦所编之世界地图，长期深藏皇宫内府，中国普通读书人难以看到，其世界地理知识基本处于冷藏状态。直到1840年鸦片战争之后，以魏源为代表的东南沿海官绅士人才重新关注世界地理知识，编写《海国图志》等书，打开国人眼界。《万国舆图》遂得以流传开来。1904年以后，中国知识界相继编写世界地理教科书、世界历史教科书、西洋历史教科书，包括大清国疆域图也逐渐流行开来，成为知识人的必读之书。有关日本的书籍有两种，即日本维新史和东洋历史教科书，是甲午战争之后中国学界重视研究日本的新产物。还有一些书籍重视体育锻炼和英文教育，接受进化论思想。西方学科分类的书籍也出现了，如动物学、植物学、物理学、音乐学、体育学。可以说，这批书籍对深居内陆、地处回汉番混居之地的洮州回汉士绅而言，有太强的震撼力，会影响到他们撰写《洮州厅志》的立场和态度。

  回汉士绅采用多种方法、利用多种文献来编撰《洮州厅志》。他们征引了历代正史、《文献通考》《续文献通考》《皇朝文献通考》《巩昌府志》《读史方舆纪要》《岷州志》等书。关于洮州本地的山川、古迹、道路等部分，则有专人实地勘访，形成采访册，以供撰修之用。关于番族部分，编撰者选用了土司、僧纲保存的征税册。尤其在僧纲部分，编撰者采录了部分僧纲保存的明代皇帝敕书。《洮州厅志》还依据明代洮州卫军官各个家族所藏之家谱，把明代

---

① （清）张彦笃、包永昌修纂：《洮州厅志》卷八，学校下，光绪三十三年（1907）。

军官的事迹分别收录在"世袭""封荫""名宦"等节，如把明代历朝皇帝给李达家族的敕书收录到"艺文"一节，把《宋氏家簿》记录家祖宋茂奇"显迹"之事归入"耆老"一节，把李氏、邱氏、金氏、张氏四家的家谱所载各家明代贡生任职情况写入"选举"一节。《洮州厅志》还注意收录口述资料，如有关洮州"通事"的来源问题。可以说，回汉士绅联合编撰的《洮州厅志》是洮州地方史的集大成者。

《洮州厅志》真正具有划时代的意义在于，它站在一个颇具中允和公正的立场来书写同治兵燹这段历史，并且反思这场社会灾难，力图让后人从这段惨痛历史里吸取教训。如果去翻翻光绪、宣统年间修撰的甘肃省的其他志书，让读者看到更多的是因咸同回民起事引发的惨烈社会现象，汉人官绅士民如何坚韧不屈、忠于朝廷与节气，不屈从于起事回民而殉难。塑造这种历史记忆最有代表性的著作就是《甘肃忠义录》。清末士绅撰写的这些书，更多的是把回汉矛盾固化下来，令后世之人很难看到他们通过书写咸同兵燹历史来弥合回汉之间社会裂痕的努力。《洮州厅志》则不一样。它是回汉士绅共同完成的方志，承担着重塑洮州地方意识形态、补苴弥缝回汉社会裂痕的时代使命。回汉士绅的笔触颇为审慎。他们把这段时间定义为"同治兵燹"，而不是跟随其他官方文献写作"回乱"或"回变"；把在兵燹期间捐身地方和兵燹之后果敢作为的地方官列入"名宦"一节；把兵燹期间行为勇毅的百姓和品行坚贞的妇人记入"列传"；至于不可避免的地方劣迹则被安排在最后的"杂录"部分，不分回、汉，就事论事，一律记载。这种对待地方动乱的书写方式体现出回汉士绅知识群体的融通与智慧。

《洮州厅志》收录了较多回民的历史和事迹，可资读者对同治兵燹有一个较为完整的历史认知。如"寺观"一节记载了洮州旧城清真寺，且注有详细的建修时间和重修时间。相较而言，同期修撰的其他方志很少会把辖境内的清真寺录入其中，典型的例子就是《光绪重纂秦州直隶州新志》（光绪十五年），内里没有记载秦州城内（今天水市）的清真寺。依据这座清真寺内保存至今的碑刻记载，它在明代洪武年间就重修过一次。面对历史如此悠久的清真寺，光绪十五年（1889）秦州方志的纂修者们却视若无睹。从中透视出咸同回民起事之后，西北很多地方的汉人士绅既没有找到适当的方式，也没有调整正确的态度，来对待回民群体和清真寺。与此形成鲜明对比的是，《洮州厅志》卷十一"岁贡"记载，"敏晋成，嘉庆丙辰岁贡生，延安府安定县训导，勤于作人。彼都人士有春风化雨之颂。在家创建义塾，化导回民。民甚德之"。回民士绅做官并在本地创建义塾，"化导回民"，这类材料在甘肃省光绪、宣统年间修撰的方志中鲜少读到。《洮州厅志》记载同治兵燹期间的事件，既有汉人乡勇为非作歹，也有回民滥杀无辜，更有洮州南部地方乡民最先盼望清政府官军的解救，结果官军到来乡民命运更为悲惨，于是乡民有"请回逐勇"之举。与同时期的方志相比，这种记载更为公允中肯，从中既可管窥清末地方基层吏治之败坏、乡勇之残恶，又可以感受到各族民人在动乱中的悲苦不堪。《洮州厅志》不仅载列了如"托哥子""丁永安""敏四哥子""宛能儿"等害群之马，也记录了良善的回民，如卷十三"耆寿"条载："敏尚礼，回民。存心济人。同治之变，常乘一小骞向汉人遍门告谕，以安抚其心。年八十二岁。"敏尚礼（1783—1864）为北庄门宦的木勒提①，在回民中素有威望。他出面劝告回民、安抚汉人，发挥的作用是巨大的。这样善良友好的回民在兵燹时期的洮州旧城应该为数不少。

在《洮州厅志》"杂录"的最后，有一段不起眼的评论，完整地表达了洮州回汉士绅对咸同兵燹的反思，以及对未来地方回汉关系发展的思考：

> 洮回之乱，起灭皆于枹罕。盖天降罪罟，使之同归于尽。故刀兵、瘟疫、饥饿、狼虎之灾并时而有。元年赤彗竟天，象纬已彰彰矣。夫民不死于回，即死于勇，不死于回与勇，即死于瘟疫、饥饿、狼虎。然汉民虽死，犹为圣朝之良氓，而回之死于战阵、死于疫疾、死于诛戮者，虽死而被以恶名。始原岂及此哉。其互相煽诱，无非涎汉人之财货，盗弄兵于潢池耳。乃曩之好乱乐祸、阻兵安忍者，或蒙显戮，或遭阴谴，否则犹然孤独贫困也。其畏天悯人、懦弱无能者，今则子孙荣盛，衣青紫、号素封焉。然则善败得失，不亦较然耶。老子曰："师之所处，荆棘生焉。大军之后，必有凶年。"愿汉人鉴之。传曰："无始祸，无怙乱，无谋非德，无犯非义。"愿回民戒之。孔子曰："恭而敬，可以摄勇。宽而正，可以攘强。爱而恕，可以容困。温而断，可以抑奸。"尤愿司牧者体行之。②

作者指出，洮州回民起事的兴起与灭亡均来自于洮州以外的"枹罕"。所谓"枹罕"，即指汉代设置的金城郡属枹罕县，即清代的河州，这片地域曾被吐谷浑、吐蕃先后控制过。作者在此处使用河州的古名，是存有深意的。他的隐含之义是：河州是一片在历史上就被众多族群争夺的地方，洮州总是被源自河州的变乱所殃及。作者显然站在反对的立场来看待咸同期间的回民起事：洮州百姓在这次起事里不是死于回民之手，就是死于乡勇之手；如果侥幸逃脱兵

---

① 马通：《中国伊斯兰教派与门宦制度史略》，宁夏人民出版社2000年版，第114页。
② （清）张彦笃、包永昌修纂：《洮州厅志》卷十八，杂录，光绪三十三年（1907）。

灾，又很难幸免于饥饿、瘟疫、疾病和狼虎。作者在这段评论的尾声流露出对回民更多的同情。他说："汉民不幸遇害，还能被王朝政府确定为难民和圣朝的良弱，回民不幸遇害后就得终身背着回乱的恶名。"作者最后引用了《老子》《春秋左传》和孔子的话分别告诫汉人、回民以及当政官员：对汉人来说，不要轻易兴兵，兴兵之后则有大灾，希望汉人谨慎用兵，不要动辄出动武力镇压；对回民来说，不要去制造混乱，更不要想着"怙乱"，借着局势混乱谋求一己私利，这种做法最终会害人害己；对当政官员来说，要按照孔子的要求做一名恭敬、宽正和有爱恕之心的人，才可以摄勇、攘强和抑奸，当政官员只有体会和认识到这番道理，身体力行去实践，回汉之间才不会再出现矛盾和相互仇杀。作者的这番话是基于咸同兵燹的血腥教训总结出来的，语重而心长。相信这段评论的作者应该是一位回民士绅。他的笔调持平公正，而不似同时期其他官方文献那样居高临下、一味指责回民起事。

《洮州厅志》是一部官修之书，这段评论文字能够记载并刊印出来，表明清末洮州回汉士绅感同身受，均能够认同这段评论。他们在如何处理将来的回汉关系问题上具有一致的目标：回汉应该永远和睦相处、共同发展。这种思想的历史来源，根由于清代以来洮州地方社会历史的酝酿和造就，并且经过了血与火的洗礼后才得出来的真知。从此，"回汉应该永远和睦相处"的地方意识形态通过《洮州厅志》牢牢地生根于洮州地方社会之中。在随后的年代里，《洮州厅志》保持着长久的生命力和影响力。包永昌把《洮州厅志》卷十六"番族"部分单独辑录为《洮州土司考》；① 1932 年"国民党甘肃省临潭县党务整理委员会"辑录《洮州厅志》内容，取名为《临潭县志摘录》②；1934 年陈考三编写《临潭县志》③ 亦建立在《洮州厅志》基础之上；1945 年宋予才编写《甘肃省临潭县志》④，其前十目"舆地"至"孝义"均摘自《洮州厅志》。直到今天，《洮州厅志》仍然在临潭县境内的民间社会里相互传抄。

---

① 包永昌：《洮州土司考》，时间不详，甘肃省图书馆藏，索书号：671.6/840.1。
② 国民党甘肃省临潭县党务整理委员会编：《临潭县志摘录》，1932 年，甘肃省图书馆藏，索书号：671.65/137.781。
③ 陈考三编：《临潭县志》，1934 年，甘肃省图书馆藏，索书号：K294.24/711.3。
④ 宋予才编：《甘肃省临潭县志》，1945 年，甘肃省图书馆藏，索书号：671.65/137.86。

第五章

民国乱世中的青苗会

1911年清王朝覆灭，1912年洮州厅成立临时议会，① 1913年洮州厅改名为临潭县，主政者称为县知事。② 在随后的几十年里，整个中国陷入动荡与变乱的社会状态中，临潭县也不能幸免。动乱之于临潭，往往受祸于外部武装势力的进入，无论白朗还是马仲英来到这里，都要焚毁当地的清真寺或者藏传佛教寺院，殃及龙神庙，杀害汉回或者汉藏等民众，屡屡揭开清代咸同朝遗留下的回汉伤疤，给当地带来很大的伤害。临潭县行政权力也更替频繁，各处地方时有发生掳掠与死亡事件。所谓的官方统治者，随时都面临着被另一支武装势力所击败和替代的危局。作为最重要的地方组织，洮州青苗会的组织结构始终保持稳定，维护着临潭县既有的社会秩序。在你方唱罢我登台的乱世之中，洮州青苗会成为地方社会一股稳定的历史潜流朝着既定的方向涌动，龙神信仰也逐渐渗透到新城西南部由卓尼杨土司控制的藏民村落里，并有效控制了这些村落，形成汉藏民族进一步融合的社会趋势。洮州多民族社会融合的步伐在明清两代五百余年里缓慢行进，出人意料的是，在民国乱世之中反而加快步履，这不得不归功于洮州青苗会发挥的社会整合功能。

第一节 社会复苏

清王朝覆灭后，临潭县随即被卷入白朗农民起义的旋流之中，历经同治兵燹复又弥合的旧城回汉关系再次出现微妙变化。白朗起义于1911年爆发于河南宝丰县，起义军转战在河南、湖北、陕西、甘肃等地。③《临潭县志》载："1914年4月30日，白朗农民起义军攻克临潭新城。5月1日，攻克旧城，与民团交战，回汉民众伤亡甚重，城内清真寺、街面及民房延烧数昼夜。3日，

---

① 临潭县志编纂委员会编：《临潭县志》，第17页。
② 1925年，改称县长。
③ 杨炳延：《白朗起义》，河南人民出版社1978年版。

白朗军撤离临潭去岷县。"① 关于"民团",据《临潭县志》所记,白朗农民起义军抵达岷县准备向临潭县进发时,"旧城绅士敏翰章、敏步洲提倡组织民团,以卫地方。因该处牛马商贩甚多,均有枪械马匹,造册来城点验"②。另据旧城耆老王佐卿③回忆,当时白朗约有两三万人进犯洮州,四月半前后洮州旧城成立民团,公推义心公掌柜敏步云为团长,万盛西少掌柜王汉三为副团长,当地牛马商贩都有快枪,大约共有三四百支,分队长已经派定,把四乡20里内的人口粮食全运进城里,坚壁清野,准备抵抗。后因起义军人数众多,猛烈攻城,城内突然失火,上下清真寺先燃,龙王大庙继燃,北、西、南街起火,城内一片火海。老人们把儿女家人驱入火中,大叫归顺。④ 以此来看,旧城民团由回民士绅商人领导,组织旧城以回民为主体的牛马商贩成立地方武装,以图自卫。

一 民团处理回汉土地纠纷

白朗起义军离开之后,旧城各家各户在被焚毁的屋基之上重建家园。就在这段时间,旧城发生了一起土地纠纷。1915年元月,商号福盛通掌柜、回民敏步州(即敏步洲)与旧城青苗会发生土地纠纷,产生纠纷的土地是龙王庙西后侧的一块庙产土地。这块庙产土地本是咸丰三年(1853)麻你寺⑤代理僧纲马成龙和马中魁父子捐给旧城青苗会的土地。麻你寺所给的布施文券注明了该土地四至:东临官路,南通姜、马二姓家户房墙之间的一条小路,西抵马、敏、单三姓家户的房墙,西北界有一眼井,西南和北两个方向都通往官路。因此,这块土地与回民敏氏的土地界限分明,本不存在产权不清的问题。白朗起义军扰乱临潭县,旧城大庙及其周围民居被悉数焚毁,在复建房屋时,居住在土地西边的敏步州趁机侵占这块土地,受到旧城青苗会的强烈反对。起初,旧城青苗会集合三十余人,找来乡约、保甲人等与敏步州理论,甚至找到了旧洮

---

① 临潭县志编纂委员会编:《临潭县志》,第17页。
② 陈考三编:《临潭县志》(油印本)卷八,大事记,1987年,第34页。
③ 王佐卿老人一生经历丰富。他的生平参见《临潭县志》(甘肃民族出版社1997年版),第882页。据载,王佐卿(1895—1990)又名贡觉才让,藏族,曾是卓尼土司杨积庆的随从副官,新中国成立后曾任甘肃省政协文史馆馆员。
④ 王佐卿:《万盛西的来龙去脉》(未刊稿),1984年。另据马通的研究也指出,白朗起义军攻打旧城之际,城内回民在上寺被毛毛阿訇(东乡县人)、板归阿訇(和政县人)鼓吹自焚殉教。一些回民男女聚集在清真寺中自焚而亡。马通:《中国伊斯兰教派与门宦制度史略》,第124页。
⑤ 旧城青苗会保存的契约里为"马你寺",光绪《洮州厅志》写作"麻你寺"。

营的军官出面解决。敏步州是福盛通掌柜，经营皮毛规模达 80000 银圆①，在旧城各商号中经济实力排名第二，财大气粗。加之他又是旧城民团首领，他的堂兄弟为义心公商号掌柜敏步云和洮州名士敏翰章（敏步堂），也是民团领导者，因此敏步州的态度非常强硬，不做任何退让。旧城青苗会面对的不是敏步州一个回民，而是以敏步州为代表的旧城回民势力，其间还挟裹着以旧城牛马商贩为主体的民团势力。旧城青苗会对旧城民团甚为忌惮，不得不绕过旧城民团，直接向临潭县政府提交诉状：

> 具公□西乡旧城汉民士庶等，谨□恩主老大人爵前，伏俯百叩跪请□福金安，敬□□查本处先辈士庶于咸丰三年重修本处龙王庙募化钱粮，其册有马你寺主僧俗等将其祖遗旧城内建塝一所布施于本庙，当日对同士庶立字据，开明地基四址，并无侵占他人寸土。至今虽年深日久，有先年所立字据为证。兹有建塝边住居回民敏某某恃其豪强，□□逞奸狡，将此地□食侵占。某等央请某某向敏姓询问侵占根由。敏姓只是无理。某某等无奈，呈明旧洮营都□府同铎约并保甲局等处，作其撤底□查究，照依字据评议。不意敏姓奸狡非常，日复一日，左支右吾，一味推委。铎约同保甲等亦□策□旅。某某等只得据实字明恩主大人□下，叩乞照依先年字据内声明□□□□究，核断族行，某某等顶感鸿恩于□世，为此具□伏慈鉴谨□
>
> 　　　　　　　　　年　月　日具等汉民士庶　等

临潭县政府受理了这份诉状，却把这起土地纠纷事件又交回旧城民团士绅处理。这种处理方法实属无奈，但从形式上也说得过去。其无奈之处在于，县政府本有处理地方土地纠纷的职责，但是这起土地纠纷双方的势力都很大，县政府得罪不起任何一方，只能委托旧城民团处理，以推卸自身责任。说得过去的地方在于，旧城民团是临潭县官方承认的地方合法组织，拥有武装，被旧城的回汉士绅联合领导，最适宜处理本地群体性的纠纷事件。尽管敏步州是旧城民团的领导者，但他只是领导者之一，既不能全权代表旧城回民，也不能完全控制旧城民团。况且，旧城青苗会控告的只是敏步州个人，只要让敏步州回避，旧城民团自然应该公正处理这次地土纠纷。为此，临潭县政府向旧城民团下发一道谕文，转述了旧城青苗会关于这起土地纠纷的来龙去脉，要求旧城民团的领导者——士绅敏步云、周凤林和丁裕谦酌情办理。

---

① 临潭县志编纂委员会：《临潭县志》（1991—2006），甘肃人民出版社 2008 年版，第 797 页。

> 署理临潭县事正任□武县知事康。旧城青苗会公民张毓秀、陈宝□、范蔚等三十余人公禀,以倚势欺凌强占庙产一案词称:缘前清咸丰三年间有青苗会人等修葺庙宇,因地基狭小,拟略加高阔,奈雪壕水道无处出展。适有世袭马你寺主马成龙有祖占内后街建场地基一所,正在庙产西边。马姓父子磋商,情愿布施以作神地,立有文契证。迨至光绪十六年间有回民等敏四个子侵占地基,弊混为私。当有青苗会□□控告厅主李公案下。蒙批:汉回不准侵占寸土,以重神道等因在案。迨今□历年所□无异议。不料自经匪乱以后,地方势毫(豪)敏步州等□欲恃其□蠹食之手段,以为开疆拓土之计,乃因县主□令工科科□□学文、乔文蔚□旧丈验于势豪等名下。查此项庙产既有马你寺主文契并县署案据,自与□□官地不同。似此任意侵占,藉端欺凌,狼子野心,愈纵愈贪,势必尽将旧城神庙等产全数瓜分而后已,并恐庙产不足,继以私人地基,仅大城垣全数归势豪势力范围之内,良儒者无立足地点。公民等心实不甘,只得禀县长案下,恳乞□差勘验,秉公维持,以清界限而重神道,则人神感戴于无涯矣。等情据此。查此产业该公民等既称庙产,决不准由其人民侵占,以重神道而清界限。兹据所禀,是否符实,殊难悬揣。合□谕□为此谕,仰该绅等遵照来谕内事理刻即查明,系属官产,抑系庙产,据实禀覆,以凭核夺。切勿稍延毋委。特谕。
>
> 右谕仰旧城团绅　敏步云　周凤林　丁裕谦
>
> 民国四年元月十八日谕

如何处理这起纠纷,成为考量旧城民团回汉士绅智慧的"试金石"。最终,旧城民团士绅判旧城青苗会胜诉。

现在已无法得知旧城民团士绅商议与判断的过程,只能从团绅身份进行分析。在旧城团绅里,丁裕谦是我们非常熟悉的人物,光绪年间曾担任洮州厅"矿物学堂番语教习"。[①] 丁裕谦出身于旧城回民世家,同时也是一位正直的儒家士绅。他主持撰修《洮州丁氏族谱》以重塑洮州回民形象,参与修撰《洮州厅志》,尽力弥合回汉民族裂痕。可以说,咸同回民起事之后,丁裕谦为修复洮州回汉民族关系做出了重要贡献。以此推断,丁裕谦知道眼前这起土地纠纷可能会引发的社会冲突,加之旧城青苗会的庙产土地来历清晰,其要求有理有据,丁裕谦自然会秉公办理,支持旧城青苗会的诉求。丁裕谦的意见应该会影响到敏步云和周凤林。敏步云也不便在此问题上公开偏袒堂兄弟敏步州。最

---

① (清)张彦笃、包永昌修纂:《洮州厅志》卷十一,例贡,光绪三十三年(1907)。

终，旧城回汉团绅判旧城青苗会胜诉。丁裕谦在回民中素有威望。敏步云是旧城义心公商号掌柜，经营茶叶、木材和钱庄生意，经营规模达 100000 银圆①，在旧城商号中经济实力排名第一。这两大旧城回民家族的代表人物都要求敏步州退出侵占土地，敏步州亦难以再动员其他回民与旧城青苗会作对，只能退出土地。这次回汉土地纠纷表明，尽管社会时有动荡，但是旧城的社会秩序仍然保持完好，旧城青苗会的势力依旧强大，它作为临潭县重要地方组织的地位并没有被削弱。

二 禅定寺骡马会移驻旧城

1917 年，卓尼杨土司辖境内的骡马会迁移到 50 里之外的旧城，其搬迁的起因是鼠疫流行。据《解放前临潭县骡马会及商业经济情况》记载：当年春季，夏河县美武地方发生黄鼠尸体引发的鼠疫，各处传染得病而死的人较多；杨土司为了避免鼠疫传染到卓尼，下令封锁交通，停止了卓尼境内的骡马交易。② 这时的杨土司即杨积庆（罗桑丹增南加道吉，1889—1937），他于光绪二十八年（1902）承袭土司，兼任禅定寺僧纲司。③ 因为抗击白朗起义军有功，杨土司被国民陆军总长段祺瑞授予陆海军"五等文虎勋章"，④ 被任命为洮岷路保安司令，当地人称其为"杨司令"。卓尼的骡马会以禅定寺为依托，分"六月寺集"和"十月寺集"，会期分别在农历六月上旬和十月下旬，"皆以十日为期"，"为买骡马牛之所"，⑤ 其间卓尼寺（即民国禅定寺）还举办"晒佛跳护神"仪式。每至会期，临、卓两地的藏、汉民众都来到这里敬佛还愿、购物游玩。杨土司禁止 1917 年的六月卓尼骡马会之后，那些从藏区贩运来羊、马等牲畜的回汉行商集结在旧城无所适从。旧城回汉士绅抓住这个机会，向临潭县政府申请在旧城开办骡马交易会。临潭县政府同意把当年的六月骡马会安置在旧城的西河滩举办。同年 9 月，临潭县旧城成立了商会，会长为敏步云。10 月，杨土司试图把骡马会再迁回卓尼禅定寺，但没能成功。据说，各方牛马商贩发现旧城很适合牛马交易。原因在于，卓尼禅定寺修建在连绵山脉围截的山凹之内，是一个交通死角。从汉地来的客商必须从临潭县的西、

---

① 临潭县志编纂委员会：《临潭县志》（1991—2006），第 796 页。

② 赵明轩：《解放前临潭县骡马会及商业经济情况》，《甘南藏族自治州志编纂参考资料之二》（油印本），1986 年。

③ 马登昆、万玛多吉编撰：《甘南藏族部落概述》，《甘南文史资料》（第十一辑），甘南报社印刷厂 1994 年版，第 280 页。

④ 马登昆、万玛多吉编撰：《甘南藏族部落概述》，第 281 页。

⑤ （清）张彦笃、包永昌修纂：《洮州厅志》卷三，墟市，光绪三十三年（1907）。

北、东、东南四条线路赶到新城之后,再翻过新城南边的一道山坳才能到达深居谷地的禅定寺,往来交通十分不易。于是,商人们都选择在旧城举办骡马会,从此不再去禅定寺。①

禅定寺骡马会是卓尼杨土司世代着力经营的市场,亦为其重要财政来源之一。道光十四年(1834),陇东人余文绶给洮州厅同知做幕友,写过一篇《卓尼记》,指出卓尼寺"番僧三千余人,岁于正、四、六、十月讽经晒佛,载护神,汉番男女来礼佛,商贾交易,立有税局"。② 咸丰十年(1860),卓尼杨土司杨元捐资维修通往禅定寺的道路,并竖立一通《重修桃日道路碑记》。他在碑文里指出,"每逢寺期,四方之客商牵车而服贾者,率由于此路。前人曾运木植修之。奈来往日盛,加以雨水冲激,不数季而崎岖百出矣"。③ 于是,杨元率领禅定寺世袭僧纲司杨恩布旺秀以及下属头人维修了这条道路,以利于禅定寺骡马会期间各地商旅往来。1917年,禅定寺骡马会迁往旧城,卓尼土司杨积庆丢失了世代传承的经济利益,对他而言不啻是巨大的打击。因为旧城商会是力争禅定寺骡马会迁到旧城的商业组织,并且主要由旧城回民商人构成。这增加了杨积庆土司对旧城回民商人群体的愤怒,临潭回、番上层势力之间出现了潜在的社会裂痕。

然而,显而易见的事实是,骡马会加强了旧城的商业中心地位,成为联结西北农耕地区与游牧地区的中心市场。《解放前临潭县骡马会及商业经济情况》对此有详细的记载。本地人开设行栈的有万盛西王某、德盛马马某、义心公敏某、福盛通敏某、复有公苏某、永泰和丁某、全盛敏敏某,店铺有集成店、德泰店、义泰行等,招徕外地商人。外省人有万镒智曹某、恒顺长郭某(陕帮)、杜盛兴杜某、复生荣雷某。河南怀庆府白射香庄专收麝香、鹿茸、牛黄、贝母等药材。各地商贩运来的各种货物有湖北德安府梦县的白土布,江西景德镇的龙碗,北京、天津一带的珊瑚、玛瑙、松儿石,山东的茧绸,杭州、成都的丝绸、加拉、卡达,岷县的白面、清油,武山、甘谷、武都的大米、辣椒,临夏的红枣,西固的柿饼,上海的板子货如贡呢、斜布,南京的织锦缎。商贩把这些货物赊售给牛马商贩。牛马商贩每年腊月出发,用犏牛或牦

---

① 访谈对象:陈建中(男,73岁);访谈地点:新城镇陈建中家;访谈时间:2006年10月20日。另参见赵明轩《解放前临潭县骡马会及商业经济情况》,《甘南藏族自治州志编纂参考资料之二》(油印本),1986年。

② (清)余文绶:《卓尼记》,徐丽华主编:《中国少数民族古籍集成》(汉文版)第七十一册,四川民族出版社2002年版,第445页。

③ 卓尼县志编纂委员会编:《卓尼县志》,甘肃民族出版社1994年版,第775—776页。

图 11　现在的禅定寺

牛把各种货物运往藏区，八家一锅（一同做饭），结成帮，带有快枪、骏马，全身武装。牛马商贩去四川阿坝地区和甘南乔科、郎木寺、欧拉等地，到目的地后，先经主人家（熟主顾）把货物赊欠给牧民们，住上一两个月，由主人家把货款收回，大款付大犏牛、犏雌牛、牦雌牛，小款付酥油、小牛犊。牛马商贩从各处藏区赶回牛马，正好赶上旧城6月的骡马会。每年从旧城卖出的牛马，各有3000头左右。牛多销往岷县、漳县、陇西、渭源、康乐等地作耕牛。岷县用当地的特产当归、蔓芹来换耕牛。骡马多销往陕西关中一带，如兴平、武功、咸阳等地，还有甘肃的西和、礼县、盐关一带。首碌、玛曲一带的藏民则自己赶羊到旧城来卖，每只羊换125斤的青禾，每年有五六千只骟羊在旧城卖出。[①] 6月、10月的旧城骡马会亦以十天为期。外地商人长途跋涉来到旧城，需要娱乐，能够在骡马会期间有戏可看。《解放前临潭县骡马会及商业经济情况》载：会上演戏六天，戏价由商会、牛马商贩、铸匠（铜锅匠，多半为岷县清水沟人）行店、摊贩、饭馆各承担一天，每天戏价30—50元。[②]

旧城青苗会在骡马会期间也没有闲着。据今天的人讲，在骡马会的第一天，旧城青苗会要把五国老爷抬出庙，在旧城里走一圈，以增添骡马会的热闹

---

① 赵明轩：《解放前临潭县骡马会及商业经济情况》。
② 同上。

气氛，还能吸引藏民来旧城敬香拜龙神。① 如此，旧城骡马会就有了必需的神祇元素，从形式上完全替代了禅定寺6月会和10月会的信仰功能。旧城青苗会由此获得更高的社会威望。1927年的事例能够证明这一点。当年春，国民军驻防临潭旧城，要求旧城的铸造行业提供三口铜锅。待国民军离开旧城时，把三口铜锅还给了旧城铸造行。旧城铸造行把这三口铜锅存放在龙王大庙里，交由旧城青苗会管理，以便于将来应付兵站或军队需用，并写下一份字据。

  书立合同字据人旧城铸匠行头邱元寿、任菊奇、陈登峻、杨文殊代、洪承亨、蒋春林等，今因民国十六年春间适逢国民军来洮驻防，需用饭锅，令由各厂凑款购买大小铜锅三口。但该军调回，所有铜锅现已无处归交，是以邀同青苗会首头人陈登峻、罗万象等公同商议表决，愿将铜锅如数存储龙王大庙以作公用。嗣后遇有兵站或驻防军队需用饭锅，交给兵站处应用，不得留难。过后仍由各青苗会首轮流管理，毋得遗失，列作交代。倘或铸匠行内私自借用，诚恐遗漏，以示限制而垂久远。恐后无凭，立此合同字据一样两张，一留庙内备查，一交付行头守执为柄。
  行头邱元寿 任菊奇 陈登峻 杨文殊代 洪承亨 蒋春林
          青苗会首 陈登峻 罗万象
     民国十六年古冬月二十七日立
        遇书人 訾来亭

  旧城铸造行本有行头可以保管公用铜锅，但他们更相信社会威望更高的旧城青苗会，加之旧城青苗会每年组织神事活动也需要使用大口径的铜锅。旧城铸造行请旧城青苗会出面应对入驻旧城军队的军需使用，表明旧城青苗会作为地方组织的一贯威信。

  1928年10月至1929年11月，这14个月对临潭县的广大回汉番乡民来讲太过漫长。马仲英率军进入临潭，掀起临潭回民与汉番之间的仇杀。《临潭县志》载，1928年10月24日，马仲英带兵数万从河州来到旧城，与洮岷驻军作战，相继占领临潭旧城和新城。马仲英遂向卓尼杨积庆土司索要财物，杨积庆土司拒绝，马仲英率军攻打卓尼，杀戮僧俗，焚烧土司衙门。10月29日，马仲英军队南下岷县。12月1日，马仲英率军从岷县回撤河州，途经卓尼，对十多处藏族村落进行烧杀劫掠，5日，马仲英军队烧毁卓尼禅定寺《甘珠

---

① 访谈对象：杨祖震（男，68岁）；访谈地点：旧城大庙；访谈时间：2006年10月18日。

尔》《丹珠尔》经版及经卷。18日，马仲英率军撤回河州。① 马仲英军队在临潭来回走了两趟，打击汉人与番人，这为后来国民军进入临潭驱赶回民军、杀戮无辜回民提供了借口。《临潭县志》载，1929年2月，国民军师长吉鸿昌派遣旅长冯安邦到达临潭旧城，冯安邦纵容军队放抢三日，随后攻打长川清真寺，杀伤许多回民妇孺；临潭各处回民或与国民军作战，或逃往河州境内。② 在这14个月里，卓尼杨积庆土司受到了沉重打击，他的衙门被烧毁，禅定寺经版经卷被焚烧殆尽，记载着杨土司家族历史的卓尼版《丹珠尔》经卷亦毁于一旦。

马仲英窜扰临潭，打击汉人和番人，引起卓尼杨积庆土司对临潭回民的报复。1929年7月9日，杨积庆奉命安置河州一带返回临潭的回民难民，受副军长戴靖宇之电"但有年富力强壮丁混杂其间，形迹可疑，或有不法行为者，仍盼分别严办，极刑处置为要"③，杨积庆把回民青壮男子集中杀害于旧城，其人数在四五千人。《卓尼县志》评价杨积庆的行为"酿成了临潭回民蒙难事件，伤害了回藏民族之间长期以来的友好感情"④。

在马仲英袭侵临潭的过程中，旧城五国爷大庙也毁于兵燹。据苏士元《修卧龙殿序》载，旧城青苗会把五国爷塑身搬经古战乡，过洮河，在"术布河阴班路他嘛呢房屈驾，化险为夷，旋以神址狭陋，祈报不便，藏汉老幼，佥举一心，厥献本庄前山麓空地基，建修卧龙殿"⑤。五国爷塑身在距离旧城40里的班路他（今临潭术布乡）卧龙殿停驻18年。1947年，临潭县长赵文清在旧城五国爷庙遗址上修建庙宇，取名为"先达祠"，把唐代至明代"曾在洮州百战经营之人物，并一祠而祀之"⑥。藏汉群众认为这是在复修五国爷庙，纷纷踊跃参与，"富者输财，贫者输力"，"彩绘成功，辉生宝殿，栋宇连云，庙貌巍峨"⑦。据《洮州农民文化宫》记载，复修之后的五国爷庙"坐北向南，一进三院。山门为牌楼重檐，气宇轩昂。门前有照壁，砖雕精美。照壁、山门前后两边安有地方信士捐资铸造的青龙盘绕箭斗铁杆一双，铁狮两对，石狮一

---

① 临潭县志编纂委员会编：《临潭县志》，第18页。
② 同上。
③ 陈考三编纂：《临潭县志》卷八，大事记，第86页。
④ 卓尼县志编纂委员会：《卓尼县志》，第744页。
⑤ 转引自宁文焕、权世英执笔《洮州农民文化宫简史》（油印本），第7—8页。
⑥ （清）赵文清：《劝修先达祠序》，转引自宁文焕、权世英执笔《洮州农民文化宫简史》（油印本），第8页。
⑦ （清）赵文蔚：《彩画五国庙序》，转引自宁文焕、权世英执笔《洮州农民文化宫简史》（油印本），第8页。

对……二殿宽敞明亮，左右建有钟楼鼓楼。大殿面开五大间，重檐九脊歇山，……两边廊房一应俱全"。① 五国爷庙复修之后，旧城青苗会把五国爷塑身从班路他卧龙殿迎接回来。

第二节　洮州青苗会向卓尼扩展

20世纪30—40年代，由于缺乏相应的文献，很难去准确描绘洮州青苗会在这段时期的状况。所幸，当代人尚能够讲述民国年间洮州青苗会与卓尼杨积庆土司的种种故事，② 新堡青苗会的马角还保存了一份1931年杨积庆土司颁发的藏文手谕。依据这些故事和材料，来勾勒民国乱世之中洮州青苗会的轮廓时，惊奇地发现它并没有出现萎缩收敛的迹象，而是有了更大的发展，其势力范围扩展到卓尼杨土司管辖的地域。

一　杨土司与青苗会的关系

今天旧城、新城和晏家堡等地的老人们在讲到卓尼杨司令（杨积庆土司）时，都会提到民国年间杨司令在旧城和新城购买房产之事。杨司令娶了新城东北面八里之地的晏家堡村军屯户刘氏的女儿。因为这层姻亲关系，杨司令大力资助晏家堡青苗会修缮和扩建龙神庙。晏家堡的龙神庙遂成为当时洮州十八龙神庙里修建最好的庙宇，有三进的庙院，山门、中殿与后堂在一条中轴线上，中殿外墙的门窗上环绕雕刻着二十四孝图，檐角雕有祥瑞小兽，下缀铜铃，风力摇荡铃声脆耳，在洮州地区堪称精美绝伦。③ 当地流行一句民谚："石山里的号，城背后的轿，晏家堡的庙。""石山里的号"指的是端阳沟青苗会的号，他们所吹的号为藏人的号，声音最为雄浑，传布最远；"城背后的轿"指城背

---

① 转引自宁文焕、权世英执笔《洮州农民文化宫简史》（油印本），第8页。
② 本节的口述资料，感谢如下主要访谈人提供的资料：访谈对象：新城镇陈建中（男，73岁），洮州文物管理委员会主要委员；访谈地点：陈建中家；访谈时间：2006年7月28日。访谈对象：城关镇临潭县政府史志办马廷义（男，44岁）；访谈地点：马廷义办公室；访谈时间：2006年8月29日。访谈对象：新城镇城背后村青苗会会首王奎（男，63岁）；访谈地点：王奎家；访谈时间：2006年8月12日。访谈对象：新城镇晏家堡青苗会会首刘爷（男，66岁）；访谈地点：新城隍庙；访谈时间：2006年8月13日。访谈对象：新堡乡琵琶堡杨全吉（男，56岁）；访谈地点：杨全吉家；访谈时间：2006年8月25日。访谈对象：新堡乡洛藏村孙元元（男，40岁）；访谈地点：孙元元家；访谈时间：2006年8月27日。访谈对象：新堡乡新堡村杨吉德（男，53岁）；访谈地点：新堡村石国钧老人家；访谈时间：2006年8月25日。
③ 2006年5月23日在晏家堡龙神庙的群体访谈。

后村青苗会奉祀的龙神为徐达,他的官阶最高,别的青苗会奉祀的龙神均为四人抬大轿,但徐达的轿子是八人抬的大轿;"晏家堡的庙"即是指在杨司令的资助下扩建的晏家堡龙神庙最为宏大壮观。

距离新城东南约40里的新堡乡新堡村的乡老还说,杨司令把新堡青苗会崇祀的龙神胡大海供奉为家神爷。胡大海的神庙位于新堡村村口处青石山西面的山坡上。杨司令定期前往胡大海庙举行祭祀活动,并从庙里请了胡大海的牌位安放在家里,供起长明灯。每到农历六月初一新堡庙会的第一天,新堡青苗会在迎请龙神轿队下山之前,杨司令会带着他的四位妻妾来到龙神庙里先行举办祭拜家神爷的仪式,敬香点灯焚黄裱,同时给新堡青苗会送去一定数量的银圆供他们做维修庙宇之用。仪式之后,杨司令和妻妾们会在新堡村里逗留一或两天,听听庙戏,结交前来参会的各路客商。新堡村的戏台修建在村东的尽头,面向洮河。庙戏开始后,鼓乐人声顺着洮河水渐行渐远,就飘到洮河对岸卓尼藏人的耳朵里。一船摆渡,隔岸的藏族民众循着水上乐声,穿过田间小道、河边柳荫,来新堡村参会,敬香烧裱、游神看戏。久而久之,新堡庙会成为临潭南部的标志性庙会,是汉藏民众每年期待的盛大聚会。

距新城东面约80里的陈旗乡王旗青苗会会首也讲过,20世纪30年代王旗青苗会每年组织龙神轿队去参加新城端午的龙神赛会和举办高庙庙会①时,杨司令曾一次性捐赠王旗青苗会24匹马,并向王旗青苗会承诺:如果这些马死了,就把马尾巴交给他以作凭证再领取新的马匹。②

临潭的晏家堡、新堡和王旗的老人都不约而同地讲述着卓尼杨积庆土司与青苗会的故事,说明民国年间杨积庆非常注重与临潭各地的青苗会建立良好关系。换一个角度来观察,民国年间卓尼杨土司的实力处于逐步下降的趋势,他的禅定寺骡马会迁移到旧城,他的衙门和禅定寺又被马仲英烧毁,因此他需要加强与当地汉人的联系。为了获得当地更多汉人的支持,杨土司甚至遵从了青苗会的龙神信仰。这些尚在流传的故事并非凭空捏造。新堡青苗会的马角世家保存着一份1931③年杨土司给他家颁发的一道16开大小的藏文手谕,其译

---

① 高庙庙会是1949年之前在临潭东路一带盛行的、影响力达至临、岷两县的庙会。据王旗青苗会会首讲,1949年前的高庙庙会有一个重要的特征,发生矛盾纠纷甚或结怨的村民们可以召集同伙专门在这个庙会里相互斗殴对决,发泄愤怒,待斗殴结束从高庙庙会归来后,双方不能再挟私结仇,以后不作计较。20世纪80年代复会时,高庙庙会没有被复会。

② 访谈对象:新堡乡洛藏村孙元元(男,40岁);访谈地点:孙元元家;访谈时间:2006年8月27日。访谈对象:陈旗乡王旗村王士英(男,63岁);访谈地点:王士英家;访谈时间:2006年10月4日。

③ 据甘南藏族自治州史志办敏文贵的翻译标注,铁羊年即1931年。

文是：

　　特此向所属林区三军以内所有老少告示如下：现在原拉奥老湖主已被城里定刑，从今以后他再无处去讨取施舍。从现在起，你们只能给牵白马花蹄的年轻湖主按旧例布施外，不得给前来讨取布施的其他老头及父子模样的人施舍！与此违者，律当毙命！

此告

铁羊年九月八日①

图 12　马角传人与家传的藏文告示

　　据新堡青苗会的现任马角讲，自从他的爷爷有了这份手谕后，每年农历的三四月就带着他的父亲去洮河南岸一带，向杨土司属下的藏人收集新堡青苗会的会粮和会费，为新堡六月初一的庙会做准备。藏人一般给青稞面粉、清油，有的藏人还给鸡。杨土司专门为他爷爷配备了一匹白马，供他在洮河南岸募化会费、会粮和从事插旗、收旗等神事活动。杨土司还允诺，如果白马亡故，马角可截下死去白马的一段马尾去他的府第"报账"，再换领一匹新的白马。杨积庆土司被杀（1937）后，他的父亲持着杨土司的手谕继续每年向洮河南岸的藏人们征收会款和会粮，藏人们忠实地承担着纳捐新堡青苗会的义务。藏人

---

① 这篇藏文告示的译者是甘南藏族自治州史志办公室的敏文贵，特此表示感谢。

们照旧在新堡庙会上去给龙神胡大海敬裱上香,向新堡青苗会索要红色的三角旗回去插在村里最高处的山脊之上,盼望得到龙神的荫佑禳雹祈福,以求获得当年的稼穑丰收。据现任马角回忆,他的父亲在继任杨土司（杨复兴）那里换过五次白马,最后一匹白马在1950年被收归新堡合作社所有,于1958年衰老而亡。①

二　从羊永青苗会到草岔沟青苗会

大约在20世纪30年代,新城西南面40里的羊永青苗会把毗邻的卓尼杨土司辖境内的上卓村和草岔沟村纳入青苗会。关于这一历史过程,羊永村的郭姓族人讲了一个故事:

> 常爷立庙,把箭射在了草岔沟的半山上。上卓村原来是属于流顺川会的,但是常爷不肯,一定要让上卓村入羊永会,托梦要占上卓村。可是上卓村不愿入会,说是只有当头会才肯入。于是,就让上卓村成了我们羊永会的头会。但是我们羊永村郭家大房是常爷的娘家,所以草岔沟青苗会的总提领必须是我们郭家人。后来兴办了草岔沟庙会,庙会头天在三时五更的时候,就要求总提领上庙。那个时候草岔沟山上狼太多,走夜路太危险。为了安全,我们羊永村就把总提领的位置让给了草岔沟,但是有一个条件,在草岔沟庙会的第一天早晨,必须我们羊永村青苗分会的提领到了之后,才能开始给常爷献羊。自从上卓村和草岔沟入羊永会后,我们羊永会的草山就连成了一片。孙家磨的草山连的是羊永村的草山;羊永村的草山连的是卓尼的草岔沟草山。石沟跨两县,西石沟属于我们临潭,草山连的是孙家磨,东石沟属于卓尼,草山连的是上卓村,上卓村入会后,东石沟也入了会。整个石沟的草山就和孙家磨的草山、草岔沟的草山连在了一起。②

羊永村的草山不多,邻近的上卓村和草岔沟村草山资源丰富,羊永青苗会把上卓村和草岔沟村纳入青苗会,实质就是把上卓村和草岔沟村的草山纳入青苗会的牛羊牧放范围。关于这一点,距离羊永村十里多地的白土青苗会的乡民

---

① 访谈对象:新堡乡洛藏村孙元元（男,40岁）;访谈地点:孙元元家;访谈时间:2006年8月27日。

② 访谈对象:羊永乡羊永村的郭姓提领（男,60岁）;访谈地点:羊永村常爷庙;访谈时间:2006年7月15日。

说得更明白：

> 羊永青苗会想把上卓村办成羊永青苗会的分会。上卓村的要求是："入会可以，但上卓村必须是羊永青苗会的头会。"商量之后，羊永青苗会与上卓村达成协议：上卓村成为羊永青苗会的头会，但是羊永青苗会的提领继续由羊永村的郭姓家族来推选。这样，羊永青苗会的庙会地点改在头会上卓村，上卓村的草山归羊永青苗会管。
>
> 羊永青苗会又想把草岔沟村办成羊永青苗会分会。草岔沟的要求是："入会可以，但草岔沟必须是羊永青苗会的头会。"商量之后，羊永青苗会又把头会给了草岔沟村，庙会地点又改在头会草岔沟。草岔沟的村民担任总提领，羊永青苗会的名称改为草岔沟青苗会。羊永青苗会制定了一条规则：每年农历五月二十七日至二十九日定为草岔沟的常爷庙会。在开办庙会的三天里，羊永青苗会属下各个村落的村民都可以赶着自家的牛羊来草岔沟山上放牧，草岔沟村的村民不得阻拦。①

羊永青苗会不惜把青苗会的名称改为草岔沟青苗会，把名义上的总提领位置让给草岔沟人，把草岔沟设成头会，庙会地点也改在草岔沟，其目的就是让羊永村的牛羊能够到草岔沟去放牧。事实上，羊永村依然控制着草岔沟青苗会。每年草岔沟庙会的第一天，只有待羊永村的提领到草岔沟后方能开始献羊祭祀常遇春。由此，草岔沟青苗会控制了临潭、卓尼境内的汉藏草山。至今当地人还会说："草岔沟青苗会很大，有七旗六会。"有的还说："草岔沟青苗会有七旗十二张尕。"这些说法都隐含着羊永青苗会扩展到卓尼藏人村落的历史进程。

"旗"和"张尕"是卓尼藏人地区的基本行政单位。谷苞在20世纪40年代曾在这里做过调查。他认为卓尼境内有两种行政区划系统：旗和丈尕（即张尕）。旗是对普通番民在编制上的划分，丈尕则是对于富有统治势力的番民在编制上的划分。丈尕又分为两种，一为十二丈尕，一为外四丈尕。其中的十二丈尕分别是桃日丈尕、招尕丈尕、格地丈尕、桃代丈尕、卡赛丈尕、巴都丈尕、骆驼丈尕、唐哈丈尕、叉格丈尕、早日丈尕、雅善丈尕和刀高丈尕。每一个丈尕，各有小头目一人，人选由各丈尕属民推选年高望重者担任。每经选出

---

① 访谈对象：羊永乡白土村王寿成（男，58岁）；访谈地点：草岔沟庙会；访谈时间：2006年6月22日。访谈对象：羊永乡白土村王贵富（男，43岁）；访谈地点：白土村白土娘娘庙；访谈时间：2006年7月17日。

后必须报告土司知道。各旗的旗长、土司只能在属于丈尕的番民中选派,被选派者,尤以十二丈尕的属民占绝大多数。①

20世纪80年代甘南史志办的工作人员调查卓尼之后认为,章尕(即张尕)是有血缘关系或支系部族组成的部落,是跟随杨土司先祖到达卓尼的部族或支系部属。"十二章尕"即是12个小部落。卓尼土司对衙门所在地的十二章尕和居住在外四章尕近亲的统治,不同于对四十八旗的统治。卓尼土司占有的土地叫作"户世田"或"衙门田",其中户世田大多分布在土司衙门的周围。户世田的所有权属于土司及其亲属,由十二章尕和外四章尕的藏人来耕种,因此也叫"掌尕地"或"租粮田"。十二章尕的藏人百姓每户每年只需向杨土司交一斗租子。他们对土地没有买卖权和转让权。② 不论是卓尼七旗有六个青苗会,还是草岔沟青苗会控制着七旗十二章尕,都说明草岔沟青苗会已经扩展到卓尼杨土司的辖境内,这是在明清时代难以完成的汉藏社会整合。

大约在20世纪30年代,距新城东面100里的石旗青苗会与卓尼藏人有更多联系。石旗青苗会隶属于陈旗乡王旗村的王旗青苗会,崇奉龙神赵德胜。在石旗,洮水西岸的石旗崖村被叫作西石旗;洮水东岸的东石旗,当地人叫作石旗村。东、西石旗与接壤的卓尼藏人建立了普遍的通婚关系。石旗青苗会定下一条规矩:如果是藏家女儿嫁入东、西石旗的汉家,必须跟随汉家人的信仰,崇祀龙神赵德胜;如果汉家女儿嫁入藏家,就跟随藏家人信仰藏传佛教。通婚的原因促使东、西石旗逐渐出现藏族家户,他们都服从王旗青苗会的管理,在特定的年节和仪式里缴纳会费和会粮。③ 20世纪30年代的种种现象表明,在洮州青苗会的主导下,临潭县的汉藏民族关系发生了重构与整合。

三 青苗会对基督教的态度

在洮州青苗会向卓尼扩展、藏人日渐成为龙神的虔诚信众时,汉人内部的信仰结构也在发生分化,引起洮州青苗会的重视。汉人的信仰分化源于基督教在临潭的传播。据《临潭县志》记载,早在咸丰十年(1860),美国传教士伊

---

① 谷苞:《卓尼番区的土司制度》,原载于《西北论坛》1947年1卷2期;收录于甘肃省图书馆书目参考部编《西北民族宗教史料文摘》(甘肃分册),八一印刷厂1984年版。
② 《甘南藏族部落概述》,载马登昆、万玛多吉编撰《甘南文史资料》(第十一辑),第283—285页。
③ 访谈对象:陈旗乡王旗村王士英(男,63岁);访谈地点:王士英家;访谈时间:2006年8月31日。访谈对象:卓尼县洮砚乡石旗村陈国华(男,70岁);访谈地点:石旗村戏台前;访谈时间:2006年10月5日。

斯顿来临潭、卓尼传教，因为信奉者寥寥无几，不足一年就回国。① 光绪十七年（1891），由克省悟、斐文光、席汝珍、孙守诚、熊门林（女）、郭尚质（女）等美籍传教士受美国宣道会的派遣，从西安来到旧城传教，旧城名绅周肇南提供自家的房屋作礼拜堂。② 1912年5月，美籍传教士席汝珍与克省悟发生分歧，第二年，席汝珍被克省悟撤职回国后加入了美国基督教神召会，又于1917年取名新普逊，携其长婿杰姆森、次婿陈维德及眷属共四人来到临潭县，与周肇南共同在卓尼阳坝成立了全县第一个"自立神召会"，周肇南为首任神召会牧师。③ 至20世纪30年代，端阳沟青苗会覆盖的村落里有六户人家因为传教士治好了家人的重疾，信仰了基督教。为了惩戒这六户家庭，同时也警告其他村民不准重蹈此类信仰分化行为，端阳沟青苗会通知村民，不准与信仰基督教的家户往来和通婚，也不准他们在村里的井中汲水。信仰基督教的家户只能步行五里多地去南门河担水。④ 这种现象一直延续到1958年。

第三节　三四十年代的临潭县

临潭县偏居中国西北一隅，地广人稀，社会经济与交通信息均不发达。历代以来，除了朝廷政府派来的官员、军队之外，少有历史文化名人来到这里。但是，20世纪30年代日本帝国主义侵略中国，改变了西北在中国的战略地位。1931年东北地区爆发"九一八"事变，一批有识之士立刻意识到西北地区是中国的抗战大后方。1932年，《开发西北月刊》刊登了一篇《从东北之沦亡谈到西北之开发》的文章，内中提出"所以我们民众自动开发西北，是负有两重重大的意义：一是开发西北的宝藏，救济内地的贫困，那当然不容某个军阀官僚之包办与利用。一是化瘠瘠的西北为膏腴之地，以国民自己的力量来保守我国的边防"⑤。这一观点可以代表民国时期的知识分子对国际和国内形势的判断。由此，开发西北的呼声日渐高涨，各方人物相继来到临潭。

一　临潭卓尼分治

1936年农历六月二十四日，临潭新城的民众正在城东南的雷祖山上逛庙

---

① 临潭县志编纂委员会编：《临潭县志》，第800页。
② 同上。
③ 同上。
④ 访谈对象：端阳沟沟尼村李七十一（男，78岁）；访谈地点：红山山顶；访谈时间：2006年6月1日。
⑤ 胡表毅：《从东北之沦亡谈到西北之开发》，《开发西北月刊》1932年第2期。

会，突然传来红军已经到达岷县的消息，参会的乡民百姓顿时哗然。此时，鲁大昌是国民党新编十四师师长，闻讯后急令布防临潭的第五团团长李希发撤回岷县，临潭县长也随之匆忙逃走。据新城的居民们事后回忆，"城里的财主和有些富余的人员因受国民党的反动宣传，携带贵重财物，四方逃散，他们大部分躲藏在卓尼所辖藏民庄子里"①。农历六月二十八日，红四方面军由临潭南部的新堡而来，翻过新城南边的丁家山，将近点灯时分进入新城。② 红四方面军的军师部驻扎在新城的城隍庙和东西街两校，下属分赴城背后、端阳沟、上寨等地，还向冶力关、王家坟派出了工作队。③ 红四方面军进入临潭后，向当地民众宣传"信教自由，保护清真寺"的政策。同时，红四方面军也利用当地的传统集会与当地人群缔结融洽的关系。农历七月二十一日，是新城的跟营日。方圆百里之内达数千民众都要来新城采买货物、走亲访友。县苏维埃政府和红军指挥部共同在新城的东校场举行军民联欢会。④ 红四方面军在即将离开新城时，派人与杨积庆土司联系，向他说明红军不进入卓尼藏人地区。杨积庆也秘密遣人星夜赶到新城向红军呈送书信表示友好，一同带去的有四匹马和十只羊作为礼物。红四方面军为此又回复了书信，带给杨土司手枪和子弹作为回礼。红四方面军进入临潭东部一带后，遵守诺言没有进入卓尼的石拉鲁、力洛、三旦、羊傲、龙元山、殀路弯、丁殀、卡古、那儿和达窝等村落。在进行"反富打霸"的活动里，也没有涉及杨土司辖属的村户。⑤ 红四方面军在临潭驻扎了四十多天，于农历八月十五日凌晨离开新城由新堡方向原路返回岷县。

红军没有进入卓尼藏人地方的事实，成为军阀鲁大昌谋划杀害杨积庆的借口。⑥ 1937年九月，杨积庆部下哗变。据国民党调查，哗变的原因在于，杨积庆所部军队上至团长下至兵丁均系义务当差，没有军饷，兵丁经济来源主要依靠械斗和抢劫，杨积庆根据个人爱憎委派人员主持分配，造成分配上的极不平等。第三团团长杨英恃宠，其部下书记方秉义勾奸某故健将的子媳，杨英要惩处方秉义。方秉义逃跑到兰州找王鼎（曾为该部参谋）密谋倒杨。他们联络兰州的姬从周（原第一团团长）、郝应全（原第二团团长），意图诛灭杨英。当时新编十四师师长鲁大昌刚从芦山县回到兰州，他们又找到鲁大昌策划倒杨

---

① 李振翼：《红四方面军在临潭》，载《甘南文史资料》（第二辑），第36—42页。

② 同上。

③ 高志铭、李春育：《临潭县解放前三十年大事记》，载临潭县政协文史资料委员会《临潭文史资料》（第三辑），1988年版，第1—30页。

④ 汪鸿明、丁作枢等：《莲花山与莲花山"花儿"》，甘肃人民出版社2006年版，第255页。

⑤ 李振翼：《红四方面军在临潭》。

⑥ 马登昆、万玛多吉编撰：《甘南文史资料》（第十一辑），第281页。

计划。鲁大昌因为杨积庆放红军过境进攻岷县，故仇视杨积庆，加之垂涎杨积庆的财富，参与倒杨计划。于是，杨积庆的部下里应外合，发动哗变，杀死了杨积庆一家七口。① 这就是临、卓地区近代史里有名的"博峪事变"。事变之后，姬从周组织了"卓尼临时维持委员会"，这一消息传至卓尼所辖各地，北山土官杨麻周集合口外十余旗藏人进攻博峪，击溃事变分子并杀死姬从周等人，护送杨积庆的遗孀和八岁的儿子杨复兴回到卓尼。② 一个月之后，甘肃省政府主席贺耀祖派省政府委员田昆山来卓尼处理事变。③ 田昆山经过一个月的调查，报请国民党甘肃省政府核准：（一）以先土司兼司令杨积庆次子杨复兴继任洮岷路保安司令原职，司令部秘书杨一隽改任参谋长；（二）原卓尼土司辖境，改称卓尼设治局（建县的过渡），局长一职，暂由临潭县县长薛达兼任；（三）原部属杨汝蓺、赵希云、杨景华分别任命为司令部骑兵一、二、三团长。从此，洮岷路保安司令部官邸移至禅定寺僧官公署（以下简称司令部）；卓尼设治局以城内达尕尖那附近姬从周九间后楼作为筹建基地。④

甘肃省政府设立设治局的目的就是想逐步改土归流，为卓尼建县做准备。杨土司势力非常清楚此种情势，采取各种手段来抵制甘肃省政府的措施。据李宗宪回忆，卓尼设治局的第一任局长由临潭县县长薛达兼任，为期较短，只做了些设治局衙舍筹建工作，局内职员仅几人，并无政绩可言。1937年11月，吴景敖接任局长，在设治局设立一科主管民政，二科管财政兼理会计，又设立警佐室。为了加强设治局的实力，吴景敖与洮岷保安司令部商办了一期卓尼军官教导队，大队长由杨复兴担任，副大队长为吴景敖，在临、卓、岷三县（局）张榜招收学员百人。吴景敖本想通过办教导队来组织一批听命于自己的本地军官，洮岷司令部窥查出吴景敖的企图，大量投放司令部所属现职官兵积极入队受训，使吴景敖的打算落空。同年12月，吴景敖奉调临潭任县长。⑤ 卓尼设治局依然是一个空壳子，没有对杨土司在卓尼的统治构成实质性威胁。尽管如此，卓尼设治局成为新中国成立后卓尼县的前身。因此，《临潭县志》以卓尼设治局的成立时间为节点，标志卓尼、临潭分治，"卓尼从此脱离临潭历代之属"⑥。

---

① 佚名：《卓尼事变纪实及烈妇商杨氏节纪略》（密件），1937年，甘肃省图书馆藏，索取号：629.16/0.500。
② 马登昆、万玛多吉编撰：《甘南文史资料》（第十一辑），第282页。
③ 高志铭、李春育：《临潭县解放前三十年大事记》。
④ 李宗宪：《追忆卓尼设治局的十二年》，《甘南文史资料》（第六辑），1989年版，第1—17页。
⑤ 同上。
⑥ 临潭县志编纂委员会编：《临潭县志》，第20页。

二 学者眼中的临潭

1938年，李安宅、于式玉伉俪进入甘南地区。李安宅在其专著《藏族宗教史之实地研究》的出版前言里，记叙了他和妻子来到这里的缘由："为了摆脱在敌占区（当时叫作北平）的难堪处境，携同于式玉同志于1938年接受陶孟和、顾颉刚两师的建议，前赴甘肃兰州，再进至藏族地区拉卜楞。"① 拉卜楞镇距离临潭县旧城逾120千米。李安宅在拉卜楞寺研究藏传佛教，兼职这座寺院的义务解说员。于式玉在拉卜楞镇义务开办了一所女子小学。深居西北的藏民地区，对两位学者而言宛如世外桃源。李安宅和于式玉在这里安放自由心灵的同时，更对这片土地充满了好奇与未知。教学之余，于式玉会乘坐牛车一路东行深入藏区访谈采风。她到达旧城的那日，正逢旧城骡马会的第一天。于式玉把当天的见闻记入了《黑错、临潭、卓尼一带旅行日记》。日记里还收录了她在骡马会上听到的两支民谣，弥漫在旧城的商业气氛通过这两支民谣浮现出来：

> 黄叶菜，黄又黄，洮州地方天气凉。三月四月穿皮衣，六月不见庄稼黄。老百姓全靠作生意，耕田务农莫指望。一年到头走番地，十月、六月两回场；张三赶来一群马，李二赶来牛一帮。土拉保②驶来十捆皮，麻目沙赶到五百羊。马又大来羊又肥，一天到晚卖了个光。③

这支民谣体现出口述文本虚实相间的社会记忆特点。"张三""李二"是泛指汉族商民的符号，并没有具体实在的人物。但是"土拉保"和"麻目沙"两位回民，在旧城的近现代史里确有其人，绝非杜撰。据世居旧城的临潭县方志办马廷义的讲述，民谣里的"土拉保"即是旧城老人时常谈起的图拉保阿爷，居住在旧城的上郊口，他的儿子敏政在1983年出任临潭县县长，于1993年调任甘肃省委统战部担任副部长④；"麻目沙"，也叫作马目沙，居住在旧城的教场。在民国时期，这两位回民都是旧城本地的著名商人，以贩卖皮毛羊只

---

① 李安宅：《藏族宗教史之实地研究》，上海人民出版社2005年版，第3页。
② 土拉保、麻目沙（音），皆为回民的经名。
③ 于式玉：《黑错、临潭、卓尼一带旅行日记》，原载《新西北》第二卷第三、四期合刊，1942年。现收录于《于式玉藏区考察文集》，中国藏学出版社1990年版，第134—144页。
④ 临潭县志编纂委员会编：《临潭县志（1991—2006）》，甘肃人民出版社2008年版，第678—679页。

为业。于式玉听录的《洮州歌》记忆了这两位回民穿梭汉藏地区、在骡马会里购销皮毛羊只的真实商业活动。另外一支《洮州歌》，生动地再现了出入于骡马会里的各类社会角色和相关的场景：

> 黄叶菜，黄又黄，洮州是我老故乡。大大小小做生意，男男女女浪会场。要发展我们的经济，要恢复我们的地方，开会多伟大，开会多堂皇。看那杂货摊，看那大饭庄；东边儿来的马，西边儿来的羊；还有学生演新剧，还有老先辈把戏唱；穿武装的中央军，穿褐衫的是老乡；别说尽是西番婆，也有乡下大姑娘。衣服虽不同，面目都一样。问他来此干什么？无非还是浪会场。最后拉扯进馆子，吃了杂碎喝了汤；身边零钱别花完；买些果子买些糖。等到晚上回家去，恭恭敬敬奉爹娘，要请老人尝一尝。①

旧城骡马会得到临潭县政府的支持，目的在于发展地方经济。骡马会除了集聚大量本地和外地的行商之外，还吸引了学生、乡民、军人等不同社会群体。"西番婆"，指临潭当地特有的一支藏族人群，当地的回民和汉民把他们叫作"三根毛"②。"三根毛"是一种形象的比喻，形容这支藏族女性具有特色的发型：她们会把长及腰部的头发分成左、中、右三股编成发辫垂在后背，然后在头顶戴一顶石榴果形的头饰。"杂碎"是一种典型的回族小吃，用羊的肝、胃、肾、小肠和心等内脏烹制成的一种汤。"老先辈把戏唱"指的是由旧城青苗会筹办的庙戏，以唱戏酬神的形式来吸引旧城及其周边乡村的汉藏民众来骡马会听戏购物。第二支《洮州歌》刻画了当时的旧城骡马会里汉藏回三个民族融洽无间的热闹场景。

也是在1938年，顾颉刚来到西北。他在《西北考察日记》自序中写道："二十六年（1937），管理中央庚款董事会招予设计西北教育，而段绳武先生办西北移垦促进会，推予为理事，集各办人士，组织考察。"③ 这是顾颉刚深入西北的官方背景。涉及个人情感，顾颉刚讲述自己的初衷是来西北短期旅行，但是突发卢沟桥事变，"敌人以通俗读物之宿憾，欲置予于死地，遂别老父屡妻而长行"。④《西北考察日记》即是顾颉刚历时一年，在西北游历跋涉、

---

① 于式玉：《黑错、临潭、卓尼一带旅行记》。
② 当地学者马廷义认为，"三根毛"应写为"三绺纟"。《卓尼县志》（1994年）称为"三格毛"（卓尼县志编纂委员会：《卓尼县志》，彩页）。
③ 顾颉刚：《西北考察日记》，甘肃人民出版社2002年版，第168页。
④ 同上。

考察与理解西北社会基本问题的见闻记录。

5月10日，顾颉刚来到临潭县城。从日记的行程路线可以知道，顾颉刚是沿着洮河一线由现在岷县的西寨镇进入临潭县的东南境，途经现在的三岔乡和店子乡，来到新城。新城这座曾经明代的卫所留给顾颉刚的初步印象是一片颓败之形，"城广大而荒凉，十日始有一集；十年之间数度丧乱，到处破窗断壁，人民憔悴甚矣"①。但是，当顾颉刚深入市廛，看到此地女性脚履"凤头鞋"、头顶云髻峨峨，"盖皆沿明代迁来时装束"。衣香鬓影、游动左右的人群令顾颉刚"如入博物院"，顿觉"亦此生一快事"②。

在临潭驻足两日，顾颉刚基本了然于此地的社会格局："按本县为汉、回、番杂居之地，新城汉人多，旧城回教徒多，而番人则其旧主焉"③。是时顾颉刚在临潭实地考察时，当地的陪同人员依然能够清晰真切地告诉他"吐谷浑后人尚有孑遗，属杨土司、日扎、喀日三旗，居旧城"④。近1300年前这个古老民族在洮州辗转活动保存下来的生命痕迹能够被当地人代代相传与记忆，成为后人索骥探求洮州地方历史的鲜活存在，实属奇迹。

陪同顾颉刚考察临潭县的随行人员主要有冯霞波、宋克家和朱建功三人。关于冯霞波，《临潭县志》有其记载：冯霞波（1906—1957），临潭县流顺乡水磨川村人。民国十四年（1925）毕业于临洮师范，历次担任过国民党陇东新编十三师陈国璋部孙远志旅的上尉参谋，叠州垦殖司令部营长，鲁大昌部李和义旅营长，马步芳部马彪旅上尉书记、参谋等职；1937年任临潭县工委新堡区员、区长。⑤ 顾颉刚到临潭时，冯霞波以国民党政府临潭县新堡区区长的身份陪同。冯霞波的另一种社会身份是水磨川青苗会会首。据今天洮州青苗会的乡老们说，冯霞波在新堡工作，但是日常居住在水磨川，担任水磨川青苗会的会首。由于长年混迹于行伍之中，冯霞波积累了大量的不义之财，他是水磨川乃至整个流顺乡最大的财主，钱多势众，行为霸道，无人敢招惹。⑥ 关于宋克家，据现任洮州青苗总会会首的宋克义和宋氏家族现任户长宋卫华讲述，宋

---

① 顾颉刚：《西北考察日记》，第214页。
② 同上书，第215页。
③ 同上。
④ 同上。
⑤ 临潭县志编纂委员会编：《临潭县志》，第870页。
⑥ 访谈对象：王映熙（男，40岁）；访谈地点：王映熙家；访谈时间：2005年10月26日。访谈对象：李春秀（男，73岁）、王奎（男，63岁）、朱生照（男，65岁）；访谈地点：新城城隍庙；访谈时间：2006年5月27—30日。访谈对象：宋克义（男，56岁）；洮州青苗总会会首；访谈地点：宋克义家；访谈时间：2006年7月26日。

克家是流顺乡宋家庄人士，是现任户长宋卫华的阿爷。20 世纪 30—40 年代，宋克家由宋氏家族推选担任洮州青苗总会会首。据说，他还有一个隐秘的身份——临潭县共产党党支部书记，秘密从事地下党工作。[①]

顾颉刚在宋克家和冯霞波这两名洮州青苗会会首的陪同下，去县政府观瞻了李达画像。在当天的日记中，顾颉刚写道："李达者……明永乐初以都督佥事镇洮州，迄正统间致仕，历四十三年，使中央威权立于此者，达之功也。"[②] 为此，他即兴题写对联"一代开疆功德永，千秋奉祀子孙贤"，赠给李达后裔。在宋克家的引荐之下，顾颉刚看到了《宋氏家簿》。兴之所至，顾颉刚在《宋氏家簿》的后页题跋以资留念：

  余生吴中，吴中多世家，谱牒宗祠，甲于诸邑。余少而习焉，以为寰宇之内当无弗然者。及游学北平，车辙所经，其迹泯焉，则又以为是殆南土所专有。去年倭寇促扰，余丧其故居，遂度陇而西。陇右累经兵燹，而故家世族犹力保其文献，其于敬宗收族之道笃矣。临潭为江南移民，盖于明初以军功戍卫者，故家藏谱牒，立宗祠，犹存江南遗风。

  宋氏原籍徐州，明代世袭指挥佥事，五百余年书香不替。晚清临溪贤卿昆季主讲莲峰书院，且创建学校，弘育英才，从知君子之德泽长矣。

            民国二十七年五月

              吴县顾颉刚读竟敬题

顾颉刚在宋、冯二位的引领之下还拜访了新城及其附近村落，他把访谈所得也写入日记：

  此间汉、回人士，问其由来，不出南京、徐州、凤阳三地，盖明初以勘乱来此，遂占地为土著；其有家谱者，大都皆都督佥事、指挥佥事及千户、百户之后。当时将领以金朝兴、李达秩最高，然其后裔亦式微矣。宋氏，明指挥佥事宋忠之后，克家自云系徐州屯头村人。若赵、若马、若杨皆自谓南京竻丝巷人。[③]

[①] 访谈对象：宋克义（男，56 岁），洮州青苗总会会首；访谈地点：宋克义家；访谈时间：2006 年 7 月 26 日。访谈对象：宋卫华（男，52 岁）；访谈地点：宋卫华家；访谈时间：2006 年 11 月 1 日。
[②] 顾颉刚：《西北考察日记》，第 217 页。
[③] 同上书，第 217—218 页。

顾颉刚的这种说法，为临潭的"军屯记忆"立名正身，成为此后临潭当地文人书写地方历史的凭证和依据。尤其是被顾颉刚收录在日记里的一支民谣，被当今的临潭汉民作为自己乡贯记忆的源头："此间有民歌曰：'你从哪里来？我从南京来。你带得什么花儿来？我带得茉莉花儿来。'洮州无茉莉花，其为移民记忆中语无疑也。"① 这首四言歌谣从侧面反映出自洪武年间开始分期分批被明廷调拨到洮州卫的官兵，虽然源出直隶京畿、南京卫、凤阳和徐州等多地，但是南京卫的官兵享有较多的话语权，于是"南京纻丝巷"成为临潭汉人移民记忆的象征符号。

顾颉刚在临潭、卓尼之间往来居住，与当地缙绅、西道堂教主、禅定寺寺主等多方交流会谈，逗留二十余日。5 月 31 日，在冯霞波等的陪同下，顾颉刚观看了龙神赛会首日"昇神出游"的盛景。在当天的日记中，顾颉刚写道：

> 三十一日：下午与明轩、霞波等同上城楼，看龙神会；又至隍庙看龙神像。临潭十八乡有十八龙神，其首座曰"常爷"，即常遇春，其他亦并明初将领；但有足迹未涉洮州者，而如沐英之立大功于此者传无有。盖此间汉人皆明初征人之后裔，各拥戴其旧主为龙神，以庇护其稼穑，与主之职位大小、立功地域无与也。龙神像昇至东门会齐后，即抢先到隍庙安驾，其至之先后谓与年之丰啬成正比例，故奔驰皆极迅，犹存端阳竞渡之遗意。明日龙神游街，后日端阳，将上朵山禳雹而归。②

以顾颉刚的学术旨趣来推测，观看农历五月端午节的龙神赛会应是顾颉刚驻足洮州二十余日的一个主要原因。顾颉刚观看了龙神赛会第一日的情景，记述了洮州十八青苗会组织的 18 支龙神轿队竞跑入新城城隍庙的仪式。至于第二日和第三日的仪式活动，料想应是顾颉刚参考了冯霞波等陪行人员的介绍。"龙神像昇至东门"，然后各支队伍再"抢先到隍庙安驾"，这是清代以来的赛会传统。按光绪《洮州厅志》载："龙神祠有二：一在本城东瓮城内，一在城隍庙内。每岁五月端午为十八位龙神赛会之所。"③ 顾颉刚当时寥寥几笔的讲述，不会想到这段文字为 20 世纪 80 年代临潭端午节龙神赛会的复兴提供了文字依据，尤其是当地的各类史志和宣传材料都会运用这段文字来呈现龙神赛会的历史盛景。

---

① 顾颉刚：《西北考察日记》，第 218 页。
② 同上书，第 223 页。
③ （清）张彦笃、包永昌修纂：《洮州厅志》卷三，庙坛，光绪三十三年（1907）。

今天，临潭县当地人照旧把这一仪式称为"龙神竞跑"。乡老们尚能回忆起冯霞波当水磨川青苗会会首时的一些往事。据乡老们讲，在"龙神竞跑"中具有竞争优胜者实力的青苗会主要是流顺川、水磨川、刘旗、晏家堡和端阳沟。流顺川青苗会因为所辖分会较多且村落分布集中，组织去新城参会的龙神轿队可以集结数量充足的、可以随时替换的青壮年男子。因此，流顺川青苗会经常在龙神竞跑中夺得第一名。水磨川青苗会的规模属于中等偏小型。当时，这支青苗会由五个分会组成，分别是丁家堡、水磨川、苏家沟、汪家咀和八仁。其中，汪家咀会与丁家堡会辖下的红山村都是回族聚居的村落。他们不参加水磨川青苗会崇祀龙神花云的仪式和相关的募交会费会粮的活动。然而，对于水磨川青苗会在辖境东端的汪家咀和辖境北端的红山村插旗禳雹的行为，两个村的回民不会阻止和反对。冯霞波担任会首后，为了让水磨川青苗会在"龙神竞跑"中夺取优胜，命令汪家咀村的青壮年回民男子加入到龙神轿队里，参加竞跑。冯霞波做出这个决定与当时临潭的社会环境有关。是时，临潭县的汉民多有吸食鸦片的不良习惯，面黄肌瘦，体质衰弱。与此形成鲜明对比的是回民，他们在宗教戒规的训导下培养了良好的生活习俗，体格健壮、精力充沛。于是，在"龙神竞跑"的仪式里，水磨川龙神轿队里清一色的回民青壮年男子抬着神轿一路飞奔时，其他的龙神轿队只得望其背影，将"冠军"拱手让之。在冯霞波担任水磨川青苗会会首的时代，水磨川神轿队多次成为"龙神竞跑"的优胜者。①

三 肋巴佛起义

民国时期，临潭县汉、藏民族关系进一步加强，回、汉民族关系在社会动荡中缓慢前行。不过，此一时期临潭县各族人民面临的共同问题是阶级压迫与剥削，为着生存与发展，各族群众联合起来掀起反抗国民党政府的统治。1943年临潭肋巴佛起义，就是利用传统庙会活动形式来进行的。据肋巴佛的嫡侄公布加回忆，卓尼杨土司辖境有一个藏语名字为康多的地方，临潭汉民把它也称作水磨川。这里有三座寺院，杓哇寺、康多（水磨川）寺和多麻寺。松鸣岩

---

① 有关冯霞波的这段掌故，除引注的资料外，所有的访谈资料均为如下报道人讲述：王映熙（男，40岁），洮州青苗会委员；访谈地点：王映熙家；访谈时间：2005年10月26日。李春秀（男，73岁）、王奎（男，63岁）、朱生照（男，65岁），均为洮州青苗会委员，其中王奎还担任城背后村青苗会会首；访谈地点：新城城隍庙；访谈时间：2006年5月27—30日。宋克义（男，56岁）：洮州青苗总会会首；访谈地点：宋克义家；访谈时间：2006年7月26日。访谈对象：新城镇晏家堡青苗会会首刘爷（男，66岁）；访谈地点：晏家堡康茂才庙；访谈时间：2006年8月15日。

寺的肋巴活佛经常到康多寺学经，临潭部分当地人把他也看作康多寺的活佛。1936年红四方面军经过甘南时，肋巴佛的好友、时任杨积庆土司警卫的尼玛向他讲述过红军的行状，给肋巴佛留下了深刻印象。红军离开临潭之后，肋巴佛组织了"草登草哇"，汉语意思是"七个穷人部落"。他用自己的积蓄购买了枪支弹药来武装队伍。1942年，陇南地区大旱，但是当地政府巧立名目继续征税。肋巴佛认为时机已到，组建"饥民团"，提出"抗丁、抗粮、抗款"的起义口号。1943年农历正月十三日，肋巴佛率领藏族军官举行煨桑仪式之后，利用正月十五日的酥油花灯会作掩护，暗中集结队伍检查准备。第二天，肋巴佛以朝"常爷"为名带部分起义军赶赴冶力关的常遇春龙神庙。农历二月二十三日，起义队伍齐集冶力关，宣布正式起义。这是一支来自卓尼、临潭、夏河、岷县、康乐、和政、临夏等地的藏、回、汉、土、蒙等多族民众组成的数千人队伍。① 临潭人对肋巴佛起义有更为细节化的回忆：

> 二月二十日（公历三月廿五），天刚破晓，肋巴佛、黄建伟跃马挥刀，昂首阔步，从冶力关出发，直去八角村，途经石峡门到石大滩点，共有藏族骑兵四十名，汉回族起义农民（人称饥民）四十多名，路过茹羊村，到八角村驻扎在任效舟家。然后，以朝常爷池为名，到庙花山常爷池，献了猪、煨了桑、跑了马，并聚结在八角住了两天。在此期间，肋巴佛、黄建伟、任效舟等，分头上到庙花山、竹林山、莲花山、八度及康乐县的杨家河、斜家滩、第四坪等地，宣传"官逼民反，死里求生，一户一个人，跟上造反"，并把极力反对起义的牙扎村富户阎鼎三杀死。两天之内，就响应号召起义的农民达一千多人，由肋巴佛率领来到冶力关。和冶力关起义的农民会合，人数已达两千多人。
>
> 二月二十三日（公历三月二十八日）由肋巴佛、黄建伟、任效舟、汪鼎臣、王万一等，带领各路起义农民军到冶力关常爷庙，再次杀猪祭祀、煨桑、跑马，并把庙上的两面黄色龙旗作为起义大旗。然后，举旗到冶力关泉滩，举行起义誓师大会。
>
> 二月二十五日（公历三月三十日）黎明前，起义农民已在党家沟准备分三路攻县城。肋巴佛率领三百多青壮年和几十名骑兵，穿过褚家堡川，绕过东门，上了东门沟砂石坡……黄建伟的随从副官祁孝良（临潭

---

① 中国人民政治协商会议甘南藏族自治州委员会文史资料研究委员会：《甘南文史资料》（第四辑），1985年版，第43—60页。

冶力关上街人），把一面杏黄龙旗插在观上。①

藏人活佛领导临潭各族人民起义反抗国民党政府统治，这支起义队伍的集结地点就定在冶力关的常遇春龙神庙，向龙神祭祀，庙里的黄色龙旗被起义队伍用作揭竿而起的大旗。这些传统社会资源成为临潭县各族人民反抗阶级压迫和剥削的重要武器之一。由此也可以看出，龙神庙会已经深入临潭各民族群众的社会生活之中，成为他们生命历程的组成部分。

---

① 姜世明、李占科整理：《一九四三年临潭东北路农民起义始末》，《临潭文史资料》（第一辑），1985年版，第16—38页。

第六章

临潭的空间体系

20世纪50年代,临潭县正值龆龀之年的孩童甫入学堂,即会相互询问:"你们家是军屯姓还是民屯姓?"如果夫妻之间因为家常事务争执拌嘴时,上了岁数的女性会有骂丈夫"老军犯"的习语。① 这些点滴信息给曾经在20世纪80年代初参与编修《甘南藏族自治州州志》的敏文贵留下深刻印象。当时,他在临潭采访时发现年纪在40岁以上的男性被问到出身时多会普遍涉及"军屯姓和民屯姓"的话题。曾任临潭县人事局副局长的李希贤老人也回忆道,20世纪50年代"临潭县登记户口时还区分昝家、杨家、屯军"②。

在现今临潭乡民的口述里,尚能保持清晰的军屯姓记忆的村落有:新城镇城背后村的袁姓、端阳沟一带的李姓和宫姓、晏家堡的刘姓,扁都乡张旗的陆姓和董姓、刘旗的徐姓和刘姓,流顺乡上寨村的张姓和李姓、流顺堡的刘姓、水磨川村的张姓、宋家庄的宋姓和包姓、孙家庄的孙姓、吴家坡的吴姓,冶力关镇的李姓、王姓和齐姓,羊沙乡甘沟村的成姓和齐姓、羊沙村的马姓、秋峪村的陈姓,总寨乡秦关村的秦姓、陈旗乡牌路下村的侯姓、王旗村的王姓,长川乡千家寨的敏姓(回族)和冯姓,新堡乡的张姓、杨姓、朱姓和陈姓,羊永乡李岗村的李姓、白土村的王姓,等等。③ 这些军屯姓村落散布在临潭县各

---

① 访谈对象:甘南州史志办敏文贵,48岁;访谈地点:合作市中心广场;访谈时间:2006年10月21日。
② 访谈对象:李希贤,70岁;访谈地点:旧城家中;访谈时间:2007年11月2日。
③ 访谈对象:流顺乡吴家坡村吴忠德(男,53岁);访谈地点:流顺乡眼藏吴家坡庙前场院;访谈时间:2006年5月29日。访谈对象:流顺乡上寨村张会选(男,70岁);访谈地点:流顺乡狼耳山庙;访谈时间:2006年6月9日。访谈对象:总寨乡总寨村胡顺喜(男,45岁);访谈地点:总寨乡政府;访谈时间:2006年6月13日。访谈对象:总寨乡秦关村秦伕成(男,52岁);访谈地点:羊化桥张秀梅家里;访谈时间:2006年6月14日。访谈对象:冶力关镇池沟村牟喜祥(男,38岁);访谈地点:常山庙;访谈时间:2006年6月24日。访谈对象:羊永乡白土村王富贵(男,43岁);访谈地点:白土村白土娘娘庙;访谈时间:2006年7月15日。访谈对象:新堡乡新堡村杨吉德(男,46岁);访谈地点:青石山庙;访谈时间:2006年8月12日。访谈对象:陈旗乡王旗村王士英(男,68岁);访谈地点:王士英家;访谈时间:2006年8月31日。访谈对象:流顺乡宋家庄宋卫华(男,52岁);访谈地点:宋卫华家里;访谈时间:2006年11月1日。

地，与回、藏民族村落交错在一起，构成临潭空间体系的一部分。

采用民族分布的办法不足以识别临潭的空间体系。临潭县是汉、回、藏、土等多民族混居的行政县。与之毗邻的是藏族聚居的卓尼县，下辖一个土族自治乡。直到今天，临潭县境内仍有七个属于卓尼县管辖的飞地，卓尼县境内也有两个属于临潭县管辖的飞地。当地人把这种行政区划局面形容为"插花接壤、犬牙交错"。若有陌生人走入这类地区，也许只是间越小溪或履行百步之遥，村落的民族属性和环境样态就可能发生变化，令人混淆区划、难识规律。若按照经济地理的方法来区分，也难以理解临潭县的空间体系。民国年间，李安宅描述卓尼经济地理空间时曾指出，"（卓尼）设治局辖境共约面积3700方里。地分三种：一称'卓洼'，宜畜牧；一称'铁洼'，为叠山悬崖；一称'若洼'，宜农耕"。① 这种经济地理的区分方法的确很容易辨别出卓尼的林区、牧区和农耕区，但无助于认识临潭县的空间体系。

施坚雅的市场体系理论，也难以把握临潭县的空间体系。施坚雅建构的市场体系模型，是建立在成都平原人口密集的农业经济区域内，尽管那里市场数量众多，存在细微的文化差异，但那里的人群民族性特征较为统一，没有经济形态的差异性，没有经历过民族大冲突和民族大融合的社会激荡。施坚雅也注意到府、州、县各级行政体系的重要性，认为行政体系与市场体系结合在一起才能构成完整的社会体系。但问题在于，中国历史悠久，幅员辽阔，民族众多，宗教文化多样，存在农耕与游牧交错的经济形态区域，许多地方地广人稀，其行政体系亦呈现出多元化的样态，一些地方的市场也不发达。因此，单从市场体系的角度去认识临潭空间体系，是有很大局限性的。

从明代卫所制度出发，是认识今天临潭空间体系的正确途径。卫所制度对洮州实施的社会改造在经历朝代更替之后衍生出来的地域传统也由以被持守到当代。辨识叠加在现时临潭社会的多重空间，是描摹这种地域传统的逻辑起点。直到今天，临潭人依然生活在由明代卫所制度塑造的相对清晰的空间体系之中，他们沿着这一空间体系的脉络展开各种社会日常活动。

第一节 两个地域中心

临潭县民众的日常生活里有两个地域中心：旧城和新城。这是临潭空间体系的第一级空间概念。旧城与古老鲜卑民族的一支吐谷浑人的历史联系在一

---

① 李安宅：《川、甘数县边民分布概况（1941—1942）》，原载《新西北》月刊第4卷第2—6期和第5卷第4—6期。现收录于《李安宅藏学文论选》，中国藏学出版社1992年版，第72页。

起。之后的王朝政府和番人都把攻占旧城看作控制洮河上游地域的权力象征。旧城作为洮州地域中心的空间传统延续了一千余年。新城与明代洮州卫的历史联系在一起。14世纪明王朝势力进入洮州，在东距旧城约 70 里的东笼山下建修洮州卫新城。在卫所制度的战略布局里，新城是洮州政治、军事与文化的中心，成为区域社会权力的新象征。旧城因为地理因素被作为明代洮州茶马贸易的交易地，成为洮河上游流域汉番商贸规模最大的牲畜、皮毛和日用品集散地，在洮州境内享有经济中心的地位。1955 年，甘南藏族自治州成立，临潭县属之。临潭旧城和夏河拉卜楞寺一度成为州治治所的候选地。夏河黄土司的后人黄正清认为临潭旧城没有藏族，不同意州治治所设在临潭旧城；卓尼杨土司的后人杨复兴认为拉卜楞寺自然条件差，且在自治州的边缘地区，不利于指导全区工作，不同意州治治所设在拉卜楞寺。1956 年，甘肃省政府为了平衡双方意见，最终把甘南藏族自治州政府办公地点设立在夏河与卓尼两地中间位置的草原地区——黑错，后改名为合作市。"合作"之意即希望夏河与卓尼双方精诚团结、合作共赢，把甘南藏族自治州建设好。由于临潭县城新城距离合作市超过 100 里，往来办公不便，旧城距离合作市较近，往来方便。于是在1958 年，临潭县县城从新城搬入旧城。旧城一跃成为临潭县的政治中心，延续至今。

一 新城

今天的新城，尚能看到一段连接东门与南门之间长约 200 米、高约 3 米的城垣。城垣的西端是一座形制保存完整的南城门，由镇南门和瓮城两部分构成。镇南门的门洞高约 4 米，城门外拱顶上方镌刻着"镇南"两个大字。门洞进深约 15 米。穿过洞廊，到达面积约百多平方米见方的瓮城。瓮城城门的拱顶上方镌刻"迎曛"两个大字，门内石壁上存有"大清乾隆"字样。这座半月状的瓮城也被当地人叫作"月城"。走出瓮城，会看见一条自西向东蜿蜒而行的河流。这条河流就是明洪武十二年（1379）李文忠和金朝兴看中的那支流经川地的水源，作为洮州卫新城内外官兵汲水之处。光绪《洮州厅志》记载，此河"源出石岭山……经城南入洮河"。[①] 新城人现在把它叫作"南门河"。

洮州卫城曾如此重要，它在明代先后被重修四次：

> 成化五年，指挥李隆重修。弘治间，副使张公泰增修。万历十年，副

---

① （清）张彦笃、包永昌修纂：《洮州厅志》卷二，山川，光绪三十三年（1907）。

总兵李昫因山水，卫北城截筑，西北顺川循山而东。十二年，副总兵李芳筑新墙一道，长一百八十丈，敌楼四座，屹然为巨镇云。①

清代康熙年间，洮州卫城的建筑全貌基本定型：

> 卫城，明洪武十二年西平侯沐英始建，周九里，城高三丈，收顶两丈，池深一丈五尺，辟四门，各覆一楼：东曰武定，南曰镇南，西曰怀远，北曰仁和。小北门一座，角楼四座，窝铺五十五座。②

新城留存至今的这段城墙和城门，是清代乾隆年间重修明代洮州卫城的遗迹。

明代洮州卫城遗址有力地支撑了新城在600年来作为洮州地域中心的历史。现在，西出新城二里之地，已经没有明初李文忠、金朝兴度址建修卫城意图要控制的喇嘛寺——重兴寺。在重兴寺的原址已然是一座以挑檐、斗拱结构为特色、整体呈现出汉式建筑风格的清真寺。新城的回、汉乡民都认为，这座西门清真寺由明代洮州卫回民千户敏大镛亲自督造，是洮州境内的第一座清真寺。

二 旧城

旧城历来是临潭的经济中心。同治兵燹期间旧城没有被攻破，新城却被攻破过。从此之后，旧城与新城之间的竞争关系逐渐凸显，最为典型的例子就是旧城青苗会不再参加五月端午的新城龙神赛会。《洮州农民文化宫简史》载："起初，五国爷也曾参与新城赛会，18位龙神从洮州各地齐集新城隍庙，进行为期三天的赛神活动。后因同治初之地方变乱，只在本境进行活动。"③ 关于这种地域分化，今天的旧城青苗会给出的解释是：

> 我们供奉的安国爷生前功劳显赫，可是官阶太低了，不如其他那些龙神。虽然安国爷也被敕封为龙神，去参加新城龙神赛会，但是由于官位不高，在十八位龙神队伍里都被排在后面，当地人把我们都不重视。去久了也就没意思了，所以我们也就不去了。每到端午节时，我们把五国爷抬了

---

① （清）乌兰、吴垚编纂：《洮州卫志》卷三，城池，康熙二十六年（1687）。
② 同上。
③ 宁文焕、权世英执笔：《洮州农民文化宫简史》（油印本），第10页。

图 13 新城西门清真寺

修筑洮州卫城时矗立在此地的重兴寺，现在是一座清真寺。相传，这座清真寺由回民千户敏大镛亲自督造，是洮州历史上第一座清真寺。

在旧城转一圈就可以了。①

旧城青苗会以龙神安世魁"官阶"太低、不受重视作为不参加新城五月端午龙神赛会的理由。其实，从明代以来，旧城属于洮州卫新城管辖，旧城的政治地位就比新城低。认为旧城龙神地位太低的社会心态，大约是在光绪年间逐步形成的。

洮州青苗总会对旧城青苗会不参加龙神赛会也有一种叙说：

> 清代末年的一次龙神赛会里，旧城的安国爷来新城参会。到了新城南门口时，安国爷被"请"下轿供南门村里人敬拜时，天上就来了一场白雨，把新城地区的庄稼都打了。当地的村民很生气，认为是安国爷把白雨带过来了。安国爷也很生气，认为各处龙神齐集新城，就是为了禳治冰雹。而一些龙神食人间烟火，还要危害百姓降冰雹，太不像话了。一气之下，便打轿回旧城了。因为村民与五国爷之间都有怨气，此后，安国爷就

---

① 访谈对象：临潭县旧城杨祖震（男，68岁）；访谈地点：旧城大庙；访谈时间：2006年8月28日。

再也不来新城参加龙神赛会。①

这个故事把新城与旧城的地域竞争关系转化为神事活动与白雨（冰雹）现象的因果关系，制造出模棱两可、态度中性的说法，回避了新城政治地位下降的事实。与之相比，新城周围村落的乡民还有说法：

> 旧城的安国爷和冯旗的郭氏太太为什么不来新城参加龙神赛会，因为他们害羞不敢来。安国爷和冯旗太太都是西路一带的，他们住得近，每次回去时都一起走。在一次龙神赛会里，十八位龙神都来新城参会。散会后，大家就分开走了。安国爷和冯旗太太在回去的路上做下了丑事，被其他龙神佛爷给知道了。从此，他们俩就不好意思来新城参会了。②

据当地人讲，冯旗太太是长川乡冯旗青苗会奉祀的龙神，她是明代开国功臣郭英的姐姐郭氏，后来成为朱元璋的宁妃。这个故事以"做下了丑事"的不伦男女关系为核心要素，多少反映出新城乡民对旧城青苗会不参加新城龙神赛会的不满情绪。旧城青苗会不参加新城龙神赛会后，洮州青苗总会把总寨乡秦关村纳入龙神赛会，以取代旧城青苗会的位置。关于这一点，秦关青苗会有这样的说法：

> 我们秦关青苗会供奉的龙神是武殿章。他官阶虽然不高，但是威力很大，掌管五方云雨，又叫作"五方爷"。民国十八年，天大旱，向龙神祈雨。那时，五方爷没参加龙神赛会。流顺的一位龙神说有一位五方爷可以降雨。于是县长下令，一站挨一站把我们的龙神五方爷接到新城。到新城以后，五方爷发威下雨了。从那时起，旧城的五国爷就让位了，让我们的五方爷每年去新城参加龙神赛会。自此以后，五方爷就参加龙神赛会。龙神赛会结束后，其他龙神佛爷都离去了，要把我们五方爷多留一日，到第四天才单独出庙，以示隆重。直到现在，我们的五方爷去参加龙神赛会时，龙神轿队从新堡乡到新城来回的一路上轿是不能沾地的。只要一沾

---

① 访谈对象：洮州青苗总会会首、新城镇南门河村宋克义（男，56岁）；访谈地点：宋克义家；访谈时间：2006年7月26日。

② 2006年9月26日在南门河村村口群体访谈所得。2006年10月15日在端阳沟河尼村村口群体访谈所得。

地,就要下白雨。①

秦关青苗会乡老讲述的五方爷轿"不能沾地"的现象,实有他因。秦关青苗会参加龙神赛会必须途经新堡乡,新堡乡属于新堡青苗会的势力范围,秦关龙神轿队在这一带村落没有落轿的资格。秦关武殿章龙神轿晚一天回驾,目的也是为了避免与走同一条道路的新堡龙神轿队发生冲突。尽管如此,秦关青苗会也积极参加新城龙神赛会,且甚感自豪。这一习俗至少可以表明,除了旧城青苗会之外,临潭县境内的西部、南部和北部等地的青苗会仍然承认新城作为临潭县地域中心的传统。至今新城人依然保持着地域中心的优越感。广为流传的一句民谚,"旧城出商人,新城出读书人",即是对此的写照。在新城乡民间还流传着一则民间故事,充分反映了这种社会心态:

> 有一天晚上,从新城、旧城和岷州②三个地方来的人同时都住在一个旅馆里,被店家安排在一个暖炕上。当时正是冬天,天气寒冷,三个人都想睡在距离炕门最近的地方,这样会暖和一些。于是,三人商定一个规矩:谁说出自己住的那个地方的东西最厉害,谁就睡在离坑门最近的地方。旧城人第一个说:"我们旧城有个木那那③,离天只有一锄耙。"新城人第二个说:"新城里有个钟鼓楼,半个戳在天里头。"岷州人第三个说:"我们岷州没有啥,热了冷了将就吧。"结果,新城的人睡在炕门处,旧城的人睡在中间,岷州的人睡在最外面。④

新城人以戏谑故事的方式指出洮州、岷州最高的建筑物在新城,以此折射出新城作为地域中心的优越感。故事里的新城钟鼓楼与旧城木那那的确存在过。光绪《洮州厅志》记载,新城鼓楼在西街十字,明万历十二年李昫建,同治五年该楼被毁,同治十年重建。⑤ 1958 年新城鼓楼被夷为平地,再未重建。新城及其周围村落里 60 岁以上的乡民还记得父辈描绘的鼓楼情状:"我

---

① 访谈对象:秦发科(男,75 岁),秦关青苗会复会之后的第一任提领、秦继绪(男,50 岁),2006 年秦关青苗会会长、马连保(男,48 岁),2006 年秦关青苗会会长、秦佛成(男,46 岁),2006 年秦关青苗会会长;访谈时间:2006 年 6 月 14 日;访谈地点:秦关村一位李姓村民家里。

② 岷县,明代的岷州卫,现在隶属于甘肃省的定西市,与临潭县东部的陈旗乡和总寨乡接界。

③ 当地方言音,"那"是"楂"的意思,指的是木楂楼。

④ 访谈对象:新城镇东南沟王长青(男,46 岁);访谈地点:新城民族旅社值班室;访谈时间:2006 年 10 月 12 日。

⑤ (清)张彦笃、包永昌修纂:《洮州厅志》卷三,寺观,光绪三十三年(1907)。

们这里的钟鼓楼有九层楼那么高,是清代修建的,每一层的檐角都悬挂有两顶钟,串起来共有 18 顶钟,风一吹,钟铃摇荡,钟声远扬,五里地之外都可以听见。"① 因有钟铃之故,新城人把这座鼓楼亦称作"钟鼓楼",是新城作为洮州地域政治、文化中心的地标性建筑。旧城的木那那,即是宣礼楼,也叫作邦克楼。故事里的"木那那"在光绪《洮州厅志》里有记载:"木塔楼在旧城下寺内,高百尺。登楼临眺近一览。乾隆年建。"② 这座木塔楼在"文化大革命"中被摧毁。1984 年,清真下寺的回民开始捐资重修清真下寺。2000 年以后,按照当时流行的建筑风格,清真下寺决定修建一座水泥玻璃混搭而成的穹窿拱顶式宣礼楼,来代替曾经具有标志性汉式飞檐翘角风格的木塔楼。

图 14 旧城一景

在木塔楼原址复建的是一座高耸入云、具有阿拉伯式建筑风格的宣礼楼,属于清真下寺,即旧城"华大寺"。另一座约七层楼高,飞檐翘角式建筑设计的宣礼楼,属于清真上寺。与这两座宣礼楼相对的中国传统楼阁式建筑,即是旧城五国爷庙。

---

① 访谈对象:新城镇李春秀(男,73 岁)、王奎(男,63 岁)、朱生照(男,65 岁);访谈地点:新城隍庙;访谈时间:2006 年 5 月 27 日。
② (清)张彦笃、包永昌修纂:《洮州厅志》卷三,寺观,光绪三十三年(1907)。

三 城隍神

旧城和新城各自拥有独立的城隍神。据旧城人说，旧城的城隍神姓邓，是吐谷浑建修旧城时的封神。清代咸同时期旧城城隍庙被焚毁，之后再未被复建。光绪至民国期间，邓城隍塑身被移居到五国爷大庙的主殿里，与龙神安世魁并排享祀。农历九月二十七日是邓城隍的圣诞。旧城青苗会恪守在农历九月二十七日这一天"过会"，为邓城隍庆祝圣诞。不过，旧城及其周边村落的乡民们并不会把自己对丰裕生活的祈望寄托在邓城隍身上，他们更希冀五国龙神老爷安世魁能够保佑自己一年的稼穑丰登和人畜兴旺。

新城城隍是明代洮州卫指挥佥事宋忠的后人——宋茂奇。民国期间，新城城隍庙被流兵焚毁，新城乡民自发捐资复建，由洮州青苗会负责奉祀宋城隍。每个农历月的初一、十五被设定为祭祀宋城隍的时间。宋城隍作为新城的保护神，享祀于广大乡民中间。新城一直较好地发扬积淀了六百余年的卫所历史，努力维护自身作为临潭县文化中心的地位。临潭四方乡民仍然持守着以新城为中心区划临潭村落分布的思维习惯，最为突出的表现是"四路"和"跟营"这两个空间概念。

第二节 路与营

"四路"是临潭人的第二级空间概念，即以新城为中心，把临潭县境划分为东、南、西、北四个方向，每一方向名称之后缀以"路"字，形成"东路""南路""西路""北路"。这种划分应是自明代洪武年间洮州卫新城修建之后出现的空间概念。从文献的角度来看，"四路"概念可以追溯到清代康熙年间。是时，洮州卫以新城为中心，分别在东南西北四"路"的要害位置设兵防守，拱卫洮州卫城。① 这也是源于明代卫所制度军事布防的实践。

一 四路

虽然洮州卫建制及其军事布防不存在了，但"路"这一空间概念已经牢牢地生根于洮州地方社会。光绪末年，洮州厅依旧采用"路"来区分新城之外的各处村庄，其理由是："至乡镇村堡，因洮地屯税相杂，不能概以旗分律

---

① （清）乌兰、吴堂编纂：《洮州卫志》，要害设防，康熙二十六年（1687）。

之。而前代里甲之制，亦以年远莫稽。故各庄各村在某路者仍统于某路，以归划一"①。例如《洮州厅志》记载"东路"的村庄如下：

东路

小　河	距城半里	过关堡	距城半里
寇家桥	距城二里	刘　旗	距城五里
汪清堡	距城五里	徐家村	距城三里
李本堡	距城五里	接官厅	距城五里
李家庄	距城六里	合丰堡俗名店子	距城十里
羊　房	距城六里	苗家嘴	距城八里
匾　都	距城八里	下匾都	距城八里
哈家滩	距城十里	南　沟	距城十里
西　沟	距城十里	地　湾	距城十五里
上朱旗	距城十五里	萧家沟	距城十六里
千马枃	距城十五里	李旗山	距城十五里
马养河	距城二十里	黑石关	距城三十里
恒足旗俗呼王家坟	距城四十里	巴　截	距城四十五里
草厂门沟	距城四十五里	磨　沟	距城六十里
梨　园	距城六十里	中　寨	距城六十里
王　旗	距城六十里	立社族	距城四十里
陈家庄	距城四十里	山丹口	距城四十里
牌路下	距城四十里	东马旗	距城五十里
马　旗	距城五十里	张家沟	距城五十里
三丰沟	距城五十里	南山族	距城四十里
唐　旗	距城六十里	陈　旗	距城七十里
杜家川	距城七十里	西石旗	距城七十里
韩　旗	距城七十里	小儿儿	距城七十里
武　旗	距城七十五里	占　旗	距城七十里
东石旗	距城七十里	孙宝旗	距城六十里

东路一带的村庄名称是对"路"这一空间概念所承载的历史现象更为细节化的展开。那些含有"旗"字的村名，应是明代卫所制度设计下的"总旗"

---

① （清）张彦笃、包永昌修纂：《洮州厅志》卷二，都堡，光绪三十三年（1907）。

或"小旗"的留屯。如果对明代"洮州十八族"还有印象的话，还会知道那些含有"族"字的村落，曾经是明代番人聚居地的遗存。

时至今日，临潭人仍以新城为中心，把整个县境划分为东西南北"四路"。其中：以新城向东经过扁都乡去往陈旗乡一带的地区被划作东路，新堡乡一带是南路，自新城经过下辖的端阳沟村再往北行到达的羊沙乡、冶力关镇和八角乡一带地区为北路，新城以西包括流顺乡、羊永乡、长川乡和旧城等十多个乡镇统归为西路。置身在现时场景里，会发现每一"路"又是一个相对独立的自然与社会空间。

临潭四路的中心地在新城，一个半径约五里的地区，人口23283人。① 这里海拔约在2700米左右②，气候相对温和。小麦是主要农作物。村民们除了务农之外，还需要饲养一些牛羊以贴补家用。这一带也是汉、回、藏三个民族的聚居之地。其中，新城镇的南门河村和端阳沟行政村下辖的丁家山是回族聚居村落，端阳沟行政村下辖的小族和刘旗村下辖的五社、六社都是藏族聚居村落。新城镇里也有回族居民定居。他们多是坐商，以经营餐馆、旅店和日用品商店为业，不太从事往来贩运贸易。

临潭东路的中心是陈旗乡的王旗村，陈旗乡的人口16055人。陈旗乡一带地区平均海拔在2216米左右，气候温暖。虽然少雨，但是依傍洮河，水源丰富。这里也多山，山势崚嶒竦处。有洮河环旋盘绕的山边更是层崖壁立。当地乡老把王旗村叫作"铁城"的习惯。追溯铁城的历史，可以远至宋代。当金人势力进入洮州后，沿用了宋王朝在这里设置的军事要塞。金兵驻防在洮州境内的两座堡寨之中，其中之一即为铁城堡。③ 洪武十二年（1379）曹国公李文忠奉敕命进入洮州为平定番叛的明军提供后勤补给，也曾取道洮州铁城之地。④ 民国期间的"肋巴佛起义"，大部分成员来自于东路地区。由此临潭流传着一句民谚，"麻鞋一脱就反了"，意思是指"东路一带的人是我们临潭县最调皮的，一有什么事，其他地方的人还

---

① 在"四路"一节采用的所有人口数据均来自临潭县志编纂委员会编《临潭县志》（1991—2006），第87页。后不赘注。

② 在"四路"一节采用的所有海拔数据均来自临潭县地名领导小组办公室编《甘肃省临潭县地名志》，1984年版。后不赘注。

③ （元）脱脱等：《金史》卷二十六，志第七，地理下，第654页。

④ 《明太祖实录》卷一百二十二，洪武十二年春正月癸亥条，第1978页。

没有行动,东路一带的人就会最先跳起来"。① 一旦深入东路地区,就会明白东路人格形成的合理性。地貌特征把东路的居民分成两类:平地人和山上人。平地人分布的村落距山较远,田地平坦开阔。定居山上的村民,地土极其有限,加之这类山多为石山,难生寸草,更不必说有药材、林木等山珍,生活较之平地人艰难许多。也是因为缺少可供贸易的地产资源,所以东路一带鲜有商旅往来,乡民们也很少从事贸易活动。这里被看作是临潭县的纯农业区。无论平地人还是山上人,都强调"农耕"的经济生产方式,突出了东路一带的人地矛盾。它的整体经济发展和生活水准均落后于其他三路地区。

临潭县南路的中心在新堡乡的新堡村。新堡乡有人口9792人。新堡乡一带平均海拔在2528米左右,气候温暖且降水丰沛,适于农业耕作。只是村庄多被夹在洮河与连绵的山脉之间,可供开垦的农田不似东路那样开阔平坦。幸运的是,这里有丰茂的林业资源,盛产梁木、杨柳、小竹、青杠等树。据当地乡老讲,新堡乡即是西晋置洮阳县的所在。② 光绪年间,新堡一带云集了来自山陕、秦州等地的木材商行,拥有洮河渡口,依靠洮河放运木材到岷县和临洮,带之以起的是旅店、餐馆行业的兴旺。民国时期新堡乡一带出现了临潭享有盛名的大财主,如新堡村的尤家。生活富足,促使新堡乡的大家族重视子弟的教育事业,期待后辈成长为知书能文之士。在这种风尚的熏染之下,民国时期的新堡乡走出了一批"学而优则仕"的官人,时称临潭"官、商皆出新堡"。这些辉煌的历史常作为现代南路人群的谈资。新堡的村民们相对东路人群要富有许多,比西路的回汉乡民生活得更为闲适。

临潭西路的中心是旧城,人口24728人。这里相对海拔并不高,在2734—3090米,但是气候已经属于高寒阴湿类型,一年之内没有明显的夏季,冬季却长达七个月之久。③ 这一地带的农作物是青稞,乡民还种植燕麦、大麦。若纯粹依靠农业种植肯定不能够满足日常生计所需。旧城与卓尼藏区毗连交错。深居山林的藏族村民,除少量的农业耕作外,主要牧养大量的牛羊。因

---

① 访谈对象:李春秀(男,73岁);访谈地点:新城隍庙;访谈时间:2005年10月9日。访谈对象:石国钧(男,68岁);访谈地点:石国钧老人家里;访谈时间:2006年8月25日。访谈对象:王奎(男,63岁);访谈地点:新城隍庙;访谈时间:2006年9月26日。访谈对象:王士英(男,63岁);访谈地点:陈旗乡王旗村王士英家里;访谈时间:2006年10月4日。访谈对象:杨祖震(男,68岁);访谈地点:旧城大庙;访谈时间:2006年10月18日。

② 访谈对象:新堡乡新堡村杨吉德(男,53岁);访谈地点:新堡村石国钧老人家;访谈时间:2006年8月12日。访谈对象:新堡乡琵琶堡杨全吉(男,53岁);访谈地点:杨全吉家;访谈时间:2006年8月27日。

③ 按照四季划分的气温标准,气温平均低于10℃为冬季,高于22℃为夏季。

了这种地缘关系，生活在旧城一带的回民，农忙时务农；农闲时，就穿行于临潭农区和卓尼牧区之间以运输、收购和贩卖毛皮和牲畜为业。对于没有资本金的回民而言，只需要深入卓尼藏区为藏民放牧牛羊就可以获得一些毛皮作为报酬。他们再将所得毛皮贩卖到临潭农区。如此往来几年，就积攒下做生意的本钱。受到回民行为方式的感染和影响，互为邻里的汉民也会在农忙之余从事小本生意补贴家用。农商兼济的生产方式，促使西路成为整个临潭县经济发展和生活水平最好的地方。在西路的村落里，单纯依靠农业耕作的汉族聚居村庄，经济基础明显薄弱。回族聚居和汉回混居的村庄，经济条件相对要好许多。这种社会现象让西路的回民滋生出十足的优越感，认为"和我们居住的汉民经济生活好，那是因为他们跟着我们一起做生意，被我们带起来的"①。

临潭北路的中心在冶力关。冶力关人口10086人。北路一带海拔2218米左右，气候温暖多雨。优渥的气候条件使北路成为全县唯一出产两季小麦的地方，其林业资源丰富，盛产松、柏、桦木、榆等木料。光绪年间，临潭北路的羊沙、冶力关和八角吸引了山陕等地的木材商行。商行集中在冶力关的关堡、池沟村一带。与新堡乡不同的是，流经冶力关的洮河支流冶木河，河床较浅、水流湍急，不适于水路运输，陆路遂成为商行运输木材的交通方式。因此在民国时期，冶力关土匪为患，木材商行不似新堡乡那样繁盛。今天的冶力关镇仍然以关堡、池沟村等村落为主体，四围密布的山林出产现代社会视为山珍的野菜（蕨菜、鹿角菜）和中草药材。与冶力关接壤的是卓尼藏族自治县的康多乡和卓尼构哇土族自治乡。冶力关的汉族村民与藏族、土族往来频繁，有着充分的互动和交流，多受藏、土两个民族民风的浸染，"作风大胆"是临潭其他三路的乡民评价冶力关汉族的总体特征。一旦进入冶力关，会感受到这里村民待人诚恳热情，心地少有设防、开朗真诚，喜于尝试和接受新的观念和风尚。加之自然风光优美，冶力关成为今天临潭县发展旅游经济的首选之地。

二　跟营

"四路"是结合自然状貌与制度设计的空间概念，是对临潭东西南北四个方位静态化的描述。若要动态化、流动式地呈现临潭的空间体系，"跟营"是必需的空间概念。在临潭方言里，把乡村集市统称作"营"，把赶集称为"跟营"。光绪《洮州厅志》把洮州各路的"营"记载为"盈"：

---

① 2007年11月22日在旧城清真上寺和华大寺群体访谈。

> 洮州墟市，或称为盈，或名为集，而日中为市，著于经，墟则未见。虚，古墟字。战国策孟尝君谓市，朝则满，而夕则虚。南越中野市曰虚。满即盈之义，虚即墟之名，所由昉也。盖洮州墟市，十日一会。聚时少而散时多，故又谓之集云。①

写下这段话的作者可能是乡贯南方的儒生，或者是有南方生活经历、不了解洮州地方社会的读书人。"墟市"本是南方地区称呼乡村集市的习语，以此来指称西北地区的初级市场，不太符合洮州当地的语汇习惯。作者把当地俗语"跟营"的"营"字记载为"盈"字，并与"虚"字对比，进行一番文献考证，这与洮州的实际情况有些距离。事实上，临潭当地人习惯把"跟营"与地方军队联系在一起。他们认为，过去的军队会轮流换防，老百姓为了做生意，总是跟随换防军队的营盘一起移动，这种贸易行为就叫作"跟营"。以此来看，跟营活动应该与明代卫所制度下的屯田有关，商民轮流到人口密集的各处屯军之地买卖商品，即为"跟营"。因此，临潭各处"跟营"是建立在四路军事布防基础之上的。

关于跟营的周期，光绪《洮州厅志》记载"十日一会"② 主要指新城南门的营。1966年至20世纪70年代，临潭跟营活动被终止。20世纪80年代复营之后，"四路"根据本地区物资供需的活跃程度来确定跟营的周期，有的路是"五日一会"，有的路是"十日一会"。如今的跟营活动分别在各路的中心地展开。每到跟营的日期，各路中心地汇聚了数量近千的人流，是每一路的"大日子"。

新城的营在南城门。光绪《洮州厅志》载："南门外营在本城南门外，十日一集，谓之盈上。"③ 这类间歇性的人口流动有时会衍生出定居的村落。南门河村的形成即是与跟营有关。据说，旧城的回民商户经常在新城的跟营日来此设点经商。为了免于跟营当天路途奔波的急促与辛劳，跟营日前一天的晚上他们就在新城南门河边搭建棚户住一宿，待第二天破晓城门洞开之后入城摆摊。长此以往，部分行商的回民为了生意的便利就买地定居在南门河，平日开地种田，跟营日入城做点儿买卖。后来陆续有新城附近的汉民也定居在这里，逐渐形成了今天回汉聚居的南门河村。据乡老回忆，1966年以前新城南门河的营改为"五日一会"，俗称作"一五集"，即每个农历月初一、初五、十一、

---

① （清）张彦笃、包永昌修纂：《洮州厅志》卷二，都堡，光绪三十三年（1907）。
② 同上。
③ （清）张彦笃、包永昌修纂：《洮州厅志》卷三，墟市，光绪三十三年（1907）。

十五、二十一、二十五定为跟营日。20世纪80年代，新城跟营传统得以恢复。营的具体位置设在新城城内的东大街，跟营日又改为"十日一会"的"逢一集"，即每个农历月的初一、十一、二十一为跟营日。每逢跟营日，兜售服装日用品的行商、用小型货车装载着时鲜果蔬的乡民以及新城本地的坐商都聚集在这条街上，形成一条狭长的市集。新城"逢一集"吸引了来自新城及其周围端阳沟、晏家堡、扁都乡、店子乡和西路流顺乡一带的村民，同时也吸引了卓尼县柳林镇的藏族民众和不设跟营点的南路新堡乡一带的乡民来跟营，成为聚集上千人流的大型集市。

临潭县东路的营设在陈旗乡的王旗村，营期"五日一会"。每个农历月的初三、初九、十三、十九、二十三、二十九是王旗村的跟营日，当地人俗称为"三九集"。居住在平川的村民们，大家相约乘坐拖拉机去跟营。东路一带丘壑密聚，散布在峡谷和山峁的村落不知深处。居住在山里的村民，多数还保留着步行去跟营的习惯。如果需要购买的物品比较多，他们还会牵上自家的骡马，绕山弯、蹚小河，一来一去，花费一天的时间。跟营对他们而言，不啻是一个节日。逢营日，采买物品只是跟营的目的之一，去"路"的中心地点接收外面的信息，或者见见多时未曾谋面的亲朋好友叙聊家常，也是他们期待的节目。

临潭县西路的营曾经设在西河滩。由于汉藏贸易带动了大量的人流和物流，旧城逐渐发展为一个固定市场，定期集市性质的跟营就消逝了。现在，临潭人都说："旧城没有营，旧城天天都是营。"这句民谚折射出旧城活跃的经济生活面貌。

临潭县北路的营设在冶力关镇的关街，营期"五日一会"。每个农历月的初二、初七、十二、十七、二十二和二十七是北路的跟营日，亦叫作"二七集"。关街横延在关堡的堡门前方，因之而得名。2005年，关街被扩建改造成观光广场，但是村民们还是习惯用"关街"这个老名称。跟营日吸引了距离冶力关镇有三四十里地的乡民们，如羊沙乡和八角乡以及卓尼县杓哇旗的土族民众和康多乡的藏族村民。清晨七点左右，在那些距离关街有五里地以上路程的村庄里，村民们陆续集中在拥有三轮手扶拖拉机的家户门前，集体乘车去跟营。早晨八九点的光景，在通往关街的公路或是山路上，满载着村民的蓝色拖拉机隆隆驶过。土族聚居的卓尼县杓哇旗距离关街约有40里的路程。从杓哇旗去关街需要翻越两座山，花费两个多小时，且路途艰险难行。从2005年开始，每逢跟营日，会有营利性的短途班车在关街与杓哇旗之间穿梭往来，接送跟营的村民。

在新城北路冶力关和东路王旗，每个跟营日都会在市场里看到叫作"三

图 15　跟营的乡民

　　两位临潭东路乡民跟营后返家的路上。他们深居在东路的群山之中，往返王旗村跟营需要步行近百里的路程。每次跟营，他们都会牵着骡马，去时乘人，归时载货。

根毛"的藏族女性。她们也来跟营，购买盐和茶叶等日常用品，顺带游玩观赏集市里的各种新鲜玩意。

第三节　军防堡寨

　　明代在洮州卫四路分布的军防堡寨，演变成今天的村落，构成临潭人的第三级空间概念。康熙年间，洮州卫仍在四路险要的军防堡寨设兵驻守，东路、南路、西路各有七个军防堡寨，北路有 11 个军防堡寨。北路一带山高林密，番人经常成群结队抢劫过往行人，故堡寨较多。它们均被载于康熙《洮州卫志》"要害设防"一节：

　　东路：高楼堡，刘旗寨，济洮堡，瞭高楼，三岔寨，上店子，黑松岭；

　　南路：石旗寨，下川寨，上川寨，温旗寨，郑旗寨，纳即堡，资付堡；

　　西路：土门寨，驴房堡，汪怀堡，古尔占寨，黄胡子寨，徐百户寨；

北路：刘家铺，甘沟寨，茄尔羊堡，八角堡，石堡，石庙儿寨，大岭堡，小岭堡，羊撒寨，石岭寨，白松堡。①

今天虽难以辨认康熙《洮州卫志》记录的所有军防堡寨，但按图索骥，从村落分布的地理位置、沿用至今的军堡名称和村民口耳相传的记忆，仍可以对临潭第三级空间进行类型化的观察与分析。

新城。新城西面东笼山脚下有一座瞭望哨，即今天的"城背后村"。这座瞭望哨用以观测和扼守自旧洮州堡方向进入新城的前哨关口。明清两代，居住在这座军堡的官兵可以最早发现自西面攻袭而来的不速人马，及时通知城内长官，早做应对之策。这座瞭望哨还保护着东笼山边的一池湖水，光绪《洮州厅志》载"椭圆形周，约里许，色碧味咸，深不可测，居人谓之海眼云"②，作为新城居民战备汲水之地。城背后村四周环围约两米高的边墙，每一段墙围长约百步有余。虽然村围边墙已出现豁裂，但堡门及其两边衔接的堡墙保存完好。穿过一座用土坯夯实修建的堡门，方能进入堡里。堡内视界并不敞阔，内里结构复杂，视线被错落在山坡之上的民居墙体遮挡，无法一目了然堡内情势。堡内丁字路口和尽端小巷的设计显得急促、隐秘。据当地村民讲述，现在村里有四种姓氏的家户，袁姓属于军屯姓。

一 东路

东路。距离新城五里是康熙《洮州卫志》记载的"刘旗寨"。刘旗寨现已扩展成一座由南向北迤逦至山根的刘旗行政村，下辖六个自然村落。刘旗村的军屯姓为徐姓和刘姓，主要分布在刘旗村的一社和二社，徐姓家户数量最多，约占全村家户总数的六成左右。③沿着刘旗村的主干村道北行两里，可以看见沿路的两处藏族村落，其入口处都有高约1.5米的嘛呢堆作为标识。这是刘旗村的五社和六社。两社的历史可以在康熙三十六年（1697）和咸丰八年（1858）刘旗人与昝土司草山之争的碑文里找到，即为当时昝土司管辖的"泉儿湾族"和"黄风湾族"。经过六社黄风湾族，公路继续向北延伸，盘迂进入新城附近最高的山脊"后山坡"。刘旗人与昝土司相争的那片草山位于后山坡的阴坡方向，面积超过200亩。这片草坡北至长松树。长松树再向北的草坡属

---

① 乌兰、吴垚编纂：《洮州卫志》，要害设防，康熙二十六年（1687）。
② （清）张彦笃、包永昌修纂：《洮州厅志》卷二，山川，光绪三十三年（1907）。
③ 访谈对象：扁都乡刘旗村徐长禄（男，49岁）；访谈地点：刘旗村私人所属水泥厂的值班室；访谈时间：2007年11月2日。

于石门乡的汪家庄子。刘旗村的徐、刘二姓乡老至今还记得，刘旗村和汪家庄子合称作"徐汪二堡"，这两座军堡共同构成洮州卫的"刘旗寨"。汪家庄子的汪姓是军屯姓，占全村家户总数的七成左右。

图16 刘旗六社村口的标识景观

远处山根边的村落是明清两代昝土司的百姓黄风湾族，现在的刘旗六社。嘛呢堆是六社村民标识自己藏族身份的象征。

东路。距离新城15里左右是黑松岭。这道山岭南北走向，地形复杂、地势险峻，是临潭东路通向新城的必经之地。康熙《洮州卫志》记载的"上店子"和"三岔寨"两个军防堡寨分别位于这条山岭两侧的西北麓与东南麓，即是今天的店子村和三岔村。当地村民认为，"店子村"因有店铺旅舍便于从东路进入洮州卫城的官兵商客住宿，久而久之，"店子"成为村名。"三岔村"坐落在半沟、直沟和岳家河沟三条沟水的交汇之处，由此得名"三岔"。店子村和三岔村可以扼守东路进出新城的道路，确有设立军防堡寨的必要。康熙《洮州卫志》记载的黑松岭堡寨，曾在山岭的某处位置。清末民国初期，黑松岭一带土匪出没，黑松岭堡寨成为土匪盘踞的窝点。新中国成立初期，临潭地区展开大规模的平匪战斗，黑松岭堡寨就是在这次战斗中被荡为平地。[①] 今天

---

① 访谈对象：王俊（男，69岁，曾任临潭县公安局局长）；访谈地点：陈旗乡王旗村王俊家中；访谈时间：2009年6月8日。

的店子村和三岔村已经没有关于军屯姓的记忆。两个村落的人员彼此之间没有往来，村民互不相熟。

二　南路

南路。距离新城东南 80—100 里的地方，是康熙《洮州卫志》载录的"温旗寨"、"石旗寨"和"郑旗寨"，它们在洮河北岸一字排开，隔着洮河与现在的卓尼县相望。洮州卫设置这三座军防堡寨是为了防御洮河南岸番人的攻袭。温姓、石姓和郑姓是现在温旗、石旗和郑旗三个村落乡民口传记忆中的军屯姓。康熙《洮州卫志》记载的"资付堡"，乾隆年间已更名为资堡。据光绪《洮州厅志》记载，资付堡即是明代资堡族传统世居的地域，由昝土司率番兵守护。① 这座军堡位于临潭县境的最南端，独踞山崖，堡界的尽头崖嵊峥嵘，洮河自崖下奔腾而过。资堡村三面临水，只北面一条山路与外界相连。昝家最后一位土司，即23代土司昝振华，自20世纪40年代至2006年，就在资堡村里终其一生。村里保留着较为完整的昝家衙门，是昝振华及其后裔的居所。关于"资付堡"名字的由来，据今天的藏族村民说，昝土司奉命修建边壕，修到资堡就停止了，昝土司就驻守在这里，给这里起名止堡。"止堡"后来渐渐被变音为"资堡"。现在，这里仍然是一座藏族村落。

三　西路

西路。距离新城西面约20里是流顺堡。清初洮州卫没有在流顺堡设军驻守，故流顺堡并未见载于康熙《洮州卫志》，但并不能忽略流顺堡作为明代重要军防堡寨的历史地位。流顺堡村民说，1958年乡政府工作人员登记村名时把"刘顺"记为"流顺"，从此以讹传讹，成为今天的流顺堡，当地村民俗称它为"红堡子"。今天的流顺堡保存完好，堡开南门，四周城墙高约六米，收顶约1.8米，东西宽约百余米，南北长一百五十余米。城墙顶部的东南角建有一座角楼，占地约10平米见方，现在成为供奉龙神朱亮祖的庙宇。堡城正门的上方是一座庭檐精美的登山楼。堡墙高直且敦厚，具有防洪、抗风、阻野兽的屏障作用。堡墙之上没有垛口、射击口和窝铺的设计，堡墙内侧也没有周圈马道；堡内更没有设计周密的街巷通道，诸如街巷宽窄坡度的变化、丁字路口的处理、尽端小巷的安排。站在堡墙上俯瞰，堡内的平面设计形似于四合院，上房、侧房经络分明，家户之间的位置错落有序、平整。流顺堡的结构没有特别的战防守御功能，其原因在于它附近还有军寨作为外围保护。军寨以流顺堡

---

① （清）张彦笃、包永昌修纂：《洮州厅志》卷十六，番族，光绪三十三年（1907）。

为原点，在半径大约一里地的方圆内呈扇形铺展开来。一条宽约两米的小道在军寨内部曲折行进直通向堡门，把流顺堡和军寨连为一体。现在，流顺堡和军寨共同构成一个自然村落单元，叫作红堡子村。百户刘贵的嫡系后裔照旧居住在堡内唯一的一幢二层上房里。刘氏的旁支后代及其率领的军户后裔驻留在现今流顺乡、扁都乡刘旗和晏家堡等一带地区。

图 17 流顺堡全景

流顺堡位于旧城通往新城的必经要道上，位置便利。而且，该堡修建在川地，两侧近山，堡址地势平坦，堡外田地环绕，有一条小河蜿蜒经过，住家和耕田两相适宜。村民们把这条小河叫作"流顺河"，它自北向南注入洮河。想当年百户刘贵和儿子刘顺在此选址建堡的一项原因即是邻近水源，能够满足驻军的基本生活需要。同时，流顺堡修建于此还具有重要的战略意义：十里之外的山根处有座占地约百亩的藏传佛教寺院，即当地人俗称的"侯家寺"。这座寺院在光绪《洮州厅志》里被记载为"圆成寺"。毗邻圆成寺，随时监守这座僧纲寺院的动向，是流顺堡选址的重要原因。

西路。距离新城西面约 50 里有千家寨。它也是临潭县境内至今保存完好的一座明代军堡。与流顺堡一样，千家寨也未被记录在康熙《洮州卫志》里。千家寨有高大完整的堡墙和宏伟的拱形堡门，堡墙上夯实了可容三人并排前行的巡边道，以及修建在堡墙之上的角楼。这些特征无一不显现出明代军堡的威仪。千家寨军堡被一个环形的村落包围在中央，军堡与村落共同形成明代卫所官兵的聚居地。西侧堡墙外还有一座汉式风格的清真寺。据村民讲，千家寨是沐英的部将敏大镛修建的。敏大镛时任千户，人称敏千户，军堡得名为"千家寨"。敏大镛是回民，需要礼拜，故在西面堡墙外修建了清真寺。至今，这

图 18　侯家寺远景

座清真寺仍然是千家寨回民礼拜的地方。① 现在千家寨共有 214 户人家，其中回族家庭有 9 户。在军堡内居住的家户共有 19 户，分别是冯、李、胡、王四个姓氏。其中，冯姓家庭为 15 户，胡姓家庭 1 户，李姓家庭 1 户，王姓家庭 2 户。在当地人的军屯记忆里，冯姓是军屯姓。整个千家寨共有 70 个冯姓家户。

西路。康熙《洮州卫志》记载的"汪怀堡"，即今天长川乡境内的汪怀台子村，是藏族聚居村落，距离新城西面约 25 里。"古尔占寨"，即今天古战乡境内的古战村，在旧城以西约 20 里，应是明代洮州卫防番的前哨堡寨。古战村村民讲，"古战"是藏语，汉语的意思是"大帐篷"。它还有一个藏语别名"可达那"，汉语的意思为"城内"。今天，这两处堡寨已经不见城墙，完全的民村模样。

四　北路

北路。康熙《洮州卫志》所载北路的军防堡寨在今天能够对应起来较多

---

① 访谈对象：城关镇丁志胜，临潭县民族宗教局干部（男，37 岁）；访谈地点：从旧城去千家寨的道途中；访谈时间：2006 年 10 月 29 日。

图 19　千家寨内景

站在千家寨堡墙上看到的堡内景观。西侧堡墙之外隐约可见的飞檐翘角的中式建筑，是千家寨清真寺。

的村落。"羊撒寨"即今天的羊沙村。当地村民认为"羊撒"应作"羊沙"。"羊沙"为藏语，汉语的意思是"陡峭之地"。羊沙村的军屯姓是马姓，占全村总人数的六成多。"甘沟寨"即今天羊沙乡的甘沟村，村民认为甘沟是"缺水沟"的意思。甘沟村的成姓和齐姓均为口传记忆里的军屯姓，两种姓氏的家户总数占整个行政村总人数的七成左右。"小岭堡"即甘沟行政村辖下的自然村，以成姓和齐姓两类拥有军屯姓记忆的居民为主体。"石庙儿寨"即石庙村，是冶力关镇东山行政村下辖的一个自然村落，徐姓、马姓、陆姓和丁姓都是口传记忆的军屯姓。"八角堡""茄羊儿堡"和"白松堡"均位于八角乡境内。八角堡即现在的八角村，村民都是汉族，但他们相传"八角"由藏语"哇交"演变而来，汉语的意思是"祈祷成功"。八角村口传记忆的军屯姓是杨姓和刘姓，村民们把他们叫作"老户姓"。茄羊儿堡即是现在的切阳村。据村民们讲，切阳村的名字是"文化大革命"期间的下乡干部把"茄羊"改为切阳的，以附会当时"朝阳"或"向阳"的社会风气。今天，八角村和切阳村的村民仍坚持用"茄羊"为村名。在茄羊村里，李姓属于军屯姓。白松堡即现在的白杨湾村，军屯姓的记忆在这里已经淡漠了。

北路。康熙《洮州卫志》记载的"石关堡"即今天冶力关的关堡,距离新城北面约百里左右,是明代李达请奏朝廷建修而成,至今形制保存完好。关堡的占地面积与流顺堡大小相当,位于大岭山北麓,堡开北门,南面借山势为墙,北、东、西三面围之堡墙,需登五十余层石阶方能到达堡门。堡内房屋沿中轴线左右排列,现在仍有二十余家居住。2004—2005 年,冶力关镇政府对关堡进行维修,用铁灰色的混凝土覆盖了原本用黄土夯实的堡墙,将其作为冶力关的地标性建筑,在堡门门额书以"新城堡"三字。堡墙高约 5 米,墙上还保留着箭垛。堡墙之上的通道可容两人并排行走。北门城墙之上保留了原有的庙宇。庙宇坐北朝南,占地约 15 平方米。室内有一尊高约 2 米的关公像。在庙外北墙的影壁上绘有单幅真武大帝的壁画。堡内的居民并不知道关公像和真武帝壁画对这座军堡的意义所在,完全是遵循乡老的说法进行的复建。

图 20 真武帝壁画
关帝庙外北墙上绘制的真武帝壁画。

临潭县境内遗存的军防堡寨村落,如历史浮影一般展现出洮州卫的空间格局。这些军防堡寨的选址有规律可循：一定面积的相对平坦和开阔的土地，以利于耕种，且附近有水源。各军防堡寨村落之间缔结一定的空间关系以利进退合作，完成防御任务。例如旧城本是"南接生番、西邻川部，临巩门户，洮岷咽喉"①，它的西面设有"古尔占堡""官洛堡"和"恶藏堡"三个军堡，是旧城的前沿防御门户。明代正德年间，亦不喇率蒙古部落占据青海地区，往来于青藏高原与川西高原之间，古尔占、官洛和恶藏三座军堡与旧城形构成一道防线，阻挡亦不喇铁骑锋队袭扰洮岷地区。

临潭空间体系之中的第四级空间概念，是明清时代曾发挥过重要作用的军事设施，即关隘、墩台与塘汛。"关"由洮州卫军官领兵守卫；"隘"由洮州卫大杨土司、小杨土司、昝土司以及麻你、着洛、圆成、垂巴四个僧纲（正）司戍守。②《洮州厅志》载录关梁11道，隘口22个③；新城南路墩台24个，新城东路墩台13个，新城北路墩台20个，旧城东南路墩台29个，旧城西北路墩台15个④；新城东路塘2处，新城西路汛1处，新城南路塘2处，新城北路塘4处，新城北路汛4处。⑤ 当地人流传着"七里塘汛，五里墩"的说法⑥，大致刻画了塘汛与墩台的空间格局。今天，这些军事设施遗址大多无人居住，默默矗立在荒野之中，是路人惊鸿一瞥的历史景观。第四级空间概念在临潭人头脑里甚为模糊。

卫城、堡寨、关隘、墩台、塘汛构成洮州的空间体系。自西以东，卫城、堡寨百里声势联络，官有秩限，兵以更戍；山梁的高阔之处建置烽墩；关隘和墩台列成相望，脉络相应，紧扼要路。这种空间体系以及由此形成的空间概念，成为现代临潭社会结构的基本载体。

---

① （清）张彦笃、包永昌修纂：《洮州厅志》卷二，要堡，光绪三十三年（1907）。
② （清）张彦笃、包永昌修纂：《洮州厅志》卷二，关隘，光绪三十三年（1907）。
③ （清）张彦笃、包永昌修纂：《洮州厅志》卷二，要堡，光绪三十三年（1907）。
④ （清）张彦笃、包永昌修纂：《洮州厅志》卷九，兵防，光绪三十三年（1907）。
⑤ 同上。
⑥ 2007年农历十一月十五在新城城隍庙的群体访谈。

第七章

临潭的社会结构

明代的卫所制度塑造了临潭的空间体系，成为理解现代临潭社会的必要途径。然而，打算精细地勾勒临潭的社会面貌，作为载体的空间体系只是一个简化的概念图示。一旦深入其间，会发现由祖先记忆、族源传说、经济生产、家族礼仪、宗教信仰等要素标签的各类人群，结合成为一组悠久、复杂却也稳定的群体模式。明代卫所制度促使汉人进入洮州生根发芽、繁衍生息，军屯户家族是临潭社会结构里的主体人群。藏族是洮州较早的人群，他们的家族情况代表着早期洮州人群的社会变化。回族是临潭社会结构的重要组成部分，他们恪守自己的宗教信仰，农商兼营，是沟通汉藏之间的商人群体，其家族形态亦受此影响而独具特色。土族人数虽少，也能从一个侧面反映洮州的社会变迁。临潭社会结构中还有一个无形的组成部分，即社会情感，它反映了临潭多民族社会融合的历史进程。对临潭社会结构的考察，有利于理解新时期洮州青苗会复会的内在逻辑。

第一节 汉人家族

临潭汉人普遍认为自己的祖先是"江淮移民"。在临潭地方语境里，"江淮移民"的概念等同于"明代军屯户"。自称"江淮移民"的汉人家族，他们的祖先多为明代洮州卫官兵，家族或有世传明代文献，或修撰家谱，或有神祖图（神影）和神祖堂（神堂）。他们普遍拥有官坟记忆，遵从清明墓祭官坟的礼仪。

一 藏化

洮州卫都指挥使李达家族在明代是豪军阶层的代表，清代初年仍是洮州卫重要的地方势力。由于经常与番人往来交道，李达家族深受番人习俗和藏传佛教的影响，与番人融合的程度最深，出现了藏化倾向。显见的事例为李达家族男子取番名。顺治十年（1653）的地契显示，李达家族男子取名有"李众佛保""李吉祥保"①，这是李氏家族受到藏文化浸染、信仰藏传佛教、希望佛教众神保佑家族男子健康成长的愿心。雍正五年（1727），李达家族的李时祥在承担清政府"牵中"纳马之差时，因无法筹措足够的"茶价"，不得不把一份土地卖给本族李之真父子，时价银六两，书写一份《立卖地土文契》。在地契最后的画押之处列有卖约人李时祥祖孙三代人名："李时祥、子李发贵、孙班住兹力"。"班住兹力"即为番人之名。从此之后，李达家族保存的地契文书里经常出现业主为番人名字的情况。例如，嘉庆年间的四份磨帖（即执照）显示，"李哈托兹力"掌管着两座水磨和两座油房。李达家族男子取番名的传统，在民国年间的众多地契之中仍时常出现。

武力招番曾是李达就任洮州卫都指挥使后推行"纳马中差"的重要手段。至清代，随着李达家族与番人的经济关系日渐密切，购买土司田地、招租藏民佃户成为他们进驻土司势力范围的主要方式。乾隆元年（1736），土司昝景瑜把势力范围内的土地出卖给李达家族的生员李继忠。这处土地在眼藏，包括土地房屋以及出入道路一并出卖，卖价银50两，书写《立永卖房庄地基场稞地土》契文。地契最后的画押之处列有卖约人"土司昝景瑜，男应袭昝朝龙；胞弟昝重卜、四哥；房叔昝继宗；族人昝巴沙"人名并画押。这是清代洮州汉人进入番人聚落的新途径。乾隆二十四年（1759），李继忠把购买昝土司的这些土地租佃出去，承租人有汉人吴之勤、杨朝栋和番人武齐固兹力三人。这是李达家族拥有番民佃户的开始。由于汉番社会经济关系逐渐交织在一起，昝土司与李达家族在地方上的管辖范围出现重叠。当李达家族番民佃户的利益受到昝土司制约时，转而会向李达家族求助。李达家族亦会出面帮助，维护番民佃户的利益。乾隆四十年（1775），一份过继承嗣文契显示出李达家族强势干涉昝土司管理番人的过程：

> 立写过继承嗣文契番民思力恼节系旧庄子武生李琏地户，情缘思力恼节亲妹郭麻初先嫁牙卜恩主老爷属民慈力肖为妻，不意三十六年天年少收，时岁荒旱，度用不过，亡故情真。遗妻子郭麻初，工巴肖年幼无靠，并无养赡。郭麻初自己放话出嫁恩主老爷舍人慈炭番民油肖为妻。出嫁之时，思力恼节同胞妹郭麻初自己商议，胞哥□□□□乏嗣无后，将外甥工巴肖年方一岁，抱回抚养承嗣绪烟是实。迄今五年有余。思力恼节年幼无知，并未回知恩主老爷知情。今有亲识乡约陈万福再三恳求老爷赐恩依允。是以书立过继承嗣文契字样恳乞恩主昝老爷悯念番愚，旷沛仁慈，赏

---

① 写有这两个名字的文契请参考本书第三章"清代洮州青苗会"。

赐印信，则小的全家顶恩不朽矣。恐后无凭，立此过继承嗣文契存照。
亲识乡约陈万福
乾隆四十年闰十月十九日立过继承嗣番民思力恼节
代书人郭绪儒
（"洮州卫都指挥使□□□关防"）

李琏为李继忠之子。文契提到，番人思力恼节是李琏的佃户，即"地户"。思力恼节的妹妹郭麻初嫁给了昝土司的属民番人慈力肖，从此郭麻初成为昝土司的属民。乾隆三十六年（1771）慈力肖亡故，留下一个一岁的儿子工巴肖。郭麻初改嫁给昝土司的另一个属民番人油肖为妻。她把儿子工巴肖抱给哥哥思力恼节抚养。五年过后，昝土司发现工巴肖不在自己的控制之下，要求思力恼节把孩子退回给郭麻初。思力恼节恳乞昝土司同意由自己抚养这个孩子，昝土司一直没有答应。于是，思力恼节找到洮州厅乡约陈万福，恳乞地主家李琏的帮助。李琏让思力恼节请人写了一份"过继承嗣文契"，该文契是写给"恩主"昝土司的，恳乞昝土司"赏赐印信"，但昝土司并未盖章认可。李琏径直在文契上盖了"洮州卫都指挥使□□□关防"大印。这个大印盖在文契的两处地方，一处斜盖在"将外甥工巴肖年方一岁"处，一处正盖在"乾隆四十年闰十月十九日"处，确认此次过继有效，并收执了这份文契。昝土司亦只得默认此次过继承嗣有效，再未做任何争辩。从此工巴肖不再是昝土司的属民。这张文契表明，李达家族在番人社会的余威绵长，继续统理番人土司，明代"洮州卫都指挥使□□□关防"大印在乾隆四十年（1775）的番人社会里依然发挥效力。

李达家族后裔信仰藏传佛教，遵从当地番人习俗，送儿子到侯家寺（即圆成寺）当僧人，这种汉人深度藏化的情景被如实记载于咸丰四年（1854）的分家单上：

　　立写合同分单文契人李洛乍旦把、弟李束怒哈旦，弟兄二人个（各）长大成人。其所分房，合具情愿。是以央请中人出喜、冯所旦加措、冯所旦八藏、张所旦大节、李才保存子四人再（在）中说合，计开地土家言□何具各分明。李洛乍旦把将有讲皮沟阴坡下根千条地一段下籽五斗，又盘家湾条地一西半段下籽一斗五升，又盘家湾条地东半段下籽三斗，又讲皮沟嘴上条地西半段下籽二斗五升，共地四段，共合下籽一石二斗整。又计开家去（具）大贵（柜）一人二个，小贵（柜）一人二个，碗加（架）一个，大刚（缸）一个，江盆一个，小过（锅）一个，体至（梯子）一个，勺子一把，碗四个，朝面合子五个，大斗一个，小斗一个，坐（桌）子二个，相（箱）子一个，木□子四个，常盘一个。一件一件，件件开清。日后谁有反言者之忍（人），又在中说合人一面可证。再中说合人。又侯家寺坐北向南楼房一处，同（铜）火盆一件，并二件在公中。日后父亲去世，两家商议，情愿作价，情愿作买（卖）交仪（易）。恐后人心难保，立此一样二张，各执一张存照用。

小盘子每人五个。

中间人　冯所旦加

冯所旦八藏

张所旦大节

李才保存子

咸丰四年三月十四日立写合同分单人李洛乍旦把

遇书人杨秀春

咸丰四年（1854），李达家族的后裔在侯家寺（圆成寺）当僧人，他的两个儿子自愿分家，请来四位信仰藏传佛教并取了番名的汉人做中间人，把家产一一罗列出来平均分配。这两个儿子商议，他们的父亲尚在侯家寺（圆成寺）修行，侯家寺内的一处楼房和一个铜火盆仍由父亲使用，即"二件在公中"之语。待父亲去世之后，他们再把这两份家产出卖后平均分配。与李达家族保存的其他地契文书相比，书写这份分家单之人的汉文水平大为下降，文中出现大量别字，说明此时李达家族后裔及其周围的汉人与藏民长久混居共处，生活在藏传佛教的信仰之中，已疏于汉文世界。

20世纪前半期，李达家族进一步藏化。两份地契显示，李达家族后裔陆续购置僧人产业。1923年，"李哈乍旦主"买到李哈乍名下的一处僧房地基，价银12两。此处地基东靠城墙，西至官路，南靠安姓僧人房屋，北到李姓房屋。中人有"诸安雍乙班加楚""高僧先"和"别鹿嘴马洛罗"三人，圆成寺寺众买那"□秉秀""诸安雍洛乍艮巴"二人。书立《立写永远实卖僧房地基文契》一份。这份地契的两处地方盖有"巩昌府属洮州厅圆成寺僧正司侯洛札旦□□记"大印，一处盖在"一十二两整"，一处盖在"民国十二年"。1925年，"李哈丹主"（即李哈乍旦主）又兑换到牙布你的安姓僧人庄稞①（即宅基地）地基一处，又买到这位僧人的另一处庄稞。中人有"口必你安高僧""马洛扎仁占""安布告他力"三人，圆成寺寺众买那"安朱秀""哈扎

---

① 庄稞：当地习语，意即"宅基地"。

旦主"二人。书立《立写对换庄稞地基文契》一份。这份地契的两处地方盖有"巩昌府属洮州厅圆成寺僧正司侯洛札旦□□记"大印，一处盖在"合同对换"，一处盖在"民国十四年四月"。1944年李达家族的李哈旦主（即李哈乍旦主）弟兄僧俗三人分家，立写分家单。作为第三子的僧人李哈乍旦主分得了侯家寺内的产业以及其他产业。其分单如下：

  立写合同分单字据人李石山代、润月成、高僧兄弟僧俗三人为树大分枝，理所固有，产业各亦均分。侯家寺院楼房庄稞一处。地业开列于下。高僧哈旦主应着怕日汤哈路口捞肚子地一段下籽三斗，上河滩坟地一斗，下河滩坟地一段下籽一斗，大梭杆条地一段下籽一斗，官坟头上条地一段下籽二斗，泉科陀下方一段下籽二斗，多洛嘴上下地三段下籽四斗，山神底下条一段下籽四斗，内崖好包子地段下籽一斗，该古角条地一段下籽二都，车旦拉阳坡条一段下籽一斗，丁头条地一段下籽二斗，泉多洛上条一段下籽二斗，莫多沟方地一段下籽一斗，泉头上一段下一斗，马莲各大上、下地二段共下籽五斗，狼狗下地西半段下籽一斗，破古堆条地一段下籽三斗，大滩地二斗，庙嘴柯岔地一段下籽三斗。共地二十六段，共下籽四石二斗五升。一样三张，各执一张为据。
  说和中知人李元昌
  旦主
  民国三十年古正月二十八日立合同分单兄弟僧俗三人李石山代、润月成、高僧
  书李维杰
  民国三十四年阴历三月初五日分父母阳口里有下河台根切地一段下籽五斗

  分单里的"李石山代"为长房。"李石山代"名字犹如"李众佛保"一样，表达了李达族人希望孩子在"石山"的照拂下能够健康成人的愿望。"李润月成"为二房，大约是闰月所生或闰月所孕，故取此名。"高僧""哈旦主"为三房，他是1923年契文中的"李哈乍旦主"、1925年契文中的"李哈丹主"。分单显示，李哈旦主继承了李达家族在侯家寺里的产业，以及26段共下籽42斗5升的土地。

  李达家族尽管在姓名、家庭结构、精神信仰等方面均已藏化，但是在祭祀祖先和村落公共活动里仍然保持着汉人家族的传统。顺治十年（1653）的地契显示，李达家族有一种特殊的佃户，名为"家人"，均由外姓人户充当。此

类佃户世代相承，不向地主缴纳地租，承担李达家族内部的各种差使。光绪二十一年（1895），李达家族因为"家人"户缺，再次招纳"家人"，拉布庄的陈六鞏代愿意充当李达家族的"家人"。李达家族"二处族户""阖户商议"，请到说合人郑吉祥子、陈述章和代写字人贡生王燮臣，写《立招户合同字据》一份。李达家族向陈六鞏代提供庄稞土房六间，场园两段，22处共下籽75斗的土地，规定陈六鞏代"当差耕种"，承担李达家族"山岔清明祭祀"的"人马口食费用暨旧庄子李姓红白事"，"其神差照依庄村会事承应"。所谓"神差"，即羊永青苗会向李达家族募收崇祀龙神的会费和摊派的神事差遣。合同还规定，"家人"不得典卖主家土地，主家亦不得任意强夺土地，否则"家人"可以拿着合同去报官鸣冤起诉。由此来看，用以招户家人的土地是李达家族的族田公产，主要用于祭祀祖先、红白事和承担青苗会的神差，充分显示出李达家族始终保持着汉人的礼仪传统。

今天，李达家族的嫡系后裔仍然聚居在李达于宣德八年（1433）购买的朱亮千户及其族人居住的整个庄子里，现在的羊永乡羊永村，李氏族人叫作"旧庄子"。旧庄子有李姓家户约70户逾200人，主要是大房、二房和六房的后裔。除此之外，大房还有部分后裔居住在羊沙乡羊沙村的新庄，二房的部分后裔居住在三岔乡直沟里的王帽沟村，四房的后裔主要分布在新城镇的端阳沟和陈旗的磨沟村。据李氏族人讲，李达的六个儿子分为六房，其中三房娶陕西都指挥使孙林的次女为妻，全家后来移居岷州卫的巴杰村；五房娶华阴郡主为妻，举家定居西安。因此，李达嫡系后裔里但凡有三房和五房者，均不被记入家谱，所谓"三、五不立祖"。在1949年以前，李达家族男性婚配规则是：长子必须娶藏女为妻；次子娶汉女为妻；若有三子，必须去侯家寺做僧人，承袭寺院管家之职；四子必须娶藏女为妻；如有第五子，只能在"招女婿"和"做僧人"两者之中选择一条自己属意的未来之路。李达家族女性的婚配规则是：按奇偶数之分，奇数排行的女子嫁给汉人为妻，偶数排行的女子嫁给藏人为妻。这种婚配规则在1949年之后被废除。① 现在李达后裔子孙们汉藏两族皆有，呈现出这个历时六百余年的洮州世家汉藏民族融合的特质。

二 户长

宋忠家族与李达家族拥有同样悠久的历史。永乐元年（1403），宋忠以世袭正千户身份进入洮州卫，从此宋忠家族世代居住在今天流顺乡的宋家庄。据

---

① 访谈对象：李希贤（男，68岁）；访谈地点：旧城李希贤的家里；访谈时间：2007年11月2日。

宋氏族人口述，明代宋忠家族的嫡长子承袭千户一职，同时作为宋氏家族的代表，全权处理家族对外和对内事务。清代，宋忠家族有两位代表，一位是官府子，一位是户长。官府子由嫡长子袭替，主要承担三项职责。（1）官府子作为宋氏家族代表参加官府（洮州卫、厅、临潭县）举办的"春社"仪式。春分这一天，宋氏家族会收到官府邀请，官府子身背神祖图汇同其他姓氏的官府子集结在新城西大街的十字路口，在同知或县长降香颂念祭文之后，不同姓氏的官府子结队跟随同知或县长游街。这项仪式喻义"春天到了，大家可以破犁了"。（2）承担保管《宋氏家簿》和神祖图的职责。神祖图即为描绘祖先形象的画图。1968年，时年35岁的官府子宋克定按政府要求，把《宋氏家簿》交由村委会工作组统一销毁。在当时人多混杂的局面里，机敏的宋克定趁工作人员不在意，冒险又把《宋氏家簿》从村委办公室里偷取出来带回家，凿开堂屋的一面墙，把家簿藏入墙内。这本撰写于乾隆五十八年（1793）并有顾颉刚题语的《宋氏家簿》才得以保全到现在。只是，宋氏神祖图没有这样幸运，被销毁于1968年。今天挂在宋克定老人家里中堂正墙的神祖图，是20世纪90年代重新绘制的。（3）定期祭奉神祖图。每个农历月的初一、十五以及清明、中元和春节等时令节日，官府子都要在家里中堂①升起神祖图。宋氏家族各户可以到官府子家的中堂祭献油灯，敬拜神祖图。20世纪50年代之前，宋家有神堂专门供奉神祖图。"文化大革命"期间宋氏神祖堂被毁，宅基地被人开垦为农田，至今未能复建神祖堂。②

民国年间，宋忠家族的户长主要协助官府的收粮公事。保长或甲长来宋家庄催粮或处理公案时，必先找来宋家户长协同处理。宋氏户长还负责管理家族公田。宋家公田有四类：一是清明田，田产资作祭祀官坟之用；二是官府田，田产用以支付户长处理公共事务的费用和付给户长助手、文书的费用；三是笔墨田，资付宋氏家族后辈读书上学的费用；四是香烟田，资付宋氏家族的日常祭祀费用和与洮州青苗会有关的神事活动。每一类公田80亩，共计320亩的公田，分给宋氏家族里经济贫困的家户耕种。1978年，宋氏家族又恢复了户长，宋卫华是迄今第四任户长。宋氏家族遴选户长的条件是：第一，在家族内部享有良好的威望和声誉；第二，处事公道而且个人能力强。户长为终身制，

---

① 中堂指一入正门的一间房屋，两侧有两个门分别通向正房和一间侧房，侧房连接的是厨房。这种建筑格局被称为"一嵌套"。中堂一般不住人，通常放置香案和一张供桌，是祭祀祖先的建筑空间。

② 访谈对象：流顺乡宋家庄沟门前村宋卫华（男，52岁）；访谈地点：宋卫华家；访谈时间：2006年11月1日。

图 21　宋氏家族代表

左一为洮州青苗总会会首宋克义，中为宋氏家族官府子宋克定老人，右为现在宋氏家族的户长宋卫华。他们手捧阅览的是《宋氏家簿》。

只有在户长本人认为自己精力不济时，才会召集宋氏家族的长辈开会评议推举下一届户长的候选人。如果宋氏家户之间或家户内部发生矛盾或纠纷，都要请户长出面调理，由户长依据事态的轻重缓急程度来决定是自行解决还是上报村委。目前，宋家庄（包括沟门前村）共有宋姓158户，遵循"男要外娶，女要外嫁"的婚配规则。

三　神影

吴荣是明代洮州卫百户。吴荣家族后裔聚居形成的吴家坡村，坐落在距离宋家庄约15里的流顺川北侧一片缓坡之上。据吴氏族人讲，吴荣最初屯军在扁都乡一带，清初才迁到流顺乡的流顺川，定居至今。吴荣家族曾有家谱，"破四旧"时被毁。现存两幅清代所绘神祖图，吴氏族人称为"神影"，均裱后带轴，其画布泛浮暗黄之色。一幅神影为吴荣坐像，头戴双翅展脚幞头乌纱帽，身着朱红色团领衫，腰束玉带，为明代官员常服打扮。另一幅神影为吴荣与夫人并坐像，其中吴荣的服饰与第一幅相同。坐像身后绘置一供案，供案上立放一神主牌位，上书"皇清诰封二世赠显考武德将军讳荣、妣儒人赵氏神主"。明代百户为正六品，授勋昭信校尉，千户为正五品，授勋武德将军，吴荣的神主牌位书"武德将军"，可能是吴荣在洮州卫升任千户。至于"皇清诰封"写在神主牌位之上，大约是吴氏后裔为了能顺利制作神影而不受到清政府追究的权宜之计。

图22 吴氏家族神影
官府子吴长林（右）和吴忠德（左）手持吴氏家族神影。

据吴氏家族现任官府子吴长林讲："神影里的人是吴荣。洪武十三年迁洮州时他是吴家的户长，是百户，也是官府子。官府子由长子长孙世袭，神影也由官府子来掌管。明朝移民时，官府子接受政府的管辖，官府给他们一封印，让他们掌管族姓事务。每一个大姓都有一个官府子。历代王朝每年春分这一天，官府子要背敕印围绕新城的正街游街。官员要念祭文，意思是春天到了，该破犁了,行一趟神事。"① 据同族的吴忠德说:"记得家族里的老辈人讲过,在祖上迁来洮州时,官府给神祖爷吴荣一封印。这封印就是让神祖爷来统管吴家坡的吴姓族人的。每年官府'春社',神祖爷吴荣代表吴姓家族去参加游街活动。"② 吴氏族人所讲官府子之事,与宋氏家族官府子的情况大致相当。吴氏家族的神祖图由官府子吴长林保管,同时他也担任吴氏家族的户长。在时令节日和农历月份的初一、十五,吴长林会在中堂升起神影祭祀祖先。据吴长林回忆,吴氏过去也有神堂,民国时期也有家族公田。吴家坡村现有52户吴姓家庭,占村里家户总数的80%以上。

四 官坟

李达家族、宋忠家族和吴荣家族是洮州军屯户家族的代表,具有汉人军屯户家族的共同社会特征,都保有"官坟"记忆。据当地人解释,"官坟"是埋神祖的地方。神祖是明代军官家族在洮州的第一代移民。③ 往往这位神祖担任过洮州卫官职,故其坟茔被后裔确立为"官坟",成为军屯户家族共同祭拜的祖先之坟。军屯户家族保存的"官坟"记忆有三种方式:第一种方式是家谱。各家家谱收录官坟地点、朝向,并以图画形式呈现。第二种方式为"龙单"。龙单是阴阳先生为祖先堪舆坟址后书写的单据,记载着坟茔的地点、地形和方位。④ 龙单往往被收录到家谱之中。有的家族分家时会誊录龙单内容,其后裔无论迁徙到临潭何处,都知道官坟的位置。第三种方式为世代口耳相传。李达家族的官坟最初是李达和李瓛之坟。20世纪70年代李达、李瓛之坟被毁坏后,李达家族把李达长子李瓛的玄孙李勃的坟茔视为官坟,位于卓尼县境内的草岔沟。宋忠家族有三处官坟,一处为宋忠之坟,在新城红崖村,一处在卓尼县木耳乡的牙那,一处在卓尼县龙马那脚户湾。⑤ 吴荣家族的官坟在吴家坡后山山顶。

官坟是具有明代军屯户身份的同姓人群认同共同祖先的符号。陈旗乡王旗

---

① 访谈对象:流顺乡吴家坡吴长林(男,68岁);访谈地点:吴长林家;访谈时间:2006年5月29日。
② 访谈对象:流顺乡眼藏村吴家坡吴忠德(男,53岁);访谈地点:吴忠德家;访谈时间:2006年8月26日。
③ 2006年5月31日—6月1日在新城城隍庙对洮州16支青苗会会首的群体访谈。
④ 访谈对象:冶力关镇寨子村康永健(男,62岁);访谈地点:康永健家;访谈时间:2006年10月26日。
⑤ 访谈对象:流顺乡宋家庄沟门前村宋卫华(男,52岁);访谈地点:宋卫华家;访谈时间:2006年11月1日。

村的军屯户王氏后裔记得，王旗村王姓与石门乡大桥关的王姓、卓尼县境内洮砚乡石旗村的王姓、卢格山的王姓和别那山的王姓有共同的官坟，即龙元乡王家坟。① 千家寨的军屯户冯姓认为，他们与流顺乡水磨川冯姓、长川乡汪槐村冯姓都是从扁都乡哈尔滩迁徙出去的，共同的官坟在新城兔石山。② 同样，官坟也成为同姓人群区分不同祖先背景的标识。如新堡乡有四支杨姓人群，其中只有第一支杨姓有官坟。他们是聚居在新堡乡琵琶堡的杨氏家族，有两处官坟：一处在扁都乡的口子下村；一处在扁都乡的刘旗。③ 第二支杨姓在清代顺治年间迁入流顺乡眼藏村，光绪十七年（1891）迁入新堡村，其先祖之坟在流顺乡眼藏村。第三支杨姓的祖上杨鼎山（音）以卖唱为生，得到牛马商人马旷吾的赏识在其商行里做事，于1918年在新堡村买地盖房定居，其先祖之坟在临夏县。第四支杨姓在1929年左右从临夏县迁居新堡村，其先祖之坟在临夏县北源。④

随着军屯户家族的生齿日繁，埋神祖的坟地不够用，于是各军屯户家族的分支家户又有了各户的坟地，但是官坟作为埋神祖的地方，仍然是大家都要祭奠的坟茔，因此，汉人军屯户家族的清明祭祖礼仪有"小清明"和"大清明"之分。每年清明节的前一天为"小清明"，祭拜官坟；第二日则为"大清明"，祭拜五代以内的先祖。⑤ 军屯户家族的墓祭官坟仪式，又称为"吃会"，以此巩固同宗意识，强化血缘认同。20世纪80年代墓祭官坟仪式得到恢复后，仪式的程序是：（1）每户男子要提一笼12枚馒头，将它们按顺序摆放在官坟前

---

① 访谈对象：陈旗乡王旗王士英（男，68岁）；访谈地点：王士英家；访谈时间：2006年10月5日。访谈对象：卓尼县洮砚乡石旗村陈国华（男，70岁）；访谈地点：石旗村戏台前；访谈时间：2006年10月5日。

② 访谈对象：长川乡千家寨冯阴阳（男，56岁）；访谈地点：千家寨庙；访谈时间：2006年10月29日。

③ 访谈对象：新堡乡琵琶堡杨全吉（男，53岁）；访谈地点：杨全吉家；访谈时间：2006年8月27日。

④ 访谈对象：新堡乡新堡村杨吉德（男，53岁）；访谈地点：新堡村石国钧老人家；访谈时间：2006年8月12日。

⑤ 访谈对象：张辉选（男，70岁）；访谈地点：上寨村村口；访谈时间：2006年5月28日。访谈对象：新堡乡新堡村杨吉德（男，53岁）；访谈地点：新堡村石国钧老人家；访谈时间：2006年8月12日。访谈对象：杨全吉（男，62岁）；访谈地点：杨全吉家；访谈时间：2006年8月25日。访谈对象：陈旗乡王旗王士英（男，68岁）；访谈地点：王士英家；访谈时间：2006年10月5日。访谈对象：李春秀（男，73岁）；访谈地点：新城城隍庙；访谈时间：2006年10月8日。访谈对象：杨祖震（男，68岁）；访谈地点：旧城大庙；访谈时间：2006年10月18日。访谈对象：李希贤（男，68岁）；访谈地点：旧城李希贤的家里；访谈时间：2007年11月2日。

第七章　临潭的社会结构　　195

图 23　宋氏家族官坟

洮州青苗总会会首宋克义（左）和宋氏户长宋卫华（右）在宋氏家族官坟前的合影。

面；（2）官坟周围的柏刺上挂"纸飘飘"，纸飘飘为裁成一尺五长、一指宽的白纸吊穗，代表家族后继有人；（3）背土垒坟，垒坟不是每年祭祀官坟的必备环节，若要垒坟，事前需请风水先生查阅黄历，推算官坟方位是否利于动土，若大利，即可垒坟；（4）烧纸磕头敬先人，先到"后土"处敬黄裱和焚香，"后土"即是指官坟的东侧，这个方位喻义先祖的灶房，即"祭灶神"；之后，在坟前行主礼、敬烧冥币祭祖，再向先祖磕头，家族成员按辈分大小依次在官坟前排队磕头，大辈在前、小辈在后；（5）吃会，祭拜官坟的各家户男性代表要自备碗筷，在官坟前垒灶熬煮大米稀饭，在里面添加肉和调料，视其为"团圆饭"。家族里的长辈趁"吃会"的时机认识族里的年轻男丁，因此，吃会相当于家族内部的"认宗会"，借此排定家族辈分，知道家族的人丁发展状况。有的家族还设有教育后辈的内容，如有家户男丁出现不孝顺或者不务正事的劣迹，长辈会训诫，情节严重者可能会被家族里享有威望的长者用挑水扁担敲打。各个家族根据家族规模的大小，每年选出几位会长共同主持操办"小清明"祭拜官坟的各类事宜。会长轮流担任，推选的总体原则是从大辈向小辈轮换。①

一个特殊的现象是,吴荣家族在"小清明"当晚还要进行名为"跑火把"的祭祖仪式。待暮色四合之后,吴氏的各家各户派出一名手持火把的男子,沿着吴家坡通向吴家泉湾的小路向吴家官坟奔跑。跑火把的大多是吴姓15—20岁的青少年男子。在其他军屯户家族里尚没有发现这种仪式。吴忠德对吴氏家族清明祭拜官坟仪式的讲解是以"割股充饥、辞官不言禄"的介子推作为故事开端。在讲完介子推与寒食节的关系之后,他才开始介绍吴氏族人"跑火把"祭祖仪式的原委,认为"清明节的时候,只有跑火把的地方才算是江淮移民,不跑火把的地方就不能算作江淮移民"②。如果把吴氏家族建立的"跑火把"叙事与吴家坡置身的空间关系结合在一起,会发现存在于汉藏村落之间的一种张力。吴家坡坐落在延绵缓坡的上部位置,缓坡的中间位置是杨坡村,坡底就是藏民聚居的族尼村。这三座自然村落构成了现在的眼藏行政村。之所以因"眼藏"为名,缘于族尼村的历史。据光绪《洮州厅志》记载,目前眼藏行政村一带地区曾是昝土司的辖境,属于牙卡路旗境的眼藏族。③ 有清一代,昝土司的土司衙门就设在眼藏族。④ 官府子吴长林至今还能讲述吴氏家族最初定居在吴家坡的一段经历:吴家坡的草山吴家泉湾和昝家的草山接连在一起,眼藏族给吴家坡人留下了一道赶牛路,从族尼村经吴家坡一直通向资堡山上的吴家泉湾,这是由昝土司亲自划分的道路,神祖爷吴荣去世之后就埋在吴家泉湾。⑤ 虽然这段口述没有明确的时间背景,但是可以判断为明代之事。把这一史实与吴家坡人"跑火把"的官坟祭仪结合在一起,可以更好地理解这一民俗事象的源起与意义。吴氏族人在小清明当夜"跑火把"祭官坟,

---

① 有关临潭清明节官坟墓祭的仪式内容,主要依据杨祖震老人的访谈记录整理。访谈对象:旧城青苗会会首杨祖震(男,68岁);访谈地点:杨祖震家;访谈时间:2008年6月2日。

② 访谈对象:流顺乡吴家坡吴增喜(男,51岁);访谈地点:吴家坡庙前;访谈时间:2006年5月29日。访谈对象:流顺乡眼藏村吴家坡吴忠德(男,53岁);访谈地点:吴忠德家;访谈时间:2006年8月26日。《临潭县志》把"跑火把"记载为眼藏村的习俗(第686页)。进一步去考察的话,眼藏村是行政村,其辖下有三个自然村,即吴家坡村、杨坡村和族尼村,"跑火把"应是吴家坡村的祭官坟习俗。

③ (清)张彦笃、包永昌修纂:《洮州厅志》卷十六,番族,光绪三十三年(1907)。

④ 访谈对象:流顺乡吴家坡吴增喜(男,51岁);访谈地点:吴家坡庙前;访谈时间:2006年5月29日。访谈对象:流顺乡眼藏村吴家坡吴忠德(男,53岁);访谈地点:吴忠德家;访谈时间:2006年8月26日。

⑤ 访谈对象:流顺乡吴家坡吴长林(男,68岁);访谈地点:吴长林家;访谈时间:2006年5月29日。

旨在向族尼村的藏民宣示和强化吴氏家族拥有的从山脚下族尼村到吴家坡的道路通行权和对吴家泉湾的草山所有权。年深日久，当初"跑火把"的缘由被吴氏族人淡忘了。为了给家族独特的祭官坟仪式寻找一种理论渊源，现在的吴氏族人选用了介子推与寒食节的典故以为敷弘之理。

五 堂号

军屯户家族依赖"堂号"把同一姓氏的不同家族联结起来，形成更广泛的地缘关系。堂号通常是家族门户的代称，用以慎终追远、敦宗睦族。在临潭，人们常常使之超越某支家族的局限而成为同姓人群共享的家族文化符号。例如，临潭有三支李姓人群共用一个"青莲堂"，第一支李姓认唐代李晟为祖，人数较少，定居在旧城和古战乡一带，当地人称其为"旧城李氏"；第二支以洮州名宦李达为祖，人数最多，分布在总寨乡的秦关村和上川村、新堡乡的马旦沟村、陈旗乡的磨沟和马旗沟、新城镇的端阳沟，以及旧城、那子卡等地，当地人称其为"西坟李姓"；第三支以李本为祖，人数约有一千二百余人，据说李本为洮州卫军官，因管理洮州卫接官亭遂定居于东距新城两里之地的红崖村，当地人称其为"东坟李姓"。这三支李姓人群共用"青莲堂"，以堂号来联结不同背景家族之间的社会关系。顺理成章，其他军屯户姓氏莫不纷纷效仿，来整合非军屯户身份的同姓汉人，以求扩大地缘影响力。如新堡乡琵琶堡的杨姓军屯户把其他三支杨姓都整合入"清白堂"。同理，临潭县的王姓属于"三槐堂"、宋姓属于"清心堂"、刘姓属于"清黎堂"、牛姓属于"坤德堂"，等等。因此，堂号成为超越血缘关系缔结姓氏认同的象征符号，把不同祖源和不同社会背景的汉人联结为一个形式上的共同体。

较晚进入洮州且没有与同姓军屯户家族混居的汉人亦模仿这种做法，运用堂号来联结同姓之人，这是临潭同一姓氏有两个堂号的原因。临潭李姓有两个堂号，一为"青莲堂"，一为"祥瑞堂"。据李达家族后裔李希贤的考察，以明代洮州卫官兵后裔为主体的李姓属于"青莲堂"，清代咸同期间从河州迁来的李姓汉人属于"祥瑞堂"。[①] 临潭县马姓汉人有两个堂号，流顺乡和羊沙乡的马姓堂号是"伏波堂"，羊永乡羊永村的马姓堂号是"名世堂"。通过访谈可知，"伏波堂"马姓具有军屯户的身份认同，"名世堂"马姓是清代咸同之后定居洮州的移民。同理，新堡乡、扁都乡口子下村和千家寨的杨姓堂号是"清白堂"，古战乡的杨姓堂号是"四知堂"，其缘由大致

---

① 访谈对象：李希贤（男，68岁）；访谈地点：旧城李希贤家里；访谈时间：2007年11月3日。

如此。堂号文化还融进了汉人的年节习俗之中。每年农历腊月三十,临潭汉人要书写一张"报条",把它贴在家里炕头的柱子上,以便"向家祖神汇报一年的情况和祝福的话"。报条是一条宽约五厘米、长约八厘米的红色条幅,上书:"某某年,新正元旦,某某堂宗,人丁兴旺,百事顺兴,财源骏发,六畜繁昌"。据说,有堂号的人家才有资格写报条,没有堂号的人家是没有资格写报条的。①

临潭的堂号多选取弘扬祖德、启裕后昆之意,如封侯堂、名世堂、富胜堂、生孙堂、永丰堂等,反映出汉人家族最为传统的、渴望安定富足和家族永系的社会愿望。还有很多堂号选取嘉言颂德之意,如清廉堂、万正堂、清黎堂、积善堂、清白堂、清心堂、清畏堂、正始堂、同忍堂等,说明洮州军官和望族士绅期冀以堂号作为规训,传播克己修身、清己疾恶、忍苦耐劳的行为态度,提醒汉人应秉正对待汉人内部问题及其与周边其他民族的关系,维护这个多民族聚居社会的安定与和谐。因此,临潭"堂号"有助于塑造求稳求和的地域价值观。临潭乡民们还说,堂号能给他们带来现实帮助。在出行不易、村落分布星散的临潭,如若赶路遇到突发情况,或耽搁在一个陌生的乡镇村落里,只需打问到同姓家户并通报自己的堂号和居住的村落,就可以获得一顿温热的汤饭和一宿踏实的睡眠。

六 入赘婚

"入赘婚"在临潭汉人社会中颇为普遍,分为"全过姓"和"一柱顶两门"两种形式。全过姓指父子两代必须随妻家姓氏,才有继承妻家财产的权利。新城东南沟村王长青的婚姻就属于"全过姓"形态。据王长青讲,他本姓许,家里兄弟四人,其行三。同村的王姓是大姓,有一户王姓人家有五个女儿。许长青五岁时,王姓人家的男主人就与许父讲:"你这么多儿子,到时给我一个怎么样?"许家父亲同意把许长青定给王姓人家。后来许长青的两个哥哥都去世了,家里只剩下他和弟弟。许长青18岁时,王姓人家提醒许父:"你是不是把我们定亲的事给忘了?"许父认为答应的事不好反悔,遂应承了这门婚事。许长青结婚时,许姓族人送了一副喜联,上联为"永丰移枝根叶茂",下联是"三槐堂中玉辉光"。"永丰堂"为许姓堂号,"三槐堂"为王姓堂号,上联"移枝"暗喻"全过姓"的婚姻形式;下联"玉"是王字多一点,祝福王姓人家添丁增口、门堂增辉。从此,许长青成为王长青,他的一儿

---

① 访谈对象:流顺乡上寨村俞文敏(男,64岁);访谈地点:俞文敏家;访谈时间:2006年6月12日。

一女也姓王，与岳父母合住，继承岳父母的房产和20亩土地。① 为了让女婿恪守全过姓规矩，妻氏家族也有强制手段。新城近郊丁家山村有一付姓家户招了全过姓女婿，这位女婿婚后一年里迟迟没有过姓，妻家族人平时并未多说什么。清明节付氏家族祭坟，在祖坟前，付氏族人以没有过姓就没有资格给付家先祖上坟为由，把这位女婿暴揍一顿，申明如果还不过姓，就不准他以后上坟祭祖。事后，这位女婿很快过姓付家。②

一柱顶两门指入赘女婿不用改姓，其长子跟随妻家姓、继承妻家的财产，其余子女可随父姓，继承父亲本家的财产。新城镇的城背后村即是一个典型案例。这个村的袁姓是军屯姓，清代中期，袁姓人户没有男嗣，遂招一名王姓男子入赘，其长子随妻家姓袁，其余三子随父姓王。从此，三名王姓子嗣分作三房，人丁繁盛，王姓家户遂为城背后村的主体人群。民国初年，一个王姓房头没有男嗣，必须招婿入门。一名从河北来新城做生意的严姓人被王家招赘。遵循同样的规矩，严姓的长子姓王，次子姓严。③ 目前，城背后村有四种姓氏共计58户，其中王姓三房总计54户，袁姓一户，严姓两户，汪姓一户。汪姓家户是民国时期被王氏家族雇来放牧的佣工，定居在城背后村，王、袁和严三姓家户之间都存在一定的亲属关系。

第二节 藏人家族

番人曾是洮州的主体人群，洮州卫建立之后，番人被洮州卫的土官制度和僧纲制度所统治。洮州番人信奉藏传佛教，其祖先因为供奉佛、法、僧三宝才被藏传佛教史所记载。通常来说，没有高僧书写的藏传佛教史，就很难有清晰的藏人家族史。

一 格鲁派家族

卓尼杨土司是洮州地区最大的土司，是格鲁派藏人家族形态的集中体现。乾隆十八年至三十七年（1753—1772），杨土司杨冲霄（嘉样闹吾）的妻子李

---

① 访谈对象：新城东南沟王长青（男，42岁）；访谈地点：新城民族旅社值班室；时间：2006年6月12日。

② 访谈对象：新城东南沟王长青（男，42岁）；访谈地点：新城民族旅社值班室；时间：2006年7月18日。

③ 访谈对象：新城镇城背后村王奎（男，63岁）；访谈地点：新城隍庙；访谈时间：2006年9月25日。

氏（仁钦华宗）和她的孙子杨声（丹松才让）用了 20 年时间，把《丹珠尔》大藏经印版刊刻成功。乾隆三十八年（1773），杨声之子杨宗业（丹增仁钦曲杰）请拉卜楞寺的比丘贡却久美昂波写了一部长篇序论。这部序论由杨世宏于 1995 年翻译成汉文，其中第四章《刻印〈丹珠尔〉大藏经的施主及其先祖史》描述了卓尼杨土司家族的基本概况①，相当于汉人之家谱。此外，光绪《洮州厅志》卷十六载录了卓尼杨土司历代袭职情况，《甘南文史资料》第十一辑的《甘南藏族部落》和《卓尼县志》均记载了卓尼杨土司历代袭职情况。② 综合汉、藏文献，整理卓尼杨土司明代永乐十六年至清代嘉庆十九年（1418—1814）1—15 代世系图如下图所示。③

关于杨土司的祖先源流，久美昂波是在大蕃历史地理的框架中展开叙述的。据载，雪域藏区分为三部，上部阿里三部呈湖水状，中部卫藏四茹呈水渠状，下部多康六岗呈田地状。杨土司的祖先就在多康六部的洮河畔游牧，是第一代赞普聂尺赞普的王裔，部落族名噶氏。噶氏分为高低贵贱四种，位尊者为虎纹部。噶氏的后裔噶益西达吉曾经做过尺热巴巾的大臣。尺热巴巾一度统治着陕西白塔以上的广大地方。噶益西达吉被派遣到朵迈地方征税。他看到这里有黄河、黑河、噶曲河三条河流，还有广袤平坦的草原，心想"我在此统领藏人，应付汉人岂不更好"，于是定居朵迈，形成上下作格部落（今四川阿坝若尔盖一带）。④ 噶益西达吉的后裔姜提和傲提两兄弟认为上下作格虽然很好，但还要寻找适宜农耕之地，于是前往卓尼的大告普（今临潭县新城乡境内）⑤ 居住。卓尼有一座萨迦派寺院（卓尼县城洮河北岸台地上，距县城一里

---

① （清）久美昂波：《卓尼版〈丹珠尔〉大藏经序目》，杨世宏译，甘肃民族出版社 1995 年版，第 202—260 页。

② 马登昆、万玛多吉编撰：《甘南藏族部落概述》，《甘南文史资料》（第十一辑），甘南报社印刷厂，1994 年；卓尼县志编纂委员会编：《卓尼县志》，甘肃民族出版社 1994 年版。

③ 本世系图主要基于《洮州厅志》和《卓尼版〈丹珠尔〉大藏经序目》两书，同时参考了《卓尼县志》（1994）有关历代土司、僧纲的生卒年份。具体修正、参考如下：嘉样闹吾出生于藏历水羊年十月十九日（第 232 页），《卓尼版〈丹珠尔〉大藏经序目》译者记为康熙六十一年（1723），有误，应为康熙四十二年（癸未，1703），《卓尼县志》（1994）亦记载嘉样闹吾生于 1703 年。杨朝梁卒年参考《卓尼县志》（1994）（第 740 页），《卓尼县志》（1994）（第 741 页）记载杨威卒年为 1692 年，本书以《卓尼版〈丹珠尔〉大藏经序目》记载为准。杨昭生卒年份、杨声卒年、杨宗业生卒年份、杨宗基生卒年份参考《卓尼县志》（1994）（第 742 页）。阿旺成烈嘉措卒年参考《卓尼县志》（1994）（第 745 页），县志记为"阿旺赤勒嘉措"。洛桑丹贝嘉参，县志记为"洛桑丹贝坚参"，《卓尼县志》记载其生年为 1704 年，有误，本书从《卓尼版〈丹珠尔〉大藏经序目》（239 页）。

④ 马登昆、万玛多吉编撰：《甘南藏族部落概述》，第 269 页。

⑤ 同上。

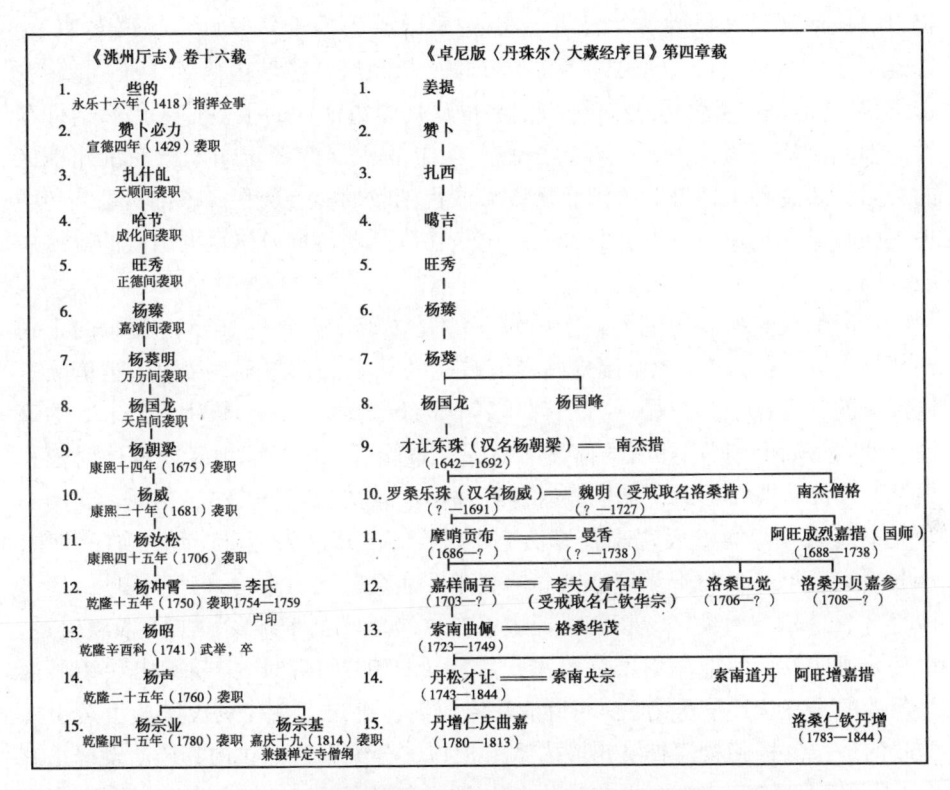

《洮州厅志》卷十六载	《卓尼版〈丹珠尔〉大藏经序目》第四章载
1. 些的 永乐十六年（1418）指挥佥事	1. 姜提
2. 赞卜必力 宣德四年（1429）袭职	2. 赞卜
3. 扎什凡 天顺间袭职	3. 扎西
4. 哈节 成化间袭职	4. 噶吉
5. 旺秀 正德间袭职	5. 旺秀
6. 杨臻 嘉靖间袭职	6. 杨臻
7. 杨葵明 万历间袭职	7. 杨葵
8. 杨国龙 天启间袭职	8. 杨国龙　　　杨国峰
9. 杨朝梁 康熙十四年（1675）袭职	9. 才让东珠（汉名杨朝梁）＝＝南杰措 （1642—1692）
10. 杨威 康熙二十年（1681）袭职	10. 罗桑乐珠（汉名杨威）＝＝魏明（受戒取名洛桑措）　　南杰僧格 （？—1691）　　　　　　　（？—1727）
11. 杨汝松 康熙四十五年（1706）袭职	11. 摩哨贡布＝＝曼香　　　阿旺成烈嘉措（国师） （1686—？）（？—1738）　　（1688—1738）
12. 杨冲霄＝＝李氏 乾隆十五年（1750）袭职 1754—1759 户印	12. 嘉祥闹吾＝＝李夫人看召草　　洛桑巴觉　　洛桑丹贝嘉参 （1703—？）（受戒取名仁钦华宗）（1706—？）（1708—？）
13. 杨昭 乾隆辛酉科（1741）武举，卒	13. 索南曲佩＝＝格桑华茂 （1723—1749）
14. 杨声 乾隆二十五年（1760）袭职	14. 丹松才让＝＝索南央宗　　索南道丹　　阿旺增嘉措 （1743—1844）
15. 杨宗业　　　杨宗基 乾隆四十五年（1780）袭职　嘉庆十九（1814）袭职 兼摄禅定寺僧纲	15. 丹增仁庆曲嘉　　　　　　　　　　洛桑仁钦丹增 （1780—1813）　　　　　　　　　　（1783—1844）

洮州卓尼杨土司 1—15 代世系

地），建于1295年。这座寺院的由来，与八思巴法王有关。八思巴法王应忽必烈之请赴京途经卓尼，看到这里风水很好，决定让随行弟子格西留下来修建寺院，因为当地有一种奇特的马尾松，于是把这座寺院取名为卓尼寺。姜提定居大告普之后，来到卓尼寺朝拜，信奉了萨迦派藏传佛教，于明永乐十六年（1418）赴京拜见皇帝，被封为武德将军、世袭指挥千司（佥事）。① 从此，姜提家族的历史成为洮州藏传佛教史的一部分。

姜提家族形成长子执政、其余弟弟研习佛法充任寺院高僧的基本家庭格局。赞卜的三个弟弟均出家为僧，其中一位弟弟到西藏求学，广拜名僧为师，研习二胜六庄严及宗喀巴师徒论著，精通显密。这位弟弟回到卓尼之后把卓尼寺改成了格鲁派寺院。正德三年（1508）八月，旺秀赴京朝贡，正德皇帝说："你在汉藏边界，做了饶益政教二业的好事，善哉！赐姓为杨改名杨洪，往后

---

① （清）久美昂波：《卓尼版〈丹珠尔〉大藏经序目》，第 203—206 页。

仍以妙法治理藏汉百姓。"① 于是，姜提家族成为杨土司家族。杨臻袭职后，修建了卓尼城池（今卓尼县城）。② 杨国龙袭职后，在城内修建了土司衙门，造佛像、佛经和佛塔。③ 明末清初，洮州及其周边地区的很多番人仍然信仰苯教。他们"皈依世间鬼神、喜欢把血肉当作祭品"④。杨土司家族在洮州地区的势力扩张过程，即是藏传佛教格鲁派取代苯教的社会历程。杨土司家族与中央王朝政府和洮州地方社会的关系，也是在洮州藏传佛教格鲁派历史的脉络中展开的。

在高僧久美昂波的笔下，着墨最多的是康熙十四年（1675）袭职的土司杨朝梁（才让东珠）。他坚定地站在清政府的立场，一方面率兵出剿策应吴三桂叛乱的甘肃长毛兵，另一方面弹压各自为治的生番使之成为"大皇帝的庶民百姓"，从而获得康熙帝的信任与倚重。难能可贵的是，他又能够适时停止兵戈，广修善业。据载，他四岁时拜经师学习藏文草字、楷书，精通天文历算等大小诸明，背诵《大悲观音修法》，供奉桑吉嘉措为上师，创建纳道寺⑤，于顺治十五年（1658）学习造纸和冶金术，用金汁亲自书写《八千颂》，请人抄写《甘珠尔》大藏经。杨朝梁征服术布（今临潭县术布乡）二十四族生番，将其分成四部，使他们信奉格鲁派。康熙十四年（1675）杨朝梁出兵镇压西北各地的吴三桂反清势力⑥，获得清政府册封，确定了清代杨氏家族世袭土司的政治地位。杨朝梁清查洮州境内番人户口，分编军营，建构其统治架构，有内七臣、四外臣、三管家，在洮州各处番人部落设立24名小头人，在各旗设立总管。⑦ 杨朝梁继续征服欧化、卡加六族、迭部沟部分地区，强力推广藏传佛教格鲁派，迎请本地赴拉萨研习佛法的宁古完代，奉为上师，尊称"古雅巴"。这位上师赴青海、拉萨深研密乘和因明，在达赖喇嘛和班禅额尔德尼面前聆听受教，建立了法缘，促使卓尼杨土司家族与卫藏格鲁派的关系日益密切。杨朝梁父子听习上师的显密二乘灌顶、传承和教戒，供养卓尼寺上座僧侣，用金银粉汁书写广、中、略三种版本的《波若经》，设百供、千供，勤做法事，在卓尼寺内建立药师佛、十六尊者及阿众佛的仪轨。上师去世后，杨朝

---

① （清）久美昂波：《卓尼版〈丹珠尔〉大藏经序目》，第206页。
② 同上书，第207页。
③ 同上书，第208页。
④ 同上书，第217页。
⑤ 原译文写为"创建了讷道寺"（第208页），其后所有译文又写作"纳道寺"，本书统一为"纳道寺"。
⑥ 有关这一历史事件的详细过程请参考《卓尼版〈丹珠尔〉大藏经序目》第四章。
⑦ 具体的地域名称请参见《卓尼版〈丹珠尔〉大藏经序目》第四章。

梁向卫藏两地的达赖、班禅二佛奉献贡物，向大小昭寺中的释迦牟尼佛进了千供，在哲蚌、色拉、噶丹三大寺供养斋茶和布施。① 仰赖于杨朝梁的独到见识和超人智慧，实现了卓尼杨土司家族在明清鼎革后的平稳过渡，通过获得清政府的册封，确定了清代番人杨氏家族在洮州世袭土司的政治地位。

杨朝梁之子杨威继续在洮州境内推广格鲁派，征服迭部沟未归化生番，编成各营，委派头人管理，在迭部各旗封头人、总管共 26 人。② 杨威强令车巴沟、申扎岗什、迭当等地番人放弃苯教信仰，在各寺法台前剃度出家，扩建录竹寺，新造佛塔和佛像，让这些人加入僧伽行列，重封治台，改宗格鲁派。杨威迎请青海河南蒙旗济侬亲王府上座哇索杰仲活佛阿旺贡却尼玛，向杰仲活佛献上马、牛、羊等贡品，造《丹珠尔》大藏经一套，布施供养耗费福德哈达 37 条，吉祥哈达 102 条，禅裙 50 件，块布 1000.5 匹，蒙靛 80 件，大布 30 方，绸子 34 卷，缎子 7.5 匹，付茶 100 块，白银 300 两，铜钱 105 串，黄金 10 两，牦牛、犏牛 10 头，骡子 3 匹，马 5 匹，80 腔羊肉，酿酒的青稞 30 石，大茶 100 包，酥油 1000 斤，食盐 80 斤。③

高僧久美昂波在撰写卓尼杨土司的家族经历时，注重撷取杨土司重视和学习汉文化的细节。卓尼杨土司修习汉文化的传统肇始于杨威的长子杨汝松（摩哨贡布）。④ 他 12 岁拜陇县高师傅为师学习汉文，从此开启了杨土司家族子弟延请汉人师傅教习的历史。康熙四十五年（1706），杨汝松袭职。康熙五十五年（1716），杨汝松延请东科尔活佛阿旺锁南加措传授显密二乘灌顶、传承及秘诀，土司和教民们纷纷献上金银、绸缎、牛马等无数贡品。康熙五十七年（1718）准噶尔军入侵西藏，杨汝松奉命率领 500 精兵守卫通天河一带，以防准军进犯内地。之后，杨汝松从扎西其大寺请来第一世嘉木样大师，极力侍奉，又请来色拉寺班智达洛桑京巴尊者，在路扎告地方新建一经堂，让尊者在此修行，并尊为根本师。尊者离开卓尼之后，杨汝松又从恰盖（今卓尼县恰盖乡）静修寺请来洛追嘉措尊者，顶礼供奉。洛追嘉措曾与卓尼寺法主一同去哲蚌寺郭芒扎仓经学院，在东珠嘉措上师尊前学习，后与夏琼寺、塔尔寺建立了法缘，又去拉卜楞寺在第一世嘉木样大师座前听习了《迷扎百法灌顶》及《怖畏金刚胜魔灌顶》。杨汝松又从理塘、北京、拉萨抄来《甘珠尔》蓝

---

① （清）久美昂波：《卓尼版〈丹珠尔〉大藏经序目》，第 208—216 页。
② 相关的具体地点和人名请参见《卓尼版〈丹珠尔〉大藏经序目》第四章。
③ （清）久美昂波：《卓尼版〈丹珠尔〉大藏经序目》，第 216—218 页。
④ "摩哨贡布"的名称，原译文并未全文统一，第 219 页内一处写为"摩哨贡布"，一处写为"摩哨贡保"，其后各处又统一写作"摩哨贡布"。本书统一为"摩哨贡布"。

本，并做校订和补充，从康熙六十年至雍正九年（1721—1731）最终刻成《甘珠尔》大藏经印版。① 可以说，杨土司家族在拥戴清政府统治的前提下，不断延请各处高僧，密切了他们与西藏、青海各大寺院的宗教关系，稳固了在洮州政教合一的权力格局。

久美昂波还注意到，在杨土司家族里有一套结构精密的成员体系，包括"言语清晰智慧高，世俗之典全通晓"的内外之臣；② 有"精通医典懂佛法，……医药理论无不精"的医生；③ 有"精通声明懂历算，书写熟练手又疾，言词清楚品行好"的秘书；④ 有"出身显贵品行好，坚持正义信佛法，体态长相很优美"的近侍和内臣；⑤ 有"习枪练武有本领，骑马胜似鸟雀飞，勇敢顽强意志坚"的军事首领；⑥ 有"继承先辈好传统，通晓典籍会佳肴，讲究清洁又忠心"的厨师；⑦ 有"正直聪明口齿清，准确表达他人意，稳重如实传音讯"的使者。⑧

久美昂波还精心刻画了历代土司的弟弟研习佛法的成就。杨汝松的弟弟在五六岁时由上座持律大师阿旺索南任亲教师，出家受戒，取法名为阿旺成烈嘉措，⑨ 后拜汉人罗先生学习汉文，又从眼藏哇长老精习藏文，一年之内就掌握了《四续部》仪轨、《护法经》和《法行次第》等，又跟经师贡却嘉措练习书法，去北京拜见康熙皇帝，受赐大国师金事、总尉、金印等。阿旺成烈嘉措回到卓尼后，开展了一系列佛教活动。⑩ 杨冲霄（嘉样闹吾）的二弟洛桑巴觉五六岁拜张大爷等精习汉文，⑪ 又拜土司的随从洛桑等为师，学习藏文，经常念诵大部分有关法事的经文，拜古雅修行师洛桑雅尔派为师，精习修辞学、韵

---

① （清）久美昂波：《卓尼版〈丹珠尔〉大藏经序目》，第219—226页。
② 同上书，第252页。
③ 同上。
④ 同上。
⑤ 同上。
⑥ 同上书，第253页。
⑦ 同上。
⑧ 同上。
⑨ 杨汝松（摩哨贡布）的弟弟之名"阿旺成烈嘉措"，原译文未能统一，第一处译为"次子名赤烈嘉措"（第219页），其后译文又写道："土司之弟阿旺成烈嘉措……出家受戒，取法名为阿旺成烈嘉措"（第228页），其后各处均采用"阿旺成烈嘉措"一名。全译文未见"赤烈嘉措"是取法名之前的名字的信息。本书一律采用"阿旺成烈嘉措"来指称杨汝松（摩哨贡布）的弟弟。
⑩ （清）久美昂波：《卓尼版〈丹珠尔〉大藏经序目》，第228页。
⑪ "洛桑巴觉"的名称，原译文未全文统一，一处记为"次子洛桑巴觉"（第232页），一处记为"二子洛桑华觉尔"（第239页），本书统一为"洛桑巴觉"。

律学、文法、正字等，又拜扎化奥色长老为师，学习历算。① 杨冲霄三弟的宗教成就和影响最大。他很小时就拜法主嘉样平措为师，剃度为僧，取法名洛桑丹贝嘉参；拜成来达吉长老为师，学习各种经文、修辞、正字，于色拉班智达处受沙弥戒，习密法口诀②；拜大善知识哲华夏智大师学习历算，精通四论。20岁时，迎请恰盖寺长老洛追嘉措为师，受比丘戒。其后，学习各种灌顶、加持。他在卓尼大寺密宗学院任讲经师时，以拉萨上密院为准则，每年举行八次法会，每天供五次茶饭，接受恰盖寺长老意见，讲授各种密乘经典。五六年之后，按照恰盖寺长老旨意，将卓尼大寺内的续部院与密宗院合并，委任讲经说法的上师。派使者前往卫藏，向班禅大师奉献贡品，班禅大师赐给"卓尼堪布"封诰，后又赐封为"卓尼诺门罕"，并赐大印。陇西府汉官发来邀请，洛桑丹贝嘉参率百余人到陇西停留几天，广开佛法大门，对一些患者作了驱邪法事，许多汉人纷纷献上贡品。③

历代杨土司的妻子数量不等，杨朝梁娶了八位名门望族女子为妻，杨冲霄娶了四位妻子。久美昂波只记载每位土司的正妻及其儿子的事迹。久美昂波着力描写历代土司正妻，尤其是那些汉人正妻信奉藏传佛教的活动与淑德。如杨威的正妻是出身于汉人豪门的女子魏明。她性格和蔼，精于政教二规，将佛宝奉为至宝，爱怜弱者，百姓们称她为阿婆，领受居士女戒律，五体守戒，取名为洛桑措④，平日里常诵《胜乐本续》《药师佛》《白伞盖母》《般若纲要》《度母》等经，出资维修许多佛殿，用猩红和墨缮写《甘珠尔》大藏经，亦参与丈夫召集头人们的政务讨论。⑤ 杨汝松的正妻曼香是蒙古阿拉善旗塔王摩达伊之女⑥，一位心直口快之人，信仰佛法，慷慨施舍，忌讳罪恶，爱怜百姓。在古雅修行师座前，与婆婆魏明一起受居士女戒律，每月初八、十五、三十等吉日闭斋守戒，在古雅上师处听习《度母》《般若经纲要》《白伞盖母》等经，在老管家处学习藏文，经常念诵《胜乐本续》《密宗事部三怙主经藏》《药师陀罗尼》《度母》《般若经纲要》《宗喀巴赞》等经，在卓尼寺修建顶髻

---

① （清）久美昂波：《卓尼版〈丹珠尔〉大藏经序目》，第239—241页。
② （清）久美昂波：《卓尼版〈丹珠尔〉大藏经序目》，第232页。原译文写作"洛桑旦贝嘉参"，其后各处译文又写作"洛桑丹贝嘉参"，本书统一为"洛桑丹贝嘉参"。
③ （清）久美昂波：《卓尼版〈丹珠尔〉大藏经序目》，第241—244页。
④ 魏明取戒名为"洛桑措"，原译文并未全文统一名称，一处译为"洛桑措"（第219页），一处又译为"洛桑草"（第227页）。本书统一为"洛桑措"。
⑤ （清）久美昂波：《卓尼版〈丹珠尔〉大藏经序目》，第219页。
⑥ 马登昆、万玛多吉编撰：《甘南藏族部落概述》，第275页。

尊胜佛母殿，创立尊胜佛母的仪轨，等等。① 杨冲霄的妻子李夫人（仁钦华宗）② 不仅代理了一段时间土司印信，而且有很大功绩。久美昂波对李夫人（仁钦华宗）做了很长篇幅的歌颂词句，说她经历了无数次的轮回才具有此生如此高贵的种姓和才貌，使未受教化的属民受到感化，让受到教化者安分守己，极力供养三宝，是一位伟大女性。她经常口诵《皈依经》《三聚经》《百绿度母》《密宗事部三怙主要义》《宗喀巴赞》等；每天磕头100次，绕寺巡礼转经，从不间断。每月初八日、十五日、三十日等吉日，坚持吃斋念佛，严守戒规。乾隆三十一年（丙戌，1766），李夫人（仁钦华宗）派使者邀请久美昂波前往卓尼，向土司祖孙和寺院中的上师等僧俗信徒讲授了密集、十一面观音、白伞盖母等的大灌顶和部分加被经，向久美昂波献了很多礼品；造起了三层金瓦屋顶的药师佛殿，并装有很多玻璃门窗，殿内塑有药师佛像和四大天王，作为供养。另用优秀缎子绣了一幅精美的宗喀巴大师巨像，承担了刊刻《丹珠尔》全部经版的重任，花了20年时间，白银13937两7钱7分，专门修建了经殿，将《丹珠尔》经版奉安在殿内，按续部仪轨分加行、正行和结行三个阶段进行了隆重的开光仪式；又献上了300两白银和鲜花，敬请久美昂波撰写了《丹珠尔》大藏经序目。③

久美昂波亦详细记载了杨土司家族为母亲超度亡灵的宗教礼仪。雍正五年（1727），魏明去世。④ 她的两个儿子杨汝松和阿旺成烈嘉措派使者去卫藏向达赖、班禅二佛及圣哲们祈愿回向，并向色拉、甘丹、哲蚌三大寺及上下二密院、扎什伦布等寺供养斋茶，奉献布施，以卓尼大寺为主请来的其他五寺的上师和僧徒，奉献了贡品，维修了弥勒佛殿，新建了录竹、纳道二寺的大经堂，新造各处佛像、佛经和佛塔，为恰盖和岔道尔二寺的经堂修了偏殿等，让卓尼大寺、岗梢、纳道、录竹、吐仓、岷州、岭赛等寺的法会讲说生圆二次第，分四阶段向僧会布施白银、哈达和茶饭。每年阴历七月初四向纳道寺奉献供养布

---

① （清）久美昂波：《卓尼版〈丹珠尔〉大藏经序目》，第227页。
② 仁钦华宗即《洮州丁氏族谱》中所载之"代管土务事杨李氏"，请见第四章《清代洮州的回民》。
③ （清）久美昂波：《卓尼版〈丹珠尔〉大藏经序目》，第245—271页。
④ 原译文为"羊年，土司母亲去世"（第230页）。该译文无法确定魏明何年去世。魏明次子阿旺成烈嘉措出生于1688年，魏明的长媳曼香去世于1738年，因此，魏明应在1688—1738年间去世。这50年间，共有三个藏历羊年，即水羊年（1703）、木羊年（1715）、火羊年（1727）。再，魏明去世时，其次子已晋见康熙皇帝而获得国师称号，其次子晋见康熙皇帝的年份在康熙五十五年（1716）（第221页），因为他在28岁就被封为国师，时人都称赞他"如此年轻，有这样广博的知识，确实稀奇"（第228页）。因此，魏明应在1727年去世。

施，阴历四月十五日向岗梢寺奉献供养布施，年年如此，从不间断。以消除罪孽为目的，坚持每年藏历四月严守三次八分斋，每逢黄道吉日仍然闭斋守戒，从不间断。①

久美昂波记载了雍正八年（1730）杨冲霄身患重病请僧人念经驱除病魔的经过。杨冲霄自己讽诵《长寿经》《白伞盖母陀罗尼》《长寿陀罗尼咒经》各千万遍，《甘珠尔》三遍，并做了施供灵品和施食等许多法事。在堂官导师的主持下，讲经院的五十余名僧人利用20天时间完成了马鸣金刚秘修，镇填了催破金刚秘咒瓶，仍不见效。故请恰盖佛作了《无量寿》《彩鹏》《马鸣密修》《护法消灾》等的加持，不久便解除了病魔。为了报答此恩，杨冲霄将自己的马、鞍、辔三者以及许多贡品一同献给恰盖佛，把恰盖佛奉为上师，唯命是从。②

乾隆三年（1738）正月初六日，曼香去世。③ 她的儿子杨冲霄为了超荐亡灵，请来大成就者恰盖佛念了七天的《开路经》《沐浴仪轨》《祈愿经》等。以大寺法台、卸任法台、噶然巴格西为主，将整个寺院的僧人请到土司衙门，从头七至五七念诵《四续部千颂》和《金刚大轮千颂》。另外还讽诵了《密集本续》《怖畏金刚续第七品》《离恶趣续》《解脱经》（全名《佛说大方广解脱忏悔梵行净罪成佛庄严经》）《佛万号经》等各100遍，《普贤菩萨行愿王经》（简称《普愿经》）《药师佛》《佛说文殊名号经》等各1000遍，《忏悔经》《三聚经》10000遍。将以金刚持俄然巴（密宗大师）、法台、堂官佛三人为首的千名僧人请到坟地施舍经书、金银、铜子等物。二月十二日举行大超荐法事，卓尼、月巴、岗梢、纳道、麻奴、车巴、迭当、录竹、日扎、恰盖、岔道尔等寺院，在各自法台和前任法台的带领下，共15000僧人聚集在大法会上迎请恰盖佛，作了纯净的祈愿回向。之后，杨冲霄向恰盖佛敬献了坐垫、金银、铜子、缎子、马、牛、羊等，折白银一千余两。恰盖佛除个别供养品外，大部分没有接受。杨冲霄又献《甘珠尔》大藏经一部，恰盖佛非常高兴。杨冲霄给法主俄然巴和法台、前任法台各献折银100两的礼品，向参加法会的僧众承侍供养，投放布施，共计花费砖茶300块，酥油3000斤，食盐135斤，白面205石，油籽100石，糌粑252石，全部折银三万余两。又念汉经，花白银三千余两。杨冲霄赴卫藏两地向达赖和班禅二佛还愿，并向各大寺院供养布施，

---

① （清）久美昂波：《卓尼版〈丹珠尔〉大藏经序目》，第230—231页。
② 同上书，第234页。
③ 原译文为"于土阳马（戊午年）正月初六去世"（第235页），衍一"阳"字，应为"土马（戊午年）正月初六去世"，即乾隆三年（戊午，1738）。

共费银一千余两，又树印有亿万句六字真言的嘛呢经轮，以报慈母养育之恩。①

乾隆三年（1738）藏历正月十九日，国师阿旺成烈嘉措坐化。之前，杨汝松领着三个儿子和头人们看望国师。国师坐化后，在杨汝松父子四人（包括杨冲霄、洛桑巴觉、卓尼寺堪布洛桑丹贝嘉参）的关照下，由卓尼寺续部院导师哲华夏智主持火化仪式，得到许多特别圣洁的舍利子，修建嵌有各种宝石的灵塔放置骨灰。超荐花费10000两白银，向恰盖佛、卓尼所属五寺的上师、法台和前任法台、噶然巴和然江巴格西、转世活佛、比丘、沙弥等万余人奉献了金银、牛马、绸缎等物，让其亡灵超度无漏界。

约在乾隆十九年（1754），杨冲霄病故。杨土司家族再次举行超荐法事，向达赖和班禅二佛献了回向礼，并向甘丹寺大法台嘉参桑盖和大活佛们献了供物，向卓尼五属寺和恰盖等大小寺院献贡布施，供斋饭，做了百供、千供。按照乡俗，还念了汉经，发愿回向。②

卓尼杨土司家族是洮州番人社会里最高等级的家族，集中了藏民家族的许多特征。从久美昂波的记载来看，杨土司家族在洮州地区推行格鲁派，与西藏、青海格鲁派高僧往来密切，接受历代中央政府的管辖和调遣，受明正德帝的赐姓改为汉姓，在历史进程中与汉人、蒙古人通婚，在清康熙年间开始积极学习汉文化，超荐法事亦诵汉经，促进汉、藏、蒙民族融合，为维护洮州边地社会稳定做出重要贡献。

二 拉卜楞寺的商业代理人

卓尼杨土司的家族历史是藏族上层人士融入主流社会的缩影，在稳固社会地位的努力中逐渐形成了杨土司控制卓尼藏民精神与世俗双重生活的家族模式。与之相比，藏民成子的家族史可以被看作普通藏民融入主流社会的显例。成子在旧城创办商号万盛西，使之成为清末旧城最大的商号，《临潭县志（1991—2006）》把万盛西列为1949年之前临潭县排名第一的著名商号。③ 成子进入以回汉士绅主导的旧城里定居并发展万盛西商号的经历乃至整个万盛西的兴衰历程，可以看到拉卜楞寺商业代理人家族的发展轨迹。1914年白朗的队伍掠取旧城，一把火烧夷万盛西。所有关于这个商号的文献资料随之销亡。1986年，成子的儿子，92岁的王佐卿回顾了祖父和父亲的历史，写成一篇

---

① （清）久美昂波：《卓尼版〈丹珠尔〉大藏经序目》，第235—238页。
② 同上书，第239页。
③ 临潭县志编纂委员会编：《临潭县志（1991—2006）》，第796页。

《万盛西的来龙去脉》。① 对于这个藏民家族的认识，主要基于王佐卿老人的忆述文章。

王佐卿对祖父和父亲的事迹了解，缘于他的阿妈。王佐卿小时候天天夜里围在阿妈身边，要求阿妈讲故事。阿妈没有念过书，没有什么故事可讲，只能讲阿爷和阿爸过去的事情。阿妈的记性很好，每天说也说不完。王佐卿的记性也很好，已是耄寿之期，思维仍然清晰。按照他自己的话来讲：

> 人的年纪大了，总常回忆年轻时代的事情，虽则如梦一样过去，但非常清晰、非常亲切，连往日的声音笑貌，都仿佛如在目前。人的形体虽然不断变化，但留在脑中的印象，过了几十年，依然奇妙的映现。我今年九十二岁了，回忆往事，历历在心，趁此闲暇无事，我把它记下来，遗留给后人，也当一种野史，去让后人知道先世的来龙去脉，雪泥鸿爪，非无益也。

如此看来，王佐卿老人具有回忆性质的文章是较为可信的。不过，王佐卿老人叙述事件的先后顺序有些颠倒，因此在转述之时需要把事件发生的先后顺序略做调整，据此推测的时间和情况采用"大约"表示，至于具体事件内容和说法则不作改动。

王佐卿的阿爷叫旺秀，是青海的游牧藏民，不知道是哪个帐房的。旺秀年轻时虔诚信仰佛教，跟上一帮人去青海塔尔寺朝佛，然后又跟一帮人去山西五台山朝佛。到了五台山一看，不是原以为的五个台，而是五个山头，每座山上都有寺院。他们一个山头一个山头去朝拜。头磕完了，一帮人分散，各走东西。就旺秀留在山上，帮寺院里的画匠做工，没有工钱，只管饭食。旺秀给画匠拾柴、挑水、烧水、洒扫。后来画匠让他调石灰，磨石头做颜料，熬胶刷底灰。一年之后，画匠师傅看旺秀做活儿细心，就让他学做粗活。老师傅先画一个佛爷的头像，让徒弟们照样画在墙上，然后再画佛爷的身子。旺秀把那些徒弟们画过的底稿收拾起来，好好保存。师傅们看他心灵手巧，就教他学画。又一年过去，师傅收他为徒弟，教他画画。旺秀就此学成了绘画手艺。五台山的这帮画匠师傅来自北京。他们画完五台山寺院之后又包揽了雍和宫的画活儿，要回北京，旺秀也跟着去了北京。画匠师傅在雍和宫的彩画快完工时，拉卜楞寺大活佛来到北京，朝廷把大活佛安置在雍和宫居住。大活佛见了雍和宫的彩画好，也想请画匠们去拉卜楞寺彩画大寺。师傅们知道路途太远，都不愿意

---

① 王佐卿：《万盛西的来龙去脉》（未刊稿），1984年，王佐卿后人收藏。

去。旺秀想回故乡，于是跟大活佛来到拉卜楞寺，成了拉卜楞寺的终身画匠。旺秀一个人在拉卜楞寺里外画了三年。画好之后，寺院开了一个庆祝大会，甘青草原各处各族民众来了一二十万人。后来，旺秀与地方上的藏族妇女结婚生下阿爸成子。成子15岁时，旺秀去世了。成子向拉卜楞寺报了丧，不久阿婆也去世了。成子成了一个无依无靠的孤儿。

成子的发家托福于父亲旺秀终身侍佛累积的功德。经邻居老人们介绍，15岁的成子去给一名商人当拉哇（长工），跟着商人赶上牦牛，驮了货物到草原上做生意。商人管吃穿，每月给成子三两银子的工钱。成子一干就是四五年。有一年成子和商人回到拉卜楞寺，住在花藏仓的院子里。人们在说着闲话，有人说："大寺的彩画太好了。"成子说："这是我阿爸画的。"这话传到管家的耳朵里，就叫成子去谈话，问来问去，弄清楚成子确是拉索（画匠）的后人。当时花藏仓是拉卜楞寺的大息哇（财政总管）。在拉索旺秀活着的时候，寺院认为拉索是画大寺的功臣，每念一次大经，开一次经堂门，都要给拉索一份子钱，每次250文。虽然拉索旺秀去世了，寺院并没有取消这份钱。管家把历年积存下来的两千多串钱给了成子。成子有了本钱，不再去当拉哇（长工）。他很感激商人把他引了四五年，教会他做生意。成子自己做生意，买了两头牦牛，办上货物，找了帮手，往来于草原，回来还住在花藏仓的院子里。草原上的人常常到拉卜楞寺念经，也有去花藏仓的，都知道成子是花藏仓的冲哇（商人）。花藏仓的管家也给草原上的人说："成子是我们的人，你们要保护他。"成子卖布不要尺子，总给买主量足布，还有余头。这样成子在草原上的生意就做开了。一次一次地添牦牛，雇的拉哇（长工）也多了。后来，一位青海草原上的王爷寄放了一袋银子等物品在成子的账房上，说要买东西。结果王爷因为其他事情，急忙赶回去了。成子生意做完了，王爷也没有来取。成子把这个皮袋带回拉卜楞寺，第二年春天又带到草原上，没见人来取，又放了一年。到了第三年，王爷才派人来，成子把皮袋原封送上。从此王爷与成子成了好朋友。草原上的人都把成子叫作"成子仓"。后来成子到了隆务寺，同隆务寺的藏族妇女春迈结婚了，共同在草原上做生意十多年。他们在拉卜楞寺下他哇租了一院房子，开了一间铺子，自己不再去草原了，派人去。

成子的进一步发达是与旧城联系在一起的。他遇到一个当年一起当拉哇（长工）的朋友，居住在卓尼杨土司刍力达加旗管辖的沙冒（今卓尼县完冒乡境内）①，成子就把家搬到了沙冒。成子看准哇寨（洮州旧城）是做生意的好地方，又把家向东迁到康木车（今卓尼县完冒乡境内），距离哇寨（洮州旧

---

① 卓尼县志编纂委员会编：《卓尼县志》，第92页。

城）30里。大约在同治六年（1867）洮州兵燹之后，时年不到35岁的成子到洮州旧城购买了一座四合院。上房三间成子住，下房手下人住，雇了一个老奶做饭看门。有一天，成子在房中吃饭，听见堂屋有响动，过去一看，是地基下陷了个坑。他想找点土把坑填上，详细一看，发现坑陷得很深，旁边还有空地方，土少了填不成。到了晚上点上灯笼再一看，土是松的，越踩越深，他用手摸出了一块元宝。成子不敢再往外取，从外面拿了几块板把地盖住，把门从外面锁上，不让人进去。到了晚上他进去摸，越摸越多的元宝。他仍不敢往外取，把东房收拾成客房，来了客人就在东房接待。成子从坑里面找出了两片铁，大约有六七寸高，四五寸宽，两片合在一起，上边是个老虎头，下边有文字，谁也不认识，成子就把它用红布包起来当财神，供奉在佛堂里。

得了这笔横财，成子准备在旧城再买一块地基盖新房。有人介绍西城门有块地基能盖三间铺面，同中言明地价300两白银，代书人写好契约，交了地价。过了半个月，地主请成子去，让他交清地价。为此双方吵了起来，地主人多，把成子捆起来打了一顿。成子叫家里人把地契取出来，请识字人一看，契约上写的是白银3000两地价。原来中间人、代书人串通好，欺负成子不识字。白纸黑字的契约在这里，成子打官司也没有用，只得补交了2700两白银才了结。成子为此事很多日都想不通。虽然他在生意场上认识很多人，但是在这件事情上没有什么好的主意可以帮成子。这件事情促使成子开始了人生的又一个计划。

成子结识一位北京药庄的商人。他给成子出主意，说朝廷有捐官的办法，交多少银子就给多大的官，只要捐上一个官就没人敢欺负了。成子想，银子很多也没有用处，不但产业保不住，恐怕连命都保不住，于是委托这名商人去办捐官之事，商量好给5000两白银的酬劳。这名商人买了麝香、鹿茸、当归、党参等药材去了北京，大约十个月之后回到旧城，给成子带来了一封吏部的札子（文凭），是用3000两银子捐的一个翰林院待召的七品官，2000两银子做了花销。成子赶忙派人去东街把贡生范玉麟老爷请来商量对策。范老爷给洮州厅同知叶克信大人（光绪元年至六年在任，1875—1880）写了一封信，连同吏部的札子一并送到新城洮州厅衙门。叶大人当即接见了送信人，约定日期派人来报喜。成子连忙请厨师准备酒席迎接。到了日期，洮州厅和洮岷协台衙门共派了40名骑兵，旗罗扇盖，锣鼓喧天进了旧城南门。成子家中当即鞭炮花烛迎接，地方绅耆也来帮忙，全城沸腾。成子筵席招待来客，准备了5—50两银子的红包40份，分职位发放，送客出门，然后又开筵席招待帮忙的人。从这天起，天天有人来恭喜，成子均酒席招待。又另起清真灶，成子请来回教厨师，杀羊宰牛，招待回教朋友，这样前前后后忙乎了一个月左右。从此，成子家就是官商门户，没有人再敢欺负成子了。因为捐官的原因，旺成子的名字不能再用。旺王同音，吏部赐名王廷臣。王家从此把藏族身份隐藏起来，但家中内里还保留着民族习惯。王廷臣不识一字，又不懂礼节，现在有了朝廷官员身份，为了更好地完成翰林院待召七品官的角色，还得学习各种礼仪。尤其到了腊月三十日五更，要去文武庙朝王见驾，行三跪九叩三呼万岁礼，一点也不能有差错；接见大官，和平行的官如洮州厅、洮岷协台、杨土司分别礼仪相见；再有小官来见也要以礼相待，不能失礼。于是，王廷臣聘请范玉麟老爷为老师，教学仪德，每年送银100两，三年为期。

王廷臣有钱有官了，但是家里人口太单薄。于是，王廷臣请范老爷出主意、想办法。范老爷主张联宗（俗称合户），把城乡内外四周20里以内的王姓都联合起来。由范老爷主持，成立联宗联络处，派了四个人四匹马，带上表格，向四路出发，去东南西北乡找王姓人家，宣传联宗的好处，请其入户。又派四人到城里城外找王姓人家，宣传入户。当时王廷臣有钱有官，谁不愿意入户呢？即使有考证的人家，二次三次地去请，也都同意入户。按照范老爷发出的表册，不分民族一律登记，各路办完，由范老爷亲自分析，重新造册。据说录毛尔庄的王姓是明朝李达西征时带来的兵丁，留下来屯田的，他们上交的屯粮要比民粮轻。于是，范老爷请录毛尔庄岁数最大的老年男性做户长，再请户族年长者讨论，按年龄大小次序分辈。解决了辈分问题，王廷臣开始设筵请客。每家大小一人不漏，今日请几家，明日请几家，按人口多寡、距离远近的顺序排列着请；再按辈分大小，各赠礼一份，给户长全套的贡缎老衣以及寿礼。连续忙了两个月，花了一万多两银子，办成了这桩大事，从此王氏成为洮州旧城地方上的大户。王廷臣夫妇在各家来人中悄悄拣了四个姑娘，留在家中，谁也不让知道，但暗中给每家一些银子，也不让她们的家人向外说。过了两三年，人们才知道这是王府的小姐。

王氏自从得了横财，捐了官，联了宗，人口也增加了，就买了城内西街的地开始盖新房。当初王廷臣准备盖楼房，范老爷不同意，认为建个公馆式的平房才好。在范老爷的指导下，从头门起，两层台阶进入前院，三层台阶进入内院，五层台阶进入上房。上房三大间，又高又大，前檐卷棚深八尺，正房深一丈四尺，两面各一间是住房，中间一间是堂屋，靠后墙佛龛深四尺，六扇花格子，中间两扇能开能关，内分两层，上层是四尺高的一位鎏金释迦牟尼佛像，下层是铁券财神，两面是画匠旺秀留下的佛像画稿，用两块木板夹在一起，有七八捆。正房前檐正中一面金字大匾是洮州厅同知叶克信写的"义输争先"四个大字。两面厢房向后退了几尺，前檐与上房边柱相齐，这样院子就更大了。东西上角两个小院，东面是厨房，西面是库房。过厅六大间，中间三间为客厅，一间书房，东边一间是内院门，连着大厨房，西边一间是食品库房，有小门通向厕所。过厅正门是一块立匾，范老爷写的"瀚墨贻诒"四个大字，蓝匾金字。头门对面是照壁，砖刻麒麟望月，两面是双斗祥，照壁贴在杨土司公馆的北墙。院内台阶是六七尺长的青石条，一色方砖铺地，房院是一色瓦房，走道是石块铺的路。住宅东面临街，是一排18间二层楼房铺面，西面是花园，大五间瓦楼，前宽后窄，额为"宁春园"。前门是五间过厅，花园距城墙还有两丈多远，有个大水坑，叫马道坑。花园前面有一场院，养两只马鹿及牛羊鸡鸭的场所，东房马厩也在这里。这所大院盖好后，王氏才真正把康木车的家搬过来，但还保留着康木车的房屋。

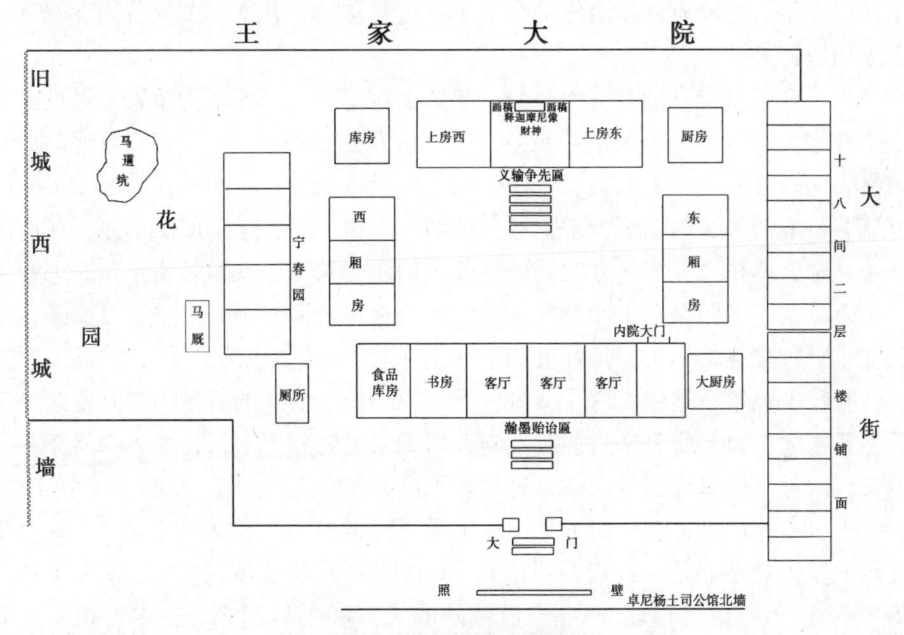

图 24　王家大院平面示意

资料来源：本图据《万盛西的来龙去脉》一文绘制。

王廷臣之后的生意越做越大，与一名古填（法师）有很大关系。王氏借此打通了洮州与蒙古之间的贸易往来。这名古填（法师）来自江口寺和康木车之间的下路村，最初在王氏家中干零活，如挑水、劈柴、喂鹿牛羊鸡鸭等，也不要工钱，干了两三个月。有一天王廷臣问他："你这名年轻轻的，才二十几岁，不念经，也不种田，你老了怎么办？"他说他会古填（法师）。王廷臣就让他发神，他手拿半截木棍，口中念念有词，一会儿一会儿不对了，面红耳赤，全身发抖，说："你们几月几日死了一头牛，冲了红煞，又几月几日动了土，伤了土地爷。"王廷臣听他讲的有门道，这些事情连日子都讲对了，因此很信任他。到了秋天，进京的喇嘛要起身了，王廷臣对古填（法师）说：

"我给你一些本钱,你去京里(蒙古的峰京点)碰碰运气吧。"于是,王廷臣为古填(法师)做一身大红缎子的法衣,给了两只骆驼,一个大铜水壶,两皮袋油炸干粮,就让他出发了。后来古填(法师)在外蒙古利用法术医好了一名王爷的半身不遂之症,王爷给了古填(法师)一个蒙古包,分给40只骆驼。古填(法师)在外蒙古的名声很大,生意也很好做了。冬天,古填(法师)回到旧城,带回28只骆驼,驮得满满的货物。他和王廷臣平分了这些东西,还给王氏带去了一架胜家公司缝衣机,一个洋戏(初发明的留声机)。从此,古填(法师)往来于外蒙古和洮州旧城之间,每隔两年回来一次,先到王廷臣家里,把所有货物金银平分一半。这样连续十几次,王氏获得七八万两之多的白银。

王氏在旧城设立的万盛西总号,聘请山西老商人王鉴车为总管,又设立了十个分号。旧城内一个当铺万盛当,一个估衣铺万盛恒,一个客栈万盛昌;在岷县大沟寨开了一个万盛通,专门收购当归运销四川、陕西;在成都设了一个万盛渊,专门办买哈达织锦缎,各色绸缎、金边毡帽,运销藏区草原;在咸阳开了一个万盛德,专门采办铁锅铁件及农田用的铁铧、铁锨等物;在三原开了一个万盛德,专门采办土布及其他线索之类;在泾阳开了一个皮坊万盛隆,把羔皮、野牲皮运去加工,销往北京、天津和上海;在松潘开了一个茶庄万盛裕,收购上色茶,运销青海、蒙古各处草原。拉卜楞寺的老号仍叫万盛西。王氏生意很大,每年每月来货源源不断,白天来驮骡三五十头,晚上来骆驼八九十头,两帮不能见面,见面就要打仗。因此政府规定骡子白天走,夜里休息;骆驼夜里走,白天休息,两不见面。王氏万盛西被时人称为"王百万"。至于洮州旧城内的德盛马(经理马明德)、义心公(经理敏步云)、复盛通(经理敏步洲)、万镒恒(经理曹斗南)、城外的天兴隆是后起之秀,迟得很了。城里外及附近四乡的人家,百分之八十都去草原上做生意,大多数是回教人。因为万盛西货多又杂,他们都是王氏的买主,一天往来的人不断。到了回教开斋的时候,王氏家里就不做饭。回民送来的油香糕和牛羊肉吃也吃不完。

洮州旧城是汉藏交易口岸,民族杂居,生意繁盛,百分之八十的人家都去草原上做生意,所以叫他们牛马商贩,是牲畜皮毛集散地。卓尼寺的骡马会吸引了各地的商贩,外国天津洋行也来收买羊毛,而且旧城不产粮,全靠外运。在如此兴盛的商业贸易环境中,王家成了各方人士借钱的对象。出外做小生意的人,或是去京里(外蒙)的喇嘛,都来找王廷臣要本钱,简直成了迷信,也成了风气。一般人就说,我要到哪里去做生意,求老太爷给我点本钱。老太爷也不问你姓啥,从身后的皮袋子里摸上一把,不管多少给你拿去,接了银子的人,回家用红布包好,缝上几针,塞在腰里,这就是本钱。有了王家的本钱，出门就会诸事顺利，平安回来。俗人和喇嘛都是如此。家中经常有人来还账，老太爷早忘了，凭他自己说某年某月某日大爷给的本钱多少，随便放下就可以了。老太爷看也不看，旁边有一个柜子，盖子是朝上的，到了晚上，阿妈把盖子一翻，全部抛在柜子里。第二天天亮时又把柜子里的银子装在老太爷身后的袋子里，随时供人借用，招财进宝。四乡农户人家有紧急用途时也向老太爷借银子，五两银子不记账，十两银子写张收条，50两以上立一张借约，都是凭自己来还，不派人去讨，没有利息，不来还的也不过问。这些与王总管无干，不是正式生意。老太爷过世时，阿妈把契约收条连同箱箱送到坟上，一火烧了。

　　光绪十四年（1888），长子王德俊（字秀山）出生。光绪十六年（1890），次子王德杰（汉三）出生。光绪二十一年（1895），三子王德才（字佐卿）出生。光绪二十四年（1898），四子王德名（字世卿）出生。王廷臣聘请了师傅高凤西在家中教育前三个儿子。高凤西（1872—1943）在《临潭县志》有传，初在家从医，后在羊化、汪怀等村设帐教学。① 在王家教育儿童应是高凤西早期设帐生涯之事。后来，王氏又聘请了汪少苏做老师。汪少苏的女儿嫁入敏步云家，汪氏与敏步云、敏翰章经常互通书信。② 据王佐卿说，父亲王廷臣曾把地坑里掏出来的两块铁片给高凤西和汪少苏两位先生看过，两位先生也不认识上面的文字，一个说是虎符，一个说是兵符。长子王秀山所娶之妻为新城晏家堡刘二爷的女儿刘梅花，即卓尼杨土司司令部参谋刘寿南的堂妹，刘寿南是卓尼杨积庆土司的舅父。因此，王氏与杨土司家族沾亲带故，按照亲戚往来走动着。至于王廷臣的四个女儿，大女儿嫁给了西街开药铺的周家，二女儿嫁给了资堡土司昝天锡，三女儿嫁给了五国爷大庙里的名中医周化南的儿子，四女儿嫁给了东城角的苏士撰。

　　王家大院有三个佣人，两个是厨房做饭的妇人，一个是专门打扫院子搞零活担水烧火的人；四个丫头，伺候老爷、太太和小姐们。每天早饭后，王廷臣就坐在书房里，叫王总管汇报，各处的来客由两个学徒往来招待。家庭教师住在院子里，由四个儿子轮流送饭。家里还有一个老奶妈，原是白石崖寺上的老尼姑，光绪三十二年（1906）在王家去世，活了102岁。还有一个四五十岁的范四，给王家喂大青骡子、赶轿车，往来于新城和卓尼。王家大院还养了两只马鹿、三头奶牛、四匹马、两头骡子、绵羊、猪、鸡、鸭，有专人喂养。

---

　　① 临潭县志编纂委员会编：《临潭县志》，第866页。
　　② 关于汪少苏与敏步云通家眷之事，现存多份信件能够证明这一点。汪氏与敏氏通信内容大多涉及汪氏为敏氏开具药方之事。

大约在1900年，王廷臣开始信仰道教。他拜临洮东山庙上的李乾一老道士为师。师傅已年过80岁，收王廷臣为俗家弟子，传授王廷臣坐功。王廷臣每天早晚在东上房里一个人静坐，派了一个妇人在院子里坐守，怕人进门高声喊叫。晚上内院大门上锁，外人无法进入，以求安静。老师傅每年四月来，在花园楼上住两个月再回去。宣统二年（1910）二月十九日夜，王廷臣去世。王氏举行了隆重的葬礼。当天家人收拾王廷臣上灵床，报丧，请工开穴打墓坑，第三天送殡埋葬，棺材是王廷臣75岁时就准备好的。王氏再请厨师办大厨房，又请回民厨师办清真灶，成立治丧处，分派各种事务总管，成立账务处，专管财务支出和丧礼收入。王氏派人去新城请举人宋育辰老爷，于头七点主（即红笔点神主牌位），又请四位秀才唱礼（夏玉、田杨作宾，其他两位忘了名），祭奠行盂洗礼。二七请麻尼寺活佛念经。三七请庵里牛和尚（牛广元）念经。四七请宋家庄马阴阳念经。五七是大七，请江口寺活佛、白石崖活佛、松巴寺活佛联合念经。七七是僧道阴阳秀才联合大祭。个个期上，远近各方吊奠来宾纷纷不断，酒席招待。在花园厅招待了河州马安良提督派来的官员，及洮岷协张协台派来吊孝的官员。七七结束后，请来兴隆山岳老道师徒16人，临洮东山李老师徒八人（李老道因年老未来），在西花园楼上设坛千百日大道场，在楼下办素食灶，大道场一毕，刚好百日。百日送灵这一天，全县及岷县、卓尼的人都来看热闹，王氏在门口设立了一个海孝处，凡到灵前点一炷香的，就给白孝布三尺五。这一天共用白土布60卷，每卷50匹。王氏此次丧费共花费10020两，收礼4000两。

宣统三年（1911），宁夏将军马福祥发出一个倡议，谁能备60匹马、招60个人带到宁夏，就给一个营官。大哥王秀山派人去青海草原乔禾选买了60匹马，配了60套鞍缠，招募了60个人，缝了60套衣服，带上去见马将军。马福祥很高兴，把王秀山编在照武军第三营任营长，驻扎在宁条梁。照武军司令是马福寿。王秀山在宁条梁当了两年多营长，后来不想干了，就把人马交给了马司令。

万盛西覆灭于1914年。这年农历五月初一，白朗农民军攻破旧城，城内房屋焚毁殆尽，万盛西的房屋也未能幸免。各商号自王鉴车总管以下连家人共六十多口，全部遇难。王佐卿和他的阿妈以及兄弟四人提前避难到康木车老家，躲过一劫。24岁的少掌柜王汉三是当时旧城民团的副团长，从北城墙跳下逃出城外。三天之后，马安良的西军精锐军打着国军旗号进驻旧城。马安良的营长是张顺元，让军队扎在万盛西院子的废墟中，掘地八尺，在西花园楼梯下，挖去元宝4000个，计白银100000两。万盛西就此一扫而光。外省、外县的各分号掌柜听见洮州全城焚毁，老号连人也没有了，不约而同席卷而逃。王总管没有了,各分号是什么人、哪里人,连名字都不知道。只有拉卜楞寺里的字号还在。王佐卿的阿妈把拉卜楞字号关了,收拾了 3000 两银子,用 1000 两安置了人员,2000 两在旧城内盖了房子安身活命。王廷臣在世的时候没有购置土地,万盛西就此结束,留下了一个在地方上念念不忘的名声。

据王佐卿老人的回忆文章来看,王氏祖、父两代依托于藏传佛教格鲁派和拉卜楞寺得以生存与发展。旺秀在拉卜楞寺积累的功德以财富的形式传之于儿子成子,成子也在拉卜楞寺的帮助和庇护之下经商于青海草原地区。成子向旧城迁移的历程,正是同治兵燹之后洮州社会经济的复苏阶段。成子在洮州旧城的成功经营,除了自身的努力和天赐的机缘外,也说明以草原游牧经济为背景的格鲁派宗教势力在旧城的商业代理人依然实力强大。定居旧城后,成子家庭汉化为王氏家族,与军屯户联宗,以地方士人为谋士,聘山西商人做掌柜,主动融入王朝礼仪与地方上层社会之中。王廷臣选喇嘛为重点资助对象,开拓了一条洮州旧城与外蒙的商业贸易路线。万盛西各商号把农耕地区和游牧地区联结在一起。与此同时,也带动了光绪年间洮州旧城的商业繁荣。王廷臣向地方社会无偿融资,其后,旧城各家商号特别是回民商号纷纷兴起。王氏家族的婚姻主要联络汉藏民族,丧葬礼仪更是融合了汉藏两族的各种宗教传统。甚为可惜的是,王氏家族太过依赖山西商人掌柜,其后人未能及时学习经营技能并成功继承家业。这也是万盛西一朝覆灭的主要原因。随着万盛西的终结,藏人在洮州的传统商业优势地位被摧毁,王氏后裔亦未能再依托拉卜楞寺重振家业,加之卓尼杨土司的禅定寺骡马会不久亦被旧城回汉士绅争取到旧城,藏人在洮州的商业势力被进一步被削弱。同日而论,西北马安良军就此强大,旧城的回民家族趁此获得商业成长空间,成为洮州市场的主导力量。

三 汉化的家族形态

洮州藏民深受汉人影响,还有很多例子显现出他们的家族形态朝汉化方向发展。比如,北距旧城十里之地的"卓洛",其汉语意思为"平川里的松树",① 是藏民聚居之地,居住着明代以来的卓洛僧纲部落。20 世纪 90 年代,甘南藏族自治州州志办的工作人员见到了民国年间修成的卓洛都纲"杨氏门十三代先远宗亲神王"挂普(谱),此谱由汉文写成,首写"勋门宗派,永言孝思当不愧忠贞友弟,垂裕俊昆始堪为世胄簪缨",下列历代祖先考妣的神主,第一位为"皇清特授世袭都纲先考讳世杰府君神王",再下为 37 位各代考妣神主,最后三位为"前清诰授武德骑尉先考讳全德神王、前清貤封宜人

---

① 临潭县志编纂委员会编:《临潭县志》,第 80 页。

耆寿先妣王氏神王、前清应赠孺人艾寿先妣王氏神王",最后写有"朝祀俨然,念前人之功无废丞尝词枪,入世禄之庙当思祖考高曾"。① 这些抄录文字虽存在一些谬误,如"丞尝词枪"不通,但是已经足够说明"孝"的观念、"宗派"宗法制度和祭祀祖先的汉人礼仪渗透到番人上层社会家族的事实。

另一个例子是下尕路村的侯氏家族。下尕路村(方音"哈尕路")位于临潭县东部的陈旗乡境内,因下尕路山而得名。村庄坐落在下尕路山山顶,距离陈旗乡政府所在地王旗村二十余里,其中有五里多的山路极其陡峭,使这里成为外人罕至的地方。据当地村民讲,这里曾是侯家寺僧纲司的势力范围。②从王旗村到达下尕路村,要经过口子村、岳家磨、马旗和陈家庄四个汉族自然村,因此陈旗乡人形容下尕路村是"被汉族村包围了"。2002年,下尕路村有58户,其中藏族50户,汉族8户,后有8户人家迁往酒泉和玉门。至2006年9月,下尕路村共50户,其中藏族44户,均为侯姓,汉族6户,均为毛姓。侯姓又分为上、下侯家。上侯家入驻下尕路村的时间最早。关于他们的祖先背景有两种传说:一说为上侯家人在元朝时就迁移到这一带地区,先落脚在陈家庄,因陈家庄庄土温润不能够适应,就迁移到平坝,后来定居在下尕路山上;还有一种说法是,上侯家人的先祖是明代永乐时期的侯显。③ 下侯家的祖先记忆是空白的。村里的公共事务均由上侯家来决定。每年的小清明,上、下侯家的成年男子一起去流顺川侯家寺的姜平沟(音)祭拜上侯家的官坟,上、下侯家共享同一个堂号——百忍堂。④ 2006年10月,上、下侯家44户集资在下尕路山山崖的敞阔处复建了祠堂。据上侯家老人讲,这座祠堂也是他们的经堂,在1949年以前,侯家人有送儿子去侯家寺做僧人的家族传统,每年经堂念经都由侯家寺的僧人来念;1949年之后,这个家族传统就中断了,现在侯家没有人再做僧人了。复建的祠堂占地约15平方米,北、西、东三面为砖墙,南面是一扇双开木门,其形制与明代军堡墙上的角庙相仿。主持复建侯家祠堂的是上侯家的族长侯世俊,出身于世传画匠之家。现在,他的长子和孙子长年行走于甘南山区,为藏族家户描绘经堂。侯氏祠堂的木椽、门楣和接门处由侯世俊的儿孙绘以藏式祥云和莲花,色彩鲜艳夺目。侯世俊认为,这种装饰意在

---

① 马登昆、万玛多吉编撰:《甘南藏族部落》,第158—160页。
② 访谈对象:陈旗乡下尕路村侯世明(男,54岁)、侯世俊(男,62岁)、侯成吉(男,侯世俊次子,38岁);访谈地点:侯世俊家;访谈时间:2006年10月8日—10日。
③ 访谈对象:陈旗乡下尕路村侯世明(男,54岁)、侯世俊(男,62岁)、侯成吉(男,侯世俊次子,38岁);访谈地点:侯世俊家;访谈时间:2006年10月8日—10日。
④ 访谈对象:陈旗乡下尕路村侯世明(男,54岁)、侯世俊(男,62岁)、侯成吉(男,侯世俊次子,38岁);访谈地点:侯世俊家;访谈时间:2006年10月8日—10日。

强调侯家祠堂与汉人神祖堂的区别。

图 25　侯家祠堂
坐落在村庄尽头、立于山崖边缘的侯家祠堂。

第三节　回民家族

回民家族是临潭地方社会结构中的重要组成部分。1907 年洮州汉人 40920 人，回民 10683 人，汉回人口比例为 3.8∶1。[①] 1944 年临潭县全县男女人口共 46254 人，其中回民男子 2877，女子 2689。[②] 与 1907 年洮州人口相比，临潭回民人口减少了 5117 人。2000 年，临潭县共 141030 人，其中汉族 99887 人，回族 22245 人[③]，汉回人口比例为 4.5∶1。

---

① （清）张彦笃、包永昌修纂：《洮州厅志》卷四，赋役，光绪三十三年（1907）。
② 宋予才：《甘肃省临潭县志》，1944 年，甘肃省图书馆藏，索取号：671.65/137.86。
③ 临潭县志编纂委员会：《临潭县志》（1991—2006），第 92 页。

一 穿梭于农牧区的商号

洮州回民家族以善于经商而闻名。清末民国,旧城回民绅商组织民团和商会,出现了60户至70户回民商号,形成了以牛马贸易为主的"牛马贩子"和以驮盐为主的"牛帮驮队",穿梭在汉藏之间。据现在的老人回忆,由洮州旧城输入藏区的货物称为"上番货",如绸缎、大茶、土碱、布匹、铜锅、瓷碗、棉布、绒衣、大米、白面、清油、冰糖、红糖、白糖、黄金、白银;由藏区输入洮州旧城的商品成为"下番货",如马、牛、羊及其皮毛、鹿茸、麝香、牛黄、贝母、大黄、藏红花。牛马贩子的商路共有七条,其中一条为西南方向的商路,又分为多条分路:旧城→碌曲→(折向东南)迭部(上迭、下迭)→沿白龙江流域→舟曲(西固)→武都→文县→四川等地;郎木寺折西南→或四川若尔盖或玛曲→四川甘孜→进果洛(圆朵脑)达日→称多→青海玉树→囊谦;称多→四川石渠;囊谦→西藏类乌齐→昌都等地区;昌都向西→丁青→巴青→索县→那曲→当雄→拉萨;拉萨→拉孜→定日→聂拉木→尼泊尔→印度。1939年洮州全年输出牲畜6000多头,各类兽皮22800张,羊毛20000斤,木材150000根。旧城的贩盐驮队有70多家,驮牛15000多头,供乘骑的马有200至600匹,藏獒有100只左右,每年到青海的茶卡盐湖驮两次盐。去时,驮着各类"上货"(即上番货);回来时,驮着食盐。牛帮驮队的路线有"夏""冬"之别。夏季(六月十五至八月底)路线为:旧城→斜藏沟→沙冒→多花儿→博拉扎沙→桑科→保安西面的那哈差纳哈→贵德浮桥→红柳沟→上塬台→青海湖→茶卡盐湖。原路返回。冬季(十月至次年正月十五)路线为:旧城→沙冒→博拉寺院→阿木去乎寺院→达采寺院→科采寺院→胡儿第苍→漏苍→塔尔秀贡巴→尕加达苍→个儿马阳群(从此处过黄河冰桥)→阿苏乎云→尕务路小寺院→青海湖→茶卡盐湖。原路返回。每年运回旧城的食盐达1000000斤。这些食盐在旧城中转,由"脚户骡子"客和舟曲、文县、礼县一带的"背子手"贩运到岷县、宕昌、武都、礼县、舟曲、文县等地。这些客商再从四川运回布匹、线、竹器、颜料,从武都运回铧,从陕西运回"杠铃"(老牛车所用的铁铃或系在牛项的铁铃)、马镫等。牛马贩子和牛帮驮队出发之前,都要宴请阿訇念《古兰经》,祈求真主襄助,一路平安顺利。[①]

由此,洮州旧城形成了数十家著名的回商商号:

[①] 该项口述资料由临潭县史志办于2007—2009年调查收集所得。

表 3　　　　　　　　　　1949 年之前临潭旧城回民著名商号一览

商号	地址	主要经营范围	流动资本	经理
义心公	旧城	茶叶、木材、钱庄、牛马	10 万银圆	敏步云
福盛通	旧城	药材、皮毛、民族用品、牛马	8 万银圆	敏步洲
德胜马	旧城	药材、绸缎、土布、皮毛		马明德
天兴隆	旧城	药材、绸缎、皮毛、牛马		马寿山
乾元商行	旧城	皮毛	5 万银圆	肖子明
裕中商行	旧城	皮毛	3 万银圆	张希孔
强华商行	旧城	皮毛	3 万银圆	苏祖亭
永泰和	旧城	民族用品、皮毛、药材	10 万银圆	丁乾三
永盛西	旧城	杂货	0.8 万银圆	张耀南
福盛德	旧城	布匹	0.8 万银圆	华海丞
瑞华兴	旧城	布匹	0.8 万银圆	丁维兴
永兴泰	旧城	杂货	1 万银圆	马德和
金兴店	旧城	杂货	1 万银圆	
福盛店	旧城	布匹	0.3 万银圆	鲜文秀
俊德盛	旧城	皮毛、民族用品	5 万银圆	丁永福、丁士俊
长盛店	旧城	药材、旅店		马玉庆、马天恩
德盛店	旧城	皮毛、旅店		苏秋江
张德林	旧城	杂货	0.5 万银圆	
丁永贞	旧城	皮毛	1 万银圆	
丁念祖	旧城	皮毛	0.5 万银圆	
张义生	旧城	杂货	2 万银圆	

资料来源：临潭县史志办于 2007—2009 年调查收集所得。

二　有限责任制的福盛通

旧城回民第二大商号福盛通留有一本分家底账簿和一本银钱底账簿，显现出敏步州家庭财产的构成形态。更重要的是，它们揭示了回民商人家族以"有限责任"方式经营商号的内在机制。敏步州有五个儿子。光绪三十一年（1905），敏步州主持分家，家产分为五股，每股财产由房屋铺面、土地、家庭器物家具、经营性公共产业、现银和分账行银六部分组成。敏步州以账本的形式把各股财产一一罗列出来，其封面上书"吉占荆树　光绪三十一年岁在乙巳乔月吉日　均分房屋铺面地土器具底账"。封面"荆树"和"底账"两处盖有"仙桥"红印章，底账册内各页接缝之处均盖有"仙桥"红印章。

在分家的财产物件中，长子全喜分得：（1）房屋铺面"老座房半面场半所、西城门铺面二间大树根的、中间的；城内西街靠北哈店半院，坐西向东铺面四间半买下丁三七的；城壕你店一座照以三股均分，全喜、禄、祥，敏六八子典业"；（2）土地二十六处共下籽113.5斗（具体地段此处省略）。"共买业地土11石3斗，典业5斗，共11石8斗5升，共28段。"其中，典业5斗的土地记载为"干你你地一段由整是的典业，典价银六两正，下籽五斗"；（3）家具器物"大铜罐一个；红铜茶壶一把；铜盆子一个；大锅炉一个；铜镜子一个；半大铜罐一个；小铜罐三个；铜锅瓶一个；铜灯台一把；小铜火盆一个；红铜罗罗子一个；窝匕镜一个；玻璃灯一对；朱砂小瓶一个；小挂镜子一个；坐灯一对；寨毛床毯子一个；红沙鱼皮大缠鞍子一副；镀金的番鞍一盘；朱心氆氇褐衫一件"；（4）油房一座、磨一盘照以五股均分；（5）"着分现银550两正"；（6）"着分账行银450两正花名开列于后"。"以外，一付牛车车辆、农器、大小板柜、仓子、桌椅、板凳、立柜、门箱、碗盏、锅张各项零星等样全喜、全禄、全祥、七五四人未分，公中存用。又有大铜火盆一架重卅斤，大铜锅一口，天经一匣，毡条被窝褥子绳索一并在公。"敏氏分家底账的最后附有各房的"分账行银花名底册"，长子全喜的"分账行银花名底册"如下：

哈路跌	肖八个，阿舅，欠银一百三十二两八钱六。
	敏七六子、三乙子、四个子，父该的，欠银十六两六钱七。
新城	敏登云道舍，欠银三十四两五钱五。
	何福德、何七郎，欠银一百六十六两二钱五。
普账世	敏大个子、子元个，欠银七两四钱六。
	张福彭、子个儿哥，欠银七两五钱七。
左拉	马四七兄、儿马乡约的哥哥，欠银十两三钱九。
上河滩	敏六七子，欠银三两八钱三。
江缠	茶松巴番子，欠银二两三钱五。
大字石沟	你桑借，欠银七两七钱立借约一件。
	马志禄，欠银六两六钱四。
古城	王九个，欠银二两八钱。
	马连喜，欠银六十两九钱八立欠约一件。父该的。
	王二郎保，欠银十两四钱三。
长川	丁石匠毛儿个，欠银六两六分九。
	牛新祖成儿，欠银一两二钱五。

录角　　　杨崦卜，欠银五两九钱九。
以上共十七名。
以上共着账行银四百八十四两四钱整。

三子全祥分得：（1）房屋铺面"西门外河西后店一处此二处分搭下坐房的，对坡底下房屋一院囊卜商三的；城内坐北向南铺面二间；马道巷口坐南向北铺面楼子一处；城壕你店一座照以三股均分，全喜、禄、祥，敏六八子的典业"；（2）土地27处共下籽110.9斗（具体地段此处省略）"共买业地土11石6斗，典业3斗，共11石9斗，共27段"；（3）家具器物"大铜罐一个；铜火锅子一个；铜盆子一个；大铜炉一个；自鸣钟一架；半大铜罐一个；小铜罐三个；小铜火盆一个；铜汤瓶一个；红铜罗锅一个；铜灯台一个；穿衣镜一个；坐灯一对；鸿廷佐竹子四吊子一付；黑沙鱼皮大缠鞍一付；番鞍一盘老鞍子；番枪一杆"；（4）经营性公共产业"油房一座、磨一盘照以五股均分"；（5）现金"着分现银五百五十两正"；（6）"着分账行银四百五十两正花名开列于后"。三子全祥的"分账行银花名底册"如下：

　　　　　　蒋六二，欠银二百四十七两四钱二。
密勒什　　豆娄哇番子，欠银二十八两。
哈路跌　　肖四九儿，父该下的，欠银五十七两七钱五。
　　　　　　马四八子，姑夫，欠银五十九两七钱三立欠约一张。
勺洛　　　敏三七儿，木匠，欠银五两五钱。
　　　　　　敏羊个儿，欠银二两五钱三。
买务　　　我称番子，欠银四两九钱五。
　　　　　　张金哇，父该下的，欠银六两五钱。
教场　　　马而卜、子奋而卜，欠银三两五钱六。
勺洛　　　敏麻什个、孙由哇子，欠银五两三钱七。
干你　　　张怒工火、儿大多恼怒火儿，欠银八两五钱六。
新城　　　丁实、儿密子，欠银五两。
勺洛　　　马完哈，阿舅，欠银一两零钱五。
　　　　　　袁迎山，乡约，欠银一两七钱。
交口　　　敏喜儿个子，鞋匠，欠银五两四钱八。
　　　　　　张由匕，阿洪，阿爷该下的，欠银六两九钱一。
申赃　　　丁四三子，欠银八两三钱四。
　　　　　　马三乙而买，阿舅该下的，欠银七两一钱三。

新城	马三八子，欠银一两八钱。
长川	丁主麻子，欠银一两三钱八。
	雷甲个，木匠，欠银一两八钱三。
	以上共分账行银四百七十一两正。共二十一名。

长子全喜、三子全祥所分得的缠鞍、马鞍、番鞍以及番枪，说明敏氏经常往来于藏区。敏氏的公共经营性产业为油房和磨坊。敏氏还经营着银钱放贷业务，账本数字采用苏州码记账，藏、汉、回民均向敏氏借贷，范围遍及新城、旧城以及卓尼的录角、江缠等地。一些欠款人在偿还其父亲或祖父的欠款，比如阿洪（訇）张由乜所欠之银六两九钱一分，是他祖父欠下的，现在由他来偿还，再如肖四九二所欠之银五十七两七钱五分，是他父亲欠下的，现在由他来偿还。"父债子还"的传统使得敏氏重视借款人的父子关系，有时要把借款人的儿子、孙子名字一并写入账册，将来当父亲无力还款时，敏氏可向其子孙追讨债务。借款人的身份有阿訇、乡约、木匠、石匠、鞋匠，等等。借贷金额数目最大的有二百四十七两余，金额最小的为一两零五分。38 份借贷关系中仅有三件立有借约，立约人既有敏氏的亲戚"姑夫"，又有其他回民和藏民，表明敏氏的熟人借贷情况较多，主要依赖人际关系和个人信用做担保。敏氏经营获利之后大加购买土地房屋。这些土地房屋最后成为固定资产出现在分家单上。据现在的老人讲述，私人钱庄是随着牛帮马队和单马客（即一人一马）的崛起而兴起的，私人钱庄被称为"放贩子"，借贷形式有借贷分利和合伙生意两种。① 因此，敏氏银钱借贷也应该包括这两种借贷形式。

敏氏福盛通商号虽有分家析产，但是不分散经营。敏步州让长子全喜和三子全祥合伙经营福盛通，这两兄弟分得的房屋铺面、土地、家具器物都归入福盛通商号账目之内。换言之，光绪三十一年（1905）敏氏分家，主要是让次子、四子和五子分得家产，从此他们不再参与经营福盛通商号。光绪三十四年（1908），福盛通"实存银钱底账"的封面有三排红方纸条帖在白封面上，红方字条上墨笔书写"古临潭城外福盛通宝号　大清光绪三十四年岁次戊申新正月吉立　□本项街市长实存银钱底账"。这份底账册只有全喜和全祥各自名下的财产，亦按照分家时的条目一一罗列出来。（1）房屋铺面一项，各自的与分家时所得是一样的；（2）土地一项，各自的与分家时所得亦是一样的；（3）家具器物，各自名下的物件与三年前分家时相比，有所不同。

全喜的家具器物为"大铜罐一个；半大子铜罐一个；小铜罐三个；大铜

---

① 该项口述资料由临潭县史志办于 2007—2009 年调查收集所得。

香炉一个；红铜茶壶一把；铜盆子一个；铜镜带架子一个；铜锡瓶一个；铜灯台一个；小铜火盆一个；双耳多子铜罗锅一口；七寸碟子八个；大窝匕镜一架；小挂镜子一个；玻璃方灯一对；古碗一个；朱砂小瓶子一个；坐灯一对；红沙鱼皮大缠鞍子一盘；镀金的番鞍子一盘；寨毛床毯子一个；大铜锅大铜火盆各一口照以四股均分；上房中间大床半面；上房开花秦桌一个；苏木红月桌一个；录心方桌一个；苏木红椅子一对；庙金新碗架一个；苏木红梧桐椅子一对；庙金小茶几子一个；录心子大炕桌子一对；苏木红小炕桌一个；苏木红门箱子一个；铁三叉一个；铁铜铜子两个；大录被盖床子一个；苏木红条子一条；苏木红林柜一对；苏木红被盖床子一个；苏木红条桌子一个；苏木红条板凳四个；麦子大柜两个；青禾大仓子一个；大小盖柜三个；苏木红大匕林柜两个；大按板一个；水弥盆子一个；兰花瓶四个；金边细花碟一个；兰花七寸碟子两个；金边细花碗八个；白氇氆被儿一床；铁深锅一口；大车轱辘一根；小车轱辘两根；柴车牌子二根；木岗一付；修绳一付；铜铃铛子一个；兰平绸皮袄一件；青咔喇马褂子一件；兰大绸衣裳一件；青羽绒褂子一件；青犏牛一条；青布褂子一件；品果录平绸衣裳一件；青宁绸大褂一件；平绸手道褂子一件；香色平绸架子一件；石头路足一个；风车半面；王臣源回条子一付；小平条子一个；铜香铜子两个；铁穿锅子一个；木梯盒子一个；红呲吸宜子一个；口台代哈提四个；天经四人在公"。

三子全祥名下的家具器物为"大铜罐一个；小铜罐三个；半大子铜罐一个；铜盆子一个；铜火锅子一个；铜锡瓶一个；铜灯台一个；小铜火盆一个；红铜罗锅一口；自鸣座钟一架；穿衣镜一架子；小褂子镜子一个；白小瓶子一个；座灯一对子；大铜锅一个；黑河鱼皮大缠鞍子一付；七寸碟子八个；大铜锅大铜火盆各着一口照以四股均分；苏木红小床两个；大红秦桌一个；大黑茶几子一个；录心方桌一个；苏木红椅子一对；黄板头两个；苏木红双头子银柜一个；庙金小茶几子一个；录心大炕桌子一个；苏木红小炕桌子一个；哈柜子一个；铁铣一张；苏木红林柜一对子；条白床一个；苏木红条桌子一个；青禾大柜三个；大按板一个；大红板箱两个；苏木红箱子两个；铁钴铜正子两个；小铜镜一个；花瓶代碗四个；茶樽子一十个；兰花寺碟子二个；金边子细碗八个；红羽绒被儿一床；油锅子一口；大车轱辘一根；小车轱辘两根；柴车牌子一根；板车牌子一根；田车牌子二根；木岗一付；修绳一付；铜铃铛子一个；花皮匕袄一件；兰宁绸开叉皮袄一件；灰色布衣裳一件；青羽绒棉褂子一件；次牛一条；兰摹本衣裳一件；红摹本褂子一件；红摹本褂子一件；红摹本架子一件；石头路足一个；风车半面；王臣源平条子两个；小平条子一个；并铁花盘子两个；铁三角子一个；铜大勺子一个；木梯盒子一个；红呲吸宜子一个；

口台代哈担三个；天经四人在公"。

以此"银钱底账"来看，全喜和全祥两人名下的房屋铺面、土地和家具器物是光绪三十四年（1908）福盛通商号的主要经营资产，两人各自的贵重衣物亦为商号应酬与交际之用，自鸣钟、穿衣镜等物件透射出敏氏追随时代生活潮流的风尚以及注重时间观念的商业习惯。如果福盛通商号遇有亏损，就会按照"银钱底账"册上的各类资产进行抵债。因此，福盛通商号即是今天有限责任公司的前身。临潭回民商人之所以能够发展壮大，逐渐成为汉藏之间重要的贸易中间人，与他们采用"有限责任"方式经营商号的运作方式有关。通过这个办法，回民商人既能避免因分家而带来商号析分、分散经营的弊端，又能避免商号被个人独断专行的危险。另外，回民商号还有一个独特的优势，经营者都信仰伊斯兰教，拥有同一部"天经"。这种特征决定了他们拥有大体一致的价值判断和行为取向，为两兄弟友好协商、共同经营商号提供了无形的保障。

三 回商家族儒化

洮州回商家族儒化的倾向非常明显。他们积极参与地方公共事务建设，在社会与时代需要的时候，参政议政，造福一方。其代表性家族即为旧城回民第一大商号义心公敏氏家族。敏辑五曾在同治元年（1862）担任胜保的幕友，协助清政府平定西北回民起事。敏辑五的长子敏步云为武庠生，是洮州地方秩序的维护者之一。据敏步云的行状《先伯子青公行述》记载，"时值番境不静，劫案迭生，商路中断，历任长官群感棘手。先伯目击梗阻情形，恐碍国课，于是毅然出任艰巨，联合熟番，协同宣导，不数月番氓感动，群盗敛迹，交通恢复，商民利便"。1914年白朗农民军离开临潭之后，"当是时也，秩序粗定，萑苻遍野，跳梁小丑蠢然思动。先伯时任商务会长，与地方当局熟筹深处，消患无形，阖境得免再罹水火。事定后联合绅商籴粮施振，妥议善后。县治乃复旧观"。敏步云督导子弟读书进取，其子敏士杰、其弟敏翰章及长子敏士彬均为庠生。敏翰章的经历也很典型。据《临潭敏倬丞先生行状》载，民国初年敏翰章担任精锐西军总统马安良（字翰如）① 的文案，"佐理文牍，筹划戎机"，后担任甘肃正宁县知事，因回避本省而被分发山东省清理各县积案，历时三四个月，往返二十几个县，平反冤狱多起。1918年，国民政府第二届国会成立，敏翰章被选为众议院议员，赴京就职。时甘肃地震成灾，敏翰

---

① 有关马安良的情况，请参见赵颂尧《马安良其人与民初的甘肃政争》，《西北民族学院学报》（哲学社会科学版）1989年第2期；师纶《西北马家军阀史》，甘肃人民出版社2006年版；宋仲福、邓慧君《甘肃通史》（中华民国卷），甘肃人民出版社2009年版。

章在北京召集同乡组织"陇右公赈会",向北京华洋义赈会呼吁赈灾,不数日募得资金和谷物若干,救活众多灾民。甘肃省长陈季侃向中央政府申请,向敏翰章颁发三等嘉禾奖章一枚。敏翰章任满议员之后,受马云亭聘请,任包头清源局局长。"包头为绥西重镇,崔符满地,商旅裹足,频年税收减色。君莅差伊始,协同该地军警当局,借着运筹,剿抚兼施,不数月匪患敉平,商运顿畅。君复约束司巡,严禁需索,商民称便。"两年后,敏翰章卸职回到临潭,休养身体。其时,甘肃省政府与各镇军阀发生矛盾,战事一触即发,"陆仙槎督军以君素孚乡望,请赴各镇调解疏通。君以桑梓谊重,不忍同室操戈,生灵涂炭,奔驰跋涉,舌敝唇焦,各镇亦感于君之诚恳,群嫌尽释,地方赖以保全"。其后,敏翰章任古浪县、镇番县县长,共一年有余。① 时武威县地震,县长殉职,地方无人主持。道尹马耀南请求敏翰章暂时代理县务,维持地方。敏翰章"目击劫后了遗颠沛,怜毅然出任艰巨。辑抚流亡,妥筹善后,露宿风餐,辛苦备尝,活人无算,地方咸称为万家生佛"。之后,敏翰章转任永昌县县长。1929 年,敏翰章胃病发作,到北京就医。当时因"马仲英事件",敏步云逃难四川,不幸患病客死异乡。家乡糜烂不可收拾的局面已令远在北京的敏翰章抑郁难过,突然传来哥哥敏步云的噩耗,敏翰章"悲痛交集,触发宿疾,卧床不起,弥留之际犹频呼阿兄阿兄不止",遂于 1931 年 8 月 27 日去世,享年 62 岁。是时,敏翰章的两个儿子因在四川,敏翰章"由津门天方教长及同乡戚遵照教典如例安葬于津门之西郊"。

洮州新城海氏也是回民家族的典型代表。1939 年,新城回民海镜清(1867—1942)回忆其祖父、父亲所讲之家史,开始整理追叙其家族历史,先后写成《依录亘古家传坟院册》和《依录亘古祭祀日期册》两份抄本。海氏家族历史的陈述是以海镜清的祖父海潮为起点的。据《依录亘古家传坟院册》载,海镜清的祖父海潮(?—1900),9 岁丧父,13 岁勉强执家。因勤奋经营,海潮当上了马牙行头,刚至年富力强之时,洮州陷入同治兵燹。身处乱世之中,凸显出海潮殊异的决断力和社会意志。海潮没有似他的同伴那样奔赴河州参加回民起事队伍,而是"固守焦土,日求升合充腹"。经过颓圮荒芜和焦灼饥饿的忍耐之后,海潮投入到社会重建的公共事务里。他在王喜科的携护之下,监造新城隍庙和文庙,监修南门河官店,维修莲峰书院,蒙洮州抚番厅同知陈台看重,"委设各义塾义学,并委充新城保甲局长,办理城防,查报叛业"。陈台给海潮所开店铺取名号,店号为"信义成",铺号为"潮发源"。立足于海潮勤奋经营的基础,其子海向瀛"贩卖牛马,以资农家策用"。海向瀛

---

① 1926 年 5 月,镇番县绅民为敏翰章竖立一通德政碑,拓片见《临潭县志》(1991—2006)彩页。

一生里最为成功的抉择是"不惜血汗之资",延请名师手执四书五经教育海镜清。海镜清于光绪十三年(1887)以第一名的成绩考取廪生。之后,海镜清先当西宾教习,在马安良部下充军需官当书记长,征办南番。因为处理得当,海镜清"以优廪生保举,分省补用县丞,并赏戴蓝翎"。光绪二十一年(1895),河湟回民起事,河州马福禄奉陕甘总督杨昌浚之命成立"安宁营",海镜清"佐义子枪管带官马,剿办河湟大军务"。光绪二十四年(1898)随马福禄"简练军"驻防山海关、永平府和蓟州等地。光绪二十六年(1900)海镜清随军入京防卫,扈从慈禧太后到西安。因为迭次功劳,海镜清被保举为知府、盐运使衔,赏戴红顶花翎。民国建立,海镜清充任临潭县议员,后应凉州镇守使马廷勷之邀,充当纪室兼参谋。1914年海镜清回籍看望病中父亲,在临潭县充当城防官长,保卫桑梓,组织民壮。甘肃省都督张广建嘉奖海镜清"保卫桑梓"四字匾额。后又应甘州护军使马麟之邀,充当参谋长,查办甘州、肃州的税收,以接济军需粮饷,办理清乡,救活人命众多。

海镜清所撰《依录亘古祭祀日期册》,记录了海氏家族祭祀祖先的礼仪。海氏祖先去世之日称为"归真逝日",即忌日,需要诵经纪念超救,是为海氏家族的重要祭祀日期。海镜清记载了祖父母之前的列位祖先的"归真逝日":"正月初五日、五月初五日、八月十三日、九月初九日、十月十二日、十一月二十六日、十二月初七日"。据载,祖父海潮去世之前把子孙召集在床前安排家事,并预先"沐浴净身,接连跪诵天经三十本,按时拜真主"。当时海镜清尚在北京军营。海潮将头顶的发辫剃下来,用小囊装起来放在天经包袱之中,留待海镜清回乡后,见物即当见到祖父海潮。海潮还令海镜清看了之后不要痛哭,第二天就把头发埋在墓侧。海潮在预定归真当天(1900年4月19日)午时,"对清真寺众位西贤阿洪与二子和念临危开路天经",当时海镜清在西安军营。据海镜清说,其祖父去世头天晚上,他就在梦中得到了祖父道离别的话语,祖父去世当天,海镜清"在军营礼拜寺中念天经三十部,散财并与各阿洪、贫人赠送新旧衣服,预尽孝心"。1914年8月19日,父亲海向瀛不准许海镜清"延医煎药","于宰羊念开路经之三更时坐化,真诚超逝",享年八十余岁。海镜清把这一天定为纪念诵经日。他指出,诵经日是"孝老慈幼,友弟顾养,全家和睦,族亲亲邻之人,万不可遗忘"。海镜清的叔父于1921年10月10日归真,当日海氏族人要诵经纪念,认为"此是竭力耕田,孝奉双亲,成家立户之人,更不可忘"。海镜清的堂弟马利克、海镜明、海镜宝、海镜元并胞弟海镜蓉、四个侄子以及赘婿马承恩的归真日期虽不确切,但是都与1929年的旧城回民大劫难有关。因此,海镜清以7月9日作为"殉难日","记为归真逝世日期"。海镜清的三位堂弟妻海麻氏、海黎氏、海马氏,以及海镜清的续弦海马氏、海郭氏的殁忌日安排在每年 8 月 12 日诵经超救。海镜清继妻海李氏于 1934 年 4 月 19 日坐化，明白归真，埋葬在酒泉东关外穆民之南坟滩内，坟的表面用小杂色石盖满，作为后人纪念。由于海李氏侍奉海镜清超过 10 年，生有一女，海镜清要为海李氏"念经超救"。其他诸如海镜清的赘婿马某、胞姐、姑母、祖姑母、姑母归真日期和埋葬地点，海镜清一一记载，并在忌日"念经超救"。

洮州回民家族有机地融合了伊斯兰教文化与儒家文化。回民男子积极参加科举考试，成为地方社会的一支中坚力量。在祭祀祖先方面，他们接受儒家文化，如三周年祭，敏翰章与敏步云的行状就是在他们逝世三周年之际，由后人请地方名儒写作以资纪念。"孝悌"观念也深入回民家族生活与祭祀祖先的礼仪之中。文化融合造就了洮州回民家族坚韧的生命力。只要临潭恢复社会安定的局面，回民就会运用自己的勤劳和智慧，投入到农商兼营的经济生活中去，焕发出蓬勃生机。直到今天，居住在临潭的回民，农忙时务农，农闲时穿行于农区和牧区之间，主要以收购和贩卖毛皮、牲畜、药材为业，生活富足，仍然是当地商业发展的主导人群。

第四节 卓尼土族

卓尼县杓哇土族自治乡是甘肃省唯一一个土族自治乡，有 600—700 土族人。杓哇乡西距冶力关 40 里，下辖中旗和杓哇旗。中旗有扎子寺、扎古、洛巴三个行政村，以牧业为主，皆为土族；杓哇旗有石家族、初鹿族、喇叭族、光尕族四个行政村，属于典型的半农半牧经济类型，其中的石家族是土族和汉族混居密度最高的一座行政村，下辖四个自然村共计 65 户家庭。当地汉人把土族人称为"土虎家"。土族人拥有良好的语言天赋。他们在土族内部讲土语，与藏民交道时说藏话，进入汉族聚居区可以说流利的汉语。因此，土族与临潭汉藏民族关系密切。

表 4　　　　　　　　石家族土、汉两族村民结构

石家族的四个自然村	土族	汉族
里布湾村	7 户	无
大庄村	12 户	无
闹缠村（杓哇乡政府所在地）	5 户	22 户
地尕河村	17 户	2 户

资料来源：2006 年 6 月 29 日杓哇旗实地调查。

一 吐谷浑的后裔

学界普遍认为,杓哇乡土族人的祖先为吐谷浑。《卓尼县志》收录了一则广为流传的土族族源传说,是当地人群普遍认可的卓尼土族的历史:"据杓哇土族老人的传说,土族的故乡原在太阳出来的东方,远祖曾为当地的王子,生有两个儿子。他临终前将军队交给了大儿子,政权交给了小儿子。但在他死后,两个儿子争权夺利、互不团结,兄长便带着一批人马离开故乡,长途跋涉,来到了洮河边。在古临洮以上的地区全是土族的。那里有许多城堡和寺院。不知在哪一个朝代,土族中出了一名英雄,朝廷怕他们闹乱子,就把他杀害了,他的许多属民也都遭了殃。还斩断了土族的'山脉',从此土族就衰落下来,居民中的残部就避居在这山谷之中直到现在。卓尼土族的这一传说,与历代文献记载相吻合。距今约一千六百多年前的西晋永嘉末年,游牧在辽河流域的鲜卑族慕容部首领吐谷浑与其弟若洛廆不睦,率领一千七百帐人马向西迁徙,来至洮水流域建立了游牧政权。后建都伏俟城,号吐谷浑国。到唐龙朔三年(663),由于吐蕃王朝的不断进攻侵占,延续了三百五十年之久的吐谷浑国终于瓦解,部众四散,大部流散至河西一带。也有部分部落依附于吐蕃王朝,为其担负戍守边境之任务。县境内的杓哇土族就是其中之一部,原有三大部落,自称其为'霍尔'、'土呼家',后归卓尼土司辖属,编为上冶三旗。但经多年同化,仅余九族。1986 年经国务院批准成立了杓哇土族乡。"①

杓哇一名因之于杓哇寺。杓哇寺初建于 1685 年,康熙二十四年(1689)该寺归才旺敦珠②管辖,成为禅定寺的属寺,但禅定寺不派遣法台。③ 据杨朝梁在洮州不遗余力地推行格鲁派的情势来判断,大约从 1689 年开始杓哇土族人被强令改宗格鲁派。高僧久美昂波记载的雍正年间(1723—1735)土族人与卓尼杨土司的一场官司应是在这一教派改宗的历史背景里发生的事件。据载,勺(杓)哇的部落首领南拉秀、卢考嘉逃出卓尼,到陕西府呈文告状,表明想脱离此代土司(杨汝松)的统治、加入汉人管辖的意图。杨土司得知此事后,派部下到大小汉官处告状。"汉官们采纳了多方证词,细奏于皇帝,帝降旨:'南拉秀等人的呈文,纯是他们图谋反叛其土司的谎言,不可置信。从杨土司呈文来看,勺(杓)哇三族本属杨土司管辖。故将南拉秀及其家眷流放到三千里之外的地方。责令桑吉益西、卢考嘉等三年内不得回家,其他百

---

① 卓尼县志编纂委员会编:《卓尼县志》,第 165—166 页。
② 才旺敦珠,也记作才让东珠,是清代土司家族的重要奠基人杨朝梁。
③ 卓尼县志编纂委员会编:《卓尼县志》,第 663 页。

姓仍按先例统属于杨土司辖下。'此圣旨于乙卯年九月初三才收到，正值追荐雍正皇帝驾崩。土司请求大小汉官别将勺（朹）哇人流放外境，因而从罪恶中得以解脱，获准住在家乡。"① 这段记载表明，朹哇土族人曾尝试脱离杨土司的管辖但是没有成功。

朹哇旗石家族大庄村的石英老人是石家族的阿爷。"阿爷"是20世纪80年代以后土族乡民对乡老或头人的一种新称呼。石英的父亲本是汉人，通过入赘婚的形式定居石家族，石英就成了石家族人。由于石英的太爷②和大舅③都是朹哇寺赛佛爷④的管家，因此石英在石家族享有崇高的社会威望。据石英老人的讲述可以大致了解朹哇旗土族在清代民国时期的基本社会结构：朹哇旗的组织结构分为四个层级，总管—乡老—牌子—石尕；总管由卓尼杨土司委派，管理朹哇旗四个族的乡老；乡老是头人的别称，每个族的乡老等同于汉人家族中的族长，掌管一个族的对外事务和族内发生的官司、离婚等纠纷；牌子是乡老的随从，替乡老张罗事务、跑腿干活；一名乡老配两名牌子，负责联络乡亲；石尕是负责看护青苗的人，陪同乡老一起解决破坏青苗的纠纷，一名乡老配四名石尕。⑤

二　闹缠村的来历

众多汉人进入朹哇旗，是清代同治年间回民起事造成的。石英老人说，同治年间回民起事后，一批汉人从临夏逃来朹哇旗，其中的高姓人与石英的太爷关系好，太爷就留下了高姓人，让他们在朹哇寺近旁半里的地方定居下来，成为活佛的佃户，耕种赛佛爷和扎贡巴佛爷的土地，每亩土地每年向活佛上缴一斗粮。从此，汉人与土族人居住在一起。土族人把这块地方叫作"闹缠"，汉意为"活佛的土地"，这就是现在闹缠自然村的来历。在相当长的一段时间里，闹缠的汉人只给朹哇寺佛爷缴纳地租，不承担其他差役，周围的土族人为此很看不起闹缠汉人，不与闹缠汉人通婚。1950年土改后，闹缠村与大庄村合并为一个生产队。1958年朹哇旗取消了乡老制度。1978年土地包产到户，朹哇旗又恢复了乡老制度，只是"乡老"被改叫作"阿爷"。闹缠村的高姓长

---

① （清）久美昂波：《卓尼版〈丹珠尔〉大藏经序目》，第238页。
② 石英老人讲述的"他的太爷"，具体是指石英母亲的父亲。
③ 石英老人讲述的"他的大舅"，具体是指石英母亲的哥哥。
④ 即是朹哇寺的活佛。
⑤ 访谈对象：卓尼县朹哇乡朹哇旗石英（男，67岁）；第一次访谈地点：冶力关庙会；访谈时间：2006年6月26日。第二次访谈地点：石英老人家里；访谈时间：2006年6月29日。

辈高山乡、高刘山和高中找到石家族的阿爷石英，提出"我们住在土族人的地盘里，如果加入到石家族会里，会好看些"。石英召集里布湾村、大庄村和地尕河村的12位有名望的老人开会，讨论闹缠村汉人加入石家族一事。一些老人认为，"让闹缠村加入石家族无所谓，他们又不占地又不占草山，怎样都可以"，但是也有一些激进的说法，"闹缠村加入石家族以后，我们开会商议事情，他们只能站着，没有他们的座位，他们也不能发言"。石英拍板说："闹缠村加入石家族，我们石家族的势力就壮大了。"这样，闹缠村加入石家族，承担每年石家族祭蜡扎（山神）、杓哇寺念经和给石家族青苗会募捐会粮会费的义务，土族开始和闹缠村的汉族通婚了。①

第五节　社会情感

临潭积淀着明代洮州卫以来的深厚历史。这段历史交织着汉人、藏民、回民乃至土人的复杂关系，既有冲突，更有合作，促使多民族逐渐走向社会融合，形成了潜在的、稳定的社会情感。这种社会情感并非彰显于官修史书或者家藏的祖传文献中，它们超越了物质载体，真真实实地存活在世代洮州人的记忆、话语、故事、传说和行为里。如果停留在事物的表层，会感觉到临潭的民间故事和传说缺乏准确的时间定位和逻辑结构，存在人物与情节成分的虚构，然而在探求蕴含于其中的故事内核时往往会接触到源自真实历史与社会的表达，切实领悟到社会群体对过去历史的认知和对现实社会的解释。读书识字、写作阅读，这对一年四季辛勤劳作的广大西北民人而言遥不可及，但是，口耳相传的反复言说、认真聆听和积极创造的民间故事与传说，正是他们所擅长的。乡民们通过言语方式来表达社会情感、传承历史知识和道德观念。因此，民间故事与传说中积淀的社会情感，是临潭社会结构的重要组成部分，发挥着维系历史与现实的重要作用。

一　麻娘娘的故事

在临潭新城，广泛流传着"麻娘娘"的故事。据传说，李达有一个女儿，看起来长得很丑，满脸的麻子，外人都叫她作"麻娘娘"。其实，"麻娘娘"很漂亮，李达害怕她被选入皇宫，误了她的终身幸福，才想出一个办法，让女儿成天戴上麻脸面具，掩人耳目。一天早上"麻娘娘"开窗梳妆打扮，被一

---

① 访谈对象：卓尼县杓哇乡杓哇旗石英（男，67岁）；第一次访谈地点：冶力关庙会；访谈时间：2006年6月26日。第二次访谈地点：石英老人家里；访谈时间：2006年6月29日。

个到李达府上公办的朝廷命官发现了。他见这名女子长得花容月貌，便问是何人，李达勉强虚应，含糊搪塞。这位官员为了邀功请赏，便把李达有个漂亮女儿的事情告诉了皇宫选美之人。于是，李达不得不把女儿送入皇宫，选为仁宗（洪熙皇帝）的妃子。可惜，仁宗皇帝短寿，在位一年就驾崩了。有奸臣就说李妃命带丧门星，送了皇上的命。李妃百忧交集，更加思念故乡亲人，故请求回乡奉养双亲。李妃向朝廷申请免去洮州三年皇粮正税，允许洮州可以修建四合院，顶盖阴阳瓦、屋脊安吉兽、大门落三彩、悬倒提柱、门口蹲踞狮子；妇女可佩金带银、绾高髻、戴凤冠；丧葬可扎全副纸货、挂八吊穗或六吊穗、画龙凤棺、棺外带橄榇。洮州人民怀念这位有恩泽的"麻娘娘"，将她的故事世代流传下来。① 如果没有看过李达家族的《李氏家谱》，这个故事会显得荒诞不经。一旦翻阅《李氏家谱》，确知李达的三女儿实被选为仁宗皇妃。② 李达后裔李希贤认为，明朝时兴嫔妃、宫女殉葬制度，殉葬者家属称为"天女户"，有丰厚的优待。从明朝对"麻娘娘"家乡的照顾看，"麻娘娘"很可能殉了葬。③ 这则传说是以历史事实为本，它所表达的社会情感是：造福于地方社会的人，人民就应该怀念他（她）、纪念他（她）。

二 龙神的传说

清代乾隆以后，洮州青苗会每年都要组织新城龙神赛会，代代相沿，形成民俗。临潭各地的民人都能说上一点过去龙神赛会的情形：

> 新城龙神赛会分三天。第一天"跑佛爷"，各支龙神轿队从东门竞跑到城隍庙内；第二天"踩街"，各支龙神轿队在新城内各大街游行；第三天"上山"，各支龙神轿队到城外朵山禳雹。这是对明代将士攻城略地的一种重演。第一天，明军攻破城池占领元军设在新城的元帅府；第二天，明军在城里扬威安定民心；第三天，明军发现军情，番兵又攻到新城附近的朵山之下，于是大军挥师上朵山。④

---

① 临潭县志编纂委员会：《临潭县志》，第841—842页。
② 高谷撰《李都督墓志》亦载此事，见《洮州厅志》卷十五，艺文。
③ 李希贤、李春育：《临潭李氏文化》，《临潭文史资料选辑》（第七辑），1997年版，第275页。
④ 访谈对象：新城镇李春秀（男，72岁）；访谈地点：新城隍庙；访谈时间：2005年10月27日。陈建中、付中兴对新城赛会的传说亦有记载（陈建中、付中兴：《临潭县端午节迎神赛会之由来》，《洮州史丛》第2期）。

临潭各地有关龙神庙的传说总能与明代的卫所历史联系在一起。临潭东北角的八角乡庙花山龙神庙供奉常遇春，当地人称为"常爷老庙"。关于建庙的原因，当地人有这样的传说：

> 　　明洪武初年时，常遇春奉朱元璋之命，带兵征西。军队经过洮州时，在这里歇马休整。常遇春的部将说，"大将军，你既然经过这里，总要留下脚印。让以后驻守在这里的军兵也知道，你曾经来过里"。常遇春听后，便开弓向天空射出一箭。不想，这支箭就射在了庙花山上。军兵们都说，这里是常爷指定的地方，于是就在这里修建了常爷庙。①

　　与这个传说类型一致的，还有胡大海庙。在临潭，胡大海有三座庙。第一座庙在羊永乡的太平寨，第二座庙在长川乡千家寨的鸡心山，第三座庙在新堡乡的青石山。太平寨青苗会的人说，胡大海在洮州的第一箭射在了长川乡的太平寨，所以这里修建了胡大海的庙。好多年之后，胡大海又给青苗会的会首托梦说要换个地方住，于是又射出一箭。青苗会的会首在千家寨的鸡心山上发现了胡大海射出的箭，因此这里也修建了胡大海的庙。至于后来怎样把胡大海庙选在了新堡乡的青石山，又出现了新的传说：

> 　　明末清初年间，太平寨的胡大海庙被贼偷了。贼把佛爷身上的袍子偷去，把佛爷塑身扔进了太平河里。天降大雨，胡大海佛爷的塑身就被水冲走，一路漂进洮河，然后被水冲到沙滩上，埋在新堡乡的瓦窑下。佛爷给新堡里的一位杨姓老人托梦，说："我的衣裳被贼偷去了，现在没有衣服和住处，你把我供奉下，我会保你一家平安。我是从太平被水淌下来的。"老人第二天就去了洮河岸边，果然看到胡大海佛爷的塑身，便拾起佛爷在青石山上搭了一个窝棚供起了佛爷，给佛爷穿了几件衣服，从那以后就盖了庙正式供奉胡大海佛爷。②

　　这类传说故事的核心是"射箭"，隐喻着洮州卫武力征伐番人的历史。随着太平寨部分军屯户向千家寨迁移，胡大海庙也随之迁移。太平寨、千家寨鸡

---

① 访谈对象：八角乡八角村石文祥（男，58岁）；访谈地点：石文祥车场的值班室；访谈时间：2006年7月1日。

② 访谈对象：流顺乡上寨村吴忠德（男，53岁）；访谈地点：吴忠德家；访谈时间：2006年6月21日。

心山和新堡乡青石山三处胡大海庙里分别供着不同数目的胡大海塑身：太平寨是一座，千家寨鸡心山是二座，新堡乡青石山是三座。当地人把这种现象解释为"一换二，二换三"，意思是说：把一个佛爷搬迁到另外一个地方，就要塑两座同样的佛爷像，再行搬迁的话，就要塑三座佛爷像。同样，常遇春在当地有着"一分九，九九八十一"的塑身像，即一个常爷塑像分为九个，九个再分，就是八十一处佛爷塑身。这些传说故事表达着同样的社会情感：明代著名将领的旧部官军开拓了洮州这片土地，后人理应立庙纪念这些著名将领。

临潭还流传着汉人与番人、土人、回民关系的种种故事。陈旗乡王旗村的王士英为军屯户后裔，他的祖父是民国时期王旗青苗会会首，王士英是2000年以来的王旗青苗会会首。据王士英讲，王旗青苗会供奉的龙神是赵德胜，享有"梁国公"封号。洮河对岸的卓尼县洮砚乡的藏族村民也信奉龙神赵德胜，其原因在于龙神赵德胜与瘟神赤沙温卜发生过激烈战斗，最终龙神赵德胜取得胜利，藏民也就随之信奉龙神赵德胜：

> 明朝洪武年间，龙神赵德胜有三个会，王旗是头会，马旗是二会，东、西石旗是三会。那时这里有一个陆坝村（音），这里的陆姓是藏人，从河州迁过来的。陆家供奉的是瘟神爷，瘟神爷名字叫赤沙温卜。赤沙温卜曾经和我们赵佛爷打过一架，赵佛爷打不过他，因为赤沙温卜有人头素珠，很厉害。当赤沙温卜打赢之后回到庙里，就把人头素珠挂起来。这时，赵佛爷悄悄进庙把素珠绞断。没有了人头素珠，赤沙温卜就被赵佛爷打败了。赤沙温卜要骑牛回河州，赵佛爷留住了赤沙温卜，说两个人同吃同住。于是赤沙温卜就说："留下也好，我就给你守家吧。"于是，赵佛爷和陆坝村的赤沙温卜合称为"赤沙温卜叱咤龙王"。后来，陆家坝的瘟神爷渐渐就消失了，赵佛爷不仅是龙神，同时也成为当地的瘟神爷，被称为"赤沙温卜"。清代时，王旗青苗会抬赵佛爷神轿途经鱼古千马藏人村时，对村民说："我们赵佛爷是瘟神爷，如果你们不帮我们抬赵佛爷的神轿，你们的牛羊就要得病死掉。"于是，鱼古千马的藏人帮助王旗青苗会抬神轿。后来，鱼古千马成为王旗青苗会的一个分会，而赵佛爷"赤沙温卜"名号也越传越远，卓尼一带的藏人也赶来庙会里敬拜赵佛爷。①

石英老人讲过一则流传在土族村落里的关于常爷池的传说故事：

---

① 访谈对象：陈旗乡王旗村王士英（男，63岁）；访谈地点：王士英家；访谈时间：2006年10月4日。

杓哇旗的喇叭族有一个姑娘叫常周茂草。常周茂草长得很丑，满脸都是麻子，头上生疮，而且没有头发。她的家里非常穷。常周茂草每天都要去放牛。有一天，她向她的父亲要一根红头绳。她父亲说："你连头发都没有，要的什么头绳。"常周茂草还是坚持要一根红头绳。常周茂草的母亲心疼女儿，就说服丈夫满足女儿的这个心愿。头绳买回来了，常周茂草回屋去梳妆。母亲在窗外偷看，发现女儿原来每天都戴着面具。脱下面具以后，女儿是惊人的漂亮。母亲很是惊讶，回去告诉丈夫，说女儿长得很漂亮。做父亲的赶忙捂住妻子的嘴说，"别说这样的话，会让旁人笑话呢"。然而终究忍不住好奇心，做父亲的在第二天早晨还是去偷看了女儿梳妆。没想到，女儿真的这样漂亮。只是，梳妆好的女儿总是要戴了面具才出门去放牧。每天常英周茂草总要到石峡边放牧，总会听到石峡经常会传来问话："石峡开不开？"常周茂草从未做过回答。可是这次，系了红头绳的常周茂草在石峡前放了一块饼，作为答案。于是，石峡从中间裂开，一股巨浪从中喷涌而出形成了常爷池，常周茂草跳入常爷池里，成为常爷池的池主。①

　　为了把常周茂草讲清楚，石英还去杓哇寺里做了一番考证。他后来补充道，常周茂草的父亲名叫阿吾党宗，母亲名叫康赵草。常周茂草还有一位堂兄，是一位活佛，土族人把他称为"常家佛爷"。常家佛爷修建了三座喇嘛寺，分别是康多寺、杓哇寺和多玛寺。这位常家佛爷为龙神常遇春和常周茂草搭线说媒，使他们二人结为夫妻。因为这个缘故，杓哇旗成为常爷的丈人家②，杓哇旗的土族才信了常爷。每年农历的五月二十五日，杓哇旗土族人都要迎请常爷到杓哇旗"转丈人"，游村踩街。③ 传说故事里的"常爷池"是白石山山脉之间的堰塞湖。白石山山脉海拔4000米，盘亘在临潭县冶力关镇与卓尼县杓哇乡、康多乡之间。围绕常爷池，周边聚居着汉、藏、土三个民族。常爷池的西北方向是卓尼县康多乡的藏族，西南方向是卓尼县杓哇旗的土族，南方和北方是冶力关镇和八角乡的汉族。常爷池是汉族对这方堰塞湖的称

---

① 访谈对象：卓尼县杓哇乡杓哇旗石英（男，67岁）；访谈地点：冶力关庙会；访谈时间：2006年6月26日。《卓尼县志》也记载了这个传说（卓尼县志编纂委员会：《卓尼县志》，第781页）。

② 当地人把岳父习称为"丈人"。

③ 访谈对象：卓尼县杓哇乡杓哇旗石英（男，67岁）；访谈地点：石英老人家里；访谈时间：2006年6月29日。

呼①；藏民称它为"阿玛舟措"，汉语意思是"圣湖"②；土族人称它为"周茂舟措"，汉语意思是"母亲湖"③。2005年临潭县政府发展冶力关旅游业，又把这方堰塞湖称为"冶海"。卓尼县康多乡的藏族也流传着一个常爷池的传说：

> 有一位美丽的藏族姑娘，天天赶着牛羊去白石山下放牧。每次，她都能听见石崖在说："开不开？开不开？"姑娘很奇怪，就把这个事情告诉了她的阿爸。阿爸说："如果下次石崖还这样问的话，你就说'开呢'。"等到下一次，姑娘再去放牧时，又听到石崖问她"开不开"，姑娘大声回答"开呢"，就听见石崖发出惊天动地的一声巨响，原来的石山分成两个半形的石峡。这之后，姑娘回到家里，告诉阿爸说："晚上如果有人来借耕牛和犁头，你要借。"晚上，果然有人来借耕牛和犁头，老阿爸就借了。第二天早晨，老阿爸看见耕牛满身淋汗，犁头也磨损得只有三寸长，感到十分惊奇。女儿告诉她，她已经和大明元帅常爷结婚了，请阿爸到帅府去玩。老阿爸跟着女儿上了山头，只见当年的山峰已经变成一池碧水。女儿背着阿爸投入水中。老阿爸到了水下的宫殿，见了女婿常爷。住了几日，女儿把他再送回岸上。老阿爸肩上的捎马子④装满了金银珠宝。⑤

由此，康多乡藏族人把常遇春称作"常姑爷"。在冶力关农历六月一庙会的第二天，康多乡的藏族人都要去祭常爷池，向池里投入装满五谷的"圣瓶"，祈愿"常姑爷"保佑自己家里丰收安康。

临潭县流顺乡的宋家庄与卓尼县的卜尔族毗邻而居。卜尔族是卓尼杨土司的百姓。两个村庄在长期共处的过程中，信仰上亦出现融合趋势。宋家庄青苗会崇祀龙神朱亮祖，但宋家庄的庄神与卜尔族的村神是一样的，都供奉观世音菩萨。对于这其中的缘由，宋家庄的汉族村民有这样的说法：

> 明末时，卜尔族人是在菩萨庵里敬神烧香的。卜尔族的菩萨庵在流顺

---

① 常爷池中的"常"字，在临潭汉族人的口语里读音为 shang（阳平音）。
② 访谈对象：一位藏族阿妈（女，60岁左右）；访谈地点：冶力关庙会；访谈时间：6月26日。
③ 访谈对象：卓尼县杓哇乡杓哇旗石英（男，67岁）；访谈地点：石英老人家里；访谈时间：2006年6月29日。
④ 捎马子，康多乡土语，是"褡裢"之意。
⑤ 访谈对象：一位藏族阿妈（女，60岁左右）；访谈地点：冶力关庙会；访谈时间：2006年6月26日。

沟的北面，在我们宋家庄的村界里。一次大雨，流顺沟河水暴涨，卜尔族的村民没有办法过河给观音菩萨敬香，只能委托宋家庄的宋氏阿爷代替他们去点香敬佛。这样一来二去，卜尔族与宋家庄的村民交往渐渐多了，而且两庄的人又同时用同一泉的水源。到了清初，宋家庄的人信仰观世音菩萨，时常到菩萨庵里点灯敬香。①

由于宋家庄把卜尔族的村神树立为自己的庄神，卜尔族也就成为宋家庄青苗会的一个分会，每年参加宋家庄青苗会募化会费、会粮的活动。

在旧城，汉族乡民里还流传着一则安国爷迁庙址与回民争斗的传说故事：

> 安国爷最早的庙是在石爷山根。一次大雨后，安国爷的塑身自洮河顺水飘下来，被旧城范家咀的房姓人家供了起来。安国爷的第二个庙就安在范家咀村。有一晚，侍奉安国爷的人做了梦，梦见安国爷又要换地方住。安国爷说他的庙址定在他射箭的地方。范家咀人四处寻找，发现安国爷一箭射中的房屋在城关镇（旧城）内的官场，是回民聚居区，敏大镛千户的后人就居住在那里。射中的房屋是一户敏姓回族的家。范家咀侍奉佛爷的人谈了给安国爷立庙的事，敏家人回答："银子铺满院子都不卖。"侍奉佛爷的人回到范家咀庙里对安国爷说："老人家您自己去要那块地吧，我们是要不来了。"第二天，城关镇（旧城）就传出了怪事，那户敏家人刚蒸好的馒头一出笼就变成了蛤蟆，刚做好的面条转眼就成了蚯蚓。没有办法，敏家人只好把那块地献给了安国爷。②

这些涉及多民族关系的传说故事具有真实的社会内核。明代以来，汉人与番人经过多次斗争，最终确定了洮州卫的统治秩序，龙神赵德胜取代赤温沙卜成为番人的瘟神，正是对明清洮州社会变迁的另一种表达。常遇春成为土族和藏族女婿的传说，亦为汉、藏、土三个民族通婚现象的生动反映。汉人李达家族与卓尼杨土司家族通婚已是典型，宋家庄宋氏家族也与藏民通婚。据宋氏族人讲，宋家女子嫁入卓尼杨土司家后，宋氏家族的两处官坟才能埋到杨土司势

---

① 访谈对象：流顺乡宋家庄宋教年（男，66 岁）；访谈地点：宋卫华家；访谈时间：2006 年 11 月 1 日。

② 访谈对象：临潭县旧城杨祖震（男，68 岁）；访谈地点：旧城大庙；访谈时间：2006 年 8 月 28 日。

力范围内的木耳乡牙那和龙马那脚户湾。① 藏传佛教为汉人入赘藏族、土族家庭提供了社会条件。在藏族、土族家庭里，尤其是具有一定社会地位的家庭里，如果有两兄弟，一般而言，长子要去藏传佛教寺院做僧人，次子留在家中。卓尼藏族乡民多把僧人称作"阿可"（音），汉语意思即是"哥哥"，足以说明藏传佛教对藏族、土族家族传统的影响。那些只有一个儿子的藏族、土族家庭里，如果儿子当了僧人，就只能招赘汉人女婿来维系家庭繁衍。汉人入赘藏族或土族家庭所生子嗣，在族属和宗教信仰方面遵从母亲一族；在姓氏上则跟随父亲传承汉姓。因此，入赘婚绵密了汉、藏、土三个民族基于血缘的连气同枝。回汉之间的传说故事也勾勒了清代以来洮州回汉之间的社会磨合过程。这些社会情感蕴蓄在民间社会之中，成为临潭社会结构的一部分，即使社会政治有短暂变动，它们亦能起到维系历史与现实的作用。

---

① 访谈对象：流顺乡宋家庄宋卫华（男，52岁）；访谈地点：宋卫华家里；访谈时间：2006年11月1日。

第八章

当代洮州青苗会复会

20世纪初,中国社会思潮发生了很大改变,思想界普遍认为民间神事活动是中国社会发展的障碍。1915年,《新青年》打起"科学"旗号,发起新文化运动,各类神事活动普遍受到质疑,统统被归为"迷信"。1918年,《新青年》第四卷第五号登载陈大齐《辟"灵学"》、陈独秀《有鬼论质疑》、钱玄同《斥灵学丛志》、刘半农《斥灵学丛志》等文章;第五卷第一期登载易白沙《诸子无鬼论》,质疑各类迷信现象。作为新文化运动旗手之一的陈独秀极力抨击迷信现象,提出"今之风水、算命、卜卦、画咒、扶乩、炼丹、运气、望气、求雨、祈晴、迎神、说鬼,种种邪僻之事,横行中国,实学不兴,民智日塞,皆此一系学说之为害也。去邪说,正人心,必自此始"。① 1928年,陶希圣指出,中国的封建制度已经不存在了,但封建势力还存在。② 此观点引起了社会史大论战。③ 经过论战,思想界普遍认为地方军阀是封建势力的代表,他们利用迷信思想统治人民、愚弄人民,造成了当时中国处处挨打的局面。近代民主主义革命者为了建设富强民主的现代化中国,主张"反封建"的同时也要"反迷信","封建迷信"遂被连用,代表着"愚昧落后"。这一社会思潮被新中国所继承,成为以现代化为发展目标的新中国政府制定"反封建迷信"政策的理论来源之一。民间神事活动一度是新中国政府的打击对象。在这样的时代背景下,洮州各支青苗会世代相传的神事活动,包括插旗仪式、冬报愿仪式和庙会活动,自然被看作封建迷信,遭到禁止。

洮州各支青苗会承担着实际的生产功能。据乡老们讲,过去的各支青苗会在覆盖的每座村落里选一名"看青人"④,负责看护青苗,尤其是长在草山之

---

① 陈独秀:《新青年》第5卷第1号,随感录十四,群益书社印行,1918年,第76—77页。
② 陶希圣:《中国社会到底是什么社会》,《新生命》第1卷第10号,1928年10月。
③ 王礼锡、陆晶清:《中国社会史的论战》,《民国丛书》第二编79—80册,上海书店1932年版。
④ 访谈对象:陈建中(男,73岁);访谈地点:新城镇陈建中家;访谈时间:2005年8月18日。

上的青苗。看青人以青苗会制定的牲畜放山时间和路线为准则，严防人畜糟蹋青苗。如果牲畜上山啃啮青苗，看青人要向青苗会报告，由青苗会会首出面责罚牲畜的主人，令其向龙神上香、献裱和敬油灯。① 在藏族村落里，看青人被称为"恶拉"②，汉语意思是"护田人"③；在土族枓哇旗，看青人被叫作"石尕"④。"恶拉"一词比较通行，汉藏村民都用。青苗会从募化的会粮里抽取一定比例的粮食给恶拉，作为其报酬。秋收期间，青苗会组织农户统一搬场。每座村落里有占地约一亩左右的场稞，地面平整光滑，是全村的扬场地。麦仁或豆粒被木锨或铁锨高高抛起，借风力脱去杂壳、碎叶和尘土，被整齐地码放在场稞里。青苗会确定一个日子，协调各家各户依次搬运粮食回家。普遍的规矩是，鳏寡孤独或缺乏劳力的家户先搬，有劳力的家户后搬。如果有人违反了这条规矩，就会"车被毁、人被打"。⑤ 这些生产功能是洮州各支青苗会从18世纪中期至1958年的两百余年里虽经历多次兵燹却能够很快恢复社会运转的基本原因。

新中国成立之后，洮州各支青苗会的发展至为曲折。1958年8月，临潭县"人民公社化"，⑥ 乡民把土地都交给人民公社统一管理。公社各生产队成立"田间管理"，由生产队长直接负责，或指定村民负责管理，公社发给口粮。生产队打下粮食后，统一组织劳动力搬场。⑦ 这样，洮州青苗会的生产功能被人民公社取代。9月，临潭县进行反封建斗争和对宗教制度的民主改革，包括龙神庙在内的寺庙道观以及古建筑全被拆毁。⑧ 据乡老们说，在1962年和1963年这两年里，政治气氛出现松动，临潭县开放了十七座清真寺，三座喇嘛寺和两座汉族寺庙。⑨ 洮州青苗会的老人们趁机重修了龙神庙。但是好景

---

① 访谈对象：陈建中（男，73岁）；访谈地点：新城镇陈建中家；访谈时间：2005年9月23日。
② 当地人有时也写作"额拉"或"俄拉"。
③ 访谈对象：流顺乡上寨村张辉选（男，70岁）；访谈地点：上寨村村口；访谈时间：2006年5月28日。访谈对象：杨祖震（男，68岁）；访谈地点：旧城大庙；访谈时间：2006年10月18日。
④ 访谈对象：卓尼县枓哇乡枓哇旗石英（男，土族，67岁）；访谈地点：石英老人家里；访谈时间：2006年6月29日。
⑤ 访谈对象：李春秀（男，73岁）；访谈地点：新城隍庙；访谈时间：2005年10月9日。访谈对象：张辉选（男，70岁）；访谈地点：上寨村村口；访谈时间：2006年5月28日。访谈对象：新城镇朱生照（男，62岁）；访谈地点：新城城隍庙；访谈时间：2006年7月2日。
⑥ 临潭县志编纂委员会编：《临潭县志》，第29页。
⑦ 访谈对象：张辉选（男，70岁）；访谈地点：上寨村村口；访谈时间：2006年5月28日。
⑧ 临潭县志编纂委员会编：《临潭县志》，第29页。
⑨ 同上书，第32页。

不长，1964年临潭县展开"社教运动"，反封建斗争更加深入。1965年9月21日至1966年4月15日，临潭县在新城、扁都、新堡、总寨、羊沙、冶力关和八角七个公社开展第二期"四清"运动①，各处龙神庙再次被拆毁。② 龙神庙没有了，洮州青苗会也随之沉寂。当地人形容这段时期为"神事没有了，唱戏和集市也就没有了"。③ 1980年，临潭县实行"大包干到户的生产责任制"，④ 土地又回到农民手中，人民公社不再负责看护青苗之事，洮州青苗会由此获得了复会的机会。

第一节　复建庙宇与正名

临潭有句老话，"有庙才有青苗会"。洮州青苗会要复会，首要任务就是复建龙神庙。临潭各处龙神庙大多位于一座种庄稼的山头。⑤ 所谓"山头"，指草山阳面山腰或山脊旁出的一片敞阔之地。临潭人民在长期生产劳动中总结出"阴坡种，阳坡住"的经验。⑥ 这里的"阴""阳"由阳光照射时间的长短来确定。临潭紫外线强烈，日照时间长的地方即为阳坡，日照时间短的地方即为阴坡。阴坡的水分涵养量好，用以种植庄稼。龙神庙大多修建在阳坡的高处。这里日照时间长、地势陡峭，不适宜种植庄稼。因为这个缘故，1965年

---

① 临潭县志编纂委员会编：《临潭县志》，第32页。
② 访谈对象：李春秀（男，73岁）；访谈地点：新城隍庙；访谈时间：2005年10月9日。访谈对象：张辉选（男，70岁）；访谈地点：上寨村村口；访谈时间：2006年5月28日。访谈对象：八角乡八角村石文祥（男，58岁）；访谈地点：石文祥车场的值班室；访谈时间：2006年7月1日。访谈对象：长川乡千家寨冯阴阳（男，56岁）；访谈地点：千家寨庙；访谈时间：2006年10月29日。
③ 访谈对象：李春秀（男，73岁）；访谈地点：新城隍庙；访谈时间：2005年10月9日。访谈对象：张辉选（男，70岁）；访谈地点：上寨村村口；访谈时间：2006年5月28日。访谈对象：新堡乡琵琶堡杨全吉（男，62岁）；访谈地点：杨全吉家；访谈时间：2006年8月25日。访谈对象：王奎（男，63岁）；访谈地点：新城城隍庙；访谈时间：2006年9月26日。访谈对象：宋克义（男，56岁）；访谈地点：新城城隍庙；访谈时间：2006年9月29日。访谈对象：杨祖震（男，68岁）；访谈地点：旧城大庙；访谈时间：2006年10月18日。访谈对象：长川乡千家寨冯顺个（男，68岁）；访谈地点：千家寨庙；访谈时间：2006年10月23日。
④ 临潭县志编纂委员会编：《临潭县志》，第39页。
⑤ 访谈对象：李春秀（男，73岁）；访谈地点：新城隍庙；访谈时间：2005年10月9日。访谈对象：张辉选（男，70岁）；访谈地点：上寨村村口；访谈时间：2006年5月28日。访谈对象：新堡乡琵琶堡杨全吉（男，62岁）；访谈地点：杨全吉家；访谈时间：2006年8月25日。访谈对象：王奎（男，63岁）；访谈地点：新城城隍庙；访谈时间：2006年9月26日。
⑥ 访谈对象：马廷义（男，48岁）；访谈地点：旧城巴龙山；访谈时间：2012年6月1日。

临潭各处龙神庙被拆毁后,庙基一直无人占用。1980年"包产到户",这类土地也未被村民耕种。① 因此,地基从未成为洮州青苗会复建庙宇的障碍。影响龙神庙复建的因素,主要是政治环境、资金和木料。临潭县有两处龙神庙未被拆毁,一处在流顺堡,一处在千家寨。这两处庙宇与整座军堡连为一体,在过去的许多年里充当堡内家户堆放杂物之所。因此,洮州青苗会的复会,最早是从保存有庙宇的千家寨开始的。

一 回民会首的努力

1980年,千家寨青苗会率先复会,与一位名叫敏发祥的回民会首有关。在今天的新城一带,乡老们都知道曾有一位回民在洮州青苗会里做事,但不太清楚他的名字和住处,只道"羊永乡一带有一位回族老汉,特别热心我们汉族的青苗会活动。20世纪80年代刚复会的时候,有很多青苗会的规矩大家不太知道,他这方面懂得很多,也给大家讲了很多,有一年还被羊永龙神轿队②请去做领队来新城参加过龙神赛会"③。到了旧城一带,回族干部和旧城青苗会的乡老都能说出这位回民的出处:长川乡千家寨的敏发祥,曾经担任过千家寨青苗会会首。④ 长川乡是临潭县的回族自治乡,千家寨行政村隶属于长川乡,以汉族居民为主体,现有214户,其中回族家庭9户。⑤ 千家寨村民们确认,广为流传的热心汉族青苗会事务的回族老人,正是本村回民敏发祥。⑥

敏发祥的一生经历丰富。据千家寨的村民们讲,20世纪30年代初期,敏发祥与僧纲⑦发生田土纠纷,为了打赢官司,他只身来到省城兰州,为一高官

---

① 访谈对象:李春秀(男,73岁);访谈地点:新城隍庙;访谈时间:2005年10月9日。访谈对象:张辉选(男,70岁);访谈地点:上寨村村口;访谈时间:2006年5月28日。访谈对象:新堡乡琵琶堡杨全吉(男,62岁);访谈地点:杨全吉家;访谈时间:2006年8月25日。访谈对象:王奎(男,63岁);访谈地点:新城城隍庙;访谈时间:2006年9月26日。访谈对象:杨祖震(男,68岁);访谈地点:旧城大庙;访谈时间:2006年10月18日。访谈对象:长川乡千家寨冯顺个(男,68岁);访谈地点:千家寨庙;访谈时间:2006年10月23日。
② "羊永龙神轿队",指白土青苗会的龙神轿队。
③ 访谈对象:宋克义(男,56岁);访谈地点:新城城隍庙;访谈时间:2006年9月29日。
④ 访谈对象:杨祖震(男,68岁);访谈地点:旧城大庙;访谈时间:2006年10月18日。访谈对象:城关镇临潭县政府史志办马廷义(男,回族,42岁)、城关镇临潭县宗教局丁志胜(男,回族,37岁);访谈地点:千家寨庙;访谈时间:2006年10月22日。
⑤ 这里的数据是2006年10月的访谈数据。
⑥ 访谈对象:长川乡千家寨冯顺个(男,68岁);访谈地点:千家寨庙;访谈时间:2006年10月23日。访谈对象:长川乡千家寨冯阴阳(男,56岁);访谈地点:千家寨庙;访谈时间:2006年10月29日。
⑦ 千家寨的村民已经记不清僧纲的具体名称。

家里免费担水三年。高官夫人被感动了，挺力相助，敏发祥最终打赢了官司。回到千家寨后，他的声誉迅速提升。是时，临潭县的商贸往来依靠骡马驮运货物。骡马行走的道路谓之"驮路"。最为繁忙的要属旧城与新城之间的驮路，通长七十八里。千家寨大致坐落在这条驮路的中段位置，是商旅沿途必经的规模最大的村落。东自岷县、西自旧城的商人途经这里时，习惯耽留几日摆摊设点，千家寨及其周边村落的乡民们都赶来购买货物。驮路给千家寨带来了繁荣兴旺。千家寨青苗会趁机举办庙会吸引更多商人驻足。待敏发祥返乡时，千家寨庙会已是规模盛大，需要有能干的村里人出面交际，协调各方的商旅关系。千家寨青苗会公认敏发祥在省城里见过世面，让他协理会首处理庙会里的公共关系。起初，敏发祥的家人反对他参加汉人的青苗会活动，但敏发祥并不理会家人意见，照旧按自己的想法来做事。时间长了，家人也就默认了他的行为。千家寨的汉族村民对敏发祥参加青苗会还有一种说法："敏发祥热心于龙神佛爷的庙会和神事活动，是与他母亲得病的事情有关系。他刚回到千家寨，他的母亲得了重病，全身发冷，没药可治。敏发祥来到新城为母亲求药，遇到'龙门派'传人于养龙道人。于道人给了他一张符，敏发祥按于道人的吩咐，把符贴在母亲的房门口，母亲的病就好了。于是，敏发祥开始热心青苗会的神事和庙会活动。"[1] 20 世纪 40 年代，敏发祥成为千家寨青苗会的主要组织者和管理者，督促寨子里的汉族村民定期参加仪式活动。

  1949 年新中国成立后，敏发祥成为千家寨生产队的牛倌。20 世纪五六十年代，敏发祥先后四次入狱。当地人形容他为"运动员"，"每次只要一来'运动'，敏爷肯定是第一个坐牢的人"，原因是他太热衷于青苗会的"封建迷信"活动。敏发祥四次坐牢的时间是：1953 年、1956 年、1958 年和 1964 年。关于他前两次坐牢的原因，村民们没有太多印象。1958 年敏发祥坐牢，是因为那一年他出面组织了千家寨青苗会的仪式活动，被千家寨大队委抓去，以"大搞封建迷信活动"为由收监一年。1962 年，村民们感觉到政治氛围有所宽松，有老人提议恢复千家寨青苗会活动，并委托敏发祥出面组织。敏发祥召集千家寨辖属八个会的老人们开会，提名选举青苗会会首，敏发祥被选为千家寨青苗会会首。关于这次选举，太平寨流传着两种说法。第一种说法是，1962 年选千家寨青苗会的会首时，提名九个人，其中前八个人属于各会推举的人选，分别来自千家寨、长川村、羊升村、拉布村、羊永村、宋家磨、李岗村、上口别（音）八个村，第九个人就是敏发祥。马角在胡大海龙神塑身前打卦

---

[1] 访谈对象：长川乡千家寨冯阴阳（男，56 岁）；访谈地点：千家寨庙；访谈时间：2006 年 10 月 29 日。

讨卦旨，九个人里面，佛爷把卦相给在了敏发祥身上，敏发祥就成了会首。①
第二种说法是，1962 年选千家寨青苗会会首时，提名了八个人，分别来自千家寨等八个村。马角在胡大海塑身前打卦讨卦旨，龙神都没有给这八个人卦相。后来，胡大海佛爷给千家寨青苗会里的老人托梦，说就让千家寨的敏发祥做会首。于是，敏发祥就成了千家寨青苗会会首。② 1964 年临潭县开展"社教运动"，敏发祥第四次入狱，千家寨青苗会不再组织活动。

　　1980 年，敏发祥召集千家寨青苗会八个分会的老人们开会，宣布恢复千家寨的青苗会组织和仪式活动。在会上，老人们提议 1962 年的选举结果仍然有效，由敏发祥担任千家寨青苗会会首。1983 年羊永乡白土青苗会准备派龙神轿队去新城踩街，因为不知道赛会规矩，专门来到十多里地之外的千家寨向敏发祥请教仪式规矩，并请他担任龙神轿队的领队。每到农历月的初一、十五或者是春、秋两愿的时节，敏发祥号召千家寨青苗会的汉族村民按时举行仪式。③ 当知道敏发祥的回族身份之后，人们往往都好奇于他在仪式活动里会如何表现。千家寨的汉族村民回忆道，"敏爷不参加青苗会的神事活动，他就是督促我们这些汉人准时给龙神佛爷办神事活动"。汉族村民所说的"敏爷不参加神事活动"，具体是指他不给龙神塑身行磕头之礼，也不去点灯、上香和敬裱，只是以组织者和督导者的身份召集汉族村民举办仪式，当仪式开办后就退出仪式场景。④ 在日常生活里，敏发祥恪守伊斯兰教信仰。他定时募收千家寨回族家户的"乜贴"⑤，然后步行二十多里地，把"乜贴"交给旧城大庙对面的清真上寺。⑥

　　恪尽职守汉族青苗会的公共事务，同时又虔诚于自己的伊斯兰教信仰，使敏发祥在千家寨里享有极高的威望。村民们说："敏爷在的时候，只要看到谁

---

　　① 访谈对象：长川乡千家寨冯顺个（男，68 岁）；访谈地点：千家寨庙；访谈时间：2006 年 10 月 23 日。

　　② 访谈对象：长川乡千家寨冯阴阳（男，56 岁）；访谈地点：千家寨庙；访谈时间：2006 年 10 月 29 日。

　　③ 访谈对象：长川乡千家寨冯顺个（男，68 岁）；访谈地点：千家寨庙；访谈时间：2006 年 10 月 23 日。访谈对象：长川乡千家寨冯阴阳（男，56 岁）；访谈地点：千家寨庙；访谈时间：2006 年 10 月 29 日。

　　④ 访谈对象：长川乡千家寨冯顺个（男，68 岁）；访谈地点：千家寨庙；访谈时间：2006 年 10 月 23 日。访谈对象：长川乡千家寨冯阴阳（男，56 岁）；访谈地点：千家寨庙；访谈时间：2006 年 10 月 29 日。

　　⑤ 乜贴，阿拉伯语 Niyyah 的音译，意为"心愿""意图"等。中国西北穆斯林把自愿诚心举办善功的意图转化为给清真寺施散的财物，即叫"乜贴"。

　　⑥ 访谈对象：临潭县旧城杨祖震（男，68 岁）；访谈地点：旧城大庙；访谈时间：2006 年 10 月 30 日。据杨祖震老人回忆，他当提领时，经常在旧城大庙定期看到敏发祥去对面的清真上寺交乜贴。

图 26　千家寨堡墙上的龙神庙
千家寨堡墙上保存完好的角庙，现在供奉龙神胡大海。

做了错事，就要骂。他会站在我们千家寨的城墙上，拿出龙神庙里的锣边敲边骂，骂得整个村里都能听见，谁都不敢出声，比我们的村长都厉害。"① 1988年，敏发祥归真了。他归真的那一天是星期五，伊斯兰教的主麻日。在回族看来，一个人能够在主麻日或是斋月里归真，是真主的赐福。千家寨的汉族村民也认为，敏发祥在主麻日这一天归真，"都是因为敏爷心好，对人好，对我们的龙神佛爷也好，所以在主麻日里走了"②。在世的时候，敏发祥从未对人讲过他为什么要积极参与汉族青苗会的活动。随着他的离世，个中原因更是无人知晓。一种合理的推测是，敏发祥是虔诚的伊斯兰教徒，崇信真主，在他看来，任何人群对待信仰都要有坚贞的态度，汉民崇祀龙神，就应该认真履行神事、尊崇礼仪。旧城的回族干部这样理解敏发祥的行为："在民国时期，旧城一带经历了'马仲英事件'等回族起事之后，汉回关系非常紧张。敏发祥曾经在兰州生活了三年，见过世面，明白回族应该和汉族搞好关系，这样才是长久之计。只是他没有读过书，这些道理他讲不出来，只能通过参与汉族的青苗

---

①　访谈对象：长川乡千家寨冯阴阳（男，56岁）；访谈地点：千家寨庙；访谈时间：2006年10月29日。

②　同上。

会活动，来缓和当时千家寨回族与汉族之间原本紧张的关系。"① 这虽然是对敏发祥热衷洮州青苗会活动的一种原因推测，但就具体的事例而言，敏发祥的行为的确融洽了千家寨汉回两个民族之间的日常关系。

二 复建乡村庙宇

对于那些被拆毁了龙神庙的青苗会而言，其复会之路即是复建庙宇之路。复建庙宇的第一步就是募化会费。缴纳会费的地域被乡民们统称作"马路"，意指每位龙神可以骑马行走、下马歇轿的地方，实则是以特定龙神之名筹集会费和会粮的地域。乡民常说的"我们龙神佛爷马路宽"，即是在夸耀他们拥戴的龙神享有较广阔的崇祀范围，能够募化到充足的会费和会粮。洮州各支青苗会都有自己特定的募化范围。乡老们对于形成这一范围的原因解释为"是我们龙神打下来的"。② 20世纪80年代洮州各支青苗会复建龙神庙，就是从恢复"马路"和募化会费开始的。③

八角青苗会涵盖了现在临潭县东北角的八角乡和临夏回族自治州康乐县的部分村庄。1958年之前，八角青苗会有五个以汉族村民为主体的分会，即头会中寨村、二会八角村、三会茄羊村、四会牙扎村、五会扎那山（属康乐县）。按军屯姓的分布，头会有李姓、杨姓和石姓，二会有杨姓和刘姓，三会

---

① 访谈对象：城关镇临潭县政府史志办马廷义（男，回族，42岁）、城关镇临潭县宗教局丁志胜（男，回族，37岁）；访谈地点：千家寨庙；访谈时间：2006年10月29日。

② 访谈对象：李春秀（男，73岁）；访谈地点：新城隍庙；访谈时间：2005年10月9日。访谈对象：张辉选（男，70岁）；访谈地点：上寨村村口；访谈时间：2006年5月28日。访谈对象：康永健（男，62岁）；访谈地点：冶力关常山庙；访谈时间：2006年6月26日。访谈对象：石国钧（男，68岁）；访谈地点：石国钧老人家；访谈时间：2006年8月25日。访谈对象：新堡乡琵琶堡杨全吉（男，62岁）；访谈地点：杨全吉家；访谈时间：2006年8月25日。访谈对象：王奎（男，63岁）；访谈地点：新城城隍庙；访谈时间：2006年9月26日。访谈对象：杨祖震（男，68岁）；访谈地点：旧城大庙；访谈时间：2006年10月18日。访谈对象：陈旗乡王旗村王士英（男，63岁）；访谈地点：王士英家；访谈时间：2006年10月4日。2006年5月31日城隍庙对洮州十六青苗会会首的群体访谈。

③ 访谈对象：李春秀（男，73岁）；访谈地点：新城隍庙；访谈时间：2005年10月9日。访谈对象：张辉选（男，70岁）；访谈地点：上寨村村口；访谈时间：2006年5月28日。访谈对象：新堡乡琵琶堡杨全吉（男，62岁）；访谈地点：杨全吉家；访谈时间：2006年8月25日。访谈对象：王奎（男，63岁）；访谈地点：新城城隍庙；访谈时间：2006年9月26日。访谈对象：杨祖震（男，68岁）；访谈地点：旧城大庙；访谈时间：2006年10月18日。访谈对象：长川乡千家寨冯顺个（男，68岁）；访谈地点：千家寨庙；访谈时间：2006年10月23日。访谈对象：李春秀（男，73岁）；访谈地点：新城隍庙；访谈时间：2005年10月9日。访谈对象：张辉选（男，70岁）；访谈地点：上寨村村口；访谈时间：2006年5月28日。

有李姓和夏姓，四会有刘姓和董姓，五会有石姓、常姓和朱姓。军屯姓家户比例最高的是五会扎那山，在总计103户的家庭里，石姓40户、常姓33户、朱姓13户。在其他几个会里，军屯姓家庭户数在本村人口数量上并不占优，那些"后面迁来的"村民户数比例较高。这些农户的迁入时间主要集中在两个阶段，一是在咸同回民起事期间，外地汉人进入临潭北路一带，即八角乡的牙札村和中寨村、冶力关的后坪和枸哇旗的闹缠村；一是在民国年间，汉人为了躲避"抓壮丁"，从临夏逃入临潭北路一带，如八角乡的八角村、路码，冶力关的前山。这些汉人或者先把女儿嫁到八角乡，然后在八角乡买地迁居；或者夫妻俩先来八角乡开荒种地，然后把子女接过来。八角青苗会的军屯姓把这两个时期迁入的汉人统称为"杂姓"，并对这些"杂姓"的入住定下规矩：杂姓家户必须信奉"常爷"，加入八角青苗会辖下的各个分会，才能使用八角青苗会的草山和耕地；在农历五月二十八庙花山庙会过会时，杂姓家户必须交纳会钱和戏钱，遵守所属青苗会制定的各种规定；杂姓家户不能被选为青苗分会的会长；在庙会和仪式活动里，杂姓家户也不能做小班。这是八角青苗会复会之前的社会背景。

八角青苗会能够复会，与出生在中寨村军屯姓家户的石作林、石文祥父子有关。1958年，八角乡庙花山上的常爷庙被砸毁。1962年，时年36岁的石作林带领乡民修复庙宇，重新雕刻常遇春、胡大海的塑身。因此，他被戴上"大搞封建迷信的坏分子"帽子，18岁的儿子石文祥也没能如愿参军。1964年农历十一月十五日，"社教运动"开展到八角乡，石作林感到形势严峻。第二天晚上，趁着夜幕，石作林带着儿子把常遇春、胡大海的塑身偷偷从龙神庙里背出来藏在家中。这一藏就是五年。1969年，石作林看到临夏回族自治州的"扫除封建迷信"运动要宽松许多，于是把儿子石文祥的户口迁到隶属于临夏回族自治州康乐县莲路乡的扎那山村。扎那山村与临潭县八角乡接壤，过去是八角青苗会管辖的村落。石文祥在扎那山村修盖房屋，把一面墙设计成夹墙，将两尊龙神塑身置入夹墙内，砌填粉饰夹墙后，特地在墙跟前儿放了一架缝纫机以为障护。"文化大革命"期间，工作组在石文祥家住了三年。石文祥说："他们谁都不知道他们要革命的对象就藏在夹墙里。"有一次，老鼠打洞跑入夹墙，咬破龙神衣袍，把碎衣片牵扯出墙外。工作组看见这块红色布料，对石文祥说："老鼠蛀洞把你家的绸缎给咬破了。"石文祥忙说："没关系，那是做活踩缝纫机剩下的。"就这样，龙神塑身在夹墙里又躲了13年。1982年腊月，两尊龙神塑身被请了出来。石文祥请画匠重绘龙神面庞，缝制新袍，并举行"装脏"仪式，给龙神安装"金心银胆"。在"装脏"这一天，从临潭、康乐、卓尼三县来了近三万乡民，把扎那山都站满了，只为看看龙神佛爷。当时没有龙神庙，装脏后的龙神塑身暂且被供奉在石文祥家里。①

1983年，石文祥组织村民复建扎那山村的常爷歇马店，以安放两位龙神塑身。歇马店指龙神下马歇轿、暂时休息的单间小庙，通常位于村口或者村里地势较高的地方，占地面积10—12平方米，内里陈设供桌和香案。清代以来，龙神庙所在的村落一般是青苗会的头会，歇马店所在的村落属于分会。每年，青苗分会的会长都向所属青苗会的会首商请，把龙神塑身从头会的龙神庙迎接到本村，由马角或会首把塑身从龙神轿里抱出来供置在歇马店内的供桌上，村民们依次进来上香和敬裱。在马路的范围内，龙神庙与歇马店构成一级中心与边缘的空间关系，是村落层级关系的标识。扎那山村是八角青苗会的五会，所以石文祥只能在扎那山村复建歇马店。

1984年，石文祥组织乡民在庙花山常爷庙的原址率先复建了一条长廊，然后复建了西楼。1986年，石文祥把常遇春和胡大海两位龙神的塑身请回西楼。临潭、卓尼和康乐三县四万多村民前来观礼。卓尼县康多乡的康多村仅有60户藏民，当时就有七十多人前来观礼。看到这样大的声势，石文祥开始计划修建大殿。这是一项重点工程，需要大量木料。为此，他先在康乐县莲路乡信用社贷款1000元。之后，他深入卓尼县康多乡募化木料。

卓尼县康多乡是藏民聚居地，每个村都有集体林木。清代以来，康多乡的康多村、扎占村、拉木什村、加林村、白族寨村和大石村都是八角青苗会的"帮会"。帮会不同于分会，他们只承担所属青苗会摊派的义务，却不享有权利。具体来讲，帮会每年必须承担会费会粮，为所属青苗会举办的神事活动交钱或面粉和清油等物，但是，帮会里的村民不能去所属青苗会管辖的草山上放牧牛羊。石文祥进入康多六个村化捐木料时，藏民提出要求："修常爷庙由我们来捐木头。我们只有一个条件，让我们加入你们八角青苗会，成为你们的六会。"石文祥向父亲石作林等八角青苗会的老辈人转达了康多六个村藏民的条件，老辈人都同意了。1986年4月13日，石文祥入驻卓尼县康多乡，前后用去40天时间，雇用短轴东风车装了11车木料运回庙花山。1988年，庙花山常爷庙建成。石作林父子被八角青苗会推举为常爷庙的世袭庙主，按"辈辈老大"的规矩即由嫡长子来继承庙主之位。石作林于2005年农历七月去世，

---

① 访谈对象：八角乡八角村石文祥（男，62岁）；访谈地点：八角乡八角村石文祥车场的值班室；访谈时间：2006年7月3日。

石文祥成为庙花山常爷庙的第二任庙主。①

1988年庙花山常爷庙复建后，康多乡等六个藏族村落亦成为八角青苗会的六会，就此享有在八角青苗会所辖草山放牧的权利。同年，八角青苗会恢复了为期三天的庙花山庙会。康多藏民向八角青苗会申请，"你们汉人唱戏给常爷看，我们藏民就跑马给常爷看"，要求在1988年农历五月二十七日庙会的第一天，在常爷庙前空闲的地方赛马。这是一项常规旧例，八角青苗会同意了。常爷庙前空闲的地方，当地村民叫作"老庙滩"，一片约四十亩的开阔之地。当地解放前，老庙滩是康多村藏民放牧牛羊的草场。每逢庙会，康多藏民以家户为单位，每户牵来一匹马在老庙滩举行"跑马会"，得了好名次的家户喻示着当年会喜获丰收。解放后，老庙滩草场被划归康多乡庙花村所有。这里的汉族社员们把它改作种植小麦的耕地。1980年土地承包到户，老庙滩草场被分到庙花村村民的名下，依旧种地。没想到的是，康多六个村的藏民趁1988年在常爷庙前赛马的机会，把老庙滩上种植的近四十亩麦苗全部踏平。庙花村的汉族村民认为"康多藏民借跑马就是想收回老庙滩的那块地"。汉藏村民为此发生纠纷。八角青苗会出面调解，平息了事态。此后，八角青苗会与庙花山汉族村民和康多六个村的藏民达成协议：老庙滩留出十亩土地不种小麦，专门让康多藏民为常爷跑马。②复会之后的老庙滩，成为汉藏乡民共同放牧耕种之地。

成为八角青苗会六会的康多六个村的藏民还争取到在白石山草场放牧的权利。长久以来，卓尼县康多乡藏族与临潭县八角乡汉族以峡里河为界，河的南面为康多乡，河的北面为八角青苗会五会的地界。峡里河的两边有三座山连绵相接，分别是庙花山、白石山和华崖山。庙花山的西侧为华崖山，坐落在汉人聚居区内；东侧是白石山，距离汉人聚居区最远，位于康多乡的藏民聚居区。这三座山上的草场和耕地均属于八角青苗会的管辖范围，康多藏民在这里没有自己的草场。这种格局应是由明清时代洮州卫奠定的。其中关于白石山草场归汉人管辖的缘故，还有一个传说。据说明末清初的时候，庙花村里有位跑得飞快的人，村民把他叫作"飞腿"。一次，庙花山汉人与康多番人为了白石山草

---

① 访谈对象：冶力关镇池沟村牟喜祥（男，33岁）；访谈地点：常山庙；访谈时间：2006年6月1日。访谈对象：八角乡八角村石文祥（男，62岁）；访谈地点：八角乡八角村石文祥车场的值班室；访谈时间：2006年7月1日。

② 访谈对象：临潭县冶力关镇池沟村牟喜祥（男，38岁）和东山村张名义（男，70岁）；访谈地点：冶力关常山庙；访谈时间：2006年6月26日。访谈对象：卓尼县康多乡庙花村人张胜（男，36岁）；访谈地点：庙花山草场；访谈时间：2006年6月28日。

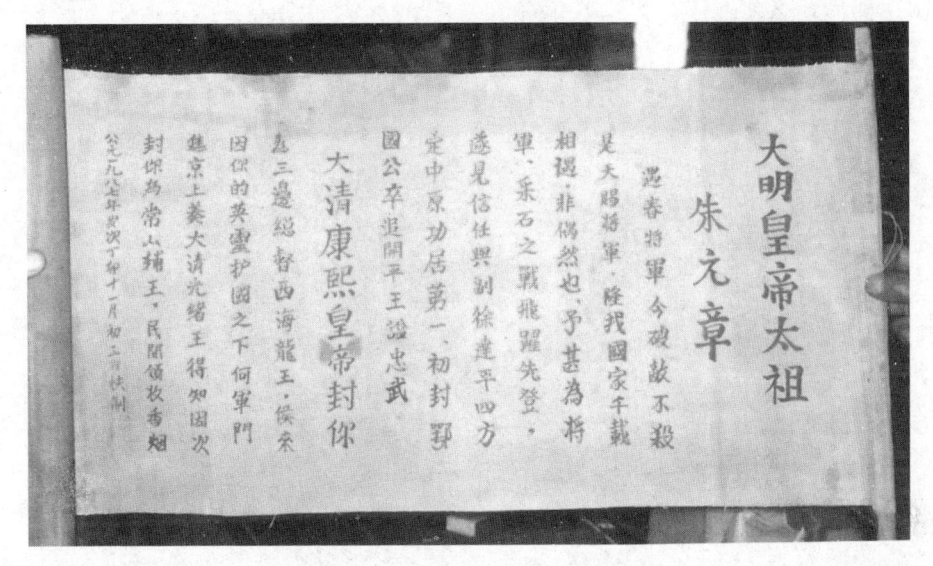

图 27　八角青苗会复会后制作的"敕书"

八角青苗会复会后，在乡老指导下制作的"敕书"，意在说明常遇春被两次敕封龙神的时间点。这也是洮州青苗会口耳相传的龙神历史的写照。

场发生争执。番人说："让你们的飞腿与我们的马赛一次跑，谁跑得快，谁就拥有这块牧场。"于是，飞腿和番马开始赛跑。当飞腿第一个跑到终点即将拔旗的时候，骑在马上的番人甩出套马用的绳索率先套住旗杆，将它凌空拔出。这次草场相争以庙花山的汉人失败告终。清代有一年的冬季来得特别早，也特别寒冷，番人的牛羊大多被冻僵或者饿死。八角青苗会召集村民为康多番人筹募了过冬的粮食。之后，庙花村汉人与康多番人就白石山草场的归属达成协议并立下字据，白石山草场从此属于庙花村。汉番双方将协议刻在一块石头上，作为"界石"埋在白石山草场地下。此后两百年里，汉番双方再没有为这片草场产生大的纷争。① 据庙花村村民说，康多六个村的藏民成为八角青苗会六会之后，从庙花村大队书记手里买走两百年前的协议字据，并且挖去埋在白石山草场地下的界石，赶着牛羊到白石山草场放牧，后来还赶着牛羊到峡里河北岸来放牧。当汉族村民阻拦时，康多六个村的藏民们会说："我们是六会的

---

① 2006 年 6 月 28 日在庙花滩的群体访谈。访谈对象：冶力关池沟村牟喜祥（男，38 岁）；访谈地点：从冶力关关街去往枹哇旗的途中；访谈时间：2006 年 6 月 30 日。访谈对象：八角乡八角村石文祥（男，62 岁）；访谈地点：石文祥车场的值班室；访谈时间：2006 年 7 月 1 日。访谈对象：冶力关镇杨林林（男，25 岁）；访谈地点：从冶力关关街去往枹哇旗的途中；访谈时间：2006 年 10 月 15 日。访谈对象：卓尼县枹哇乡石家族石英（男，68 岁）；访谈地点：石英家；访谈时间：2006 年 10 月 15 日。

人，想做什么就做什么。"① 八角青苗会对此只能予以默认。

图 28　冶力关青苗会常山龙神庙的部分内景

　　与八角青苗会毗邻的是冶力关青苗会。几乎在同一时期，冶力关青苗会也开始筹备复建庙宇。1983 年，冶力关 20 名 80 岁左右的老人计划复建常山庙，他们都是 1958 年以前冶力关青苗会的成员。老人们面临的主要问题是缺乏资金和木料。他们走乡串户募集了 2000 元，资金不再是大问题。筹划木料却成为一件困难事。1958 年之前冶力关青苗会拥有一片"黄涧子"山林，占地五十至六十亩，据说是明末清初继承的，乡民们也叫作"常爷林"。只要冶力关青苗会需要扩建或者整修常爷庙，就用这片"常爷林"的木材。1958 年冶力关人民公社化，青苗会被解散，"常爷林"所在的黄涧子由洮河林业局统一管理。没有了"常爷林"，老人们只好挨家挨户募捐木料，其中约 40% 的木料是由羊沙乡甘沟村和卓尼县朷哇乡朷哇旗两个帮会捐助的。1958 年之前，甘沟村既是羊沙青苗会的头会，也是冶力关青苗会的帮会，缘由在于当地传说甘沟青苗会供奉的龙神成世疆是常遇春的副将。因此，冶力关青苗会去新城参加龙神赛会时，羊沙青苗会的龙神轿队都要在羊沙关的路口等候冶力关的龙神轿队，会合后一起前往新城参会。同时，羊沙的甘沟青苗头会还要承担冶力关青苗会的神事义务，交纳会费、戏钱和会粮。朷哇旗是土族聚居地，因为在

---

① 2006 年 6 月 28 日在庙花滩的群体访谈。访谈对象：庙花村人张胜（男，36 岁）；访谈地点：庙花山；访谈时间：2006 年 6 月 28 日。访谈对象：冶力关镇杨林林（男，25 岁）；访谈地点：从冶力关关街去往朷哇旗的途中；访谈时间：2006 年 10 月 15 日。

"文化大革命"期间没有一名土族人参与过毁坏常爷庙的活动,冶力关青苗会的乡老们都认为"土族人对常爷的信仰更真",所以接受了杓哇旗捐助的木料。通过筹捐木料,杓哇旗和甘沟村就此成为冶力关青苗会的五会和六会。

在冶力关青苗会筹集木料期间,卓尼县恰盖乡的藏族村落的上下李家也想通过捐助木料成为七会,但是冶力关青苗会的老人们没有接受他们的木料。据乡老讲,上下李家是两百里之外夏河县黄土司的部落属民,大约在清末,当时的黄土司没有后人,来冶力关常山庙拜祭龙神常遇春时许愿,如果常爷能够保他有后人,他就让上下李家的百姓年年给常爷上香。黄土司拜了常爷回到夏河后,果然有了后人,他非常高兴,命令上下李家的藏民信仰常遇春,每个农历月的初一和十五到常爷庙给常爷上香。民国时期,上下李家是冶力关青苗会三会的一个帮会,他们一直想加入三会,但是三会不要他们。乡老们说:"因为上下李家没有草山,他们想入会就是为了放牧。"新中国成立后,卓尼县登记户籍,干部问上下李家的村民姓什么,村民们说"我们的头人姓黄",自此,上下李家的藏民全部姓黄。回绝了上下李家的木料捐助,老人们花费了五年时间才筹集到足够多的木料。1986年常山庙大殿竣工。这座庙按原样复建,长宽比原庙各缩短3米。然而,能够欣赏到复建之后常山庙全景的筹备成员,只有最年轻的画师康永健,其他20名老人都相继离开人世,无法看到他们努力的成果。冶力关青苗会遵从洮州青苗会的老规矩,指定常爷庙所在村落的"单人"任庙管。所谓单人,指因为生理等原因而没有成家的村民。洮州青苗会指定的单人通常行为勤快,按时给龙神上香敬裱,定期打扫龙神庙。龙神庙所在村落的家户每年给庙管三斤粮食,作为庙管的生活用资。常山庙落成之后,上下李家的藏民在每个农历月的初一和十五都来祭拜常爷,每年农历六月初一的庙会要给常山庙送酥油。当然,他们仍然有加入冶力关青苗会的愿望。2006年10月,上下李家再次提出入会的要求。在总结了八角青苗会与康多六个村之间的恩怨经验之后,冶力关青苗会拒绝了这一请求。①

三 苏维埃旧址

随着各处乡村龙神庙复建、唱戏和踩街仪式的恢复,临潭县各阶层、各民族人群复修新城隍庙与旧城五国爷庙的愿望越来越强烈。新城隍庙是明代洮州

---

① 访谈对象:康永健(男,62岁);访谈地点:冶力关常山庙;访谈时间:2006年6月26日。访谈对象:冶力关镇池沟村牟喜祥(男,33岁);访谈地点:常山庙;访谈时间:2006年6月28日。访谈对象:八角乡八角村石文祥(男,58岁);访谈地点:石文祥车场的值班室;访谈时间:2006年7月1日。2006年7月8日在常山庙的群体访谈。

卫城的城隍庙，承载着明代以来的洮州历史，同时也是清代洮州各支青苗会举办龙神竞跑和踩街仪式的核心场所，是联结历代政府与四乡乡民的关节点。旧城五国爷庙位于县城之内，复修这座庙宇无疑会惊动县政府的各级官员。因此，新城城隍庙和旧城五国爷庙与散布在乡间的龙神庙不一样，复修它们将直接刺激地方政府的政治中枢神经，稍有不慎，组织者将被扣以"封建迷信"的帽子。正如时人所言："新城隍庙……解放后，更赋予'迷信'之嫌，为人侧目。甚者，有损坏之手，无补救之心。"① 如何撇清这两座庙宇与封建迷信之间的关系，恢复它们的正当名誉，是时人亟须解决的问题。一旦临潭县两个中心地的庙宇获得政治解放，洮州青苗会就有了完全复会的可能。

就新城城隍庙而言，它在新中国成立后被多次改换门庭。1949—1953年，城隍庙被临潭县政府征用，前院作为县政府的办公地点，后院是县委办公地点。1954年城隍庙大殿被用作新城粮店的储粮点。"文化大革命"期间，城隍庙的后宫、两殿及戏台被造反派拆毁。② 1974年（一说为1975年）县农机公司入驻城隍庙，1980年县农机公司搬迁。城隍庙闲置，其使用权仍属于县政府。无人照管的城隍庙年久失修，面临坍塌危险，尤其是雨天，庙里的雨注比庙外还大。③ 复原这座庙宇及其承载的社会公共活动，当地人花费了二十余年的努力。

新城城隍庙是在乡老们开展的仪式中焕发了生命力。1980年的农历五月初五，洮州青苗会的乡老们在新城城隍庙前复办了第一次端午大戏。在农历四月里，新城及其近郊的城背后、端阳沟、刘旗、晏家堡等村的乡老们开始募化戏钱。捐戏钱的规则是，新城及其近郊各支青苗会覆盖的村落里，农民每人两角钱，有工作单位的每人两元。大戏的形式延续1958年之前的传统，邀请秦腔戏班从农历五月五日至七日连演三天。唱戏的地点在新城城隍庙前的空地上。此时的城隍庙无人看管，破败非常。然而，当尖细清脆的板胡声游走在硬木梆子击发出的桄桄声里时，瞬间激发了城隍庙的活力，让看戏的乡民们感受到改革带来的春风。唱过端午大戏之后，新城近郊的各支青苗会开始在村落里公开活动。1981年的端午节，端阳沟、城背后、刘旗和晏家堡四支青苗会组织龙神轿队自发进新城踩街。他们抬着新制的龙神塑身沿新城东大街行走了一个来回，引来众多乡民围观。1982年端午节，流顺和水磨川两支青苗会的龙

---

① 临潭县新城文物管护委员会洮州史丛编辑部编：《洮州史丛》（第二期），甘南报社印刷厂1994年版，第92页。

② 临潭县新城文物管护委员会洮州史丛编辑部编：《洮州史丛》（第二期），第93页。

③ 访谈对象：陈建中（男，73岁）；访谈地点：陈建中家；访谈时间：2006年5月30日。

神轿队加入到自发的踩街队伍里。1983—1985 年,自发踩街仪式的龙神轿队里多了白土青苗会的龙神轿队。1986 年,张旗和新堡两支青苗会的龙神轿队也加入到自发踩街的队伍里。

1987 年的端午节后,乡老建议恢复龙神赛会的老传统,请宋家庄宋氏家族推选一名老人负责归拢进入新城的各支龙神轿队,在踩街队伍前敲锣,引领他们去隍庙上香。宋氏家族推荐了一位定居在新城城内、与官府子家血缘关系较近、德高望重且能办事的宋氏族人担任龙神赛会的主持人。1988 年,宋氏族人在复会之后首次主持新城龙神赛会。1989 年春季风波后,临潭县各乡政府和新城派出所极力阻止各处龙神轿队进城。端午节那天(公历 6 月 5 日),六七支近郊的龙神轿队都被阻挡在城外,最后只有城背后青苗会的龙神轿队出现在新城的东大街上踩街。此后两年,每至五月端午节的清晨,新城派出所都会派出警员把守在四路通向新城的要道,不准龙神轿队进入新城。遇到这种情况,城背后和端阳沟的龙神轿队都佯装返回,待警员离开路口之后,再调头进城。流顺和水磨川两支龙神轿队会早早地站在可以俯瞰新城的盘山路口,当看到城背后、端阳沟的龙神轿队进入新城后,他们也会循着盘山公路来到新城东大街踩街。1992 年的端午节,新城派出所不再派警员阻止龙神轿队进城了。八支龙神轿队顺利步入新城踩街,场面十分热闹。乡老们把这一变化归因于"邓小平南方谈话"(1992 年 1 月 18 日—2 月 21 日)。他们说:"邓小平那一年在南方,说'胆子要放大一点,步子再快一点',从那时到以后的几年,公安局再没有管过(龙神轿队踩街)。"[1] 也是在这一年的端午节,新城文管会的老人们邀请正在新城乡[2]开会的县政府四大班子领导观看龙神赛会。县委领导

---

[1] 访谈对象:宫福生(男,76 岁);访谈地点:端阳沟李文忠庙;访谈时间:2005 年 10 月 28 日。访谈对象:付中兴(男,70 岁);访谈时间:2006 年 7 月 6 日。访谈对象:新城镇李春秀(男,73 岁)、王奎(男,63 岁)、朱生照(男,62 岁);访谈地点:新城城隍庙;访谈时间:2006 年 5 月 27 日。访谈对象:新城镇朱生照(男,62 岁);访谈地点:新城城隍庙;访谈时间:2006 年 7 月 2 日。访谈对象:洮州青苗总会会首,新城镇南门河村宋克义(男,56 岁);访谈地点:宋克义家;访谈时间:2006 年 7 月 26 日。访谈对象:王奎(男,63 岁)、宋克义(男,56 岁);访谈地点:新城城隍庙;访谈时间:2006 年 9 月 26 日。访谈对象:流顺乡宋家庄沟门前村宋卫华(男,52 岁);访谈地点:宋卫华家;访谈时间:2006 年 11 月 1 日。2006 年 5 月 31 日和 6 月 1 日在新城城隍庙对洮州十八青苗会会首的群体访谈。

[2] 临潭县县政府迁移至旧城后,新城属于乡级政府建制,是为"新城乡"。2002 年撤乡建镇,从此为"新城镇"。

说:"你们长胡子、穿红袍子的人在呢,我们不能去。"① 显然,临潭县政府的官员们仍然把踩街仪式看作充斥着龙神塑身这类封建偶像的迷信活动,故与龙神赛会保持相当距离。

围绕隍庙开展的公共活动,难免会受到政治氛围的制约和影响,必须要有洮州各支青苗会乡老的热情推动。与之相比,修复整座新城城隍庙,需要的是能够调动社会资源的智慧。1984年6月,甘南藏族自治州州长金巴、临潭县县长敏政视察新城城隍庙之后,认为这一濒临坍塌的古建筑群应加以保护,遂给新城乡领导讲了这一意见。经乡上和当地老年人商量,由各村推出有名望的老年人19名并会计、出纳等人员,组成了新城文物管护委员会,负责新城城隍庙的维修管护工作。② 上级任命王中西为新城文物管护委员会(以下简称"新城文管会")主任,团结新城地区热心公益事业的数十位各阶层人士,此举得到陈介西的大力支持。③ 陈介西是清代光绪年间廪生陈考三之子。陈考三曾在洮州莲峰书院任教,民国初期在新城开办第一所女子学校。1936年8月19日红军在临潭县新城城隍庙对面的戏台成立苏维埃政府,上千人参加,陈考三当选为临潭县苏维埃政府委员,并在戏台两侧书写一副楹联"大斧头劈开新世界,小镰刀割断旧乾坤"。红军离开临潭后,陈考三被捕入狱,经家人多方营救,才得以释放。1940年,陈考三主持编写《临潭县志》。④ 陈介西幼承庭训,耳濡目染,熟稔新城城隍庙的近代史,被延请为新城文管会顾问。陈介西认为,要复修城隍庙,"须先申大义于党群,赢得上下支持,方能彻底维修,再展雄姿"⑤。于是,他搜集新城城隍庙古今史料,写成上万字的材料,把新城隍庙与中国当代革命史联系起来,指出1936年红军进入临潭县成立临潭县苏维埃政府,红四方面军成立中国抗日救国军甘肃第一路军,司令部就设在新城城隍庙⑥,城隍庙就是苏维埃旧址。在陈介西的影响下,李润、彭尚义于1985年撰文梳理红四方面军进驻新城城隍庙的革命史。⑦ 1988年,赵瀚豪、

---

① 访谈对象:陈建中(男,73岁);访谈地点:陈建中家;访谈时间:2006年5月30日和6月12日。

② 临潭县新城文物管护委员会洮州史丛编辑部编:《洮州史丛》(第二期),第77页。

③ 同上书,第94页。

④ 临潭县志编纂委员会编:《临潭县志》,第869—870页。

⑤ 临潭县新城文物管护委员会洮州史丛编辑部编:《洮州史丛》(第二期),第82页。

⑥ 临潭县新城文物管护委员会洮州史丛编辑部编:《洮州史丛》(第一期),兰州市人民政府办公厅1993年印制,第31页。

⑦ 李润、彭尚义:《一九三六年中国工农红军四方面军长征在临潭》,《临潭文史资料》(第一辑),1985年,第1—15页。

王化国分别撰文书写红四方面军进驻临潭新城城隍庙的革命史。①

为了取得甘肃省政府的支持,陈介西三次去到省城兰州,拜会各级领导。② 1991 年,陈介西晋谒时任甘肃省委副书记的卓尼县籍人氏卢克俭,恳谈之后,卢克俭立表赞许,挥毫书写"苏维埃旧址"五个大字作为匾额,并即电嘱有关部门拨款资助。③ 为此,临潭县新城乡人民政府印发政字[1991]第 22 号《关于呼请抢救濒危文物、维修临潭县苏维埃旧址的紧急报告》(4 月印发),申请临潭县政府维修作为苏维埃旧址的新城城隍庙④,临潭县政府立刻拨款 5000 元。⑤ 甘肃省、甘南州、临潭县各级领导"同声响应,纷纷赠匾题词,热情赞助。一时间,新城苏维埃旧址的美名,声蜚遐迩,誉满朝野"。⑥ 陈介西认为,复修隍庙"上闻省、州、县、乡"的目标已达到,还要实现"下昭工、农、学、商"⑦,于是"向新城各家户、店面和近郊乡村群众募捐",提出"捐钱、捐材料、捐工,号召大家一起维修隍庙"。⑧ 临潭乡民的观念是,"有了城隍爷,就有青苗会","没有城隍爷,佛爷不聚会;有了城隍庙,佛爷就来了",听说要维修新城隍庙,大家都踊跃捐资捐物出力。⑨ 1991 年 10 月,临潭县苏维埃旧址"举行了有三万多人参加的盛大张匾大会,卢克俭等领导同志亲临大会,发表了热情洋溢的讲话"。⑩ 此次盛会令"古洮州城内万人空巷"。⑪ 后来,新城文管会又经过三次募捐集资,于 1991—1992 年将城隍庙大殿、两廊、两祠修葺一新,在西廊设置"老年之家",开展文娱活动,使新城城地区的老人和离退休干部有了活动场所。⑫ 新城文管会把西侧厢

---

① 赵瀚豪:《红军长征过甘南》,《甘南党史资料》第一辑,1988 年 4 月;王化国:《红四方面进军洮(州)岷(州)大事记》,《甘南党史资料》第一辑,1988 年 4 月。这两篇文章均转引自《洮州史丛》(第一期)。
② 临潭县新城文物管护委员洮州史丛编辑部编:《洮州史丛》(第二期),第 81 页。
③ 同上书,第 82 页。
④ 临潭县新城文物管护委员洮州史丛编辑部编:《洮州史丛》(第一期),第 33 页。
⑤ 访谈对象:陈建中(男,73 岁,临潭县人事局退休干部);访谈地点:陈建中家;访谈时间:2006 年 5 月 30 日。
⑥ 临潭县新城文物管护委员洮州史丛编辑部编:《洮州史丛》(第二期),第 82 页。
⑦ 同上。
⑧ 访谈对象:陈建中(男,73 岁,临潭县人事局退休干部);访谈地点:陈建中家;访谈时间:2006 年 6 月 12 日。
⑨ 同上。
⑩ 临潭县新城文物管护委员洮州史丛编辑部编:《洮州史丛》(第二期),第 101 页。
⑪ 临潭县新城文物管护委员洮州史丛编辑部编:《洮州史丛》(第一期),第 2 页。
⑫ 临潭县新城文物管护委员洮州史丛编辑部编:《洮州史丛》(第二期),第 94 页。

殿设定为"临潭县苏维埃政府纪念馆",陈设了红四方面军在临潭留下的图片和使用过的器具。大殿暂时空置。1993 年 3 月 29 日,新城城隍庙作为苏维埃旧址被批准为甘肃省第五批省级重点文物保护单位。①

图 29　洮州苏维埃政府纪念馆
城隍庙原西厢殿,复修城隍庙之后作为洮州苏维埃政府纪念馆。

为了纪念维修新城城隍庙的这段历史,同时也为了澄清隍庙与封建迷信的关系,新城文管会着手编写具有民间期刊性质的会刊《洮州史丛》,探讨历史,以正视听。1993 年 5 月,《洮州史丛》第一期出版,是为 32 开共计 37 页的刊物,总印数 2000 册。期刊顾问是洪庭瑞、洪庭秀、王俊英、陈秉衡和侯大兴;主编为陈介西;编委是王存全、王宇和、付中兴、刘克仁、杨浓、陈介西、陈建中、李锦江、赵剑峰、海洪涛和薛德全。目前能够知道基本背景情况的顾问和编委有:洪庭瑞,1933 年生人,临潭县陈旗乡、龙元乡②一带人士,历任甘南藏族自治州州委宣传部部长兼甘南社会科学联合会会长、甘南州副州长和中共合作民族师专党委书记;洪庭秀,1939 年生人,临潭县陈旗乡、龙元乡一带人士,曾经担任卓尼一中校长,在任《洮州史丛》顾问时,正任甘肃省煤炭运销公司党委书记和总经理;王俊英(1937—2002),临潭新城人,1956 年毕业于西北民族学院语文系藏语文专业,曾在甘南广播电台、甘南报

---

①　临潭县新城文物管护委员会洮州史丛编辑部编:《洮州史丛》(第二期),第 101 页。
②　2006 年 9 月 16 日,陈旗乡与龙元乡合并,统一被命名为"王旗乡"。

图 30 龙神祠

城隍庙原东厢殿。复修城隍庙之后,乡老们延续传统,仍然将其作为龙神祠。

社从事翻译、记者、编辑等工作,1981 年参与编写《甘南藏族自治州概况》,1985 年担任甘南藏族自治州地方史志办公室主任和《甘南州志》主编;海洪涛,1940 年生人,新城南门河村人,出身于回民世家,是民国时期临潭名人海镜清[①]之孙,毕业于甘肃省教育学院汉语系,曾长期在临潭二中任教,业余笔耕不辍,后改行从事地方志工作,任临潭县志办主任[②];赵剑峰,1930 年生人,临潭县龙元乡王家坟人,毕业于甘肃革命大学(延安革命大学甘肃分校)。长期负责中学语文教学工作,历任磨沟学校教导主任、临潭县第一中学副校长、校长兼党支部书记,并任临潭县政协常委、甘南州政协委员。1986 年与李英俊、刘光远等人共同发起民间诗词团体"东陇诗社",担任社长,并发行过多期《山花集》《东陇诗选》。[③] 这些顾问、编委大多担任地方各级政府部门公职,从事且热衷于地方文化事业工作,是临潭地方文人的代表。

[①] 有关海镜清的生平,请见本书第七章"临潭的社会结构"之"回民家族"一节。
[②] 临潭县志编纂委员会编:《临潭县志(1991—2006)》,第 691、693、682、693—694 页。
[③] 临潭县志编纂委员会编:《临潭县志(1991—2006)》,第 679 页。

第一期《洮州史丛》的封面以新城城隍庙为背景图案。设计者以素朴的墨色线条勾勒出石阶、山门、东侧厢殿和大殿等建筑物，间有树木点缀其间，远处是高耸入云的朵山，山顶上是绵延的一段长城。在隍庙与朵山之间，设计者神来之笔地绘入了似云朵状奔腾的洮河。这种设计的意旨鲜明，把新城城隍庙与朵山①和洮河共同视为古洮州的特征性景物。这幅具有工笔特点的构图与米黄色的封面纸相互映衬，构造出泛黄古旧的即视感，被其后第二期和第三期《洮州史丛》延用。封面设计者阿丁，原名陈秉衡，是甘南州志办副主任；封面题字为洪庭瑞所写。首页刊发了卢克俭题字，"继承红军意志，实现四化大业"；其后配有两幅照片，一幅为临潭新城的照片，题名"蜿蜒于东陇山麓之北魏洪和城，元、明、清代洮州城——今临潭新城——古山城雄姿"，一幅为临潭新城城隍庙照片，题名"雄踞于东陇山陬台地，曾为忽必烈平滇行辕，元代洮州元帅府，1936年中共中央西北局洮州会议会址，临潭县苏维埃政府及1949年临潭县人民政府驻地——临潭新城隍庙一瞥"。

期刊主要有三篇文章，第一篇为杨浓的《红军长征到新城事略》，记述1936年8月19日红四方面军在临潭新城成立临潭县苏维埃政府之事，常云亭、牛长春为正、副主席；赵文炯、陈考三、常耀天、杜青庵、苏鸿发、杨治三、贾林林、范云山、丁兆林为委员；赵文炯兼工会主席；范云山兼抗日义勇军大队长；丁兆林为粮台总台长。在成立大会上，中共甘肃省西路工委书记黄火青代表甘肃省抗日救国军总指挥部宣布成立了中国抗日救国军甘肃第一路军，并任命李中芳为司令员，张先进为政治部主任。第二篇为陈介西的《忽必烈到过洮州吗——兼考由此引发的有关临潭历史的几个问题》。第三篇是资料荟萃，把各处研究红四方面军与新城隍庙之关系的文章段落一一节选出来，证明新城城隍庙是苏维埃旧址，是中国革命史的一部分。《洮州史丛》第一期出版之后引来强烈的社会反响，得到县内外甚至省内外关心地方史志的众多读者的热情关注和支持，给了新城文管会莫大的鼓舞和鞭策。②

1994年5月，第二期《洮州史丛》出版，是一本32开共计101页的刊物，总印数2000册。该期期刊主编陈建中，为陈介西之子。陈建中沐泽家学，在临潭县人事局工作，被新城乡老推举为新城文管会副主任。该期期刊配有一幅洪武十二年（1379）《筑洮城工竣碑》照片。期刊分五部分，内容依然围绕

---

① 现在当地人习称的"朵山"即是明洪武十二年李文忠、金朝兴度址修建洮州卫城新城的东笼山。

② 访谈对象：陈建中（男，73岁，临潭县人事局退休干部）；访谈地点：陈建中家；访谈时间：2006年6月12日。

新城隍庙展开。第一部分为纪念毛泽东同志100周年诞辰所做的专题内容，有王俊英撰写的《民族区域自治思想是毛泽东同志对马列主义关于民族问题的一大贡献》。王俊英指出，政府在1958年的反封建斗争中因为"左"的思想而导致扩大化，给民族地区带来了很多伤害，其中一个伤害就是把藏族寺院夷为平地，佛像当废铜烂铁，经卷付之一炬，"这一教训一定要记住"。第二部分有两篇文章，一篇为陈建中、付中兴撰写的《临潭县端午节迎神赛会之由来》。这篇文章把临潭县端午节迎神赛会定位为"民俗活动"，把它与"封建迷信"剥离开来，指出洮州十八龙神都是明太祖朱元璋敕封的开国功臣，与他们率军开拓洮州、设置洮州卫有关。文章还指出，"端午节迎神赛会，能延续五百多年而不衰，说明确有缅怀祖先们艰苦创业过程，藉以激励后人形成民族向心力和凝聚力的含意"，"拨开封建迷信的云雾，还历史以本来面目，从'根'上寻找这一传统民俗活动的历史背景而言，恐绝非毫无意义的文化探究工作"。另一篇文章为陈建中、付中兴撰写的《洮州十八位"龙神"传略》，把18位龙神追溯到明代开国将领，详细叙述18位明代开国将领的生平事迹。这两篇文章共计48页。第三部分为"苏维埃旧址贺电、贺信、赠匾、题词、书画、诗词选"，把1991年以来各级领导、各级机关事业单位、各宗教团体、各人民团体以及个人给新城隍庙的贺电、贺信、赠匾题字、锦幛题字、诗词楹联等一一刊登，其中赠匾和锦幛共68道，例如，原甘肃省人大常委会副主任杨复兴①赠匾"承前启后"，在新疆生产建设兵团、新疆维吾尔自治区工作的临潭人集体献匾"拓疆怀洮"，临潭县四大班子赠匾"雄风万古"，卓尼县四大班子赠匾"流芳千秋"，卓尼县申藏乡旦藏村委会赠锦幛"精诚团结"，临潭县清真上寺赠锦幛"宏图再展"，西道堂、旧城西大寺集体赠锦幛"风范长存"，洮州农民文化宫（即旧城五国爷庙）赠锦幛"功在千秋"，新城南门河全体回民赠锦幛"继承革命传统，增进民族团结"，等等。诗词、楹联多为新城文管会成员、《洮州史丛》编委和东陇诗社《山花集》成员之作。这部分共39页。第四部分为文管会1994年在隍庙举办春节灯谜晚会的50个灯谜谜面。第五部分为编后小记。

经过新城文管会四十余位地方文人和乡老的努力，新城城隍庙以"苏维埃旧址"和"省级重点文物保护单位"这类新的空间身份，获得各级政府、各界宗教社会团体的祝贺，最终得到政府承认。"洮州十八龙神"在地方文人的考证之下，也获得应有的历史地位。端午节新城龙神赛会逐渐摘掉了"封建迷信"的帽子，被承认是地方民俗活动。第二期《洮州史丛》刊发之后，

---

① 杨复兴即卓尼杨土司的后裔。

当年（1994年）参加新城端午节龙神赛会的龙神轿队达到九支。

四 洮州农民文化宫

旧城五国爷庙复建于1986年。当年，旧城青苗会在临潭、卓尼两县向广大汉藏农牧民募捐集资，在因扩建公路被占去三分之一而剩下660平方米的原址上复建了旧城大庙。复建后的旧城大庙建筑面积达到一千余平方米，高度为42.8米，正门别具一格，斗拱、挑檐、两边三角形的宇顶支撑着稳重的人字形屋顶，造型独特。从大门进去，院落虽不大，但站在天井仰望，主体三层建筑显得巍峨高大，气象非凡。钢筋混凝土结构的高楼托起传统木质结构的重檐歇殿，布局严谨，屋檐高翘，雕梁画栋流金溢彩。八个扎角缀以龙首、铜铃，正脊镶嵌着砖雕花饰，翡翠般的琉璃瓦在阳光下釉泽熠熠，绮丽夺目。两边山墙上绘有洮州八景图，主体与厢房、正门之间相映成趣，错落有致，给人以古色古香幽静典雅之感。复建后的旧城五国爷庙很少再被叫作"大庙"，而被称为"农民文化活动中心"。一、二楼有游艺室、阅览室、科技室、排练室和展览室。一楼游艺室设有象棋、扑克、台球、乒乓球、康乐球等项目，阅览室有报章杂志随时供人们阅读。二楼排练室在每年的腊月农闲时，成为临潭城关地区秧歌队的排练场地。[①]

1994年，旧城青苗会组织人员撰写文字材料，要把旧城青苗会的来龙去脉讲清楚，力图说明洮州农民文化宫（旧城五国爷庙）并非封建迷信场所，旧城青苗会崇祀龙神安世魁也不是封建迷信活动。旧城青苗会专门成立"洮州农民文化宫《简史》编写小组"，由赵如信、阎生敏、韩瑞华、邱德辉和权世英五人组成，他们是旧城青苗会的老人，不仅熟悉旧城青苗会的历史，还具有一定的文化水平。一些通晓历史掌故和传说故事的旧城青苗会老人如宋德泰、宁昌昌、宋文辉、杨宗震、牛育贤、牛育龙、文吉昌、武伟等向编写小组提供材料。编写小组拟写初稿之后，旧城青苗会又托请地方文人宁文焕修订为《洮州农民文化宫简史》（以下简称《简史》）。宁文焕（1938—1999）是临潭旧城人，曾是中学高级教师，长期担任临潭二中语文、音乐和美术课的教学工作，教学之余研究洮州"花儿"和洮州民俗，1992年出版的专著《洮州"花儿"散论》，使他成为当地公认的民间文艺家和民间文学作家。[②] 宁文焕执

---

① 宁文焕、权世英执笔：《洮州农民文化宫简史》（油印本），第17页。
② 临潭县志编纂委员会：《临潭县志（1991—2006）》，第679—680页。

笔改定《简史》时，正任职临潭县文联副主席。① 1994年12月16日，《简史》成册，16开总计20页。旧城青苗会把它上报给临潭县宗教局备案。

《简史》分为四部分。第一部分"敕建龙王庙"，第二部分"成立青苗会"，第三部分"新修文化宫"，第四部分"编后"。第一部分把龙王庙的历史追溯到600年前的明代，引用《明史·西域二》《明史·沐英传》《明史·西域》《洮州厅志》《汉南记》《甘肃通志》《甘肃古代史话》《纲鉴》《西北考察日记》（顾颉刚）、《陇游日记》（王树民）等书，指出明代洪武十二年（1379）朱元璋令沐英、李文忠征讨洮州十八族番酋，攻下洮州后设立洮州卫，建修洮州卫城。沐英、李文忠还调来成都府指挥安世魁，奉命镇守旧城，都指挥使司设在旧城洮州城内北街（即今洮州农民文化宫处）。② 为了拓地实边，达到长治久安，安世魁遂将所带大部分江淮一带军士留在洮州开荒屯田，后来又把将士家属和江南平民也迁来定居，其中包括沐英军内的回族军士，形成了旧城以汉族和回族为主体的居住格局。《简史》还对安世魁进行了一番考证，指出安世魁原籍陕西卫后所（今武功）人氏，熟读经史，精通武艺，文韬武略集于一身，科中武举。曾选用红水营游击，有功特授成都府指挥。安公知书知兵，宽厚待人。到达洮州旧城后，一面开荒屯垦，一面奉行明初对民族地区"因俗以治"的方针，对洮西广大地区采取"惟因其俗尚，化导诱善"的策略，尊重民族风俗习惯，达到了政治上和军事上对这一地区的控制。安公生前与清真寺阿訇友善，留下了他们常在署堂大殿台阶上弈棋的佳话。③

关于安世魁被封为"镇守西海感应五国都大龙王"的由来，《简史》是这样记载的：洪武二十八年（1395），青海酋火落赤（蒙古族）犯边，引起朝廷重视，太祖派其子秦王樉、陕西都督平羌将军宁正征讨。安公也奉旨率兵亲征。至西宁，驻西海（今青海湖南一带，后为洮州卫辖地）后，安抚甘青交界处的乔科喀松、昂巴昂哇、左格尼玛、果洛索撒、循化南番五大部落联盟（当时称为五国），和五大酋长进行交友互访，推诚布信，晓以大义，和酋长们歃血为盟（以各自的左手食指蘸血抹唇，表示绝不食言），使各部落称臣纳贡、共同守御。在班师途中，行至九条岭白石崖（即后来洮州八景"九条设险"之处），遭一股流寇袭击，安世魁遇害身亡。秦王樉向朝廷申奏，明太祖

---

① 访谈对象：临潭县旧城杨祖震（男，68岁）；访谈地点：旧城大庙；访谈时间：2006年10月30日。

② 在"洮州农民文化宫"一节里，凡括号内的注释均为《洮州农民文化宫简史》的原始注释，本书全部采用以求真实呈现地方文人对本地历史文化的理解和阐释。

③ 宁文焕、权世英执笔：《洮州农民文化宫简史》（油印本），第4页。

敕封安公为分管石门（原指迭部石门）、洮河以西，统辖西海，总摄洮境的"镇守西海感应五国都大龙王"，职掌风云雷雨御灾捍患事，建庙享祀（明洮西范围，指洮州。即今临潭及卓尼、迭部、碌曲、玛曲、夏河与青海南部一带）。安公被敕封为"镇守西海感应五国都大龙王"（群众称为五国爷）之后，便列为洮州十八龙神之一。《简史》还论证到，安公被敕封龙神，与洪武二年（1369）八月明太祖在江宁府东北鸡鸣山建立功臣庙有关。在平定全国后，明太祖又曾将开国功臣都封为"神"，敕命全国各地立庙祭祀。《简史》特别指出，1938年5月31日著名史学家顾颉刚在临潭考察，目睹了龙神赛会盛况，评价"盖此间汉人皆明初征人之后裔，各拥戴其旧主为龙神，以庇护其稼穑，与主之职位大小，立功地域无与也"。同行的史学家王树民也记载了端午节龙神赛会，评价"安氏之事迹未详，要之与明初移民屯垦有关"。《简史》指出，安公敕封为龙神之后，都司署衙改为龙王庙，将都司署移至城关城内东街（今城关五小内），而将原来供奉"兴云布雨龙王之神位"的龙王庙（建在城关青崖龙头，曾有范家咀村一房姓老者常年祀奉）作为龙王行宫。因署衙建筑规模大，信奉者众，群众称为"大庙"，将原来的龙神庙则称为"老庙"。①

《简史》第一部分表明，临潭地方文人在明代洮州卫的历史脉络里，从"民族团结"的主题思想出发，运用"平番""洮州卫""明太祖敕封""史学家考察"等要素构成的叙事框架，采用史料引用和考证方式，把旧城青苗会大庙的前身论证成明代洮州卫都司衙署，把安世魁塑造成一位活灵活现的洮州卫军官形象，以安世魁征服五大部落的故事，把安世魁与旧城青苗会传统崇祀的五国爷叠合在一起，解释了现在卓尼县喀尔钦乡、申藏乡和卡车乡一带藏族民众信仰龙神安世魁的原因，又通过"弈棋"的佳话建构了临潭回汉民族关系融洽的历史情境。经过《简史》第一部分的论述，旧城青苗会大庙的由来具有了历史依据，龙神安世魁也成为历史人物，有效地把旧城青苗会与"封建迷信"剥离开来。

《简史》第二部分"成立青苗会"，认为同治五年（1866）时任矿务学堂藏语教习的丁裕谦，与汉族乡绅于万一等，为了重振农业，促进民族和睦，奔走于回汉民之间，将原大庙中祈雨禳雹等农事生产部分划出，本着民族团结精神，成立了旧城青苗会。青苗会作为农村管理农事生产的民间组织，其组织机构是：提领二人，负责上香；会长二人，总管事务；掌匦二人，负责财务；小班八人，具体经办（以上均由庙祝掌坛发神定人）。另设轿夫十八人（十六人抬轿，二人牵坐骑）；吹鼓手八人，负责奏乐；炮手二人，负责防雹（以上均

---

① 宁文焕、权世英执笔：《洮州农民文化宫简史》（油印本），第4—6页。

为长期任职)。按规定,每年农历二月初二定新的人选,十五日交接手续。每岁一换,轮流任职。

青苗会的主要活动有佛事活动、负责护田、大办公益、文化娱乐四部分。

佛事活动包括:(1)每日晨昏香灯,初一、十五的群众上庙拈香;(2)每年四次大祭,即端午节赛会、五月初八五国爷圣诞、九月二十七城隍爷圣诞、十月择吉举行冬报愿;(3)还有春报愿(清明节后择吉日举行)、七月半、十月一祀典。从明清到民国时期,每次祭祀均有地方行政官员出任主祭,当地礼生赞礼,并有僧人、道士设醮诵经。

负责护田包括:(1)选派青壮年担任"恶拉",分片包干,不许牲畜践踏啃吃田禾,不许任何人随意蹂踏农作物,向农家报告田苗长势状况。恶拉的报酬由青苗会统一支付,后由所包干片的农户或每天轮流管饭,或秋后按比例付给粮食;(2)祈雨防雹,如遇久旱不雨,就要举行求雨仪式,庙堂内由老人斋戒沐浴后上香三天,再祭风神,请僧、道设坛诵经,掌坛发神献牲。全城男子秃头赤脚,家家泼水在地;防雹方面,青苗会炮手负责打雨,小班轮流值班,后来也有回族农民参与;每年夏末秋初,上观天际浓云密布,就有下冰雹的可能。炮手用炮筒装火药,对准云团,引发后射向空中,借冲力将云团冲散,使之不能结雹而下;(3)组织搬场。按分片进行协商,统一搬场。青苗会鸣锣,一起驾车。1938年青苗会还成立民间农会,专理农事中的纠纷。

大办公益包括:(1)支持义学。城关五小原称旧城第一完小,后称城关东街小学,前身为东义学,初有学生三十多人,学校办公经费及教师薪水全由青苗会义仓粮支付,直至1917年改为公办,才停止供给;(2)举行义葬,旧社会旧城街头经常有外地人或小商人死后无人过问,青苗会均办其后事,如1926年、1934年、1947年,陕西籍李得禄、甘谷人蒲占山、会宁人牛三伯等死后,均由青苗会购棺义葬,葬于义田内;(3)支援红军,1936年红四方面军到达新城,建立县苏维埃政府,由于国民党的反动宣传,一些不明真相的群众逃往他处,使红军一时连口粮也难以筹措到;这时,青苗会负责人苏鸿发、魏世选、杨映堂等决定打开青苗会义仓,将三十多石粮食悉数支援了红军;(4)修桥补路,每年搬场前,组织各片劳力将水冲毁的路段修整填平,哪里桥梁有损,皆由青苗会出资号召,动员人力修复通行。

文化娱乐包括:(1)演出秧歌社火,明清以来,旧城秧歌队有城内东街、西街、范家嘴数支,每年腊月农闲时排练,正月初六出行,向各行政机关、团体、商号拜年,直至正月十六谢降。演出节目有舞龙、耍狮、船姑娘、打毛熊,秧歌小曲有《张连卖布》《牧童放牛》《彦贵卖水》等;当地群众还流传着"西街的船、东街的龙、范家嘴狮子、古战的熊"民谣;近年来,城内秧歌队还请剧团成员来排练秦腔，剧目有《铡美案》《辕门斩子》等戏，以及《拾黄金》《小姑贤》等折子戏；（2）元宵扯绳比赛。

《简史》第二部分表明，临潭地方文人根据旧城青苗会老人们的亲身经历和回忆，梳理了清代同治五年（1866）以来旧城青苗会的历史。这段记述透露出参与撰文的旧城青苗会乡老已经不知道清代康熙朝以来旧城青苗会的发展历史，把丁裕谦和于万一等回汉士绅在经历同治兵燹后恢复青苗会的社会行动作为旧城青苗会的起点。这段文字着力突出旧城青苗会是农民自发管理农业生产的民间组织，它的各种活动紧密围绕农业生产展开，承担地方公益与慈善事业，造福地方，曾为中国革命做出重要贡献，丰富地方文化娱乐生活，促进民族团结。如此，旧城青苗会实为地方社会所必需的、合法的农业生产组织。

《简史》第三部分"新修文化宫"，叙述了旧城近郊及其全国各地崇祀五国爷的庙宇分布情况，以及1986年复建旧城大庙（洮州农民文化宫）后的建筑规模。据载旧城、古战、班路他有五国爷庙，青海湖的湖心山、江西九江口、岷县冷地口有五国爷庙，临潭县的卓洛、术布、长川、羊永等乡，卓尼县的申藏、阿子滩、大族、扎古录等乡，迭部县的上迭地区和碌曲县的阿拉、双岔等乡的汉藏民众均信奉五国爷。与五国爷庙有关的地方还有老庙、范家嘴庙、小嘴庙（在西凤山麓）、城隍摊子（在古城村口）、城隍庙（在今粮站内）、关帝庙（在今城中心）、东坡东岳庙、西城斗母宫、南城三官庙、北城玄武宫（均被拆除后挖了城墙），置有铺面店口（在今南门十字周围的屠宰场、食品公司、永兴门市部、派出所等处）以及香火田地，包括东明山的娘娘殿，魁星阁等。最后，撰文者做出以下总结：

> 从都司署到龙王庙，可以看出，在靠天吃饭的传统社会的农人们不能不把风调雨顺、五谷丰登的美好愿望寄托于神灵，不能不对开疆拓土、屯垦戍边、促农事生产、增民族团结，对开发古洮边陲有功的先烈凭吊缅怀。青苗会的出现，可以说农民不但祈望神灵保佑，更重要的是靠自己的行动，护田保禾，打雨防雹（更有其科学性）等，都是农业生产向大自然搏斗的英勇精神。农民文化宫的建成，更体现了当代农民在党的改革开放富民政策的指引下，不但要在物质上解决温饱，更要在精神上脱贫致富。只有这样，他们才能在改革的大潮中去求得新的更高层次的发展。

《简史》第三部分表明，临潭地方文人整理了五国爷庙的大致分布情况，指出信奉五国爷不是封建迷信，而是缅怀先烈，纪念他们开疆拓土、屯垦戍边、促进农业生产，增进民族团结的社会功绩，由此产生的青苗会是合法的农业生产组织。为了适应时代的发展,以五国爷庙为依托复建的农民文化宫能够满足农民的精神需要。《简史》强调洮州农民文化宫具备的这些社会因素是积极的、正面的,可以帮助农民们在改革大潮中求得新的、更高层次的发展,政府应该承认五国爷信仰和旧城青苗会合法的社会地位。

图 31　洮州农民文化宫(五国爷庙)

1997年,《临潭文史资料选辑》第七辑出版,32开共计285页,印数500册。这一辑只有两篇文章,一篇为李英俊的《临潭庙会民俗文化》,一篇是李希贤和李育春合作撰写的《临潭李氏文化》。《临潭庙会民俗文化》分为八部分,即庙会的由来、庙会风采、庙会祭祀与戏剧"花儿"、寺庙的建筑风格、寺庙的雕刻绘画、庙会的文学艺术、民俗、临潭庙会民俗文化的沉思,共240页。李英俊指出,临潭庙会是民族文化的集中表现形式,不但推进了社会物资交流,更重要的是交流了各民族的思想感情,促进了各民族人民的团结,是人民在历史实践过程中所创造的物质财富和精神财富,历史文化和现代化不可能完全割裂,它有着继承性和延续性。李英俊花费了很长篇幅介绍新城龙神赛会及18位龙神的始末,指出新城龙神会是对明代开国功臣们的怀念,一方面要承认传统文化的消极影响给社会主义现代化带来不利因素,另一方面也不能把今天现代化建设中的障碍全归靠于传统文化,要认真吸取精华,为现代化服务。① 李英俊最后指出,"我们应正确看待传统历史文化,片面夸大优秀部分会鼓动盲目排外思想,片面夸大消极面则会降低民族自尊性(心),还会不自觉地宽免了人们理应负担的历史责任。所以,在建设社会主义的今天,吸收继承传统历史文化中进步的一面,批判抛弃落后的一面;同时要不断更新民族传统文化,才能适应时代的需要"②。

20世纪90年代的临潭地方文人群体都自觉或不自觉地关注到洮州的历史传统,把十八龙神、新城城隍庙和旧城五国爷庙的存在与明代洮州的卫所制度联系在一起,讨论了"现代化"与"传统历史文化"关系这一宏大的时代命题,把洮州青苗会的神事活动定位为"民俗文化",纠正了新文化运动以来的偏激社会思潮倾向。临潭地方文人群体围绕新城城隍庙和旧城五国爷庙所做的考证与文字工作在一定程度上展现了明代以来的洮州历史,梳理了龙神崇祀的历史渊源,恢复了洮州青苗会作为农业生产组织的正当名誉。这种地方思想意识对临潭乡民的影响颇为深远。到了21世纪初,洮州青苗会的乡老们认为分布在山野乡间的龙神庙就是明代英烈祠。③

第二节 组织结构

新城的龙神赛会恢复之后,相应建立了洮州青苗总会。目前尚未发现清代民国的文献里有"洮州青苗总会"的名称,但《洮州厅志》记录了光绪年间18支龙神轿队每年端午节来新城赛会的习俗,表明主持龙神赛会的组织是存在的。另据李英俊指出,"各地'青苗会'(类似田间管理),选出全县总青苗会首,新城南门河姓宋的,为世传会首。每逢端午节时,由总会首发出邀请,规定日期按时到新城来聚会"④。洮州青苗总会的建立,属于沿袭部分旧有形式之后的再创造。

---

① 李英俊:《临潭庙会民俗文化》,载中国人民政治协商会议临潭县委员会文史资料委员会编《临潭县文史资料选辑》(第七辑),第238—239页。

② 同上。

③ 访谈对象:杨吉德(男,53岁);访谈地点:新堡村石国钧老人家;访谈时间:2006年8月12日。2007年11月10日(农历十月初一)在新城隍庙的集体访谈。2007年11月24日(农历十月十五)在旧城五国爷庙的集体访谈。

④ 李英俊:《临潭庙会民俗文化》,载中国人民政治协商会议临潭县委员会文史资料委员会编《临潭县文史资料选辑》(第七辑),第62页。

一 洮州青苗总会

1988年，宋氏族人担任新城龙神赛会的主持人，结束了各支龙神轿队自发踩街的历史阶段。1993年，新城龙神赛会的第一任主持人去世，宋氏家族推荐新城镇南门河村年近80岁的宋彦青接续第二任主持人。这位长者不识字，缺乏组织能力。在1993年的龙神赛会里，他站在多支龙神轿队的最前列鸣锣宣布踩街开始后，即被群起争跑的轿队冲倒在路旁水沟里。1994年，新城文管会委派几位乡老协助宋彦青主持当年的龙神赛会，从此就有了一个松散型的领导群体主持龙神赛会。1995年，这个松散型的领导群体提出在隍庙的大殿里重塑城隍爷塑身，新城文管会默许了这一请求。① 城隍塑身的重新修造，进一步完善了龙神赛会的形式。

新城文管会在2001年元旦举办了一次公共活动，主编陈建中举办《洮州史丛》第三期的发行仪式。他在第三期撰写了《流顺与刘顺家族》一文。在出刊前，他请刘氏后裔阅览此稿。刘顺嫡系后裔读完稿件之后很是兴奋，因为他们的祖父和父亲为了保存明代三道敕书在社教运动中受尽磨难，被扣上"坏分子"的帽子。由于诸多历史原因，刘顺嫡裔亲族之间早已不相往来。陈建中的《流顺与刘顺家族》一文成为刘顺后裔家族重新聚首的因由。于是，新城文管会决定2001年元旦在流顺堡举办第三期《洮州史丛》的发刊仪式。刘氏后裔辗转通知族内亲属，那些迁出流顺堡远居羊永乡和卓尼县一带的刘顺后裔汇聚堡内，消解彼此隔阂，仰承先祖功业。这是新城文管会最后一次具有重要意义的公共活动。随着以乡老为主体的洮州青苗总会的建立，新城文管会逐渐退出临潭地方社会的公共事务，圆满完成临潭地方文人群体应有的历史使命。

2001年，宋彦青去世，宋氏家族推荐时年45岁的宋克义做第三任主持人。宋克义与宋彦青是侄叔关系，也居住在新城南河村，距离城隍庙不过一里路程。宋克义担任过新城镇南门河大队的党支部书记，当时才从临潭县广电局放映员的职位退休，具有与官方沟通交流的经验。宋克义上任后，发现以一人之力主持多支龙神轿队参加的赛会，难度很大。于是，他以原松散型领导群体为核心成立洮州青苗总会，吸纳热心公共事务的乡老参加。担任洮州青苗总会委员的条件是：没有任何报酬，必须是新城镇人氏，德高望重，能代表地方说话，热心公益事业，如果是公职者必须已经退休。新城文管会的部分成员转换为洮州青苗总会委员，例如新城文管会副主任李春秀、城背后青苗会会首

---

① 2006年5月31日和6月1日在新城城隍庙的群体访谈。

王奎。

　　洮州青苗总会分为常委会、副会长和委员三个层级。常委会设九名常委，除总会首宋克义之外，其余八位分别是李春秀、李春荨、王奎、王中先、朱生照、张彦恒、王克瓒和杨真喜。他们的具体分工是：宋克义负责全面工作；李春秀主管财务；李春荨主管总务；王中先担任会计；朱生照主管募捐事务；张彦恒从事隍庙内部管理工作；王克瓒担任文书兼出纳；杨真喜分管治安与安全工作。常委会成员终身制，协助会首宋克义的工作。副会长48名，其中两名为候补副会长，主要成员有：徐慈德、马玉哥、王克瓒、贾平喜、雍安勇、赵慈荣、王映熙、陈嵘。他们的职责是在龙神赛会等大型活动里做一些辅助工作，协调洮州青苗总会和各支青苗会之间的关系。委员25名，其中四名为候补委员，主要成员有：王耀、王守奎、王士珉、王安德、杨正喜、朱永喜、丁小荣、马昶、薛生华、宋德瑞、马少元、李荣、宋福全、武学文、王发明、安福奎、王天运、孙永东、王吉祥、刘义堂、雍生瑚，主要承担募化布施和负责龙神赛会的安保工作。

图32　洮州青苗总会部分成员

前排左二是陈建中，洮州文管会副主任，后排右一为洮州青苗总会会首宋克义，后排右二是洮州青苗总会常委王中先，前排左一是洮州青苗总会常委王克瓒，前排左三是洮州青苗总会常委杨真喜，前排右二是洮州青苗总会常委李春秀，前排右一是洮州青苗总会委员薛生华。

洮州青苗总会成立之后召开委员会议,明确了与各支青苗会之间的关系:洮州青苗总会以新城城隍庙为依托,负责主持每年的端午节新城龙神赛会,平日负责每月农历初一、十五两日给城隍神上香献裱。洮州青苗总会没有管理具体的四至范围,也没有神路和歇马店,不存在与各支青苗会的上下级隶属关系,也不管理各支青苗会会首的选定。各支青苗会负责组织和举办当地庙会。各支青苗会来新城参加龙神赛会的吃住行费用自理。洮州青苗总会还做出一项重要决定:取消端午节龙神赛会的竞跑环节。其理由是:解放以前的龙神赛会第一天,县长念毕祝词,18支龙神轿队从东瓮城出发,争先恐后向城隍庙展开接力竞跑,前后一千多米的路程,每支轿队四人一班抬跑,每班人跑100米左右再轮换,每支轿队至少有40—50人参加轮跑,竞跑场面人多拥挤,难免发生碰撞摩擦,经常出现"打得头破血流"的群殴事件。"那时候国家不管这些事,由所属的青苗会出面给受伤的人找大夫看病,出医疗费。现在有好几万人来参加庙会,局面太大,跑街会影响治安。如果打架出事,国家是要追究的。"据说20世纪90年代发生过因竞跑争名次打架斗殴的事件,"跑的时候打的人在打,跑的人在跑。跑完以后,不服气的人还要再打,两百多人打架,一百多人劝架,公安局抓一批,对这些人批评教育,再把他们放了"。① 鉴于这种情况,洮州青苗总会取消了竞跑环节。

洮州青苗总会以"文明踩街"替代"竞跑",预先给18支龙神轿队做一个排序,依序踩街:(1)流顺青苗会的朱亮祖;(2)端阳沟青苗会的李文忠;(3)旧城青苗会的五国爷(一般不来);(4)冶力关青苗会的常遇春;(5)新堡青苗会的胡大海;(6)张旗青苗会的郭英;(7)水磨川青苗会的花云;(8)冯旗青苗会的郭氏(一般不来);(9)刘旗青苗会的刘贵;(10)梨园青苗会的张子明;(11)韩旗青苗会的韩成;(12)王旗青苗会的赵德胜;(13)秦关青苗会的武殿章;(14)牌路下青苗会的朱氏;(15)羊沙青苗会的成世疆;(16)晏家堡青苗会的康茂才;(17)白土青苗会的马秀英;(18)城背后青苗会的徐达。② 自此以后,凡是来新城参加龙神赛会的轿队大多按此顺序列队依次从东瓮城走向隍庙。洮州青苗总会每年还与新城镇派出所签订《安全责任书》,保证龙神赛会期间的治安安全。2002年,有13支龙神轿队参

---

① 访谈对象:新城镇李春秀(男,73岁)、王奎(男,63岁)、朱生照(男,62岁);访谈地点:新城隍庙;访谈时间:2006年5月27日。访谈对象:朱生照(男,62岁);访谈地点:新城隍庙;访谈时间:2006年7月2日。

② 访谈对象:王奎(男,63岁)、宋克义(男,46岁);访谈地点:新城城隍庙;访谈时间:2006年9月26日。

加龙神赛会，北路的冶力关青苗会、羊沙青苗会和东路的韩旗青苗会、梨园青苗会都是复会之后第一次参会。2003年"非典"病毒流行全国，龙神赛会暂停一年。2004年，13支龙神轿队参加赛会。2005年，秦关青苗会参会，有14支龙神轿队参加了文明踩街。2005年下半年，洮州青苗总会再次募款重塑城隍像、修缮戏台，次年张贴布告通报了上一年善款的使用情况：

洮州青苗总会2005年城隍庙大殿维修、塑像等各项开支情况公布：
一　塑像及绘彩、天花板、彩画、油漆等项开支
1 塑画像工价共18105元。
2 木匠做围栏杆等工价1400元。
3 油漆、栏杆工价及料：333元。
以上共计19883元。
二　购置画像用原材料开支
1 棉花38计118元。
2 白布（纯棉）79.4米计213.40元。
3 买雨点腰梢子计215元。
4 大麻50斤计300元。
5 铁丝、油漆、朱红漆、电器（殿内部分油漆）计541元。
6 做大供桌用地板瓷砖等52.80元。
7 吴金30张计60元，金粉87元。
8 制作长横幅匾三条计459元。
9 匾用黄排穗子13.5元。
10 各色彩旗118元。
11 买煤、蜂窝煤共计401元。
12 钢筋40公斤计200元。
13 神像装脏用宝、十二经等计160元。
三　部分财产购置
1 大深锅一口计100元。
2 大殿内用转灯一台计240元。
3 热水瓶2个计16元。
4 塑料盘2个、大小烟筒6节计40元。
5 大水缸两个计59元，铁皮盖3个35元，斧头一把25元。
6 灶房用炉灶门、鼓风机、烟筒铁皮等计97元。
7 去岷县购置塑像所用材料2172.50元。

以上共计 2916.50 元。

四　殿内做神台用工、料开支

1 神台所用工料计 2350 元。

2 拉电用料 91 元。

3 汽油 30 元。

4 上面开光费用共计：384.00 元。

以上共计：2855.80 元。

五　所有零工（包括打红胶泥、运料、打基子、围墙）计：1841.50 元

六　全部工程所用码磺、钉子、胶、曲条等：291 元

七　给下面有关大会及单位如韩旗、宋家庄、紫螃山、重光寺、后池小学等庆典活动恭喜送礼计：539 元

八　去合作、临潭及各会搞募捐时费用支出计：1370 元

九　其他杂费支出计：1503 元

以上各项共支出现金计：34197.60 元。

以上各项开支和各路募捐集资详细账目，已于 2005 年 12 月份由总会大会长并各常务会长会议详细查核，并在扩大会议上已作过口头公布。现书面公布于此。恳请广大热心群众核查，并提出宝贵意见。如有不明之处，可向总会专管账目处查明。

洮州青苗总会
2006 年 3 月 5 日[①]

在"经济搭台、文化唱戏"的地方发展策略里，随着龙神赛会的影响日渐扩大，临潭县政府关注到其中蕴藏的社会经济效益。2006 年，临潭县政府依托新城龙神赛会同期举办"洮州民俗文化节"，当年的端午节（5 月 31 日）共有 16 支龙神轿队参加赛会，吸引了临潭、卓尼、康乐、岷县等地近三万乡民来新城参会，县公安局出动警力维持会场秩序。踩街之后，洮州民俗文化节以一场 90 分钟的话剧作为开幕式。该部话剧由临潭地方文人编排，演绎临潭汉人祖先从南京迁来洮州生活到今天的史诗般历程。6 月 2 日，时任县长专门召集洮州青苗总会的常务委员们座谈，表扬了他们成功地举办龙神赛会。县长说："洮州 18 位龙神都是明代开国功臣，是确有其人，是英雄。毛泽东也是英雄，二者是平等的，互相不影响的。对 18 位龙神的信仰不能算是封建迷

[①] 2006 年 5 月 8 日新城城隍庙内抄录。

信。"会后，宋克义召集16支青苗会会首，通报了县长的讲话内容，然后宣布：以前参会的龙神轿队不够多，是因为远处的龙神轿队花费太大，比如冶力关距离新城将近150里地，来回花费要2000元，三年才来新城一次。为了响应县里的号召，更好地举办新城龙神赛会，洮州青苗总会从募集的会款里拨出一笔钱来补贴各支龙神轿队，新城近郊的龙神轿队补贴1000元，远处的龙神轿队补贴2000元。[①] 洮州青苗总会与县领导打交道，向各支青苗会传达县领导的讲话精神，决定给参会的龙神轿队发放食宿补贴费，在形式上缔结了洮州青苗总会与各支青苗会的上下层级关系。

二 十八会

截至2006年，洮州十八青苗会为：新城近郊的城背后青苗会、端阳沟青苗会、晏家堡青苗会、刘旗青苗会和张旗青苗会；东路的王旗青苗会、韩旗青苗会、梨园青苗会和牌路下青苗会；南路的新堡青苗会和秦关青苗会；西路的流顺青苗会、水磨川青苗会、白土青苗会、旧城青苗会和冯旗青苗会；北路的羊沙青苗会和冶力关青苗会。以覆盖地域的大小为标准，18支青苗会可以分为四种类型。

第一种类型的青苗会只覆盖一座自然村落，它们是崇祀徐达的城背后青苗会、崇祀马秀英的白土青苗会和崇祀郭氏的冯旗青苗会。这类青苗会的组织结构为：提领—大会长—小会长—小班。提领一名，是本支青苗会的首领；大会长一名，是具体事务的操办者，拥有财务和人事支配权；小会长一名，是具体事务的执行者；小班五名，属于小会长下属的工作人员，主要负责仪式活动里的采买、宰杀、供品制作等环节。这类青苗会产生提领是有讲究的。城背后村王姓是大姓，占全村家户数的93%。因此，提领必须在王氏家族产生。白土村有张、王、冯、桑、马、李、周七种姓氏，其中张和王是军屯姓，家户数占

[①] 访谈对象：宫福生（男，76岁）；访谈地点：端阳沟李文忠庙；访谈时间：2005年10月28日。访谈对象：陈建中（男，73岁）；访谈地点：陈建中家；访谈时间：2006年5月30日、6月12日、7月1日、9月23日、10月8日。访谈对象：付中兴（男，70岁）；访谈地点：付中兴家中；访谈时间：2006年7月6日。访谈对象：新城镇李春秀（男，73岁）、王奎（男，63岁）、朱生照（男，62岁）；访谈地点：新城城隍庙；访谈时间：2006年5月27日。访谈对象：新城镇朱生照（男，62岁）；访谈地点：新城城隍庙；访谈时间：2006年7月2日。访谈对象：洮州青苗总会会首、新城镇南门河村宋克义（男，56岁）；访谈地点：宋克义家；访谈时间：2006年7月26日。访谈对象：王奎（男，63岁）、宋克义（男，56岁）；访谈地点：新城城隍庙；访谈时间：2006年9月26日。访谈对象：流顺乡宋家庄沟门前村宋卫华（男，52岁）；访谈地点：宋卫华家；访谈时间：2006年11月1日。2006年5月31日和6月1日在新城城隍庙对洮州十八青苗会会首的群体访谈。

全村家户总数的60%，提领必须在张、王两个军屯姓家族中轮替产生。冯旗村有刘、杨、王三姓，三姓家户比例分布较为均匀，都在30%左右，因此，冯旗青苗会的提领选任没有姓氏限制，只要求候选人德高望重。除提领外，大会长、小会长和小班都是在村里挨家挨户轮流担任，没有限定。

第二种类型的青苗会覆盖两个以上的自然村落乃至行政村，包括崇祀朱亮祖的流顺青苗会，崇祀花云的水磨川青苗会，崇祀康茂才的晏家堡青苗会，崇祀刘贵的刘旗青苗会，崇祀武殿章的秦关青苗会，崇祀赵德胜的王旗青苗会，崇祀朱氏的牌路下青苗会，崇祀韩成的韩旗青苗会，崇祀张子明的梨园青苗会。这类青苗会以一个或几个自然村落为中心，产生提领的村落多为"头会"，同时也是庙会和跟营的地点，其他村落为"分会"。

流顺青苗会由六个会组成，上寨村和流顺堡两村为头会，其余五会为宋家庄会、马场沟会、眼藏村会、张家庄会和杨家川会。流顺青苗会的总提领在头会上寨村的军屯姓张姓家族和俞姓家族之间轮换产生，其余分会只设会长。上寨村青苗会的会长仍在张、俞两姓家族里轮任；流顺堡青苗会的会长在军屯姓刘姓家族里轮任；张家庄会的会长由军屯姓张姓和王姓家族推选；杨家川会的会长在军屯姓杨姓家族里轮选；眼藏村会的会长在军屯姓吴姓家族里轮选；马场沟与眼藏村是合会，所以马场沟只设小班。流顺青苗会提领三年轮换一次，会长和小班一年一换。提领、分会会长的候选人必须具备50岁以上、能办事、品德好三项条件，候选人数不限，一律在每年农历二月二龙神庙里打卦产生最终人选。参加打卦仪式的人员有现任提领、现任会长、堂官、马角和庙管。现任提领向龙神上香敬裱，现任会长把候选人姓名写在红纸上，按次序唱名，马角取卦和占卦。每一次卦相出来，堂官都会敲一下手提铜锣，宣布卜卦结果。如果第一个候选人卦相合适，后边的人选就不作考虑；如果卦相不合，继续往下排卦，直到卦相合适为止。结果出来后，现任提领、会长取一枚奉祀给龙神的供梨①来到继任提领、会长家里宣布他为下一任提领、会长，然后把供梨交给他。当天，现任提领、会长向接任提领、会长交接青苗会的财务关系（如曾经募捐的粮、油、款项等数目）和仪式器具。宋家庄虽然是流顺青苗会的一个分会，但他们是新城宋城隍的本家，其级别与流顺青苗会平等，相互之间不存在支配关系。流顺青苗会每年农历五月十五日在上寨村举办上寨庙会，宋家庄青苗会只参加上寨庙会募化会粮会款的活动，其他活动都不参加。宋家庄青苗会的组织结构与其他青苗分会不同，具体设置是：会长一名，举事两名，

---

① 凡是供桌上呈摆的供果都可以用来作为会长交接仪式的一个要素。农历二月里，梨和枣是当地两种较为常见的作为供果的水果，因此梨和枣都可以，不过梨较为常用。

字识一名，匣一名。其中，举事是协助会长管理会事之人，宋家庄青苗会的大小事宜都由会长和两名举事协商处理；字识相当于会计和文书，匣负责管理财物，这两个人在职能上相互配合，在职责上互相监督。宋家庄现任户长宋卫华即为宋家庄青苗分会会长，其余成员均由宋姓家户推选，任职没有时间限定。

水磨川青苗会由五个会组成，即水磨川会、丁家堡会、苏家沟会、汪家咀会和八仁会。水磨川会是头会，提领在水磨川村的张姓和宁姓两个军屯姓家族里轮替产生。汪家咀村和丁家堡下辖的红山村是回族聚居村落，一般不参加水磨川青苗会募集会费会粮的事务。晏家堡青苗会由晏家堡和党家沟两个行政村组成，头会设在晏家堡，提领在晏家堡军屯姓刘氏家族产生。秦关青苗会由三个会组成，即秦关一社、秦关二社和羊化桥会。秦关村有204户，秦姓家户占60%左右，藏族有40户。秦关青苗会没有头会、分会区别，组织结构为：提领—公主—会长—小班。其中，提领是终身制，由军屯姓秦氏家族人担任。三个会各设一名会长和两名小班，每年在所属各会的家户里轮任。"公主"的产生与复修龙神庙有关。秦关青苗会复修龙神庙时，推选了一名德高望重的秦姓老人作为修庙的财务和质量总管。龙神庙复修之后，就设立了"公主"一职，主管庙宇维修，属于终身制，在秦氏家族选任。刘旗青苗会由两个会组成，即新城镇刘旗村和石门乡汪家堡子。刘旗村是头会，理论上提领在头会的军屯姓徐姓、刘姓和汪姓家族里轮任。刘旗青苗会复会后，汪家人只做了两年提领，徐家人做了近20年提领。现任提领徐长禄是徐家的第九任提领，他的叔叔是刘旗青苗会复会的第一任提领。

王旗青苗会由三个会组成，即头会王旗村、二会马旗村和陈家庄、三会鱼古千马。王旗村的军屯姓是王氏家族；马旗村和陈家庄的军屯姓是马氏家族，其中陈家庄的马氏是马旗村马姓家族的一个分支。鱼古千马的军屯姓仍然是马氏，也是马旗村马氏家族的一个分支。王旗青苗会提领必须由王旗村的军屯姓王氏来担任，并且世袭。现任的王旗青苗会提领是王士英，他的爷爷王自首是民国时期王旗青苗会的提领，父亲王芳是1962年王旗青苗会的提领。牌路下青苗由六个会组成，头会由拉直湾、安家山、张家沟和杨家山四座自然村落组成；二会是下尕路和虎龙口两座村落；三会是下南山；四会是立舍和斜路子两座村落；五会是阎家山和立舍沟两座村落；六会是牌路下村。牌路下青苗会的提领不在头会或与青苗会同名的牌路下村产生，必须在藏族聚居的下尕路村里产生，由上侯氏家族世袭。韩旗青苗会由三个会组成，头会由唐旗、烂木湾、中指山、白崖脑、白崖五座自然村落构成；二会由谢家坪、马山坪、下南山和小业木山四座自然村落构成；三会由韩旗、坪上南山、大山、杜家山、上务那五座自然村落构成。韩旗青苗会提领必须在头会里选，由能力强、品德好、有威望的军屯姓村民来担任提领，对姓氏没有要求。梨园青苗会由三个会组成，头会是梨园、磨沟和上磨沟三座自然村落，二会是中寨和中寨山两个自然村落，三会是邓家湾。梨园青苗会的提领轮选方法与韩旗青苗会相同。

第三种类型的青苗会覆盖了整个乡镇，有崇祀胡大海的新堡青苗会、崇祀成世疆的羊沙青苗会和崇祀郭英的张旗青苗会。新堡青苗会遍布整个新堡乡，由五个会组成，头会是琵琶堡会，二会是新堡村，三会是常旗，四会是洛藏和马旗，五会是马旦沟和朱旗。新堡青苗会的提领必须由琵琶堡的军屯姓杨氏家族世袭。2006年担任新堡青苗会提领的杨全吉，是杨氏家族第18代提领。[①]大会长必须在二会新堡村的军屯姓石、丁、汪三个家族里产生。羊沙青苗会由三个会组成，甘沟会、羊沙会和秋峪会。头会是甘沟会，但头会与其他两个分会之间没有明显的从属关系。羊沙青苗会的总提领必须由甘沟会的军屯姓成氏家族担任，大会长必须由军屯姓齐氏家族担任。同时，羊沙青苗会的总提领和大会长也兼任甘沟青苗头会的提领和会长。羊沙村青苗分会的提领必须由军屯姓马氏家族来担任，会长在村里各姓家户之间轮任，提领和会长一年一换。秋峪青苗分会的提领由军屯姓陈氏家族人担任，为世袭。张旗青苗会由12个会组成，分别是扁都会、张旗会、李家庄会、吴家沟会、土岭会、戚旗会、店子会、业仁会、马旗、下川会、杨家沟会和口子下会。其中，扁都会是头会，其内部又分为上扁都和下扁都，提领只能在下扁都的陆姓和董姓两个军屯姓家族里轮流产生，并且是终身制。张旗青苗会的大会长必须在张旗会产生，张旗会军屯姓姓氏较多且人数平均，所以选大会长没有姓氏要求，大会长三年一换。

第四种类型的青苗会覆盖地域最广，民族众多，组织结构庞大，包括北路崇祀常遇春的冶力关青苗会，西路崇祀安世魁的旧城青苗会，新城镇崇祀李文忠的端阳沟青苗会。

冶力关青苗会规模很大，由六个会组成，其势力范围囊括了卓尼县土族聚居的朾哇旗和藏民聚居的康多上下李家。

[①] 访谈对象：杨吉德（男，53岁）；访谈地点：新堡村石国钧老人家；访谈时间：2006年8月12日。访谈对象：新堡乡琵琶堡杨全吉（男，62岁）；访谈地点：杨全吉家；访谈时间：2006年8月25日。

表 5　　　　　　　　　　　冶力关青苗会组织结构

会别	下属村落
头会	东山村（上东山、下东山）、后山村、坪子、石庙、寨子村、解家磨、小沟村（上、下小沟）
二会	兰家山、峡里村、关街、大路、堡子
三会	西家庄、后坪、黄家山、大钢沟、小钢沟、原上、洪家村（上下洪家）、后石滩
四会	两个行政村即池沟村和高庄村组成一个青苗分会。其中，池沟村包括6个自然村：和先社、李子沟社、尕后巴社、下庄社、阳田社、上庄社，高庄村包括5个自然村：高庄社、大场社、瓦屋山社、前山社、大湾社
五会	卓尼县杓哇土族自治乡的杓哇旗
六会	羊沙乡的甘沟村
帮会	卓尼县康多乡的上下李家

资料来源：2006年6月25日至7月4日实地调查。

冶力关青苗会不设提领，只设大会长，各分会设小会长。1958年之前，冶力关青苗会的大会长只在头会和四会里选定，由军屯姓冯氏、李氏、丁氏和徐氏四个家族推送人选轮流担任。二会和三会的村民主要是清末民国时期迁入的汉人，军屯姓家族将他们统称为"杂姓"，没有资格选任大会长。冶力关青苗会复会后，实行四会轮任大会长制，三年一任，允许杂姓家族人选担任大会长，轮选规则是：一会在丁氏和徐氏家族里选大会长；四会在冯氏和李氏家族里选大会长；二会和三会必须在具有200年以上定居历史的家族里选大会长。

五会杓哇旗青苗会是在土族人的社会历史脉络里形成的。杓哇旗青苗会由石家族、初鹿族、喇叭族、光尕族这四个行政村组合成三个分会，即头会石家族，二会初鹿族，三会喇叭族和光尕族，每年向冶力关青苗会交会费和会粮。石家族、初鹿族和喇叭族分别建有龙神常遇春的歇马店。杓哇旗青苗会的会长在三个分会里轮换担任，任期三年，具体轮换日期与冶力关青苗会大会长的轮换日期保持一致。会长的推选有两种方式：如果村里有"阿爷"式德高望重的人物，就由他来担任会长，如2002—2005年石家族的阿爷石英担任杓哇旗青苗会的会长；如果没有"阿爷"式的人物，就提出候选人名单，由冶力关青苗会的马角在常山庙里打卦，看卦相定人选，如2006年喇叭族的安苏奴被卦相确定为杓哇旗青苗会的会长。三个分会辖属的每个自然村落设立职能相当于小班的"神头"。1958年之前，每个自然村落要选出三名神头，分管祭蜡扎（山神）、青苗会和为杓哇寺念经人员募捐三项神事活动。复会之后，一个自然村只选一名神头，总管这三项神事，任期一年，每年农历六月初十换任，人选在村里各家各户间轮流。神头负责杓哇旗青苗会的事务有：每年农历三月十三日，神头组织村民在甲日喀山上举行"插旗"仪式；为每年农历六月初一冶力关常山庙庙会收戏钱，数额为每家三元；为冶力关青苗会的神事活动和构哇旗青苗会的插旗仪式募收会费和会粮，会粮的数目没有硬性规定，经济条件好的家庭每户交四五斤粮食，经济条件差的家庭可以不交粮食，会粮一般交小麦，也有少部分家庭交杂粮如大麦、燕麦和青稞。构哇旗青苗会的三个分会有各自祭蜡扎（山神）的时间：石家族在农历正月初一和农历六月初十祭蜡扎；初鹿族在农历正月初一和农历六月十五祭蜡扎；喇叭族和光尕族在农历正月初一和农历六月十三祭蜡扎。神头负责召集村民们"祭蜡扎"，在蜡扎杆前摆放各家各户新蒸的馒头，意为"给山神敬献馍馍"；为了"祭蜡扎"，神头需要收募献羊钱，数额为每家五元。构哇寺每年有两至三次的念经活动，神头要负责收募粮、油等物，供念经喇嘛所需。

端阳沟青苗会管理两部分人群，一部分为端阳沟行政村所辖人群，一部分是分布在卓尼县的众多藏民村落。端阳沟行政村隶属于新城镇，是汉回藏聚居区。其下辖五个自然村落：小族村是藏族自然村；丁家庄是以回族为主体的村落，总家户59户，其中38户回族，21户汉族；沟尼村和河尼村是两个汉藏通婚的自然村落，沟尼村有39户，其中汉藏通婚9户，河尼村有68户，其中汉藏通婚15户；贺家庄是汉族村落，有48户。① 端阳沟青苗会在端阳沟行政村的范围内形成大会、小会两个部分。大会由贺家庄、沟尼、河尼三个自然村落组成；小会有两个，一个小会为小族村和卓尼县的大族村，另一个小会为丁家庄。端阳沟青苗会设提领一人，总管端阳沟青苗会事务，三年一换，人选在沟尼村的军屯姓宫氏家族与河尼村的军屯姓李氏家族之间轮换选任。大会内设会长一人、小会长三人，负责采买和募收钱粮事务，均为一年一换，人选在沟尼、河尼与贺家庄三个会里轮换；小班四人，具体操作粮食、清油和钱款的募收事务，一年一换，在沟尼、河尼与贺家庄三个自然村落的家户里轮换；吹手班五人，其中长号三人，唢呐两人，终身制，自行更替。两个小会不设小会长，只设小班两人，负责在自己的村落里募收钱粮。端阳沟青苗会涵盖了众多的藏民村落，主要分布在卓尼县境内，形成一套"恶拉体系"。恶拉都是由藏族村民自愿担任。能够成为恶拉的藏族村民，必须为人厉害，能够管住本村村民不发生破坏青苗的行为。每年，村民按照自家的田亩数给恶拉一定比例的粮食作为报酬。

---

① 资料来源：新城镇派出所户籍档案部，查阅时间：2006年6月28日。

表6　　　　　　　　　　端阳沟青苗会恶拉分布

村落名称	行政区划	民族聚居模式
木地坡	卓尼县	藏族
春尼尕布	卓尼县	藏族
尼社嘴	卓尼县	藏族
青尼河	卓尼县	藏族
大寺坡	卓尼县	藏族
雅布	卓尼县	藏族
鹿角	卓尼县	藏族
旦藏	卓尼县	藏族
于家庄	卓尼县	汉藏混居
东西沟	临潭县羊沙乡	汉藏混居
大草滩	临潭县羊沙乡	汉藏混居
尕藏	卓尼县	藏族
闹索	卓尼县	藏族
冰林沟	卓尼县	藏族
北山小族	卓尼县	藏族
寺沟	卓尼县	藏族
下拉地	卓尼县	藏族
色豪路	临潭县羊永乡	汉藏混居
寺底下	临潭县流顺乡	汉藏混居
李歧山	临潭县扁都乡	汉族
千马勺	临潭县扁都乡	汉族

资料来源：2006年5月17日至6月15日的实地调查。

　　旧城青苗会下辖十个会，覆盖了汉回藏三个民族聚居的地区。其中，汉族和回族分布在旧城城内及其近郊地区，藏族聚居在旧城的周边地区。旧城青苗会把整个旧城分为四个大片和两个小片。大片是汉族聚居区，分别是城内大片、青崖大片、教口和后川大片、杨家桥大片。小片以回族为主体居民，分别是西庄子教场鞑子沟小片和古城河滩小片。旧城青苗会的提领必须在大片里产生。以西门街为界，大片又有上片和下片之分，其中城内大片被称为上片；青崖、教口和后川、杨家桥等三个大片被统称为下片。上、下片各推选一位提领。四个大片的青苗分会各产生两个会长，两个小片的青苗分会各产生一个会长，共计十个会长。旧城青苗会的两个提领和十个会长均为一年一换，没有姓氏要求。

20世纪90年代，旧城青苗会恢复了"扯绳之戏"，把举办的时间调整为农历正月十五日的傍晚。这项民俗活动延续了清末的传统，以空间来划分与整合人群。西门街作为分界把旧城划分为上、下两片，上片是传统的旧城城内，包括了回民聚居的古城河滩；下片是旧城城外，包括青崖、教口和后川、杨家桥等地和回民聚居的西庄子教场鞑子沟。扯绳游戏进行时，街灯照灼，整个旧城亮如白昼。旧城青苗会的提领站在巨绳的中央位置，扮演发令官的角色。巨绳自中央结点处分为四股，东、西两端各有两股分呈燕尾状延伸数十米。巨绳的内芯是铁质的绞索，外部缠绕以粗质麻绳，异常坚韧。旧城城内与城郊两个区域的青壮年男子分列作两队，听凭各自片区的大会长和小会长们点数人员、排列队形。居民们站在两边观战。当提领舞动旗令，大会长和小会长们同时吹响哨笛，扯绳开始。观战的居民霎时分作两派，分别给自己所在片区的队伍震鼓叫噪。大会长、小会长和小班们都在一旁忙碌，负责把情绪激动的观众和比赛者隔开，以维护比赛的公平性和观看者的安全。扯绳的双方都是由汉、藏、回三个民族共同组成的队伍。他们团结一心，手足相抵，竭力拉扯，力图战胜对手。在既是竞争又是合作的游戏空间里，置身其间的人员滋生出强烈的社区认同感，共同分享团结的精神、胜利后的光荣自豪以及失败后的遗憾不甘。

旧城青苗会在旧城周边的五个藏族村落里设有恶拉，分别是临潭县古战乡的古战村、临潭县初步乡的班路塔、旧城与卓尼县申藏乡交界的左拉村、古战乡与卓尼县扎古碌乡接界的那子卡和卓尼县卡车乡的安步族。以安步族为例，可以感受到现时背景下这类藏民村落多元的信仰生活和恶拉的功能。

安步族距离旧城约八里多地，是一座半农半牧的藏民村落。经过安步族再向前行进千余米绕过一道山湾就进入卓尼县的莽莽林区。距安步族村口约200米左右的山腰处有一座石窟洞，现在是临、卓两地藏民去拉萨朝觐布达拉宫之前必须先行朝拜的一个重要地点。通向石窟洞的山脚处有一片十平方米左右的平坦之地，据当地村民讲，这里就是矗立"唐李将军碑"的旧址。村落的入口处有一座黄土夯成、基座方形的白色覆钵式"塔儿"。这是定居藏民聚落的标志性建筑。藏民不定期地把采摘的柏树枝叶放在塔儿底座的穴口处焚火熏炙，散发出阵阵清香，以驱除污秽之气，使整个村庄洁净吉祥。这项仪式是为"煨桑"。

每年农历二月初二，安步族请宁玛派僧人祈祷念经，捏祀食，祈求一年风调雨顺。同时举办赛马和射箭比赛，谁家在比赛里荣获第一名，是件很有彩头的喜事；赛马场里竖立三块靶板，村里新婚男子或是求子者参加射箭比赛，谁射中20米开外的靶心，寓意谁家将添子，村里年轻人会把酥油和炒面涂在高中靶心男子的头上。活动结束后，全村人焚烧祀食。有草山的藏民村落都有"造山神"的仪式。"山神"的位置在山顶或山腰，标识着该村的放牧范围。有的草山有一个山神，有的草山会有两座山神。安步族拥有很大面积的草山，每年农历六月二十九在山顶举行"造山神"仪式。造山神在一座高约一米、占地面积约2.5平方米的长方形建筑体上举行。这座建筑体用泥土夯成，底部镶有水泥基座，建筑体内是一个凹槽，内里填充着松软泥土。"造山神"的当天清晨，村落里的每家每户都要去割柳条，将它们捆扎成一束，插在凹槽泥土之中，作为山神。然后，村民们煨桑，宰一只羊向山神献祭，每家把蒸好的馒头献在山神前，之后全村人分食羊肉和馒头。最后一个环节是"转桑桑"，全村男女老少围着山神站成一个圆圈，顺时针转圈，圈数以"三、六、九……"为数，转圈的同时全村人一起喊"桑桑格"。藏民把山神看作主管全村人身平安、家畜兴旺的神祇，但凡有家户新添人口，在当年"造山神"的仪式里一定要多交馒头。

安步族亦从事农业生产，每年清明节前后播种青稞，农历七月中旬收割；还种植油菜、土豆，农历九月底十月初收获；在川地里会种植少量的小麦、豌豆和大豆。由于气温寒冷，小麦颗粒往往不够饱满。安步族村附近有一眼泉水，如遇天旱，藏民要到泉水前煨桑念嘛呢经，全村老少磕头，祈求泉神降雨。如有冰雹来临的迹象，安步族村民们就会求助龙神五国爷安世魁。旧城青苗会在安步族设有四位恶拉，每年旧城青苗会举办插旗仪式时，恶拉要去旧城大庙领取一面红绸大旗。四位恶拉各保管大旗一个月。在乌云密布、阵雷滚滚之时，当值保管大旗的恶拉要站在安步族地理位置最高的屋顶上禳雹。他奋力挥动大旗，高声喊道："雨啊，大峪沟里去啊！"大峪沟是卓尼县木耳乡的林区，不种植庄稼，且距离卡车乡百里之遥。安步族村民认为暴雨和冰雹到那里去不会产生什么危害。掌旗恶拉摇旗禳雹、呼念口号时，其他三名恶拉要煨桑，共同祈求龙神安世魁护佑，让庄稼躲过恶雨白雹。

表7　　　　　　　　　　洮州十八青苗会的四至和马路调查

龙神	青苗会	四 至	马 路
徐达	城背后青苗会	东：新城镇东街，南：新城镇南门河，西：新城镇西街，北到新城镇李家山	新城镇城北后村，1949年以前是官家侍奉的佛爷。1949年以后，主要是城背后村、北街四、五社村民们的崇祀神
常遇春	冶力关青苗会	东：临夏州的康乐县，南：卓尼县的草岔沟，西：卓尼县的杓哇旗，北：八角乡的小青崖	当地人称"北路佛爷马路宽"，地跨临潭县北路三乡镇八角乡、羊沙乡和冶力关镇；卓尼县的杓哇土族自治乡、康多乡和草岔沟；临夏回族自治县和定西县的部分村社

龙 神	青苗会	四 至	马 路
李文忠	端阳沟青苗会	东：卓尼县恰盖乡地拉尕，南：临潭县新城镇羊永村李岗村，西：临潭县扁都乡李歧山，北：临潭县八角乡南山社	洮河北侧的西向，当地人称作"洮西"的地区
胡大海	新堡青苗会	东：岷县的东山区，南：迭布县的店尕寺，西：碌曲县，北：康乐县的莲麓	当地人称"南路爷马路宽"，沿洮河下游两岸东侧临卓两县地区
郭 英	张旗青苗会	东：铁城①，西：新城镇的隍庙，南：新堡乡的青石山，北：扁都乡的黑角滩	信仰地跨临潭县扁都乡、店子乡、龙元乡和陈旗乡的部分村社
康茂才	晏家堡青苗会	东：泉湾，南：小河，西：红崖，北：党家沟	临潭县晏家堡和党家沟、石门乡
赵德胜	王旗青苗会	东：卓尼县洮砚乡的石旗，西：鱼古千马，南：王旗，北：石旗崖	临潭县陈旗乡、卓尼县洮砚乡
朱亮祖	流顺青苗会	东：临潭县黑松岭，南：卓尼的大峪沟，西：卓尼县的鞑子多，北：卓尼县的白土坡	临潭县的流顺乡、卓尼县的木耳乡
韩 成	韩旗青苗会	东：杨家山，南：张家沟，西：拉直湾，北：唐旗	唐旗、谢家坪、韩旗、杜家川
张子明	梨园青苗会	东：梨园，南：上磨沟，西：中寨山，北：磨沟	梨园村、中寨村、上沟门、磨沟村
花 云	水磨川青苗会	东：汪家咀，南：邓家湾，西：苏家沟，北：红山	水磨川村
成世疆	羊沙青苗会	东：卓尼县寺下川，南：安门沟，西：古占川，北：冶力关朳哇寺	临潭县羊水乡、卓尼县的恰盖乡、脑索
安世魁	旧城青苗会	东：临潭羊升山，西：卓尼鞑家暗门，南：卓尼的卡车和大族乡的一部分，北：卓尼的申藏乡	临潭县城关镇、古战乡、初步乡；卓尼县申藏乡、阿孜滩乡
刘 贵	刘旗青苗会	西到晏家堡村，东到扁都乡的红崖，南到寇窝桥，北指石门乡的汪家庄子	临潭县新城镇刘旗、石门乡的汪家庄子等村社
马秀英	白土青苗会	东到白土村的高领山，南到草岔沟门，西到羊永乡的大池山，北到太平寨的响水泉	羊永乡的白土村
朱 氏	牌路下青苗会	东指安家山，南指南山，西指立舍，北指虎龙口	陈旗乡的拉直湾、张家沟、安家山、杨家山、下尕路、虎龙口、下南山、立舍、斜路子、阎家山、立舍沟、牌路下村
郭 氏	冯旗青苗会	东：录目，南：沙马，西：千家寨，北：他那	
武殿章	秦关青苗会	东：卓尼县羊化村，南：卓尼县温旗，西：总寨乡深沟门，北：羊化桥尖山	临潭县总寨乡秦关村、卓尼县羊化村和温旗

---

① 铁城：位于陈旗乡境内。

三 公共职能

洮州青苗会在地方上发挥着民间自治与调解纠纷的重要作用。洮州各支青苗会与各村委会组织互不重叠，村长或村委会主任在退休以后才能担任青苗会的提领或会首。在乡村日常的公共事务里，村委会负责传达和讲解党和政府的政策文件，管理乡村的行政事务，组织群众开发扶贫项目；青苗会主要解决村际之间因采石、放牧、割草、护林、运土等出现的纠纷。例如，2000年新城镇建了一座水泥厂，原料取材于新城依傍的朵山。卓尼县申藏乡的石山大族村和端阳沟大队的村民都到朵山采石，于2005年3—4月间发生纠纷。申藏乡大族村是端阳沟青苗会的小会，端阳沟大队请端阳沟青苗会出面解决。农历九月三十日大族村邀请提领、会长和马角参加"冬报愿"仪式，端阳沟青苗会出面协调了大族村和端阳沟大队的采石纠纷。[①] 洮州青苗会还有看山护林的传统职能：农历四月至十月之间，村民不能上山砍树，也不能上山采集石头。如果有人违反了这条规定，就会被罚向龙神献香敬裱，行为严重的必须向龙神献羊。如果有人偷盗了山林树木，青苗会罚当事人去种树，再罚只羊，被罚的当事人不仅服气，还会赔情道歉。如果涉及栽树、修路等公共事务，村委会和青苗会两家会协商管理。[②]

2006年，冶力关青苗会和八角青苗会平息了两场汉藏乡民的械斗。当年农历三月，冶力关汉人村民在常爷池（冶海）经营游船生意，在庙花滩找了一处可以看护游船的地方搭帐篷过夜。这个地方被康多六村的藏民叫作"哈门"，藏族村民也在这里搭帐房居住。藏民们以"八角青苗会六会"的身份出面，说哈门是他们的地方，不准冶力关的汉族村民在这里搭帐篷，必须在农历五月三十日之内把帐篷拆掉。农历五月二十八日，双方为拆帐篷再次发生争执，出现了小型械斗，所幸没有人员伤亡。为此，冶力关青苗会出面与八角青苗会协商，由八角青苗会出面劝说哈门附近的藏民，事件暂时平息下来。同年农历十月，双方又为帐篷之事发生小型械斗，事态很快被八角乡青苗会和冶力关青苗会协商平息。

当然，洮州青苗会还按照常规旧例管理着各村的草山边界，这些老传统继承了明代洮州卫确定的边界，也继承了清代前期军屯户后裔与番人发生草山纠

[①] 访谈对象：武孔子（男，65岁）；访谈地点：端阳沟李文忠庙；访谈时间：2005年11月17日。访谈对象：宫福生（男，76岁）；访谈地点：端阳沟李文忠庙；访谈时间：2005年11月18日。访谈对象：王奎（男，63岁）；访谈地点：新城城隍庙；访谈时间：2006年9月26日。

[②] 2006年5月28日、10月8日在新城城隍庙的群体访谈。

纷后划定的边界，并以此为准来处理当代草山、土地和自然资源纠纷。甘南藏族自治州现行草山边界管理条例采用两种方式认定边界：一种是历史传承下来的约定俗成的边界划分；一种是中华人民共和国成立以后的行政区划。州政府处理草山边界纠纷时首先按照约定俗成的边界来裁决，如果约定俗成的边界本身就不够清晰或者存有遗留问题，就按现行区划边界来判定。[①] 1998—2005年，甘南州政府共处理了69起乡级以上的草山边界纠纷，临潭县仅有两起纠纷登记在案，是登记在案草山纠纷最少的县份。这组数据表明，洮州青苗会在民间自治、调解纠纷和地方自然资源制衡中发挥着积极作用，汉藏民人因自然资源争夺引发的纠纷大多在对共同神祇的崇祀中得到消融和解决。

表8　　　　　　　　1998—2005年甘南州草场边界纠纷统计

县（市）名称	矛盾级别	矛盾纠纷起数	县（市）名称	矛盾级别	矛盾纠纷起数
1. 合作市	省级	—	5. 临潭县	省级	
	县级	7		县级	1
	乡级	4		乡级	1
	合计	11		合计	2
2. 夏河县	省级	2	6. 卓尼县	省级	
	县级	3		县级	5
	乡级	12		乡级	4
	合计	17		合计	9
3. 碌曲县	省级	—	7. 迭部县	省级	6
	县级	2		县级	2
	乡级			乡级	12
	合计	2		合计	20
4. 玛曲县	省级		8. 舟曲县	省级	—
	县级	2		县级	2
	乡级	2		乡级	2
	合计	4		合计	4

资料来源：甘南藏族自治州边界办公室。

[①] 资源来源：甘南藏族自治州边界办公室工作人员；访谈时间：2006年8月23日。

第三节 龙神庙会

　　洮州青苗会、龙神和庙会三者结合在一起，经历了一个历史过程。崇祀龙神的青苗会举办的庙会叫作龙神庙会。今天看到的现状是：临潭县有资格参加新城龙神赛会的青苗会只有 18 支，它们分别崇祀 18 位龙神；然而，复杂的现象在于，举办龙神庙会的青苗会，其中一部分有资格参加新城的龙神赛会，另一部分则没有资格参加龙神赛会。造成这种现状的原因是多重的。从历史文献记载来看，龙神与明代历史人物的重叠交合，是乾隆年间的事情；① 龙神逐渐发展成为 18 位，与道光二十五年（1845）洮岷协封神政策密切相关②，各支青苗会不断完善诸位龙神履历，使他们成为明代洪武初年的历史人物，尽管有些人物并不见于史册。大约在光绪初年，洮州青苗会举办龙神庙会的记录逐渐清晰。

　　在光绪末年成书的《洮州厅志》里正式记载十八龙神新城赛会之事。"龙王庙，邑龙神有十八位，庙宇建造极多。几于庄堡皆有"③，"五月五日……择月厌日由官给札请十八位龙神上朵山禳雹，回至西关外赛会，男女皆喜赴之"④。所谓"由官给札请"，指在端午节前同知亲自具名发帖给洮州四方的 18 支青苗会，请他们组织龙神轿队前来新城参加五月端午的"龙神赛会"。"十八位龙神上朵山禳雹"，指 18 支龙神轿队齐集新城之后去新城附近海拔最高的朵山之上举行"禳雹"的仪式，之后再回到新城西门外。这说明当时已经形成了洮州十八龙神体系。由于资料的限制，18 位龙神如何加入新城龙神赛会的行列，目前难以一一考证。此外，还有一些信仰其他神祇的青苗会也举办庙会，这类神祇不在十八龙神体系之内。因此，只有梳理清楚十八龙神体系之内的龙神庙会，才能够讲清楚临潭县其他庙会人群的历史与现状。

　　关于"龙神"，乡民们也习惯于叫作"佛爷"，有时也合称为"龙神佛爷"。临潭地方文人认为，临潭人神佛不分，所以把龙神叫作佛爷。⑤ 乡民们则认为，"龙神是读书人的称呼，我们老百姓就叫作'佛爷'"。乡民们还把

---

① 关于这一历史过程，请见本书第三章"清代洮州青苗会"。
② 同上。
③ （清）张彦笃、包永昌修纂：《洮州厅志》卷三，庙坛，光绪三十三年（1907）。
④ （清）张彦笃、包永昌修纂：《洮州厅志》卷二，风俗，光绪三十三年（1907）。
⑤ 访谈对象：临潭县史志办马廷义（男，41 岁）、宗教局办公室丁志胜（男，36 岁）；访谈地点：马廷义办公室；访谈时间：2005 年 7 月 28 日。访谈对象：临潭县人事局退休干部、时任洮州文史委员会副主任陈建中（男，70 岁）；访谈地点：新城镇陈建中家；访谈时间：2005 年 9 月 23 日。

图 33　龙神塑像

流顺青苗会崇奉的龙神朱亮祖的塑像。这种塑像样态是洮州各支青苗会统一采用的形制规格。

"佛爷"这一称呼与藏族联系在一起，说"卓尼的藏族人既信仰藏传佛教，也信仰龙神，他们在喇嘛寺里拜佛祖，在龙神庙里拜龙神，渐渐就把龙神叫作'佛爷'"。[①] 在洮州青苗会内部，十八龙神都有相应的敕封封号：

> 徐达，敕封陀龙宝山都大龙王；
> 常遇春，敕封威镇三边常山盖都大龙王；
> 李文忠，敕封威镇三边朵山中石山镇州都大龙王；
> 胡大海，敕封洮河威显黑池都大龙王；
> 郭英，敕封普天同知显应龙王；
> 康茂才，敕封东郊康佑青龙宝山都大龙王；
> 赵德胜，敕封水司杨四将军都大龙王；
> 韩成，敕封祥渊赤察都大龙王；

---

① 访谈对象：洮州青苗会委员王映熙（男，40岁）；访谈地点：王映熙家；访谈时间：2005年10月26日。访谈对象：李春秀（男，73岁）；访谈地点：新城城隍庙；访谈时间：2006年5月27日。访谈对象：洮州青苗总会会首宋克义（男，56岁）；访谈地点：宋克义家；访谈时间：2006年7月26日。访谈对象：陈旗乡王旗村王士英（男，63岁）；访谈地点：王士英家；访谈时间：2006年10月4日。访谈对象：石国钧（男，68岁）；访谈地点：石国钧老人家；访谈时间：2006年8月25日。

> 张子明，敕封祥眼赤砂都大龙王；
> 朱亮祖，敕封四季九汉降房护国赤察都大龙王；
> 花云，敕封四季九汉降房护国赤察都大龙王；
> 成世疆，敕封成沙广济都大龙王；
> 安世魁，敕封镇守西海感应五国都大龙王；
> 刘贵，敕封金龙龙洞宝山小吉龙王；
> 马秀英①，敕封西郊透山响水九龙元君；
> 朱氏②，敕封金水元君都大龙王；
> 郭氏③，敕封金水元君都大龙王；
> 武殿章，敕封五方行雨都大龙王。④

一些零星证据显示，临潭本地藏民信仰的泉神被洮州青苗会改造成为龙神，进而被纳入十八龙神体系。道光二十五年（1845），洮州厅把"龙神"与"山上泉神"并列祭祀⑤，在之后的岁月里，一些泉神被改造成龙神，秦关青苗会奉祀的龙神武殿章即为显例。秦关村属于总寨乡管辖，1958年之前秦关村称为"秦百户寨"，秦关村供奉的"五方爷"是该村后山沟里的泉神。李英俊记载了一则传说故事：

> 据传说嘉庆年间有一年天干旱，洮州知府祈雨，将各地龙神请抬到府里，让施甘霖，但天总是晴着。知府生气，便将请到府上的龙神曝晒院中。晚上，南路爷胡大海给知府托梦，说南乡秦关村有个伍金龙，专门行云施雨，可将他请来让兴云作雨，定能降雨。知府醒来后，立即派员去请。……将伍金龙抬到府里。当天，天降大雨，解除了旱情。从此"五方爷"每年也就加入到了新城龙神会的行列。⑥

---

① 马秀英：当地人也叫作"马皇后"，朱元璋的妻子。
② 朱氏：当地人认为是朱元璋的姐姐、李文忠的母亲。
③ 郭氏：当地人认为是朱元璋的妃子，把她也叫作"郭妃"。
④ 资料来源据实地调查，与李英俊《临潭庙会民俗文化》一文记载的十八龙神的名字、封号略有不同。其中，李英俊记载常遇春的敕封封号为"敕封总都三边常山盖国都大龙王"，"张子明"记为"张德胜"，"武殿章"记为"伍金龙"，"朱氏"记为"牌路下娘娘"，"郭氏"记为"冯旗佛爷"，"马秀英"记为"白土村佛爷"，未记载朱亮祖的敕封封号。
⑤ 关于这部分内容请见本书第三章"清代洮州青苗会"。
⑥ 李英俊：《临潭庙会民俗文化》，载中国人民政治协商会议临潭县委员会文史资料委员会编《临潭县文史资料选辑》（第七辑），第55页。

这一传说故事表明,在崇祀胡大海的新堡青苗会推荐下,秦关百户寨军屯姓把当地藏民信奉的泉神加入到洮州官府祈雨的行列里,祈雨灵验之后,"泉神"成为官府认可的"龙神",秦关青苗会进而成为有资格参加新城龙神赛会的洮州青苗会之一。白土青苗会崇祀的龙神马秀英为另一例。1997年,白土村的村民称白土村佛爷为白土娘娘,今天的人们已经把白土村佛爷称为马秀英。李英俊也记载了一则传说故事:

  相传在明朝时有一年响水泉(在白土村西北端沟村山脚下)地方,闻听有钹鼓的响声,在响声处突然地裂开口,涌出一股很大的清流,其水香甜清冽,因此群众称此泉为"响水泉"。在地裂涌出大水时,水面漂流一个木牌,上面写有"透山响水九龙元君"之衔。白土村民将牌捞出,就供奉起来。有一年天大旱,群众求雨,侍奉木牌的马角(即巫师)冯某便跳入响水泉中,沉到泉底,见泉底有一座金碧辉煌的宫殿,冯便进入宫中,见大殿上端坐着一位俏丽的女神。巫师便叩拜女神,告求乞降甘霖。该女神当即发话说:"门背后有水缸,用帚蘸水洒几下即可得雨。"巫师未按女神所说的去干,将缸摇动使水淹泼一地。此时女神让其巫师回家,当巫师涌出水面时,家人说他已沉水三日,白土一带地方天下了大雨,有的地方已经被水淌了。巫师将所见情况告诉了村人,群众按巫师所说情况,在白土村堡子里修了一座庙宇,雕刻了一尊女神像供奉。后到新城来参加龙神会,因未得到皇封未让参加,该女神一怒之下,呼风唤雨,雹打了新城地区的田禾。因此洮州地方官员呈请清朝皇帝,才封为"敕封西郊透山响水九龙元君",正式有了封号,加入了洮州十八龙神行列。据当地群众说,响水泉西通马牌泉,南通卓尼县纳儿村泉,因此叫"透山响水",这就是该女神名衔的来历。①

这一传说故事表明,白土村青苗会把本地藏民信仰的泉神改造成祈雨灵验且官府认可的龙神,从而获得了参加新城龙神赛会的资格。十八龙神体系里有三位女性,除了马秀英之外,还有朱氏和郭氏,其被纳入新城龙神赛会的过程,大约与龙神马秀英的故事类似。

  同一个龙神被互不隶属的两个青苗会所崇祀,这大约是人口增长等因素导致洮州青苗会组织衍生与分化的结果。比如,新堡青苗会和千家寨青苗会都崇

---

① 李英俊:《临潭庙会民俗文化》,载中国人民政治协商会议临潭县委员会文史资料委员会编《临潭县文史资料选辑》(第七辑),第59—60页。

祀胡大海，两个青苗会互不隶属，只有新堡青苗会有资格参加新城龙神赛会；草岔沟青苗会、八角青苗会和冶力关青苗会都崇祀龙神常遇春，三个青苗会互不隶属，各有庙会，只有冶力关青苗会有资格参加新城龙神赛会。在冶力关青苗会和八角青苗会流传的故事，对理解这一复杂现象很有参考价值。冶力关青苗会的乡老康永健讲过一则传说：

> 过去八角乡和我们冶力关还有羊沙乡都是一个青苗会。冶力关最早的名字叫阙李寨，阙姓和李姓是最早的军屯姓。我们当地有"先有阙李寨，后有冶力关"的说法。明末清初时，冶力关的阙姓人在官府里当官，我们叫作阙爷。阙爷很发愁家里没有男嗣。一晚，阙爷梦见常遇春对他说"你只要组织了青苗会，你就不怕没人给你上坟烧香了，青苗会的会长就是你的后人。"于是阙爷按照常爷的托梦，组织了冶力关青苗会。①

这一传说故事透露出一个信息，即八角乡、冶力关和羊沙乡过去曾属于一个青苗会，后来分裂为三个青苗会。关于这一点，康多乡（八角乡青苗会管辖）的张胜等也讲过类似的传说故事：

> 阙爷组织了冶力关青苗会，但是常爷的主身在我们八角乡的庙花山。过去冶力关青苗会办庙会都要先来我们庙花山请常爷，把我们的常爷抬到他们池沟常山庙后，才可以踩街。有一年农历五月十五，冶力关青苗会把常爷塑身抬到自己庙里过夜。他们说路途太远，路难走，把佛爷锁在常山庙阁楼里，还派人看管，拒绝抬还给我们八角乡的庙花山。我们为这事告了官，可是阙爷就是衙门里的人，我们八角乡没有官府里的人。县长判决常爷主身留在冶力关常山庙，让我们另塑常爷身。所以就有了冶力关"新庙老身子"、八角乡"老庙新身子"的说法。这场官司之后，八角青苗会和冶力关青苗会就分开了。五月端午的龙神赛会只能让冶力关青苗会抬着常爷的老身子参加，我们的常爷就在八角乡里踩街。②

---

① 访谈对象：冶力关寨子村康永健（男，62岁）；访谈地点：康永健家；访谈时间：2006年6月29日。

② 访谈对象：临潭县冶力关镇东山村张名义（男，70岁）、冶力关镇池沟村牟喜祥（男，38岁）；访谈地点：常山庙；访谈时间：2006年6月26日。访谈对象：卓尼县康多乡庙花村人张胜（男，38岁）；访谈地点：庙花山草场；访谈时间：2006年6月28日。

这一传说故事说明八角青苗会的常爷庙比冶力关青苗会的常爷庙历史悠久。至今，八角乡庙花山供着五位龙神塑身，据乡老讲，这些龙神分别是常（遇春）爷、同治爷（赵德胜）、大朗爷（郭英）、金龙爷（胡大海）和黑池龙王（徐达）。① 如果把乡民具体所指代的龙神名称省略，八角青苗会奉祀的五位龙神，与旧城青苗会奉祀的五国爷相同，应是明代洮州卫官兵奉祀五国公的历史遗制。

值得一提的是，李文忠没有龙神塑身，代替他的是一把高约120厘米的木质交椅，罩一件绣着两条黄龙的红色绸缎龙衣，龙衣之上被数十条红、黄、白色的哈达包裹，交椅前方供放一面直径约30厘米的玻璃镜子，配有黑红色木架，供奉在龙神庙大殿的神台之上。端阳沟青苗会的人对此有三种说法。一种说法是："我们的龙神李文忠太厉害了，没有塑身。"一种说法是："李文忠被砍头了，身首异处，没有塑身。"还有一种说法是："在卓尼县大族村的歇马店里供奉着李文忠的画像，头戴毡帽，骑着牦牛，穿的是明朝的官服。"②

在十八龙神体系里，有八个青苗会举办庙会，其余十个青苗会都不举办庙会。据乡老讲，新城附近的城背后青苗会、端阳沟青苗会、晏家堡青苗会、刘旗青苗会一举办庙会，就会出动乱大事，所以这四个青苗会不能办庙会。③ 从空间分布来看，举办龙神庙会的地点距离临潭中心地新城和旧城较远，具有借庙会实现集市功能的需要，且庙会举办地的人口亦较为稠密。龙神庙会是社会安定、经济繁荣、民众富足的表征，亦是地方政府积极、开放与自信的表现。对此，乡老们的话具有概括性："只有社会环境好的时候才会有庙会。"④

龙神庙会由洮州各支青苗会组织举办。以2006年冶力关农历六月一庙会为例，冶力关青苗会有一套完善的人员分工，负责庙会各方面事务。他们把"庙会提事图"张贴在墙上广而告之，以供参会的乡民们知晓并监督。

---

① 访谈对象：八角乡八角村石文祥（男，62岁）；访谈地点：石文祥车场的值班室；访谈时间：2006年7月1日。

② 访谈对象：端阳沟沟尼村李七十一（男，78岁）；访谈地点：红山顶；访谈时间：2006年6月1日。

③ 访谈对象：新城镇李春秀（男，73岁）、王奎（男，63岁）、朱生照（男，65岁）；访谈地点：新城隍庙；访谈时间：2006年5月27日。

④ 访谈对象：俞文敏（男，68岁）；访谈地点：上寨村龙神庙；访谈时间：2006年6月10日。2006年10月8日在新城隍庙的群体访谈。

表 9　　　　　　　　　　　龙神庙会调查

主祀龙神	青苗会	隶属层级	村落名称	庙会时间（农历）	庙会会期
1. 安世魁	旧城青苗会	设有恶拉	古战村	正月十三至十五	3 天
2. 赵德胜	王旗青苗会	待考	王家坟	四月初八至初十	3 天
		二会	陈家庄	五月初五至初七	3 天
		头会	王旗村	五月十二至十四	3 天
		二会	马旗村	六月初六至初八	3 天
		歇马店	卓尼石旗村	八月十五至十七	3 天
3. 郭英	张旗青苗会	待考	李歧山	四月初八至初十	3 天
4. 成世疆	羊沙青苗会	待考	大草滩	四月初八至初十	3 天
		分会	羊沙村	五月初九至十一	3 天
		头会	甘沟村	五月十二至十四	3 天
		分会	秋峪村	五月十六至十八	3 天
5. 朱亮祖	流顺川青苗会	三会	眼藏村	四月初八至初十	3 天
		头会	上寨村	五月十五至十七	3 天
6. 洮州十八龙神	洮州青苗总会		新城	五月初五至初七	3 天
7. 韩成	韩旗青苗会	头会	韩旗村	五月十四至十六	3 天
8. 常遇春	八角青苗会	歇马店	庙花山村	五月二十八至三十	3 天
	冶力关青苗会	四会	池沟村	六月初一至初三	3 天
	草岔沟青苗会	头会	卓尼草岔沟	六月初六至初八	3 天
9. 胡大海	新堡青苗会	二会	新堡村	六月初一至初三	3 天

资料来源：2006 年 5—11 月的实地调查。

2006 年 6 月 1 日庙会提事图

大会长：冯元民

座匣：魏国民 李如性 于兴文 王占奎

头会长：张明义；二会长：汪荣生；三会长：王兴天；四会长：张志才

总管：汪荣生、张志才

记礼：马术、王继祖

收银：冯兆国、冯玉林

管饭票：王万寿

毁票：宁保安

侍候座匣：冯玉忠

头会执事人员：执客：杨得得；提茶：芦玉业；撑盘：徐桂喜

二会执事人员：执客：丁天录；提茶：李英荣；撑盘：杨世忠；按客：李忠林

三会执事人员：执客：王海礼；提茶：张连生；撑盘：黄太生；按客：毛英福

四会执事人员：执客：王万寿、冯枢国；提茶：朱玉宏；撑盘：吴整生；按客中：冯兆平

以上执事人员，各司其职。

常山庙大会
二零零六年五月卅日

一 庙戏

龙神庙会的核心内容之一是庙戏，即唱戏祭神和娱人。祭神部分的戏称为神戏，专门唱给龙神佛爷听，是庙会期间祭祀龙神的重要仪式。目前，临潭县规模较大、覆盖村落较多的洮州青苗会组织的庙会仍保留神戏仪式，通常在庙会第一天上午9点至12点演出。青苗会的乡老们把龙神轿抬到戏台前方，会首带领会员跪在龙神轿的旁侧，面朝戏台。在唱神戏的过程中，他们要煨桑、焚裱和敬香，直至神戏结束。参会听戏的乡民们不必下跪。神戏有两种模式：一种是五人组神戏，叫作"大赐福"；一种是三人组神戏，叫作"小赐福"。

现在的神戏多采用三人组小赐福模式。小赐福神戏里的三位人物连续出演两折神戏，中场需要更换头饰，寓意角色变化。据当地人解释，第一折神戏里的三位角色是指春秋战国时期的朝臣：天官、老臣和少臣；第二折神戏里的三位角色是指福禄寿三星，即六中子、广臣子和南济子。对神戏各个角色的识别需要依据演员的唱词和角色的形象来判断，如着红袍的演员代表天官或者福星，着白袍的演员代表老臣或者寿星；着绿袍的演员代表少臣或者禄星。神戏表演者的唱词内容较为固定，如"大的无灾，小的无难，空怀出门，满怀进家。想啥得到，每事得成。四面八方，财路大开。坐官的人，连升三级；求学的人，金榜题名；生意之人，财源广进"，都是在龙神庙会的神戏里经常听到的念白。最重要的是，神戏表演者必须为本地军屯姓，只有他们才知道该拜哪些本地神祇，对这些神祇该讲哪些话。羊沙青苗会举办的农历五月初九庙会里的神戏念白即很典型：

> 黄花遍地开，点点下天台，玉骨见板响，三仙出洞来。南无禄德星君，南无寿德星君，南无福德星君。来到吉庆台前，各将美言献上。早来到台前，古来听法言，三老观太极，福禄寿三仙。东门外雪花暴顶，家有美酒羔羊，一点一滴彩云飘，海外三仙来到。福禄三仙挂中堂，加官晋爵两忙忙，海参熊掌蟠桃宴，七子八孙满朝纲。羊沙寨中禅寺，千千祝福四方菩萨，五谷苗稼龙虬大神，五朝九天开化文昌帝君，牛马王菩萨城头上观神仙老爷，赤峰庙中五位都大龙王，蕃汉两教朵中石山镇洲，羊沙寨羊头参将，石山山神八方九龙五方土地，门神呼吁四方灶君，保佑这一会人等一寨春季内一籽下地万粒归仓，万籽下地觚斗满仓，恶风恶雷不响，秋风细雨长降甘露，牛羊成群五谷丰登，风调雨顺国泰民安。①

流顺青苗会举办的上寨庙会，其神戏演出的时间比较特殊，在凌晨三点开始，据说这是老传统。深夜两点过一点，会首和会员们趁着月光把朱亮祖的神轿抬出狼耳山庙，行走半里地到达上寨村的戏台前。此时的月色下，乡野笼笼，四围静寂。突然，一声响锣刺破夜空，戏台骤然亮了起来，板胡和梆子的乐声交织在一起。幕布拉开，"神仙"登场，念道：

> 齐楚燕韩赵魏秦，六国不和动刀兵，若要两国争上下，我国缺少一栋梁。老夫段干木，领了大王旨意，前来拦路封官，言还未必，苏秦做歌而来。下跪者是苏秦，你是如何顺说六国之事？何不细细讲来。唵嗨呀，苏秦顺说六国，原是舌尖之能，大王之喜，苏秦听封，就封你为六国首相，你妻一品诰命夫人。赐你大红袍一领，钢砂帽一顶，蓝田玉带一根，建杆靴一双。黄金万两彩缎万匹。良田千顷，牛羊百对。今天一十二时，命你回家擅乡祭祖，祭祖一毕，乃然入帘保国。皆毕三呼：观见苏卿走去，我不免回朝交旨。正是：国正天下顺，君正民自安。君禄德星君……一人架起禄，禄为高升……洞门外雪山罩顶，家有美酒羊羔。一点一滴水云飘，海外三仙来到。先献仙丹一颗，后献王母蟠桃。王母蟠桃寿宴高，庆贺长生不老。②

---

① 访谈对象：羊沙庙会神戏里老臣的扮演者（男，62岁）；访谈地点：羊沙村歇马店戏台的后台；访谈时间：2006年6月4日。

② 访谈对象：上寨庙会神戏里天官的扮演者（男，58岁）；访谈地点：上寨村戏台的后台；访谈时间：2006年6月10日。

据说，这出神戏是"老臣段干木给苏秦封官"和"福禄寿三星给王母拜寿"的组合。

神戏过后，就拉开了娱人的大戏帷幕。赶会的老人和小孩坐在庙殿前的台阶上，直望着对面戏台上穿红挂绿的生末净丑。三天的大戏里，戏班通常要准备演一折或一本神仙戏，基本以《目连救母》和《吕洞宾度铁拐李岳》为主。曾经还有一部神仙戏是《月明和尚度柳翠》，据李英俊指出，"在一些寺院，跳护神时还能看到戴大头和尚面具和美丽柳翠面具的两人双双嬉跳情景，群众称此为'大头和尚戏柳翠'。"① 只是，目前这出神仙戏在龙神庙会里已经失传，不再演出。除了神仙戏外，必演的秦腔折子戏有《彩楼配》《宝莲灯》《大登殿》《升官图》等。2006年农历五月初五的上寨庙会，演出的秦腔折子戏有《三娘教子》《彩楼配》《赶驾》《拾玉镯》《大登殿》等；农历五月初九日的羊沙庙会，演出的秦腔折子戏是《升官图》《麒麟山》《彩楼配》《大登殿》《乾坤带》等；农历六月初一的冶力关庙会里，演出的秦腔折子戏有《调寇》《华庭相会》《二进宫》等。

大戏剧目的选择是有讲究的，在哪个庙会演哪些大戏都有规矩。青苗会和乡老集体商议决定请哪里的戏班和演出什么样的剧目。选择剧目要遵循四条规矩。第一，选择寓意美好、欢快喜庆的剧目。第二，不能含有与所崇祀龙神犯忌的剧目情节，例如在上寨庙会和龙神赛会里，不能演出折子戏《破宁国》，因为里面有"朱亮祖孤军无援、战败被俘"的情节。第三，不能冲犯当地的地名。第四，不能有与青苗会里军屯大姓犯忌的情节，例如在新堡庙会里不能唱有关"宋代杨家将"的戏目，这些戏目大多情节悲苦、杨家人命运多舛，新堡村的杨姓是军屯大姓，看了这样的折子戏不免会移情伤古；在石旗庙会里，因为陈姓是石旗村的军屯大姓，所以不能唱《铡美案》，恐有嘲弄之意。

各龙神庙的戏台，依据所在村落的地势情况来确定位置。新城城隍庙和冶力关池沟村常山庙的戏台在大殿的正对面，这应是最符合建置的布局。如果龙神庙内空间无余，戏台就近设在庙外的旁侧或对面，如王旗村龙神庙的戏台。大多数龙神庙都坐落在村落附近的山冈之上，戏台就修建在村里的开阔处。如新堡村的龙神庙矗立在村口旁的山顶上，戏台位于村东的尽头，凝盼洮河。大戏开始后，卓尼县秋谷村的藏民循着乐声过河来新堡参会，上香敬褆，拜神看戏。乡村戏台是高约一米的水泥台，其上有四根角柱形成一个

---

① 李英俊：《临潭庙会民俗文化》，载中国人民政治协商会议临潭县委员会文史资料委员会编《临潭县文史资料选辑》（第七辑），第124页。

巨大的方框，盖以屋顶，背面为墙，两侧搭木架，正面空出。楹联也构成戏台的一部分，是乡间文人得以彰显才情的舞台。羊沙庙会的戏台楹联是"古今一台戏，天地两轮回"；新城龙神赛会里戏台的楹联是"戏台小天地，天地大戏台"；冶力关庙会里的戏台楹联是"三五人可做千军万马，六七步为行四海五洲"。楹联和大戏是进行乡村社会公共教育的载体，寓教于乐，塑造和传播着中国至为传统的善恶价值观。"戏里"、"戏外"、"过去"、"现在"，临潭人在历史记忆与现实世界的意识交错里，行为规范得到不断深化。于是，大戏的功能并不只是拘泥于戏剧内容的表演，同时也是民间权威进行自我教化的展现。

　　庙戏亦是融合汉藏民族关系的重要手段。青苗会组织庙戏，是要募收戏钱的。一些藏族村落就是通过交戏钱的方式被整合进洮州青苗会。流顺乡眼藏行政村下辖的族尼村即是一例。1958年之前的眼藏青苗会由吴家坡和杨坡组成，是流顺青苗会的一个分会，参加每年流顺青苗会分派的春、冬报愿募化会粮和上寨庙会募化戏钱活动。族尼村的藏族村民不参加这两项活动。他们只信仰观世音菩萨，在村里修了一座菩萨庙。1980年，眼藏村成立了一家制砖厂。砖厂营运初期，烧制出窑的砖质量不高，没有好的销量。为此，砖厂请眼藏青苗会会长向龙神朱亮祖敬香许愿："如果砖厂烧出好砖，卖出好价钱，就给佛爷唱三天戏。"许愿之后，"灵验"发生。眼藏村砖厂烧制的砖质量明显提高，销量也转旺，砖厂开始赚钱了。1980年的农历四月初八，眼藏青苗会开办庙会，把朱亮祖的塑身请到杨坡村的歇马店，在歇马店前搭建戏台，由砖厂出钱雇请戏班唱三天戏。吴家坡和杨坡村的村民都来看戏，上寨村、流顺堡和宋家庄等村的村民也赶来看戏，族尼村的藏族村民也来到杨坡村的戏台前看戏。

　　这一年年末，族尼村一位雷姓村民的儿子生病，一直没有被医好。眼藏青苗会的会员建议雷姓村民"去龙神庙里求求朱亮祖佛爷，看灵验不灵验"。雷姓村民听从了会员的建议，他儿子的病奇迹般地好了。眼藏青苗会的成员对族尼村的藏族村民说："我们的龙神佛爷这样灵验。我们眼藏村的砖厂为了报答龙神佛爷，出钱给佛爷唱了三天戏。现在佛爷又灵验了，你们族尼村也就加入我们青苗会，给佛爷募化戏钱，唱三天戏。"于是，在1981年眼藏青苗会筹备农历四月初八眼藏村的三天大戏时，族尼村的村民第一次捐了戏份钱。后来，眼藏青苗会的会长告诉族尼村的藏族村民："我们给龙神佛爷唱过戏，也踩过街之后，这个会就要年年办下去了，不然会一停，龙神佛爷就要降罪的。"族尼村的藏族村民们同意会长的说法，成为眼藏村青苗会的一部分，参加每年庙会募化戏钱的活动。①

二 客商

客商是庙会里最活跃的人群。新城龙神赛会带动了新城镇的商业发展。新城镇的中心街为东大街,平日里沿街不过十五六家商铺,一到龙神赛会,商点骤然增多。2005 年龙神赛会有 30000 人来参会,东大街分布了 280 多家商业点,一对兰州榆中籍夫妇在庙会里卖爆米花,三天可以赚足千余元。新城镇工商所向流动商业摊点收取管理费。龙神赛会期间,流动人口的增加也促使新城镇的旅店业进入旺季。2005 年,新城镇的两条街道共有六家旅馆。每年农历四五月开始,新城镇旅馆业的入住率逐渐上升。新城镇新泉旅社的老板林芳估计,旅馆在淡季每天营业收入 40—60 元,庙会期旺季每天收入在 200 元左右。② 2006 年龙神赛会期间,新城镇民族旅社的入住率亦大为增加。

表 10　　　　　　　　　新城民族旅社住宿登记调查

日期	姓名	性别	户籍地	人数	事由
(1) 5月28日	赵芳廷	男	鞍山市铁东区南长沟街38-4号	1人	赶会
	胡荣海	男	总寨乡总寨村	1人	赶会
(2) 5月29日	马　静	女	宁夏中宁县新堡镇刘营村一队	2人	赶会
	李维国	男	陇西县南安乡纪旗村晃家巷社	2人	赶会
	杨志学	男	南京市鼓楼区鼓楼二条巷一巷107号	1人	赶会
(3) 5月30日	李仙洲	男	张家川回族自治乡张家川镇关村7组	1人	生意
	唐家俊	男	四川省金堂县板桥镇53号	1人	赶会
	汪荣生	男	冶力关镇关村西街21号	13人	赶会
	马中华	男	广河水泉村	1人	生意
	柏海平	男	临潭县城关镇	1人	赶会
	吕海中	男	新堡乡常旗村一社	1人	赶会

---

① 访谈对象:流顺川上寨村张辉选(男,70岁)、眼藏村吴家坡吴忠德(男,53岁);访谈地点:上寨庙会;访谈时间:2006年6月11日。
② 2005年9月20日在新城东大街十字路口车站处的群体访谈。访谈对象:林芳(女,50岁);访谈地点:林芳的新泉旅社;访谈时间:2005年9月23日。

续表

日期	姓名	性别	户籍地	人数	事由
(4) 5月31日 (龙神赛会 第一天)	张百虎	男	陕西洛南县寺耳镇胭脂河村	4人	生意
	洪海生	男	石门乡大桥关村	2人	赶会
	汪荣生	男	冶力关镇关街村西街21号	13人	赶会
	马达五代	男	东乡县果园乡李马家社	1人	生意
	马正祥	男	康乐县上湾乡桥家村	1人	生意
	马吉白	男	夏河县拉卜楞镇人民西街11号	1人	生意
	马仲华	男	广河县水泉乡水泉村下马家47号	1人	生意
	马艾迪卜	男	广河县水泉乡水泉村下马家11号	1人	生意
	马彦得	男	康乐县胭脂乡晏家村12号	1人	生意
	马艾迪卜	男	康乐县胭脂乡大庄村下新院社	1人	生意
	马春海	男	康乐县胭脂乡西坡村西坡65号	1人	生意
	赵芳廷	男	鞍山市铁东区南兴甸街38-4号	1人	生意
	马文良	男	广河县热电厂马坪乡黄家湾155号	1人	生意
(5) 6月1日 (龙神赛会 第二天)	王兰英	女	临潭县新城镇	2人	赶会
	魏顺魁	男	流顺乡红堡子村	2人	赶会
	王玉德	男	石门乡利落村	1人	赶会
	田新华	男	卓尼县洮砚乡古路坪村11号	2人	赶会

数据记录时间：2006年5月28日至6月1日。

　　除了龙神赛会，其他各处的龙神庙会均由主办方青苗会向赶庙会的客商收取"戏钱"，用以交付剧团演戏的费用。戏钱收取有两种标准：一种是向每个摊位收20—30元的戏钱；一种是按摊位的长度来计算，小型庙会按每米6—8元收，大型庙会按每米52元收。在大型庙会里，一般有大摊位（有帐篷的）约40个，小摊位（无帐篷的）一百多个，最多时可达到200个。新城镇的汉族和回族是庙会里最为活跃的客商，其次是岷县人和临洮人，他们多是贩运蔬菜而来。乡民们一句话概括了庙会里的客商特点："汉族人卖百货蔬果，回族人摆的是饮食摊。"① 对于参会人群的各自目的，乡民们也有一句精妙的总结："我们这里汉族人办庙会，藏族人、土族人敬香拜神，回族人摆摊设点。"② 例如，参加羊沙庙会的人多来自临潭县的石门乡和卓尼县的恰盖乡。恰盖乡藏民来羊沙庙会有两个目的，一是买日常用品，二是品尝美味。回民"清真"招

---

① 2006年5月31日和6月1日在新城东大街对参加龙神赛会的乡民进行的随机访谈。
② 同上。

牌在庙会里随处可见，戴着白色号帽的回民男子和面，穿着素色印花长衫、头戴提花黑丝绒盖头的回民女子将和好的面拉成长条，再揪成"指甲盖"大小的面片，纷纷丢入锅内。不出两分钟面片被捞起，浇上羊肉清汤，加入羊肉丁、西红柿和青萝卜片，做成"西红柿羊肉面片"；如果与羊肉片、豆腐、粉条、青菜混在一起，就是"烩面片"；或者由回民男子把它们捞入炒锅，和牛羊肉、粉丝、青菜混炒，就是"炒面片"。这三种面食深受汉藏民众欢迎。

新城镇南门河村的回民马翔是一位趁着农闲期赶庙会摆饮食摊的摊主。马翔17岁开始就跟着爷爷赶庙会，是20世纪80年代第一批赶庙会摆饮食摊的回民商人。1995年上寨庙会恢复，马翔和他的爷爷开始赶上寨庙会，结识并熟络了流顺青苗会的提领张辉选。从此，马翔的饮食摊就有了一个相对固定的位置，正对着戏台方向约十米左右的位置摆放，属于上寨庙会里的黄金地段。如今，每年的农历五至六月，马翔带领着自己和弟弟两家共八口人赶各处庙会，每个庙会（三天）平均可净赚一千多元。

马瑾是新城镇的汉族商人，平日里在东大街租一个门面经营服装生意。自1990年起，马瑾开始赶庙会，从新城五月端午的龙神赛会开始到农历六月底，马瑾关了店铺，雇一辆兰驼牌三轮车把店里的布匹和成衣全部带到庙会里去卖，货物价值四五万元。2005年五月端午至农历七月十二，马瑾赶了整整两个月的庙会没有回家。据他估算，小型庙会能卖3000—4000元的货物，大型庙会能卖10000元左右。两个月过后，马瑾可以净赚好几千元。马瑾赶了15年的庙会，结识了很多商人。他们逐渐形成一个群体，在庙会里彼此照应。如果有摊主白天生意很旺，晚上就会请相熟的其他摊主喝酒，在商业竞争和人际交往之间建立了一种平衡关系。马瑾每次赶庙会做生意时，保持与主管青苗会的良性互动。他会买了香裱去敬龙神，祈求生意兴旺、人货平安。因为这种入乡随俗的善缘，马瑾与当地青苗会的人搭建了关系。青苗会的人负责维持庙会的治安和划定商摊范围，如果有小偷或喝醉酒的人闯入摊点闹事，青苗会的人适时赶来制止。凭借与青苗会相熟的关系，像马瑾这样的客商在庙会里能够平安生财。

三 服饰

在眠藏庙会、上寨庙会、龙神赛会、羊沙庙会、新堡庙会和冶力关庙会里，随处可见穿戴整齐的卓尼藏族女子。藏族女子形貌的独特之处首先在于发饰。她们把齐腰的长发梳成两条长辫垂在背后，一顶大红色石榴形的小帽贴伏在头顶至后脑勺的部位，小帽的顶部呈圆形，帽边被裁剪成等距、长约两厘米的豁牙，每个豁牙的尖端都会缝缀一粒或珊瑚红或绿松石般的圆珠。小帽的后面是一个石榴尖般的收尾，尾部缀饰一绺长过腰部的黑色长穗，顺耳两侧的帽边豁牙处还会各垂一绺黑色长穗。远远望去，三绺长穗与乌油的发辫难分彼此。临潭汉回两族称她们为"三根毛"。在藏族女子的口述里，这是文成公主进藏时的发型，她们沿袭了这种梳妆传统。藏族女子的衣着颜色鲜丽，大多是翠绿色或湛蓝色、长及脚踝的绸缎窄袖长袍，袍尾两侧开叉，长袍外罩一件大红色或黑色的丝绒马夹，腰间系一条绣有几何图形的青白色腰带，脚穿一双当地人习称的"连把腰子鞋"，整体色相对比炫目。若是经济状况好的藏家女子，还会在后垂的发辫上插入一枚串缀了多枚银银铛的圆形银牌饰品，亮白醒目；在两耳处的帽边豁牙处缝缀长串的红珊瑚珠或绿松石珠；在手腕和脚腕处佩戴银饰牙签铃铛，走起路来玲珑叮当。相较而言，藏族男子的服装与汉族类同，很难从服饰上加以区分。

图34　观看"踩街"仪式的藏族女性

庙会里的回族男子多会戴白色棉布制作的号帽。老年回族男性还喜欢穿过膝的灰色或藏青色紧扣型立领长衫。回族女性要戴长至肩臂的盖头来遮住浓密的秀发。盖头的颜色是有讲究的，少女和未生育的女子戴绿色盖头，多是丝绒质地；已生育的少妇和中年妇女多戴黑色盖头，家境好的妇女会选择镶嵌了金丝的黑色丝缕或纱巾，在垂边上绣有经文图案，或者配有边角珠琏等饰物；老年妇女戴白色盖头，多为棉质，式样纯净朴实，不加修饰。也有一些中青年女性会用粉红、嫩绿、金黄和湛蓝等鲜亮颜色的纱巾包拢住头发，展现出脖颈及肩部的线条，显得明快利落。回族的中老年女性多穿斜襟盘扣、长及膝部的长袍，颜色素淡。喜欢佩戴黄金饰品是回族女性的生活习惯，金耳环和金戒指是常见的配饰。

2006年的新城龙神赛会是临潭县政府举办"洮州民俗文化节"的内容之一。洮州青苗总会为了恢复古貌，要求前来新城参会的龙神轿队尽量按旧例着装。洮州青苗会的提领、会首和乡老行走在各自龙神轿队的前列。他们统一身着黑色或宝蓝色印有暗色花纹、自领下沿右侧开襟且左右开裰的绸缎长袍，头戴黑色礼帽。东路一带参会的四支龙神轿队，穿白色的衬衣和不同颜色的两三条长裤，依据颜色的深浅变化，把裤脚层层摺起直到膝盖以上的部位，炫示自己的健壮。按旧时习俗他们要统一穿麻鞋，现在换成私家制黑色登芯绒面的布鞋。西路流顺、白土、水磨川等三支龙神轿队穿白衬衣，外套黑色马夹，用大红色的棉布或绸带系腰，下身穿麻布青（黑）色裤子。在十多年前，这一路的人还要穿私家制的形似靴状的"连把腰子鞋"，脚踝处的鞋腰口被鞋带扎紧。临潭乡民们把西路人的这身打扮叫作"喜鹊花"。现在他们脚蹬当地俗称为"腰子鞋"的私家制圆口布鞋。南路新堡、秦关两支龙神轿队的服装与东路风格相仿。北路冶力关、羊沙两支龙神轿队统一穿白衬衣和青马夹。

图35 龙神庙会里的汉族女性
龙神庙会里的汉族女性。当地人认为这是明代江淮籍官兵女眷的装扮。

参会的汉族老年女性有穿凤头鞋的习俗，鞋头尖尖的，微微上翘，在腿部裹上绿色及膝裤并束上红丝带。当地人把这种"绿膝裤、红带子、花鞋"的打扮看作江淮遗风。中年女性大多梳平髻，头上惯常戴一顶白色轻薄的棉布帽或苫一条白毛巾罩住头发，喜欢佩戴银耳环和银戒指。参会的年轻汉族女性大多梳着当地人叫作"纂纂"的发型，把头发盘在脑后，在发髻间等距地插入银钗。银钗由三根或四根银簪合股组成，右端被一颗直径约一厘米的银珠收拢。少则一两支，多则十来支，最完美的造型是插入18支银钗，如众星拱月般在发髻后形成一个银灿灿的圆盘。经济条件再好一些的汉族女性，还会在两鬓戴上银质鬓花，搭配银耳环、银项圈和牙签铃铛，双手的手指戴满银戒指，脚蹬的绣花鞋的鞋口处还会装饰有蝴蝶银扣，甚至连襟衣服的纽扣也是银质的。在银光簇拥之下，这些汉族女子外罩一件黑色丝绒立领盘扣的半长衫。当地人把这种半长衫叫作"二衫子"，不长不短地在膝前晃动。整个人走动起来，艳影流动。

四　花儿

"花儿"是在甘、宁、青地区汉回民族间流行的山歌形式。临潭四乡赶龙神庙会、喜欢唱花儿的村民们团聚在一起对唱花儿，成为龙神庙会里的一景。花儿分为河州花儿和洮岷花儿。作为洮岷花儿的一个分支，洮州花儿又有东、西、南、北四路之别。东路龙神庙会里的花儿多行《两叶儿令》和《三闪令》，曲调平稳舒缓，具有一定的叙事性。南路龙神庙会里的花儿行《折麻秆尔令》和《尕缘花儿令》，唱时高低音交错、真假声并用。西路龙神庙会盛行《尕莲儿令》，节奏明快，旋律刚健。北路龙神庙会主行《莲花山令》和《羊沙令》，构成三问三答的对唱旋律。① 龙神庙会里花儿的对唱者都要恪守一条规矩：以唱龙神起兴，然后开始男女或女女对唱。例如，白土村的村民在新城龙神赛会里对唱时，要先唱这两句："（男）春风细雨下一下，把四下里庄稼种一下，（女）田里要种青稞呢，到白土娘娘跟前呢。"同一个村庄的花儿歌手对唱时要遵守"避躲"的规矩：只有同辈的男女或女性之间对唱花儿，不同辈的男女不能围聚对唱。当然，有一种例外情况，如果长辈与花儿唱得很好的小辈对唱时，属于一种教习过程，不需要"避躲"。

乡民们把擅唱"花儿"的歌手叫作"唱把式"。在龙神庙会里，唱把式成为被追捧的明星。然而，45岁以上的女性"唱把式"大多饱尝过不被家庭理解、遭受亲戚邻居冷眼的辛酸经历。20世纪80年代，当地人把"花儿"看作

---

① 有关"洮州花儿"的论述，请参看马廷义、赵大庆编写《洮州"花儿"集锦》，临潭县文化体育旅游局，2005年；宁文焕编著《洮州"花儿"散论》，甘肃民族出版社1983年版；汪鸿明、丁作枢等《莲花山与莲花山"花儿"》，甘肃人民出版社2006年版。

山间野曲，禁止在村庄里唱，即使有人在村庄里唱，也多是中老年人。陈旗乡有一位女性"唱把式"，16岁就跟着娘家村里唱花儿的好手赶庙会。她天生一副亮嗓，18岁时已经在陈旗乡一带的庙会里颇有名气。嫁人之后，丈夫患有风湿性关节炎，腿部不能着力，婆婆年纪又大，家里近20亩地的农活儿全部由"唱把式"承担。农闲赶庙会唱"花儿"成为她最为看重的休闲娱乐方式。为此，她曾挨过丈夫的无数次打骂。1992年之后，临潭县政府为了发展地方经济，希望龙神庙会吸引更多的参会者，"花儿会"这种富于地方特色的民间文艺形式成为政府的重点扶持对象。

1996年6月1日，临潭县委宣传部与文教局、文化馆联合在冶力关庙会的会场里举办了一届"临潭县洮州花儿歌手大奖赛"。三年之后，"花儿"歌手大奖赛被确定为冶力关庙会里的一项常规赛事，由临潭县文体局主办、县文化馆和冶力关镇政府协办。每年参加"花儿"歌手大赛的选手来自临潭县各乡镇和周边的卓尼、康乐、临夏、临洮等地，参赛人数保持在70人左右的规模。当地人把盛产"唱把式"的村落叫作"花儿窝"。临潭县有三个花儿窝，秋峪山、白土坡和浪鼓山。羊沙乡的新庄村坐落在秋峪山下，是洮岷地区闻名的"花儿窝"。这个村庄的已婚女性都会唱"花儿"。新庄村的妇女主任李秀珍（汉族，58岁）是有名的"唱把式"，培养了多名女性"花儿"后辈。她的徒弟有马永芳（汉族，32岁，2005年冶力关庙会花儿大奖赛第一名）、晏三妹（汉族，37岁，2005年冶力关庙会花儿大奖赛第一名）、晏桃花（汉族，30岁）和白玉湘（汉族，32岁）等。龙神庙会的"花儿"不仅活跃了临潭乡民的闲暇生活，同时也提高了女性"唱把式"的社会声誉。每年接近农历"六月一"冶力关庙会的会期时，羊沙乡新庄村的花儿能手们在家庭和乡民的支持下认真准备"花儿大奖赛"。如果获得了第一名，她们不仅会获得一定的物质奖励，同时也会受到村里人的尊重。

第九章

洮州青苗会的仪式

仪式是表抒社会情感、再现历史情境的一套实践体系，也是高度结构化的一种社会互动，与具体人群结合在一起，建立并确认某种权力关系，达到维护和把握现实社会秩序的目的。仪式的场景把现时的时空转化为某种特定的空间和时间，赋予当代人另一种角色，通过不断地重复和展演，成为一种非强制性回味往昔的手段。理解仪式，犹如阅读和分析一部活态文献，探究哪些意识和观念在历史的进程中被淡化甚至消隐，然而在仪式的场景中又重新浮现出来。洮州青苗会倾注在仪式里的历史情境和社会情感，显见出一群明代军屯后裔如何在番人世居的地域里建构出一种社会体系的过程。

洮州青苗会每年主办三项仪式，"插旗""冬报愿"和"踩街"。其中的"插旗"和"冬报愿"是与"看青护苗"的农业生产职责密切关联，"踩街"与龙神庙会紧固相系。"插旗"在农历四月庄稼播种之后举行。洮州青苗会在各自的四至和标志性地点插上红色绸布制作的三角小旗。所谓"四至"，按乡老们的说法"四至就是当年龙神佛爷打下来的地方，我们现在的权力就是依靠先人打下来的"，[①]"四至是当年我们龙神佛爷占领的地点"。[②]可见，洮州各支青苗会的四至范围大体继承了明代洮州卫的历史遗产，是种植庄稼的范围。在仪式的情境里，"旗"寓意着"兵"，"插旗"象征的是军中将领点兵点将，指派"旗兵"接令去保护庄稼，旨在提醒和警告四围乡民不准在小红旗标志的范围内挖土割草、放牧牛羊。1958年之前，洮州青苗会还要举行农历九月初九的"收旗"仪式，乡民们也叫作"收将"，即青苗会在庄稼收割之后把旗收回去，向乡民们宣告可以上山放牧了。复会之后，"收旗"仪式与"冬报愿"结合在一起。

"冬报愿"是在农历九月至十月举行的仪式，源自传统社会的"春祈秋报"。临潭是高寒地区，庄稼直到入冬之前才能收割完毕，因此答谢神功的

[①] 2006年5月31日和6月1日在新城隍庙对参加龙神赛会的洮州16支青苗会会首的群体访谈。
[②] 访谈对象：刘连生（男，71岁）；访谈地点：红堡子村堡外；访谈时间：2006年5月28日。

"秋报"就成为"冬报愿"。1958年之前,洮州青苗会要举办"春秋两愿",春季祈愿风调雨顺,冬季感恩龙神赐福。复会之后,为了节省财物和人力,"春报愿"仪式没有恢复。"冬报愿"仪式需要乡民们交会粮,多少随意。乡民们把才磨的小麦面粉和新榨的清油以"会粮"的形式交给所属的青苗会,由青苗会献祭龙神,感谢龙神庇佑。

"踩街"即人们用神轿抬着龙神在人群聚居地巡走一番,寓意龙神视察其管辖地域,强化的是空间观念。这种仪式往往汇聚大量的人流,伴随着人群的集结和流动,构建出一个超越日常时空的社会。对洮州青苗会主办仪式的考察,需要明晰仪式里各类角色的活动,还要明白每个物件的来历背景与象征意义。更为重要的是,仪式里透露出来的时间与空间概念,又包含了更为广阔而复杂的社会关系。对这些仪式的描摹是体会和认知洮州青苗会整合汉、藏、回、土四族人群的基本途径。

第一节 角色

洮州青苗会仪式里惯常活跃着具有特定角色的人群。在日常生活里,他们拥有和其他乡民同样的经济生活、姻亲关系和社会交往。仪式如同一部剧本,为他们提供了与平常生活完全不同的角色设置,承担着乡民对他们的行为期待。为了扮演仪式里的角色,一些人需要学习和领会这种特定角色被期待或必需的技能。虽然很多旧有的社会观念在现实的日常生活里已经消散,但是承担仪式里特定角色的人群隐含在社会结构之中,随着洮州青苗会的复会而再现。复会之后的洮州青苗会仪式里,旧有的角色基本保持原貌,没有被重新定义,同时也出现一些新的角色,推动着仪式的变迁。

一 道士

道士在洮州青苗会的仪式里扮演重要角色,与道教在洮州的发展历史有关。明代成化年间(1465—1487)洮州建立了两座道教宫观,一座为新城北凤山第二峰的云山观,成化初年由守备徐昇创建,当时云山观前有三清殿,后有文昌宫,门垣一周,既有神像,亦有彩绘。正德初年洮州卫指挥使张纶[①]又扩建了云山观,东面建了三官庙,前面创修了玉皇阁。隆庆五年(1571),万

---

① 关于张纶的故事请见本书第二章"明代的洮州卫"。

户侯张演"命道士张大亨募缘修葺,致为宏丽"①。文献对云山观的记载说明洮州卫官员大力提倡道教,道教信仰成为洮州卫官兵信仰生活的一部分。另一座为紫螃山的雷祖庙。1997年临潭县华山派正一道道士王鸿钧(道名祥华)写了一篇《雷祖山玉清宫史》,16开共计3页,讲述了洮州道教情况和世代为道的家史,向甘肃省道教协会、甘南藏族自治州临潭县宗教局申请发给《正一道士证》。王鸿钧指出,紫螃山(俗名雷祖山)始建于明代成化年间。②

从隆庆五年(1571)到清代光绪三十二年(1906),洮州道教的发展情况不甚清晰,但是从洮州青苗会保留的契约文献里可以看到汉人信仰道教的蛛丝马迹。例如,嘉庆六年(1801)旧城青苗会购买地基房产的契约里有一位中间人的姓名为"闫灵官佑",说明此人的父母期望道教护法尊神灵官护佑其子健康成长,故起名为"闫灵官佑"。康熙《洮州卫志》、乾隆《洮州卫志》均没有记载官方道教机构,光绪《洮州厅志》记载洮州厅设置道纪司(府一级)和道正司(州一级),"道纪司于采莘在本城北街,道正司王国珍在本城东北武庙内"③。这条记录说明,自清代乾隆十三年(1748)洮州裁卫改厅至光绪三十二年(1906),洮州道教有了长足发展,形成两个官方道教机构,关帝庙是道教的重要道场。

王国珍即王鸿钧的曾祖父。据王鸿钧撰文:"曾祖王国珍,道名信成,系任光绪年间道正司,主持本县玄门斋醮经事,在清宣统二年,新城地区旱灾严重,我曾祖在雷祖大殿设醮诵经,后天降甘霖,群众挂'不二法门'匾一面。"④清末民国时期,洮州道教共有八会,"其一寇家桥村为开门会,定为五月二十三、四日;二、丁家村;三、东南沟村;四、西南沟村;五、岭上村;六、眼藏村;七、西街村;八、东街村为关门会,定为六月二十三、四日"⑤。这些村落里,除寇家桥村坐落在新城东郊晏家堡、西街村和东街村位于新城城内、眼藏村在新城西路流顺乡境内,其余四座村落均分布在紫螃山及其周边的丘陵之间。临潭道教的主要宫观庙宇有云山观、雷祖山、关帝庙、城隍庙、玉皇庙、东庵、白衣阁、文昌宫、北门楼、斗母楼、牛王阁、马王庙、财神庙、奎星阁、火神庙、祖师洞、药王庙、菩萨庵等,其中的一些宫观庙宇有特定的

---

① 孙思孝:《云山观碑记》,(清)张彦笃、包永昌修纂《洮州厅志》卷十五,艺文下,光绪三十三年(1907)。
② 王鸿钧:《雷祖山玉清宫史》(未刊稿),1997年,王鸿钧后人收藏,第1页。
③ (清)张彦笃、包永昌修纂:《洮州厅志》卷三,建置,光绪三十三年(1907)。
④ 王鸿钧:《雷祖山玉清宫史》(未刊稿),第2页。
⑤ 同上书,第1页。

庙会期，如农历二月初三的文昌宫会、农历三月初三的神师洞会、农历四月初八的菩萨庵会、农历五月端午新城城隍庙的龙神赛会和农历六月二十四的紫崶山雷祖会。

王鸿钧的儿子是王映熙（又名王迎熙、王迎喜，道名宗佑）。他详细讲述了华山派正一道在洮州地区的传播过程和家族历史，具有重要的参考价值。据王映熙讲，金代丘处机及其弟子在甘肃地区广泛传教，龙门派在金代时就已进入洮州；王氏祖先、应天府的王经一兄弟俩是在明代洪武年间来到洮州开创了正一道"华山派"，哥哥入驻旧城，弟弟王经一留在新城，在新城关帝庙任阴阳师，诵经祈祭，管理关帝庙香火。① 龙门派和华山派各自在洮州的活动范围是通过一则传说故事来体现的：

> 明洪武年间，汉人陆续迁来洮州卫。那时，新城的黑霜特别厉害，这一带地区不长五谷，汉人很难生存。华山派来到这里后，修建了紫崶山庙和云山观。云山观位于新城隍庙的更高处。两座道观修好之后，王家兄弟做了法事，黑霜就此消散了。于是，新城一带的汉人就信奉华山派。华山派在洮州的地位渐渐高过龙门派，龙门派只负责新城近郊丁家山、岭上村的法事活动，其余村庄的法事活动都由华山派来主持。②

从王经一开始，道士职业在王氏家族里传承，由掌门人按《王雷判鉴》来推算衣钵传人，继任者必须五官端正、身体健康，不能有跛足等生理缺陷。王映熙的高祖父王国珍（20代）和父亲王鸿钧（22代）都是按《王雷判鉴》被确定为掌门人。王氏家族的世袭道场是新城东南沟紫崶山上的雷祖庙，庙里供奉的是九天应元雷声普化天尊，当地人叫作"雷祖爷"，是道教里主司雷雨之神，为雷部的最高天神。农历六月二十四日是紫崶山庙会，四乡乡民会去紫崶山烧香祈福消灾。王国珍主持雷祖庙的法事，同时亦为风水先生和医生，在新城一带看阴阳风水、为村民行医诊病，声名广布。按照老规矩，洮州青苗会神事活动的诸多仪式规程都是由道士确定，其中最为重要的神事活动是隍庙五月端午的龙神赛会，华山派主持双年的新城龙神赛会法事，龙门派主持单年的龙神赛会法事；马角在"插旗"和"春冬两愿"里唱念的祷词也是由道士书写。新城及其周边乡民把龙门派于姓历代掌门人统称为"于道"，把华山派王

---

① 访谈对象：新城镇王映熙（男，40岁）；访谈地点：王映熙家；访谈时间：2005年10月26日。

② 同上。

姓历代掌门人统称为"王道"。1929年之后，龙门派于姓掌门人吸食鸦片烟，陆续典卖家产和田地，最后出卖家传经书典籍，遭到新城及其周围乡民的鄙视和厌弃，自此龙门派于道衰微，洮州仅存王道一支。从1930年至1957年，龙神赛会的法事均由王道主持。

王鸿钧曾就读于临洮师范学校，1941年接受家族衣钵，主持每年新城端午节龙神赛会的法事，酬劳费由官府支付，一次法事费三四个银圆。1949年以前，王鸿钧家无须向官府交草和纳粮，在新城一带处于中等经济地位，衣食无忧。王家在新城拥有49间房。王鸿钧把部分房屋免费借给街边流民和做苦力的乡民居住。王鸿钧又精于医术，为村民诊病，常常体恤那些生活穷困的乡民，免去他们的诊费，与四围乡邻结交了很好的人缘。1962年的夏天，新城地区干旱，田苗几乎干枯，工商会和群众商议，请王鸿钧设坛斋醮。王鸿钧与旧城族堂叔父设坛开经，起落三天，天降甘霖，大雨滂沱，群众挂红绸"甘露流恩"大软匾一面。1968年，王家祖宅被没收，家产和银圆被充公，法事用的锣、鼓、磬等物件被文艺宣传队收走。王鸿钧在查抄的前夜把家传经书送到约15里地之外流顺乡的侯家寺，由侯家寺的百姓再把这些经书转送到离新城更远的卓尼县一带，那里的百姓为他保管了经箱和经书。同年，王鸿钧被投入甘肃饮马农场监狱。直到1972年，王鸿钧被新城地区的农民保释出来。保释的理由是，王鸿钧是华山派传人，他为人好，没做过欺压和愚骗乡邻的事情。

王映熙出生于1965年，是王鸿钧五十多岁才得来的唯一一个儿子。王鸿钧出狱后，要求王映熙学习念经，他告诉儿子："我们和别人家不一样。我们是宗教家庭，我们要把先人的祖业传下去。你一出生就把自己许给了雷祖爷、救苦爷和长生爷三老，一生都要为他们做事。"王映熙七岁时开启了两种模式的学习生活：一边在学校读书，一边在家跟随父亲念经。经书由父亲教一句他读一句。王鸿钧先给王映熙教一些入门的口诀，如《六十甲子》《净心咒》《忏悔》《净口咒》等。因为年纪小，王映熙并没有看过这些经书，他只是把背诵经书当作一项作业来完成。大概用了五六年的时间，王映熙背熟了授录所需的全部经书。1978年以后，随着政治气氛的宽松，王家又恢复了祖业。当地解放前，临潭县的道教事务属于陕西省八仙庵管理，王道衣钵传人拔衣做法的资格必须得到八仙庵的认可；解放后，接受甘肃省道教协会的管理。王映熙于1979年入道，穿道衣随父念经，但不能主坛。1980年，王映熙从临潭一中毕业。由于王氏家族与王映熙同辈且学经的人已经很少，王鸿钧没有按照《王雷判鉴》来推算传承人，直接将衣钵传给王映熙（23代）。自此，王氏家族掌门人成为单传人。1988年农历六月二十四日，王映熙在新城雷祖山（玉清宫）设坛披戴传度拨将授箓，随后在长川乡第一次主坛法事活动。1997年11月26日，王映熙获得甘肃省道教协会颁发的宗教职业证，成为甘肃省道教协会的会员，临潭道教协会同年成立。

图36 王映熙和家族世传的经书

王映熙主持复会后的新城龙神赛会、草岔沟庙会和眼藏庙会的法事，主要是念经和打醮。根据神祇的特点，他在不同的庙会颂念的祝文也有所不同。在崇祀龙神的龙神赛会、草岔沟庙会和眼藏庙会里，他要念《高尚玉皇本行集经》和《禳蝗殄雹祝丰保苗王雷天心大法》，主题是"保天命，驱逐蝗虫，禳诸妖雨，肃清境界，肖殄冰雹，保护苗稼"；在紫螃山庙会里，他念《高尚玉皇本行集经》，主题是"预祝圣寿，人畜平安，延祥保安"。新城近郊的洮州各支青苗会也延请他为"插旗"写疏文，将祈祷丰收的心愿寄托于疏文以祈愿龙神；为"冬报愿"写黄诉，把感恩龙神的诚心录于黄裱纸上。写好的疏文和黄诉均由马角在仪式里唱念，唱念完毕在龙神塑身前燃升，以求愿望达成、齐民获福。王映熙给晏家堡青苗会"插旗"仪式所写的疏文是：

插旗会给龙神答疏文

疏呈。敕封康佑东效青龙宝山都大龙王位前，曰：龙神神威威镇洮阳，声播海内。逐冰雹于千里外，降甘霖于九畴中。旱涝瘟疫远遁。诸灾不生，物阜民康。禾苗茂盛，清境保安。会首及合会等谨以山羊明灯信香盘馔清酌之供。沐浴焚香，上垦（恳）。龙君实临潭之福神，诚一方之保障。福佑黎民,永降吉祥。念众姓生居边地,勤务农桑,农食所资,全庇神恩默佑。禾苗发出之的(地),诚恐冰雹横行,蝗虫侵害,予先启告。谨卜良辰上山禳治冰雹。望龙神格外施恩,威令四方山神泉神知悉,各守地界。勿使妖魔横行,保境土以安康,邪氛灭迹,禾苗结实,冰雹远遁,风雨应时,旱涝蝗虫不生,瘟疫劫难消除。年无饥饿之忧,岁有丰收之稔。五谷丰登,民安物阜,人畜兴旺,不胜恳祷。请具疏上呈敕封青龙宝山神前投进。恭望神慈允纳。

草疏
年　月　日

王映熙现在仍然坚持务农,农闲之余念经和打醮。每年洮州青苗会的神事活动,会请他去做法事。各支青苗会给他数目丰俭不拘的酬金。更多的法事是给私人做的,酬金由各家给,富多贫少,一般一次法事25元至100元不等。如果遇到经济条件非常好的人家,可能会有更多谢金。王映熙的儿子2005年已经14岁,在临潭县一中读书,成绩在年级里名列前茅。社会在不断发展,王映熙决定对祖业知识技能的传承方式进行改良,希望儿子以后能够去道教学院深造,比如投考西安的道教学院,接受正规的道教学习。

旧城的华山派王道与旧城青苗会建立的法事传统维持到今天。现在旧城华山派王道由李士奎继承衣钵,是旧城王道第20代传人的外甥。李士奎在1969年高中毕业后跟随舅舅秘密学习经书11年,学习的主要内容是"祷雨禳雹、保护青苗、风调雨顺和国泰民安"。1986年李士奎披衣主坛,为旧城青苗会的"插旗"写疏文。在学经的过程中,他亲上加亲,成为舅舅的女婿。从2003年开始,旧城青苗会举办的"插旗"和"冬报愿"仪式统一由李士奎"定日子",确定时间后再由旧城青苗会向各大片、小片和歇马店通知。李士奎参与五国爷庙的法事活动有"正月十五选会长""插旗""五国爷圣诞"和"冬报愿"。平日里,如果旧城近郊的乡村里突发冰雹,会请李士奎去念经禳雹;如果干旱,旧城青苗会也会请他去五国爷大庙里念经求雨。因此,华山派旧城王道从第21代传人李士奎开始被改称"李道"。现在,李士奎的两个儿子也跟随他学经,为以后继承衣钵做准备。①

---

① 访谈对象:王映熙(男,40岁);访谈地点:新城镇王映熙家;访谈时间:2005年10月26日。访谈对象:李士奎(男,59岁);访谈地点:旧城李士奎家;访谈时间:2012年6月7日。

二 师爷

旧城青苗会的仪式里不但有道士（李道）参与，还有汉传佛教的僧人来掌坛主持。汉传佛教在洮州的历史可以自明初讲起。洪武十六年（1383），洮州卫把城西边的藏传佛教寺院"竹当哈"改名为"重兴寺"；宣德五年（1430），洮州卫在重兴寺内设立番汉僧纲司；成化六年（1470），洮州卫都指挥佥事雷洪济倡议、指挥使武载绩附议，指挥使张大器和监生吴祯具体负责扩修重兴寺，使其面貌一新。① 这一系列的措施确立了汉传佛教在洮州的传统地位。乾隆《洮州卫志》虽未记载官方设置僧纲司，但重兴寺（在卫西门外）、闫家寺（在卫东北20里）、卓尼寺（在卫东30里）、圆成寺（在卫西40里）和慈济寺（在卫西南60里）被载录②，说明汉传佛教依然在藏传佛教的势力范围内继续传播。光绪《洮州厅志》记载的寺院数量大为增加，分别是重兴寺（在西城外半里，今圮）、慈云寺、永灵寺、势至庵、铁头庵（今废）、李家庵（今废）、冯家庵（今废）、姚家庵（今废）、洛藏庵、天竺寺、迎水寺、

图37 旧城李道（右）和杨祖震（左）

---

① 吴忧：《重兴寺碑记》，载（清）张彦笃、包永昌修纂《洮州厅志》卷十五，艺文下，光绪三十三年（1907）。

② （清）佚名：《洮州卫志》，祠记，乾隆初年。

回龙寺、普朝寺、中禅寺。① 洮州厅设立了僧纲司（府一级）和僧正司（州一级），"僧纲司王元顺在本城西门外重兴寺"②，"僧正司牛广元在旧城永灵寺中"③，旧城永灵寺建于雍正九年（1731）。④ 这一系列记载表明，洮州汉传佛教在清代中期亦有扩张。

20世纪30年代，洮州汉传佛教式微。旧城永灵寺汉传佛教僧人转型成为"师爷"，与牛氏家族第14辈第19代"汉族阿古"牛慧远有关。牛慧远为光绪年间洮州厅僧正司牛广元之后，牛慧远的孙子即为现在旧城的牛师爷牛俊毅。牛俊毅讲述的牛氏家族史，具有一定的参考价值。据牛俊毅讲，牛氏家族自明代中期进入洮州，家族世代皆要推送子弟去做和尚，选择在汉传佛教寺院修行，属于"藏经汉念"一支。所谓"藏经汉念"，是指修习的经书由梵文转译为藏文，再由藏文转译为汉文，有别于其他汉传佛教寺院由梵文直接转译为汉文的经书版本。当地人把修习"藏经汉念"的僧徒叫作"汉族阿古"。牛氏家族的"汉族阿古"最早在洮州新城悬崖寺修行，后来悬崖寺分成三座寺院，其中之一是旧城永灵寺。1923年，牛慧远学经结束，回到永灵寺当主持。1929年马仲英侵扰临潭，旧城寺院和道观被焚毁殆尽，距旧城十多里之外的古战村乡民迎请牛慧远到古战村的古战庵。

古战村是一个有五百多户的自然村落，其中八成村民是藏族。古战庵是旧城五国爷大庙的一个歇马店。临潭的佛教和道教有"僧不拿罗，道不超生"的规矩，即僧人不用罗经，道士不超度亡灵，两教互不掺行。通常而言，乡民在度址选坟时，往往请道士先念经，再看风水。牛慧远到古战村之后，村民们更愿意请牛慧远念经。而牛慧远一旦念过经，道士就不愿再看风水了。为了施主的方便，牛慧远开始拿罗经看风水。牛慧远还精于中医医术，他曾研习《本草纲目》等中医典籍，并在西宁的英星寺钻研佛理时亲受名医高僧慧能的秘传。来到古战村后，牛慧远给居住在古战村及附近的汉藏回等族村民看病。面对穷困的乡民，他会施舍药和义诊，此举深得村民拥护。当地开始流传一句话"古战有个牛师爷，初一十五放舍药"。从此，永灵寺汉传佛教僧人"汉族阿古"变成了"牛师爷"。

牛慧远在60岁还俗，娶妻生子，自号"禅师"。他给古战庵取了一个别称叫作"通灵禅院"。牛慧远的儿子十二三岁就跟随牛慧远打法器、走施主、

---

① （清）张彦笃、包永昌修纂：《洮州厅志》卷三，建置，光绪三十三年（1907）。
② 同上。
③ 同上。
④ 同上。

听经，继承父业。儿子21岁时，牛慧远去世。儿子23岁坐床达依，正式成为金刚上师。牛慧远的孙子牛俊毅为牛氏家族第16辈。从12岁开始，牛俊毅每逢周六和周日就跟随父亲走施主，学习念经和看风水，他的两位哥哥跟随父亲化布施做法事。牛俊毅高中毕业时，父亲病重，开始挑选继承人。在父亲的心目里，牛俊毅的侄儿是最为理想的继承人。这位侄儿是正宗"汉族阿古"，不能还俗。他也不学习阴阳风水，只学佛教经典。他进了旧城五国爷大庙也不向龙神磕头，不侍奉五国龙神，在城隍庙里也不行礼。于是，父亲决定把祖业传给儿子牛俊毅。牛俊毅成为第三代"牛师爷"。牛俊毅熟读佛经类的《蒙三施》《孔经》《皇经》《地经》《千佛忏》《瑜伽焰口》和风水类的《地理五绝》《阳宅三要》《协祭辨方》《玉匣记》《取祭变更》《阴阳三教》《阴阳护救三教阳厌经》《精校三元总录》等书。旧城青苗会五国爷大庙的掌坛为牛师爷，主持农历二月初二打卦选提领的仪式和五国爷的圣诞。除此之外，每至清明节、农历七月十五和农历十月初一时，他在大庙里念《瑜伽焰口经》，在农历九月二十七旧城邓城隍圣诞日念《地经》《皇经》和《礼清经》。[①]

图38 现任牛师爷牛俊毅

---

① 访谈对象：牛俊毅（男，36岁）；访谈时间：2012年6月5日；访谈地点：牛俊毅家。

三 马角

今天,洮州各支青苗会(旧城青苗会除外)的仪式里都有马角。复会之后的马角在各支青苗会里既有自身不可替代的作用,又部分地代替了道士和师爷的一些职能,这使得道士和师爷在旧城青苗会之外的其他各支青苗会里影响甚微。马角在嘉庆年间被写作"马脚"①,当代充任马角之人大多使用"马角"一词指称自己。他们在洮州青苗会里的活动围绕龙神展开。服侍龙神是马角的基本职责,按洮州青苗会乡老们的解释,"马角是龙神佛爷的脚,龙神佛爷走到哪里,他们就要跟到哪里"②。龙神轿在"踩街"沿途经过某处歇马店时,马角把龙神塑身从神轿内抱出供放在歇马店内,接受该村村民的拜祭,之后再抱入神轿起行。龙神出轿的环节,即相当于龙神下马,一定要举行"下马羊"仪式,村民的供羊必须经由马角献祭给龙神。此时,马角成为众生与龙神之间的中介。在"插旗"仪式里,马角是龙神的使者,念相应的咒词并传达龙神的将令,"令众山神看好青苗,不能降雹,天降甘露"③。在"冬报愿"仪式里,马角又成为青苗会的代言人,在不同的时间段唱念与场景相应成套的祷词并辅以肢体动作,代表青苗会感恩龙神的庇佑。

马角必须参加青苗会三年一次的选提领和每年农历二月初二的换会长的仪式。在这些仪式里,青苗会的提领、会长、庙管和乡老都要跪在龙神面前敬香燃升黄裱之后,马角取卦,由现任的提领和会长唱名候选名单,再由马角向龙神介绍各位候选人,之后卜卦,看卦象确定青苗会的继任提领和会长。马角虽然在沟通人与龙神的关系,但他主持的仪式没有神秘环节,精神与思维正常,不会"灵魂出窍",也不会在精神世界里上天入地,让自己的灵魂脱离现实世界去同龙神交流,或者让龙神附身。因此,洮州青苗会马角的仪式角色与"巫觋""萨满"有着本质区别。马角还要负责每个农历月的初一、十五给龙神上香、敬裱和点油灯的日常事务。当村庄内部或村际发生因采石、放牧、割

---

① 关于"马脚"之出处请参见本书第三章"清代洮州青苗会"。

② 访谈对象:李春秀(男,73岁);访谈地点:新城隍庙;访谈时间:2005年10月9日。访谈对象:张辉选(男,70岁);访谈地点:上寨村村口;访谈时间:2006年5月28日。访谈对象:新堡乡琵琶堡杨全吉(男,62岁);访谈地点:杨全吉家;访谈时间:2006年8月25日。访谈对象:王奎(男,63岁);访谈地点:新城城隍庙;访谈时间:2006年9月26日。访谈对象:杨祖震(男,68岁);访谈地点:旧城大庙;访谈时间:2006年10月18日。访谈对象:长川乡千家寨冯顺个(男,61岁);访谈地点:千家寨庙;访谈时间:2006年10月23日。

③ 访谈对象:新城镇端阳沟武孔子(男,68岁);访谈地点:端阳沟李文忠庙;访谈时间:2005年10月27—28日。

草、挖土运土等涉及资源的纠纷时，马角和提领、会长、村里有威望的老人组成调解团，去协调和化解矛盾。

马角由家族世袭充任，当地人叫作"世代马角"。除了旧城青苗会在复会之后不设马角外，其他各支青苗会里都有几个马角家族。端阳沟青苗会有三个马角家族，武家、后家和杨家。武孔子的父亲是民国时期端阳沟青苗会的马角，做了50年的马角，于1960年去世。1980年端阳沟青苗会复会时，武孔子尚年轻，没有学会神事技能，由杨连个担任马角，当年杨连个去世，由河尼村的后震奎继任马角。改革开放给了年轻人更多人生选择的机会，杨连个和后震奎的后代陆续都参加了工作，不再做马角。1988年，武孔子学会神事技能之后接任马角。至2006年时，武孔子已经成为新城近郊几支青苗会里最为资深的马角，不仅主持端阳沟青苗会的神事活动，还负责端午节新城龙神赛会里东城门遗址处的"下马羊"仪式和隍庙里向18位龙神唱念祷词的仪式。冶力关青苗会有四个马角家族，均匀分布在一会、二会、三会和四会。这四个分会每三年轮选产生一名大会长，马角亦相应由大会长所在分会内的马角家族充任。四会池沟村的下庄村牟家是马角家族，他们在下庄村居住了八辈，代代出马角。

20世纪60—70年代，牟氏家族有五个人都患了腿病，无法正常行走和从事劳动。村民们认为是龙神降罪于这个世代马角家族，"让五个人的腿都坏了"。20世纪80年代初期，待社会气氛略为宽松后，牟氏家族立即商议选派家里的年轻人去做马角。1984年农历二月初二，牟氏家族共37人，召集了牟喜祥和他的八名堂兄弟，开会要卦，看谁适合去做马角。八个人被轮流看卦，只有牟喜祥卦相符合。于是，牟氏家族的37位长辈亲自把牟喜祥送到正在复建的常山庙里，交给当时冶力关青苗会的大会长邢福荣，再由邢福荣把牟喜祥送到师傅处去学艺。师傅是冶力关青苗会三会的马角魏老先生，当时魏老先生已经82岁，牟喜祥就跟随魏老先生学习神事。四年之后，魏老先生去世，牟喜祥继续跟从魏老先生的儿子魏武学习神事。2006年，四会的冯元民担任冶力关青苗会的大会长，牟喜祥成为冶力关青苗会的总马角，负责冶力关青苗会的一切神事活动和四会的神事活动。①

马角要掌握的知识技能包括请神、还愿、剪纸、献饭、出斗、出幡、升幡、迎喜神、送喜神、六十甲子、顺家子、道家子、坐坛、二十四孝等，是一

---

① 访谈对象：新城镇端阳沟青苗会的武孔子（男，65岁）；访谈地点：端阳沟李文忠龙神庙；访谈时间：2005年10月27日。访谈对象：冶力关青苗会牟喜祥（男，38岁）；访谈地点：常山庙；访谈时间：2006年6月25日。

套杂糅了道教科仪、儒家孝道、民间工艺和地方常识的知识体系，它们会被运用到洮州青苗会的具体仪式里。例如，每年为了准备冬报愿仪式，武孔子要制作36幅黄幡，还要把红、黄、蓝色等装饰用的皱纹纸剪成数百条专祀龙神供用的长钱。马角需要熟知农牧区的各类自然天相与动植物常识，每年农历的五月二十五日，牟喜祥依次要去朽哇旗的喇叭族、石家族和初鹿族主持为期三天的龙神巡视插旗仪式。这三日的仪式环节是一样的，其中有一个环节是用供羊的羊肝来占卜当年是否风调雨顺。牟喜祥必须通晓羊肝的多种纹路，并且把不同的纹路与特定的象征意义结合在一起，通过识别当年供羊的羊肝纹路来预判这一年是否风调雨顺。牟喜祥最期待看到的是没有纹路的羊肝，喻示会有一个风调雨顺的庄稼生长周期。

马角的知识传承主要通过父子口耳相传。洮州青苗会复会之后，一些马角家族出现断代现象，为了保持马角的技能传承，由青苗会提领或会首出面给马角指定师傅，形成家族之外的师徒关系。马角的师傅被叫作"掌坛"。掌坛也是家族世袭。只是，有的掌坛可以做马角，有的掌坛不能够做马角，其中原委由卦相决定。翁婿是另一种师承关系。一些马角家族会把这种世袭身份轮替给女婿。比如冶力关青苗会一会的马角张名义，他能够成为马角的主要原因是岳父家族为世代马角，需要有人替职。同时，张名义对马角事务感兴趣。他曾在甘南藏族自治州卫生学校学习，了解人体的基本结构。他有一项令冶力关青苗会的其他马角难以企及的本领，通过分辨横纹肌和平滑肌，给去朽哇旗青苗会主持"插旗"仪式的马角"插签"，是谓"带签行走"。他使用的是一种如牙签般粗细、长约20厘米的竹签，把它从马角的脸部和臂膀的左侧插入至右侧穿出。插入的长签似进入一个通透的血肉空间，没有任何阻碍。被插签的马角也不会出现疼痛或不舒服的感觉。"带签行走"的马角为朽哇旗青苗会的"插旗"仪式增添了几分神奇色彩。

马角的经济收入分为仪式内外两部分。洮州青苗会仪式之内的收入很少。每次神事活动都有献羊仪式，在这项仪式结束之后，剥下的羊皮归马角所有；在新城龙神赛会里，来自各地的乡民敬献给各位龙神的香火钱归属各支青苗会的马角。马角的主要收入来自仪式之外的劳动所得。和其他乡民一样，他们耕种土地，牧养牲畜，打工挣钱。无论马角从事何种经营，都不能影响和耽搁所属青苗会的神事活动。每位龙神都有自己专属的马角，每支青苗会只承认各自涵盖地域范围内的马角家族。一旦有马角离开他所陪侍的龙神，或者离开他所属的青苗会，就不会再有其他的青苗会来请他担任马角。因此，一位马角对于自己时间的管理和分配是以神事活动的时间为参照。如牟喜祥在做马角之余，也要出外打工。每年的农历正月十五元宵节后，他离家去玉门油田做工；在农历四月初一之前必须赶回家里，主持冶力关青苗会的神事活动；待农历七月初二或初三整个神事活动告一段落之后，他再出外打工，在腊月里回家。①

四　吹手

吹手是仪式中的一组重要角色，承担吹奏响器的任务。他们的存在，增添了仪式现场的肃然气氛，同时也让封闭且寂寥的乡村瞬时活泼起来。吹手分为两类，吹唢呐和吹号。当欢快激越的唢呐声和悠远的号声胶结在一起时，整个村落会随之脉动起来。乡民们听到音乐声就知道仪式要开始了，呼朋引伴地聚会在龙神庙前，观摩仪式。在"踩街"仪式里，吹手会被各支青苗会安排在龙神轿队的最前列，以乐声提醒层层叠叠围观的乡民们龙神轿队的到来。每到此时，站在围观队伍后排的乡民们会不由自主地向前涌，尝试插入前排乡民的缝隙之间，一睹为快。围观的队伍由此出现变形，歪歪扭扭般把行进的龙神轿队围得水泄不通。每当乐声出现间歇性的高昂片断，在神轿过处的两侧，围观人数会陡然增多，恰似一潮又一潮的浪涌。这种情状给轿夫增添了难度，既不能让神轿停歇下来，也不能强行前进以免轿杆碰伤乡民。然而，这也正是吹手最得意的场景，凸显出他们在仪式里的存在感。

仪式之外，吹手仍然以种地为业。他们不会把吹手角色发展成赚钱谋生的职业，比如以艺人身份去应承乡邻婚丧嫁娶的邀约，或靠吹奏来获取报酬。吹手依靠师徒传承，不存在家族世袭。村里老一辈的吹手因为年纪或身体的缘故行将退出仪式活动时，就要着手挑选村里十四五岁的少年人来接替自己。挑选吹手的条件是肺活量大。他们把对响器感兴趣的少年人集中在龙神庙里，看谁能够吹响长号或者唢呐。被挑中的少年人跟随师傅学艺。只需要两年时间，年轻的吹手即可出师。因为仪式对吹手技艺的要求并不高，只要在熟练地吹响基础之上搭配一些音调高低的变化，就达到了洮州青苗会对他们的角色期待。参加新城龙神赛会的每一支龙神轿队都要配备两名唢呐手，他们在锣手的配合下一路吹吹打打，好不热闹。吹手配备最齐全也最富于特色的是端阳沟青苗会，拥有一个吹手班。班里有三名唢呐手和两名长角号手。在龙神赛会里，身穿黑

---

① 访谈对象：新城镇王映熙（男，40岁）；访谈地点：王映熙家；访谈时间：2005年10月26日。访谈对象：新城镇端阳沟武孔子（男，68岁）；访谈地点：端阳沟李文忠庙；访谈时间：2005年10月27—28日。访谈对象：冶力关镇池沟村牟喜祥（男，38岁）；访谈地点：常山庙；访谈时间：2006年6月27日。访谈对象：新堡乡洛藏村孙元元（男，42岁）；访谈地点：孙元元家；访谈时间：2006年8月27日。访谈对象：新城镇端阳沟河尼村宫财巴（男，60岁）；访谈地点：端阳沟李文忠庙；访谈时间：2006年10月27日。访谈对象：新城镇东南沟村雍生琏（男，57岁）；访谈地点：雍生琏家；访谈时间：2006年10月30日。

色藏式布制翻领大襟长袍、内衬白衫、腰系红绸带的五名吹手走在端阳沟龙神轿队的最前列。他们时而停步,藏号吹手仰天托起长号吹出雄浑的乐音,吸引无数乡民前来围观。

图39　端阳沟青苗会的吹手们

表11　　　　　　　　　　2006年端阳沟青苗会吹手结构

姓名	年龄	吹奏乐器	从事年限	教育程度
李海清	25岁	唢呐	9年	初中
杨富安	19岁	长号	5年	初中
宫长德	26岁	唢呐	9年	初中
张红德	20岁	唢呐	5年	初中
宫玉平	25岁	长号	7年	初中

资料来源:2006年5月30日和6月1日的实地调查。

2006年,端阳沟青苗会的五位吹手只有杨富安出外打工,忙完农历六月的龙神赛会之后他就去兰州打工,赚了4000元钱,于农历十月赶回家里准备端阳沟青苗会的"冬报愿"仪式。其他四名吹手均在家务农，都是村里的常住村民，能够按时参加端阳沟青苗会举办的各项仪式。

五 轿夫

轿夫是洮州青苗会里不可或缺的角色。各支青苗会通常要配备8—12名青壮年男子充任轿夫，在"踩街"仪式里随时替换。尤其在龙神轿下庙出村和步入新城东大街两个仪式阶段里，汉藏土等族妇女、孩童和抱着婴孩的母亲趁此机会"过关"。她们跪在龙神轿必经的道路中间，让龙神轿从自己跪伏的身体上方经过，认为这样可以借助龙神的威力驱赶走自己的病痛或不幸。在村庄里，祈福的队伍不过十米。在新城的东大街上，祈福的队伍短则50米，长则300米左右。每看到前面有跪街"过关"以求祈福禳灾的藏汉土等族乡民时，四名轿夫就会扩展为八名轿夫，两人合力尽其所能地抬高神轿以免磕碰到"过关"的妇女和幼童。

多数青苗会对轿夫的人选没有特定要求，只要是村里的青壮年男子，都可以加入到龙神轿队里，随行出游。但是，有的青苗会对轿夫的身份有特殊的要求。相传从清代至民国，每次的龙神赛会里，抬徐达龙神轿的轿夫必须是洮州厅的衙役或者是新城警察局的警察，因为徐达被洮州青苗会公认为十八龙神里的元帅，官阶最高，一直被奉祀在衙门里。1949年以后，徐达塑身从官府里搬出来被供奉在城背后村的龙神庙里，由城背后村的村民担任轿夫，从此再没有任何身份限定。[①]

冶力关青苗会的仪式规模庞大，对轿夫的身份有要求。每年农历六月初一的庙会里，冶力关青苗会组织的"踩街"仪式一共有四顶龙神轿参加，从前往后依次是常遇春轿、武殿章轿、成世疆轿和赵德胜轿。每顶轿的轿夫有严格选定：常遇春轿由冶力关青苗会的头会村民抬，武殿章轿由四会村民抬，成世疆轿由三会村民抬，赵德胜轿由二会的村民抬。头会村落内部对轿夫还有讲究，据说徐、陆、马三个军屯姓是清朝时期冶力关龙神轿队去新城参加龙神赛会时的轿夫，"他们祖祖辈辈都是轿夫"[②]。因此，复会之后仍然由头会的徐、陆、马三姓的年轻人抬常遇春轿。行走在常遇春轿旁侧背印和敕封书的必须是二会的军屯姓齐家人。据说"印"和"敕封书"是常遇春被洪武皇帝敕封为龙神的凭证。同样，四会村民认为自己是冶力关的老住户，所以他们抬武殿章的神轿走在第二位。二会和三会都是清代中、后期陆续迁移来冶力关定居的村

---

① 访谈对象：王奎（男，63岁）；访谈地点：新城城隍庙；访谈时间：2006年9月26日。
② 访谈对象：康永健（男，62岁）；访谈地点：冶力关常山庙；访谈时间：2006年6月26日。

民，属于"新住户"，他们只能去抬排在第三和第四位的成世疆和赵德胜的神轿。目前尚不清楚为什么冶力关青苗会的"踩街"仪式里会有这样的神轿格局。冶力关还流传着一句民谚"主山小，副山大"，意即"冶力关的风水旺外乡人而不旺本乡人"。冶力关的老人们为此总结出一种社会现象：冶力关的军屯姓家族，有的已经没有了；现有的军屯家族，人口总是不兴旺；相形之下，后来迁居的新户人口发展快，不管是务农或做生意都会家业兴旺。因此，冶力关青苗会在仪式的场景里更加注重对轿夫身份的限定，以强化日趋衰弱的军屯姓家户曾经的社会地位。

第二节 符号

2006年是冶力关青苗会三年一次新旧大会长交替的年份，要举行"执事"交接。所谓"执事"，指的是旗、伞、锣、龙神的红袍等物件，它们被看作青苗会会首的权力象征。这种执事交接是洮州青苗会新旧提领或大会长换任时的必需环节。这些物件作为仪式里的实物具象，在仪式过程中通过视觉和听觉供乡民感知到它们存在的象征意义。这套执事组成的符号系统不一定是洮州青苗会独有的仪式特征，但它们传递的信息肯定为当地的乡民所共知，是当地人在历史进程中演化和提炼出的文化概念。

一 披红

2006年的农历六月初一，从杓哇旗转完丈人家①的常遇春、武殿章、赵德胜三顶神轿必须在解家磨停留两个小时，冶力关青苗会在这里举行新旧大会长的交接仪式，旧任要给新任"披红"。"红"，是指大红色的锦缎。披红，当地人又叫作"长精神"。在解家磨举行"披红"仪式，现任大会长和六个分会会长把折叠成长条形的大红色锦缎自继任的大会长和六个分会会长的肩部斜挎到腰部，使锦缎的两头在背后交系在一起，就算完成了这项仪式，宣告新的大会长和分会会长上任主事冶力关青苗会和各分会的工作。龙神轿队行走约十里地到达冶木河桥头的关街时，要与羊沙青苗会的成世疆龙神轿队会合。在这个时空里还要举行一次"披红"，由乡邻给自己相熟的新任大会长和分会会长们"披红"，借此为他们鼓劲。待整个仪式结束之后，解下来的锦缎存放在被披红人的家里。当日披红的乡民都是新任大会长和分会会长的亲朋好友。在平日交往里，这些人家如果买了新摩托车、新三轮，或者遇到盖房上梁、嫁女娶媳

---

① "转丈人"民俗的缘由请参见本书第七章"临潭的社会结构"。

等喜事时，被披红的人除了像其他村民一样搭礼钱外，还要把所得的披红以搭礼的形式再回送给有喜事的人家。"披红"在这一系列的活动里成为象征"喜事"的符号被乡民们彼此交换。

二 神轿

神轿是龙神的出行工具。它一般停放在龙神庙大殿供桌的左厢位置。在"踩街"和"插旗"仪式里，神轿是整个龙神轿队的核心。神轿所到之处，乡民们准备香案迎接，鞭炮声不绝于耳。安放了龙神塑身的神轿在乡民的眼里具有了祈福克凶的威力，于是在龙神轿队经过的沿途出现了"过关"的人群。洮州青苗会为龙神制作的神轿是帷轿式样，轿体用木料制成长方形框架，框架的中部固定在两根细圆木轿杆上，轿底用木板完全封闭，其上放置可供单人乘坐的靠背坐箱。左、右、后三侧用木材制作的帷板封闭。左、右两侧帷板的外壁刷成宝蓝色底漆，然后描绘金龙。前面用红色刺绣锦缎制作成可以掀动的轿帘。有的龙神轿，其左右两侧轿帷还留有小窗，缝挂了与轿帘同样质地的锦缎制成的窗帘。与官轿一样，18顶龙神轿也是通过轿的形制、帷帐用料的质地和轿夫的人数来表现一种等级。洮州青苗会里流传着"城背后的轿"一说，

图40 龙神轿

指龙神徐达享有"八人抬大轿"的规格形制,其外貌和体积均有别于其余17位龙神乘坐的四人抬神轿的式样,在新城龙神赛会的"踩街"仪式里格外引人注目。从轿顶的装饰特点来看,徐达、常遇春、胡大海、赵德胜和朱亮祖五位龙神的神轿轿顶是用亮黄色丝绒做成四股条状垂缦从轿顶的中心悬垂至四檐,在大红色布帛的映衬下格外醒目。其他13顶神轿均使用宝蓝色丝绒镶以大红色火牙状布帛边的条状垂缦来装饰轿顶。

三 万民伞

每支龙神轿队都有一柄万民伞。在龙神"踩街"仪式里,持万民伞的乡民紧随吹手而行。按洮州青苗会乡老的解释,万民伞是龙神佛爷势力范围的象征,每支青苗会四至内的百姓希望龙神的威力像伞盖一样庇佑他们平安兴旺。万民伞的圆周面积可达一平方米,伞的顶部圆而平;四周帐幔由翠绿色和明黄色的软缎拼接而成,一般来讲,帐幔的上围由翠绿色软缎制成,其余部分由黄色软缎制成。伞的内部是用彩线织成五色花篮,伞帷的外层缀满了长约50厘米的小绸条,颜色或白,或红,或蓝,每一片绸条上是用毛笔蘸着墨汁书写的捐赠万民伞的乡民姓名。

图41 万民伞

四 旌旗

旌旗由三种旗组成。不同类型的旗，在"踩街"仪式里会被安排在龙神轿队里的不同位置。一是戎旗。在洮州青苗会乡老的观念里，戎旗就是战旗，是明代入驻洮州卫的官兵与番人作战时展示军威的旗帜。戎旗多为明黄色绸缎镶以黑色火牙状旗边的形貌。各支青苗会指定村里民妇用黑色丝线在旗面绣上各自崇祀龙神的名号。持戎旗的人一般行走在万民伞与神轿之间，是整个龙神轿队的代表。二是大督旗。大督旗是龙神的象征，尤其在"插旗"仪式里，大督旗被乡民高高地擎着，表示龙神去四处发将令以禳冰雹。在龙神轿队里，大督旗走在戎旗的后面，神轿的前面。各支青苗会的大督旗，颜色各有不同。代表李文忠的大督旗是黑色旗面，代表常遇春、胡大海、康茂才等的大督旗是杏黄色旗面，其余龙神的大督旗是宝蓝色旗面。三是彩旗。彩旗也被洮州青苗会叫作龙虎旌旗。旗面一般有大红色、粉色和翠绿色，在龙神轿队里象征的是龙神麾下的兵将。与戎旗和大督旗只由一人擎举的形式不同，"踩街"仪式里通常有二十多人组成一支彩旗队伍，他们分双列走在神轿的两侧，以示护卫龙神。

五 响器

响器是通过敲击和吹奏出的乐声来彰显仪式的声势，吸引乡民的注意力。响器一般被安排在龙神轿队的最前列。响器队伍的两个基本构成是唢呐和铜锣，经济条件好的青苗会，还会配备号筒。马角在做法事活动的时候，还要用到羊皮鼓。作为一种符号象征，响器的使用也具有一定的喻义。铜锣在藏语里被称作"喀阿"，锣声清脆震耳。临潭乡民们认为这种乐声可以摄人心魄，能够驱鬼避邪。因此，敲打铜锣的人一般都要行走在神轿队伍的最前方，意为"鸣锣开道"。唢呐俗称喇叭，据梁继林研究，唢呐由波斯传入中国，在两晋时期就已经流行于新疆地区，大约在明正德时期成为大江南北普遍使用的吹打乐器。[①] 在洮州青苗会的仪式里使用的唢呐，除了现在常见的汉式唢呐外，还有一种是经藏地改良、发展的唢呐，藏民把它叫作"甲林"。藏式唢呐用以扩音的铜碗多是用黄铜制成。这种唢呐的形制比汉地唢呐大，杆长在一尺五寸左右，有七孔或八孔之分，锥形木管上的各间孔之间，镶有铜制咔套。唢呐音量很大，音色高亢嘹亮，适合与铜锣声相配，渲染仪式热烈、欢快和喜庆的气氛。

---

① 梁继林、林俊卿：《吹奏乐器——唢呐》，《中国音乐教育》2003年第5期。

号筒是洮州青苗会的仪式里较有特点的响器。它属于藏式的吹奏乐器。据端阳沟青苗会的乡老讲，这种号筒发明于11世纪左右，是藏人军旅使用的乐器。① 号筒没有音阶区分，只能吹奏单音，然而音量宏大，音色低沉。洮州青苗会里流传一种说法"石山里的号"，意在突出端阳沟青苗会龙神轿队的号音在龙神赛会里最为嘹亮，响声悠远。端阳沟青苗会选用的是长角号，一种藏式的拔节铜号，藏名汉译为"铜钦"或者是"让冬"。长角号比号筒的体形和音量还要大，长约两米，重约20斤，是藏传佛教寺院举办佛事活动时使用的重要乐器，饱含着"召唤、传播"的意韵。端阳沟青苗会涵盖了众多的藏族村落，长久的社会交往使这支青苗会的号手掌握了吹奏藏号的技艺。据他们介绍，吹长角号要掌握两个小技巧，一是要系紧腰带，这样可以憋住气；二是在吹奏之前，向前跳跃一步，这样会让胸腔的气息充分鼓起。端阳沟青苗会选用长角号的原因，不仅在于号音更加低沉而威严、传送遥远，还有驱鬼避邪、去除污秽之意。

　　马角在仪式活动里使用的"羊皮鼓"，与蒙古人统治洮州的传说关联在一起。相传元代，居住在洮州的汉人村民因不满残酷统治，设计杀死了主管村庄的鞑子。然而，鞑子的阴魂却仍然为害村庄，于是村民把鞑子供奉为庄神。据说羊皮鼓就是元朝鞑子用的"花鼓会"。② 汉人村民用鞑子的"花鼓会"做仪式让鞑子高兴，从而让他的阴魂不要再危害乡里。现在，羊皮鼓是马角的法器。马角们认为，羊皮鼓的鼓声浑厚，一定能够愉悦龙神。马角用的羊皮鼓都是自己制作的，整只羊皮鼓的外观呈圆形，鼓框用铁圈制成，高约11厘米，鼓面直径在30—40厘米。鼓框的一面用羊皮蒙住，皮面周围用铁钉拉紧固定。鼓框的下端位置留出一个圆孔安装木质手柄，手柄上也钻一小孔，穿入铁制的环铃。马角摇鼓作法，即是为迎神请神。羊皮鼓在马角手里翻转击打时，发声低沉，环铃因羊皮鼓的震荡随之碰撞出清脆的"叮当"之音，与鼓声相混，倒也悦耳。

　　神轿、旌旗、万民伞和响器构成庙会仪式队伍里一整套象征符号体系。在这一组符号体系里，它们彼此配合，共同演示和衬托了仪式的场景。

---

① 2005年10月27—28日在端阳沟青苗会举办的"冬报愿"仪式里的群体访谈。
② 访谈对象：新城东南沟王长青（男，42岁）；访谈地点：新城民族旅社值班室；访谈时间：2006年7月18日。

第三节　插旗以祈神

插旗，是洮州青苗会组织的一项祈祷龙神护佑，以求冰雹不降、风调雨顺，同时又警告乡人不得触犯龙神权威破坏青苗的仪式。当地人把"插旗"又叫作"封山"，认为"封山之后，就不能上山采伐树石，牲畜不能上山吃草"。① 从仪式的性质来考量，插旗是洮州青苗会实施"看青护苗"的一项重要农业生产活动。插旗的时间一般集中在新城端午节龙神赛会或主祀龙神庙会的前后时间段内，各支青苗会按照马角在龙神庙里打卦的卦象来确定当年插旗的时间，或者遵循特定的插旗时间。十八龙神的龙神庙，大多坐落在种庄稼的山头。在插旗的这一天，各支青苗会组织龙神轿队从龙神庙出发去往特定的地点，如山嘴或山尖处，或不同青苗会的交界处，插上大红色三角旗，宣示这片地区由龙神护佑冰雹不降，同时乡民们不能入内放牧牛羊，以保护初长的青苗。

插旗仪式最为简洁的是城背后青苗会。城背后青苗会在每年农历五月十三日插旗。马角在龙神庙里举行上香敬裱和献羊的仪式之后，提领、会长和乡老带领村民分别在新城镇的东街、城背后村与南门河村交界的位置、新城镇的西街和城背后村与李家山交界的山梁处插旗。插旗之后，村民们再返回龙神庙，提领要向他们训诫："插旗之后，不能让人和牲畜糟蹋青苗。按青苗会里的制度，有谁毁坏青苗要罚羊、罚香裱，还要罚款。"② 这种仪式过程，多为只覆盖一座自然村落的青苗会所采用。对于组织结构更为复杂的青苗会而言，他们的插旗仪式犹如一组不知头绪的行为艺术，只有把相关的人物、事件和环境置于整个仪式的前后经过里，拼接出首尾相接的情节，才有望获取一种条理性的说明。

一　秦关插旗

要了解一次较为完整的插旗仪式，可以秦关青苗会为例。秦关青苗会每年的插旗时间是农历五月初一。2006年农历五月初一清晨七点，秦关青苗会的提领在深沟门的一棵榆树枝杆上悬挂《插旗通知》。这是一张由毛笔蘸着墨汁书写的、方寸约50厘米×70厘米的牛皮纸板，内容是：

---

① 2006年5月31日和6月1日在新城城隍庙对洮州十八青苗会会首的群体访谈。
② 访谈对象：王奎（男，63岁）；访谈地点：新城城隍庙；访谈时间：2006年9月26日。

插旗通知

　　立禁会规者。秦百户上、下二旗青苗会会首等人，今岁五月初一人民想望（向往）风调雨顺、国泰民安、全年丰收有成。自从春以天遂人愿、丰收在望，转眼神侣下旬以遇。经我村村委会以及青苗会执首人员共商讨论，决定为了保持田苗不受损失，确保五谷丰登，插旗业将禳祭冰雹。为了山破（坡）树木、水土流失，按常规制度一律进（禁）入常年放牧之地，不准到田间地头吃草害我们。请青苗会执事人员每日轮流山川巡察，如发现，按会规决不留情。

青苗会会首　秦伕成　马连保　秦继绪
二零零六年丙戌五月初一日①

　　待提领回到龙神庙后，马角开始向龙神"献羊"。献祭的羊被宰杀后取出羊心。羊心象征"军印"，提领用羊心蘸上羊血在三角形红旗的旗面上"盖大印"。这项仪式环节叫作"祭旗"。它为整个插旗仪式增添了玄幻的气氛，而戳盖了鲜红羊心印迹的小红旗仿佛就此被赋予了龙神的威力。秦关青苗会的成员们把这些红旗分别安插在五处方位：青石山牌坊嘴，这里是秦关村与新堡乡交界的地方；深沟门，秦关村与总寨村的边界；死人顶，秦关村与店子乡的边界山顶；尖山山顶，尖山是羊化桥分会里最高的山；大坪山顶，大坪是秦关二社和三社里最高的山。农历五月十九日，秦关青苗会还要"巡青"，又称为"神会"。当天，秦关青苗会的提领、会长和秦关一社、秦关二社、羊化桥三个分会的会长联同村里的耆老一同前往龙神庙里燃升黄裱和敬香，之后由庙管敲锣，马角把武殿章龙神塑身从庙里抱进龙神轿，众人拥轿下庙开始"巡青"。龙神轿队先进入羊化桥，穿过羊化桥之后沿公路再进入秦关一社和秦关二社。从秦关二社返回时，要从公路换行到各家各户门前的小路上，顺着小路回到龙神庙。至此，秦关青苗会插旗仪式结束。

二　流顺插旗

　　如果青苗会辖括的村落较多而且分布疏散，马角需要安排一个日程表，每个村落根据日程表组织本村的轿队去头会迎接龙神轿和青苗会的提领、大会长、马角等众人，来村里举行插旗。流顺青苗会的插旗仪式即为一例典型。

　　流顺青苗会的头会有两座龙神庙，一座位于距离上寨村一里多地的狼耳山

---

① 2006年5月27日（农历五月初一）在秦关村村口的榆树处抄录。

上，当地人叫作"上庙"，是"龙神主殿"，意为"龙神佛爷办公的地点"。①一座位于流顺堡的堡墙之上，叫作"下庙"，意为"龙神佛爷歇息的地方"。② 1958 年之前，龙神塑身在上庙和下庙之间轮流坐身，其规则是每年农历五月初九之后，龙神塑身被供奉在上庙；待农历九月初九收旗之后，龙神塑身被重新描画之后进入下庙。当地人认为龙神坐身在下庙时，意味着"龙神佛爷封印不管事"。③ 20 世纪 80 年代复会之后，流顺青苗会部分继承了 1958 年之前的传统。在龙神塑身坐身下庙时，参加农历四月二十三日张家庄的插旗、农历五月初三吴家坡的插旗、农历五月初四的杨坡插旗、农历五月初六的宋家庄插旗、农历五月初九流顺堡和上寨村的插旗。待完成流顺堡和上寨村的插旗之后，龙神塑身当日就被供奉在上庙，接下来参加农历五月十二日马场沟的插旗。自此，流顺青苗会的插旗仪式结束。由于"收旗"仪式没有恢复，龙神塑身在农历十一月十五日"冬报愿"仪式后被供奉到下庙。

在流顺青苗会的系列性插旗仪式里，眼藏青苗分会的插旗仪式安排颇为复杂。眼藏行政村下辖的吴家坡、杨坡和族尼三个自然村落位于同一座山上的不同位置。藏族聚居的族尼村位于山根处，杨坡村在中间位置，吴家坡坐落在最高处。族尼村曾经是昝土司的势力范围，不参加流顺青苗会的所有仪式。为此，流顺青苗会认为"族尼村不属于龙神佛爷征服的地区"。④ 20 世纪 80 年代复会之后，族尼村参与眼藏庙会，眼藏青苗分会按承包土地的人头数募收戏钱，族尼村和吴家坡、杨坡一样每人三元钱。但是，族尼村不参加眼藏青苗分会举办的插旗、冬报愿等仪式。有意思的是，杨坡和吴家坡的插旗仪式也是分开举办的。2006 年农历五月初三日早晨八点，吴家坡青苗会的会长及其成员吴增喜、吴士杰、陈吉祥、吴去龙和吴进财带领村里年轻人组成的龙神轿队去流顺堡的下庙接龙神塑身和龙神轿。请龙神塑身出庙时，一定要燃放鞭炮并鸣锣。当时流顺青苗会的马角不在村里，由吴家坡青苗会会长吴增喜把龙神塑身抱出庙外安置入轿内。九点左右"起轿"。又一轮燃放鞭炮之后，吴家坡的龙神轿队在锣声里沿堡墙走下流顺堡，穿过堡对面的村庄走上公路，进入上寨村。在上寨村，他们接了流顺青苗会的提领张辉选，再走出上寨村向吴家坡进发。龙神轿队进入杨坡村后，一路鸣锣开道。到达吴家坡的歇马店后，村民们

---

① 访谈对象：流顺川上寨村张辉选（男，70 岁）；访谈地点：上寨村村口；访谈时间：2006 年 5 月 28 日。

② 同上。

③ 同上。

④ 同上。

燃放鞭炮，提领张辉选把龙神塑身抱入歇马店内归位，再把一张黄裱放在龙神塑身的左肩。接下来吴家坡青苗会向龙神"献羊"：会长吴增喜用沾了净水的桑枝抚过供羊的周身，即"净羊"；然后牵羊至龙神塑身前祷告；当羊浑身震颤意味着龙神接纳了这只羊，小班上前把羊抱出歇马店宰杀，把羊血挤入一只碗里，吴增喜把这碗羊血敬放在供桌上以备祭旗之用。小班在歇马店前支一口大锅煮羊。羊煮熟之后，整个吴家坡村的男女老幼都团聚在歇马店前分食羊肉和羊汤，尤其是孩童一定要喝碗羊汤。村民们认为插旗时用供羊煮的羊汤可以保佑孩子一年健康平安。吴增喜把供羊的内脏抛到歇马店的屋顶上，意为"祭天"。到了下午两点，张辉选把盖了羊心印的小红旗分发给吴家坡青苗会的会长，开始封山。他们把小红旗分别插在环绕吴家坡的双嘴山、平路口、通化崖、大泉顶四座山丘上。吴家坡插旗结束。

杨坡曾经属于龙神胡大海的势力范围，参加新堡青苗会的插旗和冬报愿活动。久而久之，两个相距较远的地区存在的现实问题是：南路新堡一带地区，气候温润，庄稼成长期早、收割期也早；杨坡在西路，气候较新堡要寒冷许多。当新堡青苗会举办冬报愿答谢龙神胡大海时，杨坡的庄稼还没有收成，不能按时还愿。由此，新堡青苗会把杨坡划分给流顺青苗会，遵从流顺青苗会的冬报愿时间向龙神还愿。然而，在每年农历五月初四的插旗仪式里，杨坡要同时请来新堡青苗会的龙神胡大海和流顺青苗会的龙神朱亮祖，共同给杨坡插旗。① 至于插旗的仪式程序，杨坡与吴家坡是一样的。

三 端阳沟插旗

跨越地域最广且辖括汉藏土等多民族村落的青苗会，复会之后的插旗仪式最为周全。端阳沟青苗会即是一例代表。2006年农历五月十三日是端阳沟青苗会的插旗时间。早晨七点左右，一支由28位村民组成的插旗队伍已经集结完毕。他们从位于龙眼山山肋处的龙神庙出发，向山顶行进。庙管提锣走在队伍的最前面，脆响的锣声划破了整座山的沉寂。一面黑色镶金龙、边缀火牙的三角形大督旗紧随其后。在大督旗的后面，是由13面大小不等的三角形红旗组成的队列。在旌旗队的后面，是年轻的村民肩舆的龙神轿，端阳沟青苗会的提领、会长、小会长、马角、小班等簇拥在龙神轿的周围。这支插旗队伍被罩笼在响彻山野的开山锣声里，蜿蜒攀升。距离山顶还有一百米的距离时，插旗队伍顺着山路侧旁的小道来到山夷的一片开阔处。山夷尽端的位置有一座用十

---

① 访谈对象：流顺川上寨村张辉选（男，70岁）、眼藏村吴家坡吴忠德（男，53岁）；访谈地点：眼藏村、吴家坡村；访谈时间：2006年5月29日。

几块一人抱的石头垒成的石堆，端阳沟青苗会称为"山神"。那面黑色大督旗被安插在山神上，龙神轿停放在相距山神约五米的地方。插旗仪式开始，首先由马角武孔子献辞，他跪在龙神轿前唱念道：

> 我是朵中石山威镇池督大龙王，今天是公元 2006 年 5 月 13 日，敕封山旗，下马一凡，在起阴。（这句话结束时，提领等众人唱喝："在呢。"）头人啊，会的人，抬轿的人在呢？（众人唱喝："都来了。"）吹班、小班、十二老小呢？（众人唱喝："都在呢。"）夏季五月一十三日，给本地山神发降令：节年常规旧理，一年一次，年年都这样。石山时原佛爷代表各方神，云里走马，照望运佑，轻风细雨，月月长降，恶风冰雹，消降远方。恶风暴雨，去烟里消散。在田苗上，多加分粟。一粒下地，百斗还仓。巴扎神①，让虫远离。派发将令，山羊一只。城隍角马，刻一大印。青苗会首，进前三步。掌起进亮②，磕头谢恩。禳镇冰雹，正时正刻。

马角献辞之后，所有上山的人都要跪在龙神轿前煨桑、燃裱以敬龙神。马角提起供羊循着燃升黄裱的烟气缭绕羊的腹部至背部一周，然后用净水冲洗供羊的双耳和背部，再将羊抛至大督旗前，待羊全身颤抖之后，沉浸在献羊仪式里的人群开始欢呼，认为朵中石山威镇池督大龙王李文忠接受了他们的献礼。小班遂上前把羊带到远处去宰杀。他们把羊血倾入庙倌携带的铜锣里。这时，人群离开龙神轿来到插着黑色大督旗的山神跟前。提领将羊心浸入血水然后提起拓印在带来的 13 面红旗上。每一面红旗，无论大小都要拓七方"印"。每拓一个"印"时，周围的人都要随之高喝"一颗、两颗……七颗"。祭旗仪式结束后，马角跪在插着黑色大督旗的山神前开始念辞：

> 禳镇冰雹，云眼消散。上元一品，风去雷雨。中元之品，十八位龙神，来时运佑，去时瘟病杂症，一起带走。下元前山山神，后山山神，开了口封。山神土地，开了口封。点兵发将，正时正刻。

这段献辞结束之后，端阳沟青苗会的会长高擎黑色大督旗率领六面红旗登上通往山尖的小路，在龙眼山的山顶插两面小红旗，再返回到停放龙神轿的位置，在山夷的东南西北四个方向各插一面大红旗。之后，插旗队伍下山回到龙

---

① 巴扎神：藏族信奉的神祇，管蝗虫和黑虫。
② 进亮：意为"卜卦"。

图 42　端阳沟青苗会插旗献辞的场景

身着无袖长褂跪在龙神轿前献辞的是端阳沟青苗会马角武孔子，提领、大会长、小会长和乡老等众人跪在龙神轿前煨桑敬裱，手擎旌旗的乡民们也围跪在龙神轿前。

神庙，在庙的山门照壁处插三面小红旗，接着继续下山走出沟尼村，在牌坊遗址前再插四面小红旗。接着，马角跪在牌坊遗址处继续念辞：

> 常规旧例，狼在山前，虎在山后。好人相逢，恶人远离。大的无灾，小的无难。各家门口，永佑疆福。宝香交回炉中，磕头谢恩，请起跪立。

插旗结束后，端阳沟青苗会的提领、会长和马角要返回龙神庙。卓尼县申藏乡旦藏村初些队的恶拉在这一天要来庙里献羊和领旗。这座藏族村落距离端阳沟大队约有14里路，村里有三十二三户人家，恶拉由各家之间轮流担任，每年一换。藏族村民把"插旗"也叫作"闸山"。每年的农历五月十三日，初些队的恶拉来端阳沟的龙神庙里领旗，为农历五月十七日本村的闸山做准备。待闸山当日，初些队的恶拉带着多名轿夫牵着三或四匹马来端阳沟迎请龙神塑身和端阳沟青苗会的提领、会长、马角等人去初些队闸山。自初些队开始，端阳沟青苗会就迎来了为期一个月的插旗会，提领、会长和马角要跑遍在卓尼县设有恶拉的21座藏族村落，为藏族民众闸山。

四　杓哇旗插旗

洮州青苗会的"插旗"仪式多以一天为始终。也有特例，冶力关青苗会五会杓哇旗土族青苗会的插旗仪式包含了"插旗""祭旗"和"巡青"三项环节，前后持续近三个月。每年农历三月十三日，杓哇旗青苗会请冶力关青苗会的提领和马角统一在甲日喀山上插旗。马角带领杓哇旗青苗会的会长等人把红旗插在指定地点。农历五月端午节时，杓哇旗青苗会下属的石家族、初鹿族、喇叭族和光尕族要举行"祭旗"仪式，给农历三月十三日插的旗献一次羊。农历五月二十五至二十七日，杓哇旗青苗会要接常山庙的常遇春、赵德胜和武殿章三位龙神塑身来巡青，看看农历三月十三日插旗后的庄稼长势情况如何。杓哇旗的土族民众也把以常遇春为首的龙神巡青叫作"常爷转丈人"。巡青的路线是：二十五日初鹿族、二十七日石家族、二十九日喇叭族和光尕族。在巡青的过程中，马角都要发将，程序有净羊、献羊、宰羊、用羊肝占卜和煮羊五个环节。农历六月初一早晨龙神轿队巡青完毕回常山庙之前，杓哇旗青苗会再次举行献羊仪式以"祭旗"。至此，杓哇旗的插旗活动结束。

第四节　踩街以迎神

踩街，古老"迎神出巡"仪式的呈现，是洮州青苗会组织的一项迎神仪式。① 马角或会首把龙神抱出庙外置于轿内，由青壮年男子抬着龙神轿游行，沿途受到乡民的迎祀祭拜，以求消灾祈福。"踩街"的游行分为两类，一类是在各支青苗会主办的庙会里抬着龙神轿循走特定的路线；一类是各支青苗会去参加五月端午新城龙神赛会时行走的特定路线。无论哪一类"特定路线"，当地人都叫作"神路"。与祈神保护农田的插旗仪式相比，踩街仪式几乎携带了全套象征符号，超出了单纯的农业生产功能，具有宣示、强化明代以来军屯户后裔对地方管辖权的社会含意。

各支青苗会无论是在覆盖范围内的踩街，或是去往新城参加五月端午的龙神赛会，都要遵循传统的"神路"。这条神路不同于插旗仪式里走在田间地头的路线。在各龙神庙会的踩街仪式里，"神路"连接了所属青苗会管辖的主要村落、大姓聚居地和一些地标性建筑或遗址。在去往新城参加龙神赛会的过程中，各路龙神轿队依据特定路线行走②，让龙神接受沿途乡民的观瞻和膜拜。"歇马店"和"接迎会"是划分这类神路的地域空间层次。歇马店大多位于村

---

① 关于迎神出巡的较早记载，可以在后魏杨衒之撰写的《洛阳伽南记·城南》里看到。

② 由于公路的铺设加之路途遥远，在2006年的新城端午节龙神赛会里，冶力关和羊沙两支青苗会开动了两辆东风小货车拉载龙神轿队去往新城参会。其余14支龙神轿队仍然是靠脚力去往新城参会。

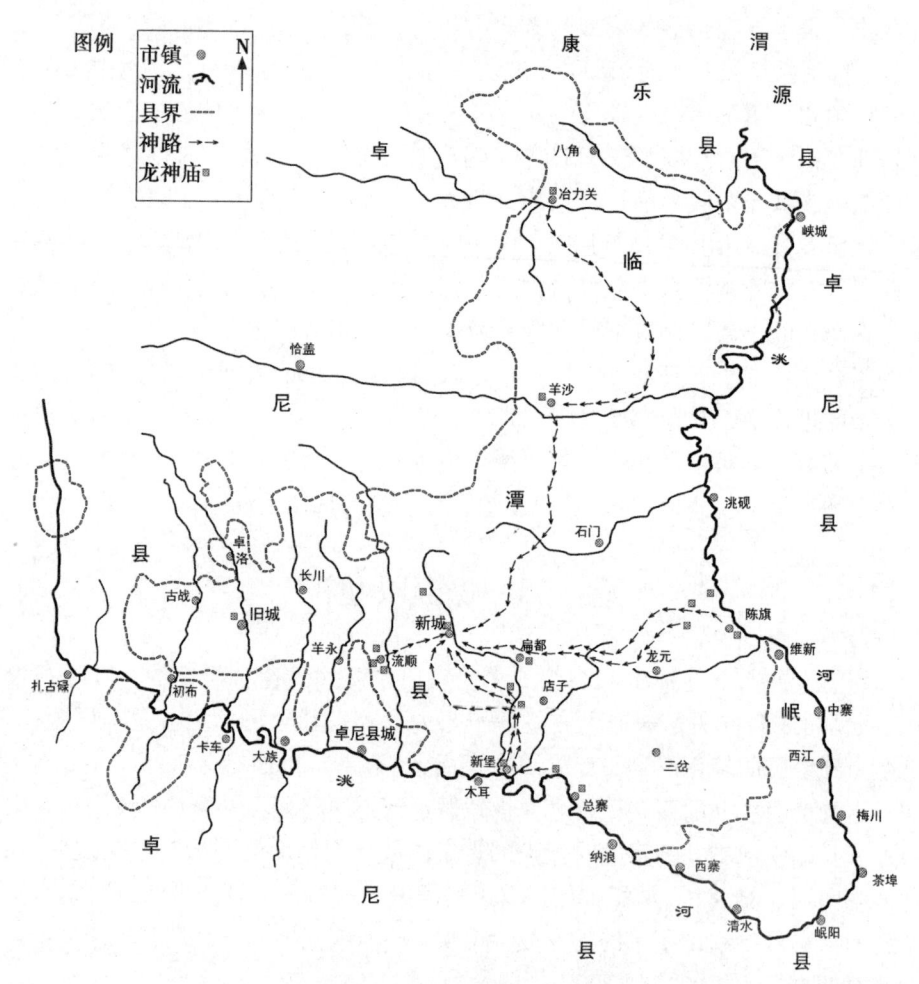

图 43　16 支青苗会参加龙神赛会"迎神出巡"的路线

口或者村落里较高的位置。歇马店内陈设有供桌和香案，可供每年龙神轿队经过时使用。龙神轿队在途经歇马店时，龙神塑身被马角或提领抱出神轿，供放在歇马店内的供桌上。这个环节相当于"龙神下马"，故需举行下马羊仪式。歇马店所在的村落会准备一只供羊，献祭龙神。"接迎会"所在的村落一般人口较少，没有修建可供龙神歇息的小庙，于是龙神不出轿，在轿内接受乡民的祭拜。所谓"接迎"，即"迎接"和"引送"，乡民们在龙神轿前置一供桌，然后围聚在龙神轿前上香点灯敬裱，是为迎接。迎接活动持续十多分钟之后，村民们再燃放鞭炮，由该村乡老引领龙神轿队离开村庄继续前行，是为引送。整个接迎过程里没有"下马羊"仪式。相比歇马店，龙神轿队在接迎会逗留的时间要短暂许多。与插旗仪式不同的地方还在于，踩街仪式吸引了村际、乡际乃至县际的各类人群从四面八方汇聚到龙神轿队经过的地方,驻足观礼,拈香敬拜。龙神轿队走到哪里,哪里就会引起人潮的涌动。

"人有人路,神有神路。神路是先人们定下的,就要按先人们说的走。打破了规矩是要被先人们惩罚的"①,这是乡民们对"神路"的定义。翻越哪座山梁、要经过哪些村庄、在哪里歇夜,都遵循一定的传统。只是,这些神路并没有文字的记录,也不存在于地图或者行程表里。行进的龙神轿队里,60岁以上的乡老往往要占到总人数的一半左右。于是,乡老说怎样走,年轻人就跟随他们怎样走;乡老说要在哪里歇脚,年轻人就在哪里歇脚。这些神路存在于乡老的头脑之中,通过带挈跟走的方式代代传承。大家似乎共守着一种默契,没有人去问前面在哪里转弯,是否需要在哪座村落衔接,一路前行,伴随着的只有响器的乐音和远远的鞭炮声。在这种传统下,神路连接了不同的家族,不同的村落,打破了原本承载单一生活的自然逻辑空间。在先人足迹的引导下,龙神轿队在踏上神路一刹那,现实就此退隐,他们步入的是一个超越了当时当地的空间,仿佛回到明代洮州卫军官巡查各处屯田农业生产的历史空间里。

图 44 走"神路"的龙神轿队

2006年农历五月端午节的清晨,端阳沟青苗会的龙神轿队行走于田埂上的"神路",去往新城参加龙神赛会。

---

① 2006年5月31日和6月1日在新城城隍庙对洮州十八青苗会会首的群体访谈。

一 神路里的社会关系

各支青苗会在覆盖的地域范围内举办踩街仪式，通常围绕龙神庙进行。2006年农历五月初九日至十一日是羊沙庙会。羊沙在历史上称为"羊撒寨"，因羊撒河得名。该河源出于卓尼县恰盖乡的恰盖寺，距离羊沙村仅十里之遥。农历五月初九日清晨，羊沙会的提领、会长和乡老带领一队男性青年轿夫去头会甘沟村的龙神庙迎请成世疆龙神塑身和羊沙青苗会总提领、马角等人来参加羊沙庙会。同时，羊沙青苗会还要派人迎请其他三位龙神到羊沙村，即冶力关青苗会的常遇春，王旗青苗会的赵德胜和秦关青苗会的武殿章。中午11点左右，四支龙神队伍聚集在羊沙山山脚下的歇马店。羊沙青苗会的头会甘沟会的蒲姓马角把四位龙神塑身一一抱入歇马店内的供桌上，甘沟会、羊沙会和秋峪会的青苗会成员纷纷跪在供桌两侧，由羊沙会的会长主持"下马羊"仪式。

第一道环节是"煨桑"，羊沙青苗会的解释是："桑"在藏语里有"祭礼烟火"的含义，"煨桑"在藏语里具有燔祭战神的意义，符合崇祀龙神的本意。汉族村民煨桑一般选用柏树枝做原料，有时也会用艾蒿等香草的叶子来替代。提领和青苗会的其他成员把柏树枝和香草叶堆放在供桌前的空地上，再淋几滴酒将其点燃以敬龙神。待点燃的柏树枝和香草飘溢出阵阵清香后，羊沙会开始第二道环节"净羊"。羊沙青苗会的大会长用腾起的烟雾熏绕供羊的周身，祛除羊身的污秽；再用酒擦洗羊的双耳和额头，把瓶里多半的酒淋浇在羊的脊背，意在用酒清理羊的周身。第三道环节是"禀羊"，征求龙神的意见，是否接受羊沙青苗分会敬献的这只供羊。大会长抱起供羊抛掷到供桌的跟前，众人观察供羊是否会全身打颤。如果羊打颤了，表示"龙神佛爷禀了这只羊"；如果羊没有打颤，表示"龙神佛爷不接受这只羊"，众人还需要再挑选另外的供羊献给龙神。2006年羊沙庙会的禀羊环节里，进行了两次"禀羊"仪式，龙神最后接受了羊沙会献祭的第二只羊。禀羊环节之后，由小班的人负责宰羊和煮羊，把它制成供品摆祭在供桌上。村民们争相点灯敬香献羊，祭拜龙神。下马羊仪式结束后，羊沙庙会宣告开始，先唱神戏，再连唱三天大戏。近邻甘沟村和新庄村的乡民们以及卓尼县恰盖乡的藏族民众都来参会。这个庙会也吸引了300里之外来自临夏回族自治州康乐县、流川和三甲集的回族商民。

农历五月初十，即羊沙庙会的第二天，羊沙会举行踩街仪式。四支龙神轿队排列的次序是：第一位常遇春轿；第二位成世疆轿；赵德胜轿和武殿章轿可以不分前后。羊沙村负责抬轿的青壮年男子都会争相去抬第一位的常遇春轿，认为他的地位最高，能够让自己在踩街仪式里显得很有面子。中午12点，从歇马店出发，羊沙会会长走在轿队的最前列，年轻人肩舆龙神轿跟在后面，穿过羊沙村小学，走上公路，沿途有乡民拈香跟随，燃放鞭炮。途中还有跪伏在地的女性、儿童和老人组成的过关队伍期待神轿的赐福驱祸。龙神轿队一路东行，先进入羊沙一社的村境，尽头是羊沙乡政府所在地。龙神轿队在羊沙乡政府门前燃放鞭炮之后，再回转西行。他们顺沿公路行走约两里地就到达了羊沙二社。然后，龙神轿队北转上山，到达半坡处的贾家神堂。神轿过处，羊沙二社的村民沿途上香敬裱，燃放鞭炮。穿过羊沙二社之后，神轿队伍返回歇马店。这条踩街路线贯穿了整座羊沙村，全程逾四里路程。

　　这条约定俗成的"神路"蕴藏着丰富的社会历史内容。羊沙村由四个自然村组成，分别是羊沙一社、羊沙二社、桥子川和八鞑社。踩街路线只涉及羊沙一社和羊沙二社。羊沙一社是马氏家族的聚居区，间有党姓、刘姓和周姓，其中周姓是通过"一柱顶两门"的入赘婚形式被马氏家族招赘进羊沙一社。羊沙二社是贾氏家族聚居区。除此之外，还有李姓、王姓、杨姓和三户马姓家庭。马姓和贾姓均是羊沙村的两个大姓，马姓家户数为52户，贾姓家户数为38户。马姓是军屯姓，相传明洪武年间，马氏兄弟平了番乱后就来到现在的羊沙村定居下来。2003年，马氏家族每户出资150元，重修了马家神堂，神堂里供祀的神影图上有两名男子肖像。据马姓人讲，马氏兄弟两支在后续繁衍中出现差距，哥哥一支的大马家人越来越少，弟弟一支的小马家人越来越多。现在的羊沙村，小马家共有42户家庭，大马家有10户家庭。在公共事务的管理方面，小马家对内是整个马家的主事人，对外负责羊沙会的神事。

　　复会以来，当选羊沙青苗分会大会长的人选里，大马家有三位，即马元成、马路林、马昌云；小马家有马忠稞、马忠良、马忠孝、马来燕、马忠义、马长毛、马忠孝、马忠德、马喜春、马正国、马正华、马元华、马荣德、马国民、马泉林、马喜贵、马如海、马如江、马忠民、马永江、马胜生、马九生、马荣德23位。羊沙村的老人对此的解释是："小马家做大会长，这是先人挣下的，祖祖辈辈都是小马家的。"据传说，小马家的先祖是成世疆的结拜兄弟，他在对番人的战斗里被砍了头，顺势把羊头放在脖子上代替自己的头，所以后人都叫他"羊头参将"。① 羊沙村的贾姓不是军屯姓，但是大姓。在羊沙会里，贾姓和其他姓氏一样，只能充任每年一轮的小会长职务，负责募化会费和会粮，在羊沙庙会里维持治安和向摊位收取管理费，交给马家的大会长，由大会长分派使用。2005年，贾氏家族辈分最高的贾爷召集族人商议复建贾家神堂。贾姓每个家户出资300元，于当年三月动工复建贾家神堂。2006年四

---

① 2006年6月3—6日在羊沙庙会和羊沙村歇马店的群体访谈。

月,贾家神堂竣工。在2006年羊沙庙会的踩街仪式里,龙神轿队沿公路西行进入羊沙二社时,羊沙会的大会长马荣德要求带队的会长依据常规旧理,一定要让龙神轿队拾阶攀上羊沙山山脚处的坡梁,到达贾家神堂后,再沿坡梁一线走出羊沙二社返回歇马店。①

如果一支青苗会龙神轿队的踩街要穿越其他青苗会覆盖的范围时,其他青苗会亦要把自己的龙神轿抬出来迎接途经的龙神轿队,并且两支龙神轿队一起在这座村落里踩街。石旗青苗分会去王旗村迎请龙神赵德胜和王旗青苗会的提领参加石旗庙会,路过韩旗青苗会的地境,就会出现此幕情景。王旗青苗会一年之中要举办五个庙会,其时间顺序是:农历四月初八至初十在王家坟举办庙会;农历五月初五至初七在陈家庄举办庙会;农历五月十二至十四日在王旗村举办庙会;农历六月初六至初八在马旗村举办庙会;农历八月十五至十七日在卓尼县洮砚乡的石旗村举办庙会。在农历六月初六的马旗村庙会之后,龙神赵德胜就坐身在石旗崖村的歇马店,等候农历八月十五日的石旗庙会。

待到农历八月十五,石旗青苗分会会长带着会员驾驶着兰驼牌拖拉机前往石旗崖村歇马店,接迎龙神赵德胜和王旗青苗会的提领王士英。早晨九点左右,提领王士英和石旗青苗分会会长在歇马店会合。由王士英主持煨桑、敬黄裱和上香仪式。之后,龙神赵德胜上轿,离开石旗崖歇马店前往石旗。虽说以机动车代替步行,但是龙神轿队仍然遵照神路行驶,途中要路过韩旗。韩旗属于韩旗青苗会的三会。韩旗青苗会组织村民把龙神韩成从龙神庙里抬出来,早早地在韩旗村口等候赵德胜龙神轿的到来。两顶神轿在村口会合后,韩旗村村民抬着两顶神轿在韩旗村里踩街。神轿过处,鞭炮巨响。之后,韩旗村民把赵德胜神轿送到村口。龙神轿队离开韩旗,经唐旗村、过洮砚大桥进入卓尼县境,穿过小湾村和杜家川,到达石旗村。经过上述这些村庄时,村民们都要在村口燃放鞭炮,接迎龙神赵德胜及一行众人。到达石旗村后,乡老指挥年轻人从兰驼车上抬下龙神轿,在村里主要道路踩街。踩街之后,石旗庙会正式开始。

二 仪式里的时空约定

洮州青苗总会组织各支青苗会参加新城龙神赛会,是一个颇为复杂的过

---

① 访谈对象:贾爷(男,72岁);访谈时间:2006年6月3日;访谈地点:贾爷家。访谈对象:马忠孝(男,63岁);访谈时间:2006年6月3日;访谈地点:羊沙村歇马店。访谈对象:马步祥(男,62岁)、马如海(男,53岁);访谈时间:2006年6月4日;访谈地点:马如海的旅店。2006年6月3—6日在羊沙庙会和羊沙村歇马店的群体访谈。

程。复杂的地方并不在于新城内的踩街仪式，而在于洮州青苗总会和各支青苗会在组织层面和前往参会时所要经历的一系列时间项目和空间项目。

进入每年的农历四月，洮州青苗总会的会首宋克义要召集八位常务委员在新城城隍庙开会，分为几个募化小组各自去新城镇政府辖属的各个单位、国有企业、私人企业、商铺和新城近郊四支青苗会涵盖的村落去筹募戏费和会粮。常务委员对募捐戏钱的家庭逐一登记，内容涉及姓名、住址、献捐种类和数量等。每家每户把募捐的钱、粮、油等物送交所属的青苗会，或者直接交给隍庙里的洮州青苗总会。

农历四月十一日是新城龙神赛会的时间起点。这一天，洮州青苗总会购买和填写请柬，邀请各支青苗会在五月初五这一天组织龙神轿队来新城参加龙神赛会。复会之后，旧城和冯旗两支青苗会未来过新城参会，宋家庄青苗会作为宋城隍的"娘家"必须单列邀请，因此洮州青苗总会共计发出17份请柬。

新城龙神赛会请柬

××青苗大会：
兹定于甲申年农历五月初五日在新城隍庙举行传统的洮州十八龙神迎神赛会。恭请：
××青苗大会
届时光临为祷。

洮州青苗总会
四月十一日

需要一至三天的时间，各支青苗会就接到请柬。他们要向洮州青苗总会回复，确认自己是否参会。各支青苗会再给辖属的各个分会送去请柬，通知他们参加龙神赛会。预备参会的各支青苗会着手组织龙神轿队，提领和会长对村里的青壮年男子进行登记之后要召集他们开会，确定参会的人员名单。会长带领小班去采买参会必需的用品，如装饰龙神塑身所需的绸缎、需要更换的响器等。洮州青苗总会与新城镇公安局、工商局等单位进行协商，和他们沟通庙会期间的治安和管理问题。洮州青苗总会还需要装点城隍庙，布彩绸、挂灯笼。农历五月初一和初二，洮州青苗总会的会首宋克义再次召集各常务委员开会，议定两件事情：龙神赛会第一天16支龙神轿队进入城隍庙的先后顺序和第二天16支龙神轿队踩街的排序。

16支青苗会的龙神轿队都拥有自己特定的前往新城的神路。通常而言，距离新城约50里以内的青苗会，在五月端午当天出发，步行不过四小时即可

图 45 迎接龙神赛会到来的新城城隍庙

为了迎接参会的群众，洮州青苗总会在新城城隍庙的山门上挂出了欢迎标语。

到达新城东城门遗址；若是距离新城超过 70 里地且坚持以脚力赶路的青苗会，一般选择在农历五月初四提前动身。循仍旧例，这些提前出发的龙神轿队要在龙神庙里敬香点灯、燃放鞭炮。之后，一支 15—40 人规模不等的龙神轿队向新城进发。他们在通往新城的神路上都有自己的歇马店和接迎会，属于歇马店的村落要举行下马羊仪式，属于接迎会的村落要敬香裱、燃放鞭炮。龙神轿队会在固定的村落里歇夜，第二天继续赶往新城。

然而，每支龙神轿队在走神路时，都严格遵照自己的常规旧例。这些常规旧例，隐含的是一系列对时间和空间的约定。以王旗青苗会的龙神轿队为例。王旗村距离新城约有百里之遥，但是这支龙神轿队会选择在端午节当日出发。如 2006 年农历五月五日早晨七点，王旗青苗会 16 人组成的龙神轿队从王旗村出发，到马旗沟后翻过后山坡到马饮河，再过李歧山到达哈尕滩，途经李家庄、红崖和寇家桥，到达新城东门遗址。其中，马旗沟和李歧山是歇马店，马饮河和哈尕滩是接迎会。龙神赛会结束后，王旗龙神轿队仍按原路返回。他们一定要在马饮河吃长年不变的"豆芽酸菜汤"，并且在这里歇夜，待第二天再起程回到王旗村。张旗青苗会的张旗村到新城约有 15 里路，步行两小时左右即可到达。但是按照常规旧理，张旗青苗会的龙神轿队要在农历五月初四出发。他们从扁都乡的杨家沟过张旗，翻过一座山到达新城东郊的岭上村，村民们向龙神郭英献羊敬裱。两小时之后龙神轿队再次起程，到达约五里之外的东南沟村，全村老少向龙神郭英上香敬裱。张旗青苗会的乡老们要和东南沟村的乡老叙话拉家常。大约两小时之后，龙神轿队出发再到西南沟村。与此同时，新堡青苗会的龙神轿队也在农历五月初四日出发，与张旗青苗会的龙神轿队在西南沟村会合。他们共同在西南沟村歇夜。待五月初五早晨，两支龙神轿队起轿，再度返回东南沟村，与当天出发的秦关青苗会的龙神轿队在这里会合。然后，三支龙神轿队翻过丁家山，再过甜泉村，来到新城东城门遗址。

表12　　　2006年新堡、张旗和秦关龙神轿队赴新城神路路线调查

龙神轿队	神路日程	日期（公历）	路线
新堡青苗会	第一天	2006年5月30日	新堡—杨家庄子—朱旗—马旦沟—新藏坡—眼藏坡—西南沟（歇夜）
	第二天	2006年5月31日	东南沟—丁家山—甜泉—新城东门
张旗青苗会	第一天	2006年5月30日	杨家沟—张旗—岭上村—东南沟—西南沟（歇夜）
	第二天	2006年5月31日	东南沟—丁家山—甜泉村—新城东门
秦关青苗会	第一天	2006年5月31日	秦关山—新堡—杨家庄子—朱旗—张旗—岭上村—东南沟—丁家山—甜泉—新城东门

资料来源：2006年5—11月的实地调查。

在神路沿途的一系列时空约定里，暗藏着隐隐约约的历史密码。2006年农历五月五日早晨六点，端阳沟青苗会的龙神轿队从龙神庙出发，一行35人走下龙眼山，步出沟尼村，沿公路向新城方向行进。端阳行政村距离新城不过五里之地。但是，龙神轿队要花费近五个小时才到达东城门遗址。行走不过两里路，端阳沟龙神轿队调转方向走下公路进入前池村，一直深入到村庄尽头的红山脚下。然后，龙神轿队径直登上山顶。山顶上是红山村，一座回族聚居村落，隶属于流顺乡的丁家堡村。龙神轿队登顶的位置处有一座飞檐翘角、泛浮黛色的汉式拱北，形状质朴精美。端阳沟青苗会的提领命令抬轿的年轻人把龙神轿安放在距离拱北十米的地方，举行下马羊仪式。回族占多数的红山村村民是不参加这项仪式的。据端阳沟青苗会的乡老说，民国年间每年端午节的早晨，红山村的回民都会在红山脚下等候端阳沟青苗会龙神轿队的到来，从他们手里接抬过龙神轿，一起登至山顶，举行下马羊仪式。复会之后，端阳沟青苗会的龙神轿队仍然坚持到红山山顶举行下马羊仪式，只是红山村的回民不再参加这项仪式。[①] 端阳沟青苗会下马羊仪式里的供羊是烤而食之，有别于其他各

[①] 访谈对象：端阳沟沟尼村李七十一（男，78岁）；访谈地点：红山山顶；访谈时间：2006年6月1日。

支青苗会的煮而食之。据端阳沟青苗会的乡老们讲，这是受到藏民生活习俗的影响。① 吃完烤羊肉后，端阳沟青苗会的龙神轿队下山继续向新城进发。

图46 离开红山拱北的龙神轿队

在红山顶上的拱北前做完下马羊仪式，正在下山的端阳沟龙神轿队。

关于端阳沟龙神轿队去红山顶拱北做下马羊仪式的原因，端阳沟青苗会的提领认为，"拱北里面住着的马爷和李文忠佛爷的关系非常好，李文忠佛爷趁每年五月端午出庙踩街的机会都要先来红山顶上看看这位老朋友，然后再去新城参会"②。据《临潭县志》载，红山拱北约修建于清代乾隆中期，穆斯林称为"古图布"③拱北，内无具体葬人，是某修道干功者在该地显有奇迹而修建的纪念冢。④ 新城的回民则认为，端阳沟青苗会应该拜访沙坡子拱北，而不是红山顶拱北。沙坡子拱北位于端阳沟行政村下辖的丁家庄，坐落在新城西门

---

① 访谈对象：新城镇端阳沟青苗会的武孔子（男，65岁）；访谈地点：端阳沟李文忠龙神庙；访谈时间：2005年10月27日。

② 访谈对象：端阳沟沟尼村李七十一（男，78岁）、端阳沟河尼村李林平（男，29岁）；访谈地点：红山山顶；访谈时间：2006年6月1日。

③ 古图布，阿拉伯语al-Qutub的音译，原意为地极、轴心，专指伊斯兰教苏菲派隐匿于世间的"要人"。

④ 临潭县志编纂委员会编：《临潭县志》，第793页。

外，是一个回汉居民混居的自然村落，总户数59户，其中回族38户，汉族21户。① 据《临潭县志》载，沙坡子拱北建于同治六年（1867），内葬丁门门宦第二代教主坦直末迪及其夫人、女儿，还藏有第三代教主丁世福、子丁占甲及丁祥的衣、珠等物。② 丁门门宦的创始人为丁祥（1728—1819），《临潭县志》载，丁祥于乾隆三十一年（1766）和四十五年（1780）两次去麦加朝觐。③ 至今，新城南门河村的回族老人还能讲一段端阳沟青苗会龙神轿队与丁祥之间的传说故事：

> 清代乾隆年间，那时丁祥阿爷第二次从麦加朝觐回来。那一年的端午节，丁祥阿爷坐在新城的西门，看到端阳沟的龙神轿队正经过西门进新城。丁祥阿爷从地上捡起一块土疙瘩，趁青苗会的人没有注意，把土疙瘩扔进龙神轿里。龙神轿突然变得很重，轿夫们无论怎样用劲都抬不起来。端阳沟的龙神轿队停在西门口，没办法前行。提领怀疑有人做了法，让龙神轿变得这样重，就开始四下张望。他看见丁祥阿爷坐在西门口的路旁笑眯眯地看着龙神轿队，就明白是丁祥阿爷使的手段。于是，提领就来到丁祥阿爷跟前说："阿爷几时回来的？我们都不知道，没来看您。今天我们佛爷要去新城参会，请您看看我们的神轿怎么抬不起来了？"丁祥阿爷说："如果我给你们看好了，你们怎么感谢我？"提领说："你给我们把神轿看好了，我们端阳沟龙神轿队以后每年端午节这一天先来看望你，然后再上新城。"丁祥阿爷就走到神轿跟前，把他扔进去的土疙瘩取了出来。端阳沟龙神轿队这才继续向新城前进。以后每年端午节龙神赛会这一天，端阳沟的龙神轿队在上新城之前都要先来拜访丁祥阿爷，时间一长就形成了习惯。后来，在新城西门外的沙坡子修建了丁爷的拱北，端阳沟的龙神轿队就先去拜访丁门门宦的拱北，然后再上新城参会。④

虽然回、汉村民对端阳沟青苗会在红山村拱北前举行下马羊仪式的解释各不一样，但这条传统神路强化了回汉民族关系的历史记忆，促进了回汉民族彼此尊重、增进互动的社会情感。

---

① 资料来源：新城镇派出所户籍档案。
② 临潭县志编纂委员会编：《临潭县志》，第793页。
③ 同上书，第851页。
④ 访谈对象：新城镇南门河村丁爷（男，回族，71岁）；访谈地点：民族旅社值班室；访谈时间：2006年10月27日。

各支青苗会的龙神轿队行走神路的终点是新城东城门遗址。但是在来到这个地方之前,他们往往已经到达新城的边缘地带,例如新城南郊的南门河村,东郊的甜泉村和西南沟村。这些村落不是各支龙神轿队的歇马店或接迎会,也不属于各支龙神的马路范围,但是会设有专司迎接龙神轿队的场所。洮州青苗会把这样的场所叫作"主家"。主家是负责接迎龙神轿队事务的承办者,协助所属青苗会的会长筹买香、灯、裱等敬神用品。在龙神轿队到达主家之后,主家负责给龙神上香敬裱,为远道而来的青苗会成员端茶送水,传递所在村落对这些龙神轿队的善意和热情。关于主家的渊源,目前还没有确凿的文献记载可以说明。但是,考虑到清代的洮州通事承担着收购番人羊只、羊毛缠子等物折作粮价的职责,据此推测,主家应是汉族牛马商贩,他们或者是通事的后裔,或者是与通事或青苗会人等保持着密切商业联系的中转商,负责集中和转卖通事或青苗会人等收购来的皮毛和牛羊牲畜。因为这种商业联系,当洮州各支青苗会来新城参会时,主家要通过举办下马羊等仪式来巩固与各支青苗会的社会关系,以利牛马生意。

主家形态保存最为完好的是南门河村的武家楼,负责接待即将进入新城的流顺青苗会、水磨川青苗会、白土青苗会和端阳沟青苗会四支龙神轿队。按照门牌号来计,武家楼是"新城营台子1号",修建者为武厚安。1929年马仲英侵扰临潭,新城城隍庙被焚毁。1941年(一说是1942年)新城乡民募修城隍庙,武厚安是重建城隍庙的监工。1942年,武厚安修建了武家楼,一座独栋两层由松木搭建的大楼,整体布局呈"凹"字形,共有45间房屋。其中一楼有27间房,除临街有七至九间的铺面房外,其余面向院内的近20间房均为蓄养牲畜、堆放杂草之所。二楼是目前武家三兄弟的住宅,建筑结构是临潭县典型的"一嵌套"式风格,即堂屋、厨房和卧室被一体化地接连在一起,其中堂屋与厨房之间由一间小厢房来转接过渡。虽然现在武家楼的一楼长年空空荡荡,但是依旧维持着"一楼养畜,二楼住人"的空间格局。据说,在没有武家楼之前,南门河村在瓮城外搭帐篷迎接参会的四支龙神轿队;有了武家楼之后,一楼面街的铺面房就成为南门河村迎接龙神轿队的固定地点,武家被叫作"主家"。① 1964年,武家楼被新城镇派出所选为办公地点,武家人被迫迁出。新城鼓楼以及武家楼相邻的几处大宅院在"破四旧"运动中被相继拆毁,武家楼因为是镇派出所办公地点而被保存下来。

1981年,新城镇派出所搬出武家楼,武家人重新回到这里,继续充任四

---

① 访谈对象:武世花的父亲,即武厚安的长孙(男,48岁);访谈地点:武家楼;访谈时间:2006年7月23日。

支龙神轿队的"主家"。南门河村的回族占全村总户数的70%左右，仅以武家楼为中心包括瓮城一带的15户人家里，其中仅有武家等三户为汉族。武家人认为武家楼能够在"文化大革命"中幸免于难，并且一直做"主家"，与武家三辈人传承的"能让就让"的家风有关。武家从没有与村里及其周边的村民发生过争执和纠纷，在当地保有良好的人缘关系。[①] 南门河村的汉族村民一致认为，武家"是一个大户人家，知书达礼，有品德，让人尊敬"；回族村民认为"武家人很好，他们很尊重我们回族，自从与回族做邻居后，他们家里从来就没有养过猪"。[②] 每逢农历春节，南门河村的回民还会去武家拜年作客，与武家人一起说笑歌舞。作为南门河村家庭美满、邻里和睦的典范，武家当仁不让地具有"主家"的资格。[③] 每年龙神赛会到来之际，南门河青苗会在汉族家户里筹募捐资，每户10—20元不等，总计400元左右。南门河村青苗会把捐款交给"主家"，由武家人负责采买献供的两只羊和必需的香、裱、鞭炮、香烟等物，招待四支龙神轿队。

2006年农历五月五日下午两点左右，16支龙神轿队汇集在新城的东城门遗址。据乡老们讲，1949年以前，新城东门外有龙神祠，马角在这里举行下马羊仪式，把各位龙神抱入龙神祠供乡民奉祀，献羊之后各位龙神被抱回轿中，县长降香并祷颂疏文，然后各支龙神轿队展开龙神竞跑。[④] 复会之后，县长降香的仪式没有了，下马羊仪式也改在城隍庙内举行。因此，在这一时空里，洮州青苗总会会首宋克义召集各青苗会提领、会长召开一个短暂的露天会议，向他们宣布进入隍庙的顺序。16支龙神轿队依次序从新城东城门遗址沿着东大街西行，至西街十字后北转走上隍庙前街，进入城隍庙。洮州青苗总会的常委们跪在城隍塑身前，鸣钟，敬拜城隍，由端阳沟青苗会的马角武孔子主持"下马羊"仪式。然后，16支龙神轿队将各自的龙神塑身从轿内抱出，按牌位序列安放在城隍庙大殿东侧的龙神祠内，供四方乡民拜祀。当天晚上，洮州青苗总会主持一个焰火晚会。

农历五月初六上午，供城隍，敲磬。各地乡民拜城隍，藏族乡民给龙神献哈达。下午两点，踩街仪式开始，路线是：16支龙神轿队依序从城隍庙出发，

---

① 访谈对象：新城镇南门河村武世花（女，23岁，岷县一中历史教师）和武世花的父亲，即武厚安的长孙（男，48岁）；访谈地点：武家楼；访谈时间：2006年7月16日。

② 访谈对象：新城镇南门河村丁辉（男，回族，34岁）；访谈地点：新城民族旅社；访谈时间：2006年7月16日。

③ 同上。

④ 2006年5月31日和6月1日在新城隍庙对洮州十八青苗会会首的群体访谈。

走隍庙前街到达钟鼓楼遗址处，然后东转，走到东街岔路口后再调头西行走上西街，到达西街十字后再向北转走上城隍庙前街，回到城隍庙。整个仪式持续三小时左右。从临潭县及附近各县赶来观看踩街的人数达到40000人左右。农历五月初七，是龙神赛会的最后一天。在1949年之前，这一天的早晨八点左右，16支龙神轿队要从城隍庙出发，一路竞跑去朵山"禳雹"；至下午两点左右，龙神轿队再回到新城举行"扭佛爷"的仪式。"扭佛爷"是一种角力游戏。神轿的前、后两方同时向相反的方向运力，看哪一方先将对方的力量制伏后让神轿循着自己的矢力转动。复会之后，为了保证会场治安有序，洮州青苗总会没有恢复"朵山禳雹"和"扭佛爷"这两项仪式，把五月初七日定为"佛爷下庙"仪式。早晨十点左右，各支青苗会在城隍庙大殿里相继敬裱上香，燃放鞭炮，拜别城隍；再彼此挥别，相约明年再见。

表13　　　　　　　　　　神路、歇马店和接迎会调查

龙神	青苗会类别	龙神庙所在村落	歇马店	接迎会
1. 徐达	城背后	城背后村	无	①北街四社②五社
2. 常遇春	冶力关	池沟村	1. 临潭县羊沙乡：①羊沙村②甘沟村③秋峪山④浦家里⑤新庄⑥格劳口⑦下河；2. 卓尼县：①寺下川②喇叭庙③石家庙④初鹿庙；3. 临潭县冶力关镇：①石庙②麻地崖	①冶力关镇的麻地崖②石庙③寨子村④池沟村⑤羊沙乡的秋峪山⑥关沙村⑦小沟⑧大草滩⑨车沟
3. 李文忠	端阳沟	沟尼村	1. 卓尼县于家庄；2. 临潭县羊沙乡：①大草滩②新庄；3. 临潭县羊永乡羊永庄；4. 临潭县扁都乡①李歧山②千马勺；5. 新城镇前后池村	①新城镇的贺家庄②丁家庄③西街村④南门河村
4. 胡大海	新堡	洛藏村	1. 岷县①大庙滩②西寨乡；2. 临潭县总寨乡①石旗②总寨村；3. 羊永乡太平寨；4. 扁都乡①吴家沟②土岭③千马勺；5. 店子乡李歧山；6. 新堡乡朱旗	①东南沟②丁家山③甜泉村④下尕滩⑤红崖⑥马旗
5. 郭英	张旗	下扁都村	1. 新城镇：①西南沟②岭上村；2. 龙元乡黑石嘴；3. 陈旗乡李山	①东南沟②丁家山③甜泉村
6. 康茂才	晏家堡	晏家堡	①校场背后②红崖③小河④寇家桥⑤党家沟	①郭儿②红崖
7. 赵德胜	王旗	石旗崖	陈旗乡：①王旗村②马旗村③陈家庄④石旗村⑤李歧山	①上南山社②哈尕滩③马原河④卓尼县洮砚乡的小湾村⑤杜家川
8. 朱亮祖	流顺川	上寨村	①张家庄②马长沟③眼藏村④吴家坡	南门河

续表

龙神	青苗会类别	龙神庙所在村落	歇马店	接迎会
9. 韩成	韩旗	韩旗	①谢家坪②唐旗	①杨家山②拉直湾
10. 张子明	梨园	梨园村	待考	待考
11. 花云	水磨川	水磨川村	无	南门河
12. 成世疆	羊沙	甘沟村	①羊沙②秋峪	新庄
13. 安世魁	旧城	城关镇	1. 城关镇范家咀；2. 卓尼县申藏乡左拉；3. 古战乡古战庙；4. 初步乡班路塔庙；5. 卓尼县阿孜滩乡那子卡庙	无
14. 刘贵	刘旗	刘旗	①汪家嘴②徐家下	无
15. 马秀英	白土	白土村	无	南门河
16. 朱氏	牌路下	牌路下村	①下尕路村②下南山社③阎家寺④立社⑤斜路子⑥葱花坡	①苏木城②阎家山③新城隍庙前街
17. 郭氏	冯旗	冯旗村	无	无
18. 武殿章	秦关	秦关二社	①青石山②新堡③朱旗④张旗⑤岭上	水神庙

资料来源：2006 年 5—11 月的实地调查。

第五节　冬报愿以谢神

冬报愿，虽冠名以四季之末，实为农家欢欣山田秋稔之喜，是洮州青苗会组织举办的一项报谢龙神恩惠的仪式，也是一年之中洮州青苗会举办的最后一项仪式。各支青苗会举行冬报愿仪式的时间也是由马角推算确定。其中，以端阳沟青苗会和旧城青苗会的冬报愿仪式保存较为完整，具有一定的代表性。

一　端阳沟冬报愿

在冬报愿前的一个月里，端阳沟青苗会的小班开始挨家挨户募收钱粮，包括钱、面粉和清油。小班成员很熟悉所在村落的村民信仰结构，在筹募会费会粮时可以避免不必要的摩擦。端阳沟行政村的贺家庄、河尼和沟尼三村，共有一百五十余户人家，其中约 20 户为藏族，其余皆为汉族。然而，这些汉族家户并不是全部信仰龙神，其中有六家信仰基督教。复会之后，这六户人家可以在村中的井里汲水，但是他们不参加端阳沟青苗会的任何神事活动。小班在募收会费会粮时，也会忽略这六家人。

2005 年的冬报愿，端阳沟青苗会共计募收会费 400 元，面粉 100 斤，清油28斤，用于仪式活动。马角武孔子在家里为冬报愿做了四天两夜的准备工作，主要是剪纸花，这项工作必须由马角完成。纸花的做法很有讲究，按照六十甲子、二十八戌和二十四节气，要制作三十六副黄幡；一首二首为花幡，管十二日；十二吊子即为十二个月；二十四首为节气；三十六首为黄幡。武孔子剪裁红、黄、绿、蓝、白等五色皱纹纸，扎制出各种颜色的纸花，每朵纸花直径约15厘米，花朵下缀以长约30厘米的几条花穗。他再剪出四条长方形的红纸幡，每条长约一米五，在每条红纸幡的中间再剪出许多圆孔，纸幡下方粘贴长约20厘米的幡尾，或蓝色，或绿色，或白色。武孔子用黄色皱纹纸剪出一条宽50厘米，长一米五的大纸幡，纸幡下方粘贴长约20厘米的黑色幡尾。武孔子还要扎制四条花串，每条花串有五朵纸花，每朵纸花间隔30厘米，串尾粘贴各色幡尾。

2005年10月28日，端阳沟青苗会冬报愿的前一天，端阳沟龙眼山的龙神庙开始举行仪式。当天仪式的参加者有提领、会长、小会长、曾经担任过提领的乡老、马角武孔子、吹手、庙倌和小班人等。

8∶00 第一次请神

庙倌在殿内鸣锣，五名吹手在大殿外的前廊处站成一排，三名吹手吹唢呐，两名吹手吹长角号。

武孔子身穿请神时必穿的神衣，一件大红色镶金边无袖丝绸长褂，赤露双臂，站在龙神庙的大殿外以龙神李文忠的口吻对洮州其他17位龙神颂念恭请之辞，邀请他们前来做客。念词持续30分钟左右，请神仪式结束。

武孔子换衣。这次穿黑色纺绸长衫，头戴黑色礼帽。在武孔子请神的同时，小班在龙神庙大殿旁侧的厨房里准备各种供品，包括蒸馒头、油炸供果。提领和会长在大殿前院摆一张供桌，供桌上铺一层黄裱。待馒头蒸好后，在黄裱上摆12枚馒头象征12个月，象征每个月都美满富足。馒头围成一个圆圈，中间摆一碗红枣。供桌前的香炉里香烟缭绕。每隔一小时，提领和会长要燃升一次黄裱，以敬龙神。

11∶00 献羊

小班牵一只公山羊来到大殿。武孔子把净水泼洒在供羊的身上，再把羊抛掷到龙神主位前。待羊全身打颤之后，表明龙神李文忠接受了这只供羊。小班牵羊出庙，宰羊、煮羊。小班还要宰一只公鸡。献祭的公鸡不需要"禀"的仪式环节，即通过打颤以求得龙神认可。当羊煮熟被摆放在供桌上的同时，小班也会把去毛洗净的生公鸡摆在供桌上。

午饭后，武孔子在大殿前的廊下继续扎制幡架，其主骨架用三根较粗的拱形树枝条做成，具有草帽帽顶的弧度。拱形树圈的六个末端缀以细树枝再扎成一圈，拱形树圈的其他部位还要用细树枝再扎成几个同心圆圈，其中大圈的直径约一米二。武孔子把之前做好的各种纸花和黄幡系挂在幡架上。

14：00 立幡

庙倌在殿内鸣锣，五名吹手在大殿外的前廊处站成一排，吹奏响器。

武孔子身穿黑色纺绸长衫，头戴黑色礼帽，面对龙神主位站在供桌旁唱颂。隔15分钟左右，鼓乐声再起，武孔子舞动斧钺，然后将斧钺摆在龙神面前。提领人等手拈香炷置于头顶步出殿外，走下台阶来到幡杆前的供桌旁再次跪地叩首。鼓乐声再起，马角指挥小班人等在庙院内竖起一根呈倒L形、高约四米的幡杆，幡杆立柱为一根完整的树木，直径约十厘米，幡杆横柱用木条制成，横柱上安有几个铁圈，用以穿绳。立幡后，武孔子引领提领人等再进入殿内，提领人等继续跪在龙神主位面前，武孔子唱念，提领人等应喝。其间，小班上汤，汤是青菜羊肉面汤，小班将其注入龙神面前的供碗里。锣响，鼓乐声起，殿内众人叩首。

15：00 开坛

庙倌在殿内鸣锣，五名吹手在大殿外的前廊处站成一排，吹奏响器。

武孔子站在院内，把扎满纸花的幡架升到幡杆顶端，意为"幡上挂花"。这项环节宣告冬报愿仪式正式开始。

16：00 动鼓

吹手吹奏响器。

武孔子身穿红色镶金无袖丝绸长褂，赤露双臂，回到龙神庙大殿，向龙神主位下跪，念唱。随后武孔子击打羊皮鼓，站着念唱，一会儿在殿内，一会儿在殿外。提领人等分跪在供桌两侧，燃升黄裱。

17：00 祭红幡

庙倌在殿内鸣锣，五名吹手在大殿外前廊处站成一排，吹奏响器。

武孔子击打羊皮鼓，提领、会长和乡老们来到庙院中央竖立的幡杆前环幡而跪。待众人跪定之后，武孔子代表龙神问话，提领和乡老做答：

问："秋收什么都做齐全了吗？"

答："都做齐全了。"

问："还有什么没有做齐全？"

答："都做齐全了。"

问："人都齐全了吗？"

答："齐全着呢。"

问："各方面都好吗？"

图 47　端阳沟青苗会冬报愿的仪式场景

答:"好着呢。"
答:"心齐着呢。"
答:"心诚着呢。"

　　应答完之后,提领人等进入大殿,武孔子时而在大殿门前摇鼓念唱,时而围幡起鼓,持续二十分钟左右。提领进入大殿内将摆放在供桌右边的斗搬出来摆放在幡杆前的供桌上,斗内的馒头是小班用乡民们当年新收的小麦磨成的面粉做成的。端阳沟青苗会用这些馒头"祭红幡",答谢龙神和四方众神在这一年普降的甘霖雨露。

　　2005年10月29日,是端阳沟青苗会冬报愿的正日。当天仪式的参加者有端阳沟青苗会的提领、会长、小会长、马角武孔子、小班,以及过去担任过提领、会长、小会长的乡老,还有乡老们的四岁至十岁的孙子、孙女等,共计约40人。

　　8:00 献礼

　　武孔子身穿黑色纺绸长衫,头戴黑色礼帽,开始摆斗。他在李文忠龙神主位供桌两旁的地上各摆放一个斗,左边的斗里装着当年新收的小麦,右边的斗里亦为新收的小麦,面上铺一张黄裱,上面堆放12枚馒头和一些油炸供果,这是献祭龙神的供品。武孔子还要指导小班烹制鸡(公鸡)、羊(公山羊)和猪（公猪）。这三样牲畜被称作"三献礼"。按武孔子的说法，只有摆了三献礼，才能代表"龙神佛爷开始请客了"。上午十点左右，小班准备好三献礼，武孔子和提领开始布置大殿内的供桌。供桌有两张，最靠近龙神主位的是一张横条几案，与几案相抵形成直角排列的是一张长方形供桌。在横条几案上，最靠近龙神主位的位置一字型摆放三碗米饭，每碗米饭的最上层各点缀一颗红枣；三碗米饭的后方是五碟供果，从左至右依次是：白糖、杏干、葡萄干、红糖和枣；供果后方摆放三碗净水。据小班讲述，净水是他们从距离龙神庙300多米之外的泉眼里采集的。在长方形供桌最前沿的中间位置并排放置两盏点燃的清油灯，灯的两侧是净茶。

净茶的后方共有九盘菜，包括一整只鸡（生）、一盘羊肉、一盘猪肉、一盘粉条、一盘青菜、一盘羊骨、一盘羊肝、一盘羊心和一碗羊血（生）。这九盘菜被称为"祭周席"。祭周席的后方是一个用16枚馒头和16张油饼做成的长方形城墙，每枚馒头嵌入两支40厘米长的竹签，每支竹签装点一朵皱纹纸花，花心黄色，两层花瓣，分别为粉红色和朱红色，花叶绿色，绿叶之下垂着蓝色、粉红色、朱红色、绿色的花穗。两枚馒头之间的竹签合串一张薄油饼，形成一个封闭的平面，每枚馒头的两支竹签上部再串一枚小馒头，以做固定。每张薄油饼长约30厘米，高约20厘米。油炸之前，形塑的面饼中间被刀割开三至四道长约五或六厘米的细口，油炸之后的细口就裂作几条缝隙，以利于油饼硬化成型。连接起来的油饼组合成一个长方形状，正对着龙神主位的一面留出长40—50厘米的空位。乡老们把这个形状称为"围城"，象征一座城池，留出的空位寓意着城门。围城里放着油炸的36堆供果。祭周席的一整只献鸡正好摆放在城门前。

10：30 第二次请神

庙倌在殿内鸣锣，五名吹手在大殿外的前廊处站成一排，吹奏响器。

武孔子身穿红色镶金无袖丝绸长褂，赤露双臂，手拿黄香，从殿内走到前廊，口颂念词，恭请洮州其他17位龙神。之后他回到大殿，向龙神下跪，念唱。乡老向龙神献18盏酥油灯。提领、会长、小会长跪于供桌两侧，燃升黄裱。

11：00 献羊

庙倌在殿内鸣锣，五名吹手在大殿外的前廊处站成一排，再次吹奏响器。

武孔子身穿黑色纺绸长衫，头戴黑色礼帽，站于大殿龙神主位前，青苗会提领并众乡老跪在殿内供桌的两侧，武孔子开始诵念祝文：

敕封威镇三边朵山中石山镇州都大龙王位前，曰：奉佛爷修虔心，秉

```
横条案几        龙神主位
              ———————
              ———— A ————
           B  C  D  E  F
              ———— G ————
              - - - - - - -
              I   H   I
长长方形供桌    M   N   O
              P   Q   R
                  L
              ┌─────────┐
           J  │    K    │ J
              │ ——————— │
              │ ——————— │
              └─────────┘
           J              J
```

A 米饭
B 白糖
C 杏干
D 葡萄干
E 红糖
F 枣
G 净水
H 净水
I 净茶
J 馒头、油饼与竹签组合的城墙
K 36堆油炸供果
L 三献礼
（整鸡、羊肉、猪肉）
M 粉条
N 青菜
O 羊骨
P 羊肝
Q 羊心
R 羊血
（图中横线代表物品的摆放位置）

祭周席图示

灯答悃，酬恩报愿。提领会首率人等沐手焚香上拜。上帝伏为。兹属冬季，五谷丰收，人畜平安。虔备明灯馨香，茶馔供品，报答圣恩。闻佛爷道包天地，威震乾坤，德泽一方，光彼四海。自报愿之后，荫庶黎而有乐，庇下民以无恙，祈来岁以平康。五谷丰登，普降吉祥。人丁清吉，家道兴旺。疾病不生，邪魔消藏。百事随心，万事吉祥。清境保民，不胜恳切。望赐福众姓，护佑安康。上呈敕封威镇三边朵山中石山镇州都大龙王。恭望允纳。

2005年10月29日

诵念祝文之后，提领、乡老起身，开始献羊（公绵羊）。提领和众乡老煨桑，武孔子把净水泼洒在供羊的身上，再把羊抛掷到龙神主位前。待羊全身打颤表明龙神李文忠接受了这只供羊后，青苗会的提领向供桌前的地面泼洒青稞酒，意即向龙神献酒。守在一旁的小班牵羊出庙，宰羊，煮羊的心肝内脏。

12：30 第三次请神

献羊，把整只被剥了皮的生绵羊和煮熟的羊心羊肝摆放在殿内的供桌上，旁边再摆放一只生猪头。庙倌在殿内鸣锣，五名吹手在大殿前的长廊处站成一排，吹奏响器。武孔子身穿红色镶金无袖丝绸长褂，赤露双臂，手打羊皮鼓在

图 48 端阳沟青苗会冬报愿的仪式场景

殿外念诵,以龙神李文忠的口吻对其他龙神说恭请之辞。这一仪式环节意为"龙神出面招待众神"。青苗会的提领、会长和老人们依旧分跪在殿内供桌的两侧,边听武孔子颂念边燃升黄裱。仪式之后,青苗会人等吃午饭。

14:00 洒净

庙倌在殿内鸣锣,五名吹手在大殿外的前廊处站成一排,吹奏响器。武孔子身穿黑色纺绸长衫,头戴黑色礼帽,把事先制作好的长钱供放在幡前,击鼓念唱。念唱之后,武孔子把摆放在供桌上的净水朝向长钱的上空扬洒,净水纷纷落在长钱上,表明长钱已被净水洗过,可以供献给龙神。

14:30 念斗

武孔子身穿黑色纺绸长衫,头戴礼帽,在殿内继续念唱。同时,一位乡老把另一只斗从大殿内抱出来放在幡杆前的供桌旁。念唱持续近十分钟后,武孔子换衣。武孔子身穿红色镶金无袖丝绸长褂,赤露双臂来到院内的幡杆前。庙倌在殿内鸣锣,五名吹手在大殿前廊处站成一排,再次吹奏响器。一名手执大红色大旗的男子领路,武孔子手执一把40厘米长的斧钺走在后面,紧随其后的是提领、会长和乡老,他们头顶馒头,馒头上都插入三炷香,有的馒头上还插有彩色纸花。这支队伍从大殿门口走到龙神庙的山门前,然后再返回大殿门口,来回行走三次。然后,小班把一只煮好的母鸡摆放在斗旁,武孔子站在斗前继续念唱一段,持续十分钟左右。

15:30 送神

庙倌在殿内鸣锣,五名吹手在大殿外的长廊处站成一排,吹奏响器。提领、会长、小会长和小班等人把象征着龙神李文忠的包裹着数十条各色哈达的交椅抬出大殿，放置在大殿外的长廊处。武孔子身穿红色镶金边无袖丝绸长褂，赤露双臂，右手执斧钺，站在龙神主位的左侧念唱。龙神右位站立着一名手执黑色大督旗的男子。端阳沟青苗会众人在龙神主位前摆放三碗青稞酒，跪在龙神主位前上香燃升黄裱，叩首。小班在一旁燃放鞭炮。武孔子念唱，意指龙神李文忠出庙送各位龙神回府。

16：30 幡献玉皇

武孔子身穿黑色纺绸长衫，头戴礼帽，坐在幡杆旁，手执羊皮鼓，念唱。所有人等集中在幡杆周围。小班降下幡架，把它放在地上。提领人等围跪在幡杆前，敬香燃升黄裱。乡老把一盆新收的小麦摆放在幡杆前，舀出一勺小麦放入火中燃升。然后，武孔子燃升百条长钱，再把幡架连同各种纸花燃升。这一仪式叫作"幡献玉皇"。自此，2005年端阳沟青苗会冬报愿仪式结束。

道士王映熙认为，洮州青苗会冬报愿的仪式规程是由华山派制定的。因此，以王映熙主持的冬报愿规程与端阳沟青苗会的冬报愿仪式作对照参考，可以了解到洮州青苗会冬报愿仪式的大致规律。新城东郊紫螃山上的雷祖庙是王映熙的家传道场，也是附近东南沟、西南沟、甜泉、丁家山等村落举办冬报愿的会场。2006年东南沟村的冬报愿在雷祖庙举行，由王映熙主持仪式，规程如下：

第一天
摆设祝文：祝文内容以预祝圣寿、人畜平安、延祥保安为主题；
扬幡：立幡，建起道场，幡杆高约三丈三；
请神：点灯念经，恭请神仙起驾；
上香化裱：点香敬雷祖神，燃升黄裱；
念经：颂念《高尚玉皇本行集经》。
第一天法事结束。

第二天
忏悔：念《忏悔经》；
上香化裱：由东南沟村推选的全吉人[①]点香敬雷祖神，燃升黄裱；
燃升黄诉：黄诉也被村民们叫作"诚意"，代表还愿人的真诚之情；

---

① 全吉人：当地对一个家庭里上至父母、下至儿女三代都齐全的人的尊称。

一般准备大型的黄诉一式两张，小型黄诉一张；王映熙颂念大型黄诉一张，另一张由东南沟村的乡老燃升，两种行为同时进行；王映熙颂念小型黄诉一张，念完之后燃升。

第二天法事结束。

第三天

告檄：王映熙给东南沟村念经，是为感恩雷祖禳灾祈福。

冬报愿仪式结束。

二 旧城冬报愿

旧城青苗会冬报愿的仪式规程完全不同于洮州其他青苗会，具有鲜明的儒家礼制特点。据《洮州农民文化宫简史》记载，在清代光绪年间旧城青苗会祭祀礼仪的特征是：陈设的祭品为铏二、簋二、笾四、豆四、爵三、疏文一，在大殿设香案、灯烛，用红毡，僧道各一班，开坛诵经，礼生四名，故乐一班，各官斋戒三日，衣素服，步行之案，沐手焚香，礼生引至拜位，赞行一跪三叩礼，宣疏文，再行礼，焚疏文，再揖，赞礼毕。初献奏宁平之章，再献奏安平之章，三献奏景平之章，有舞、撤馔、礼毕。① 今天的旧城青苗会在五国爷大庙举办冬报愿仪式，仍然继承了这种传统。据主持仪式的老爷杨祖震说，2012年旧城青苗会冬报愿的仪式规程是：

4：00　李道念经，历时半小时

4：30　牛师爷念经，历时半小时

5：00　献馔碗

乡民们从五国爷大庙的一楼跪拜至三楼的大殿门口。一楼后院为厨房，供祭给龙神的茶水和六十多种食品经跪拜的乡民之手从厨房一一传送至三楼大殿门口，再由四位礼生摆上供桌。传送的食品依次是：大枣一盒，茶三杯，点心十多盘，干果如瓜子、冰糖、葡萄、苹果、梨等十多盘，食物如油条、油香、花卷、馒头等六种，小菜八种（四荤四素），小碗菜八种（四荤四素），大碗菜八种（四荤四素），三牲（羊头、鸡、猪头），三碗汤面，三碗米饭，三杯酒。这项环节历时一个半小时左右。

6：30　祭祀

四位礼生唱礼请神敬香。礼生再唱礼带领众乡民拜五国爷。老爷杨祖震拜

---

① 宁文焕、权世英执笔：《洮州农民文化宫简史》（油印本），第10页。

五国爷，先生唱祝文，六拜六叩。

祝文

维公元二零一二年岁次辛卯农历十月朔乙卯遇祭日壬申，主祭员杨祖震暨阖郡士庶人等，谨以三牲盘献香烛庶馔请酌之仪，致祭于敕封镇守西海感应五国都大龙王尊神前，曰：惟神代天宣化，敷地流膏。敕封受自明季，威灵显于历朝，御其灾，捍其患，功能配社；安其民，阜其物，德可参天。施雨行云，固无祝而不应。除蝗逐雹，亦有感而即通。洵临潭之福主，诚洮阳之保障也。今值冬报之日，恭行祠典之礼，伏冀雨阳无愆，风雷俱顺，五风十雨，布厚泽于我疆我里，千仓万箱，兆屡丰于有干有年。庇一方以请吉，佑四序而安康。神其居歆，降福无疆。伏维尚飨。

旧城青苗会提领向五国爷敬酒。群众上香，敬拜五国爷。放鞭炮送神。之后，五国爷接受四方乡民祭拜。

图 49　旧城青苗会的冬报愿场景
跪在五国爷庙庭院里参加冬报愿仪式的乡老和群众（马廷义摄影）。

第十章

龙神之外的神祇

现在的临潭,还存在一些青苗会。他们并不崇祀洮州十八龙神,组织结构却与洮州青苗会类似,以一个村落或几个村落为基础,设有会长,拥有自己传统的耕地与山坡范围,执行看护青苗的生产功能,而且也会定期举办庙会。然而,临潭当地的军屯姓人群不会把这样的青苗会叫作"洮州青苗会",只是以具体地名来称呼,例如上寨青苗会、梁家坡青苗会、东南沟青苗会等。如果和乡民处得久了,会发现他们对庙会有"正""野"之分。龙神庙会被看作"正会",其他庙会被视作"野会"。在乡民的观念里,"正""野"的分界在于"花儿会"场地的选择。龙神庙会多是在乡镇的中心或大型村落举办,"花儿会"多选择在开阔平敞的地方进行,虽昼夜相继,但是村庄里秩序相安;龙神之外的庙会多在山上举办,"花儿会"选择在避风的山湾处或背人之地进行,多数人家看夜色将近早早下山散去,留在山上的主要是外村参会夜不还宿的青壮年男女和本村有浮名在外的子弟,庙会成为这些人相互认识和交际的场所。① 但是,这种说法也不尽然。一些所谓的"野会",也有在村庄里举办的,并没有在山高林密的深处,而且秩序良好。如果顺着乡民的"正""野"观念做进一步观察会发现,他们认为的"正"会都有踩街仪式,而"野"会则没有踩街仪式。② 结合这一现象讨论龙神之外的神祇,实为管窥明代洮州卫不同身份背景人群的历史。

第一节 鞑子三郎

在临潭,有时会看到上了岁数的老人在步行时习惯将双臂反剪于身后。他们把这种肢体动作叫作"背搭手"。从生理角度讲,高原地区氧气稀薄,上了岁数的老年人将双臂反剪在身后步行或者爬坡,可以节省体力。不过,新城镇

---

① 2006年8月13日在新城镇东南沟村村口的群体访谈。
② 2006年7月3日在新城镇刘旗村村口的群体访谈。

近郊东南沟村的老人们解释"背搭手"时,有他们特殊的历史记忆:"我们祖上就是让人用绳子绑过来的,整天把胳膊反绑在身后被押着走路,到了这里后连手都放不下来,就形成了这种走路的习惯。"① 东南沟村的居民有雍、许、王三种姓氏,他们讲述村落和祖先的历史不会提到"军屯""家谱"或者"神影"等词汇。他们认为自己的先祖是在明代之前就迁徙到洮州的汉人。这里的村民有供奉"家神"和"村神"的习俗。他们的家神不是祖先,而是关公。据雍生琏老人讲,东南沟村有一半的家户把关公奉为家神爷,只不过每家供奉关公的神像造型会有区别,有的关公像是"三眉",有的关公像是"刮骨疗毒",有的关公像是"手举青龙偃月刀"。各家各户会在农历月的初一、十五祭拜"家神"。② 东南沟村的村神更为特殊,是"鞑子三郎"。关于这个村神的来历,流传这样一则故事:

> "鞑子三郎"是蒙古人。鞑子统治这里的时候,每一个庄子都有一个元鞑子进驻。来我们这个村的元鞑子叫"鞑子三郎"。那时的汉人太悲惨了。在那个时候,村里只要有人家宰牛宰羊,都要把最好的肉献给鞑子三郎。鞑子三郎管理村里的所有生产工具,如锄头、耕犁,因为这些工具可以用来作为武器。每天早晨,鞑子把劳动工具发给村民,村民用绑在后背的手拿着锄头去到田里。到了田里,鞑子三郎解开村民被绑的手,(村民)开始干活,晚上(村民)再被绑着回来,工具是要交给鞑子三郎(管理的)。他要把所有的工具锁起来。
>
> 这里的汉人家只要有孩子出生,"鞑子三郎"就命令把孩子的左大拇指给割了,因为这样长大后就不能够拉弓射箭、反鞑子了。最可恨的是,村里如果有年轻夫妻结婚,新婚当晚,新娘是要住进鞑子三郎的房间。新娘的初夜权是属于鞑子的。人们没有办法再忍受下去,大家商量好在腊月里要杀了鞑子三郎。因为腊月里是汉人的新年,可以动刀割肉。以割肉为借口,(村民们从鞑子三郎那里借来刀),鞑子三郎被村民杀了。可是鞑子三郎太凶了,他人虽然死了,魂却留在村子里害人。每到晚上他就出来游走,村里人吓得不敢出来。于是,村里人把鞑子三郎立为东南沟的村

---

① 访谈对象:新城镇东南沟村雍生琏(男,63岁);访谈地点:雍生琏家里;访谈时间:2005年11月6日。访谈对象:总寨乡总寨村胡顺喜(男,45岁)等7人;访谈地点:胡顺喜家里;访谈时间:2006年6月13日。

② 访谈对象:新城镇东南沟村雍生琏(男,63岁);访谈地点:雍生琏家里;访谈时间:2005年11月6日。

神，每到端午节这天都来祭拜他，求他不要再为害村里人。"鞑子三郎"就成为东南沟的村神。每年的五月端午节，东南沟村都要宰两只羊祭拜鞑子三郎。①

"手绑在背后""收缴农具、菜刀""割拇指""初夜权"和"相约杀鞑子"等故事情节，是洮州汉人留下的有关元代蒙古人统治时期的历史记忆，这类传说故事主要在新城东南方位的村落里流传，包括东南沟、西南沟、丁家山、东山村、甜泉、何家山、岭上等村落。② 这七座村落分布在紫崂山周围的丘陵之间，他们共同参加的庙会是紫崂山雷祖庙庙会，不崇祀十八龙神。在新城龙神赛会期间，有三个村落是龙神轿队的接迎会，如东南沟村是新堡青苗会龙神轿队和张旗青苗会龙神轿队的接迎会，丁家山村是新堡青苗会龙神轿队的接迎会，甜泉村是秦关青苗会龙神轿队的接迎会。东山村的村民在解放前是昝土司的百姓，所以东山村不是龙神轿队的接迎会。至于其他几座村落，村民们已经讲不清楚他们为什么是或者不是龙神轿队接迎会的原因了。

20世纪90年代，东南沟村发起组建了紫崂山青苗会并且成为头会。东南沟村的王勇老人组织村民募捐重修了雷祖庙，恢复"插旗"和"春秋两愿"的仪式，复办紫崂山庙会。紫崂山青苗会在举办各类神事活动和庙会里的仪式时，都要邀请道士王映熙来主持。久而久之，在2000年的时候，王映熙成为紫崂山青苗会的委员。据王映熙介绍，他在新城龙神赛会、紫崂山庙会里都要念祝文《高尚玉皇本行集经》，但是根据具体的地理特点，禳虫禳灾的内容相应有所变化。③ 紫崂山庙会没有"踩街"仪式，会首王勇老人对此的解释是：

---

① 访谈对象：新城镇东南沟村王勇（男，68岁）、王长青（男，47岁）；访谈地点：王长青家里；访谈时间：2006年8月12日。

② 据王淑英2009年调查，"冶力关这块儿的家神主要是元朝的，有鞑子大郎、鞑子二郎、鞑子三郎、鞑子四郎、鞑子五郎"。参见王淑英、郝苏民《洮州龙神信仰现状的考察报告——以常遇春（常爷）崇拜为中心》，《西北民族研究》2009年第4期。据马根权2013年的硕士论文载，临洮县南屏镇靳家坪、靳家泉一带亦供奉鞑子三郎。"现在靳家坪还有靳家泉都是明朝时从北京迁移过来的靳姓人家，那时当地人占地方，是被逼走的，就像这里的藏族，都被汉人逼进山里去了。当时来了弟兄三个，老大定居在现在的靳家坪，老二居住在靳家泉，老三在芦歌滩。我们的家神也就分别是达子大郎、达子二郎、达子三郎。"马根权：《与神共舞：甘肃省临洮县衙下集拉扎节跳神活动调查研究》，硕士学位论文，西北民族大学，2013年，第15页。

③ 访谈对象：新城镇王映熙（男，40岁）；访谈地点：王映熙家；访谈时间：2005年10月26日。

"雷祖是坐神，龙神是战神，所以紫蟒山庙会是不能踩街的。"① 考虑到这七个村落的村神为"鞑子三郎"，结合道士王映熙所说龙门派在金代就已经进入洮州地区的说法，可以认为大约在明代之前新城东南七村一带就有汉人，他们信仰道教。

第二节 羊头人身将军

新城东南方向约三十里的地方有一道叫作"黑松岭"的关梁。仅一岭之隔，岭西的店子乡属于十八龙神体系，岭东的三岔乡却在十八龙神体系之外。三岔乡的村民多信仰"杨四郎"，一位频频出现在戏曲评书和民间传说中的北宋殿前大将。这一带的村落里流传着有关"杨四郎"的传说故事：

> 杨四郎和潘仁美在黑松岭上恶战一场，杀得天昏地暗，日月无光。杨四郎在混战中不觉被砍掉了脑袋，急忙将山坡上的羊头割下，安在自己的脖子上，继续打仗。山头上的牧羊女看见了（杨四郎），大声惊喊："看那羊头人身的怪物。"这一喊将杨四郎的魂魄喊散了，立即跌落马下而死。因此，杨四郎最忌恨女人。此后，杨四郎到处显灵。人们念其忠烈，便在山岔东山林上修了一座庙宇，在西山嘴脚下修了戏台。每年农历四月十四日凌晨，由神会会首率领，进行祭祀活动，不让女人参加。杨四郎把守三岔口，将潘仁美困死在黑松岭。②

当地村民还认为，在黑松岭关上的某一地方有一个土堆，那就是被困死在黑松岭之上的潘仁美的坟。黑松岭山高林深，尤其是以西的方圆十里地之内，人迹罕至，是明清以来官军需要重点把守的要道。只是，这一地区的乡民奉祀的神祇和口传故事里却没有明代军屯记忆的任何痕迹。更为复杂的地方在于，杨四郎"羊头人身"的故事情节居然也在羊沙乡一带流传，只是故事的主人公被换作羊沙青苗会崇祀的龙神成世疆：

---

① 访谈对象：新城镇东南沟王长青（男，46岁）；访谈地点：新城民族旅社值班室；访谈时间：2006年10月12日。访谈对象：新城镇东南沟王勇（男，70岁）；访谈地点：东南沟村王勇家里；访谈时间：2009年6月5日。

② 访谈对象：张姓老人（男，75岁）；访谈地点：张旗村口；访谈时间：2005年9月18日。访谈对象：王士英（男，68岁）；访谈地点：王旗村王士英家；访谈时间：2006年6月28日。

成世疆，原来是应天府纻丝巷的人，元末避乱就在我们洮州甘沟村住下来。朱元璋平番乱时，成爷投军到沐英的部下，随沐英西征到贺兰山。后来又跟沐英去了云南。成爷屡立战功，职位不断得到升迁。解甲归田后，成爷打算回甘沟村来居住。走到我们这里的腾腾桥时，突然有一批番人杀了过来。成爷和他们在腾腾桥这里恶战一场，杀得天昏地暗。成爷在战斗中不觉被砍掉了脑袋，急忙把羊群里头羊的头砍下安在自己的脖子上继续作战。那些番人吓坏了，全都跑了。成爷威名大震，洮州人称"羊四将军"，被敕封为成沙广济都大龙王。①

两个传说的主人公虽然不同，但都运用了"羊头人身"的叙事结构。这种叙事结构来自河西甘州（张掖）、肃州（酒泉）一带，与西夏遗民崇祀西夏国主密切相关。西夏在强盛时期曾控制了东至夏州、银州、绥州，西至甘州、凉州、瓜州、沙州、肃州一带地方。最早有关"羊首人身"的汉文记载，当为顺治十四年（1657）《丁酉重刊甘镇志》收录的天顺六年（1462）郭登所撰碑记②，其全文如下：

忠武王庙，城西南隅。元季兵燹，洪武中建。旧碑载神乃西夏土主，祷无不应，姓氏封爵无考。天顺中，太监蒙泰重修，定襄伯郭登有记。其略曰："城西南隅有古祠，载祀明神曰'护国忠武王'，其徽号之崇，阃官之设，不知始于何时，志典缺文，漫无可考。神以羊首饰冠，朱衣端笏，仙姝吏兵，执枝戟斋斧，列侍左右。唯其容貌伟异，遂致流俗怪骇，鼓辞相煽，端人病焉，是乌足以知神哉！按老氏六阴洞彻遁甲真文所在六甲六丁之神，盖二气之往，一机之妙用也。甲为阳，丁为阴，阳倡阴和，各以类应。故甲则配以子、寅、辰、午、甲、戌，丁则配以丑、卯、巳、未、酉、亥。此故支干之相合。若夫玄牝之互根，则申辰又以丁未为阴，丁未又以申辰为阳。六阴无形，用之则应。以其阳可测，阴不可穷也。其丁未神恭号无比仁至真君，戴羊头冠，红粉朝服，以黄为裳，手执双戟，或仗剑，掌岳渎，化阴兵，助征战，救生育水火刀兵诸厄。其色黄，在天主土德，在人主脾胃。此其略也。夫西陲，用武之地，历代相沿，分合靡

---

① 访谈对象：贾爷（男，72岁）；访谈地点：羊沙村贾爷家；访谈时间：2006年6月3日。
② 关于郭登撰写碑记的时间，应为天顺六年（1461），请见（清）钟庚起《甘州府志》卷五，坛庙，乾隆四十四年，《中国地方志集成·甘肃府县志辑》第四十四册，凤凰出版社2008年版，第248页。

常。凿凶门者,忾敌而必争,衽金革者,丧元而不悔。固士风之精强,亦人心之习尚也。惟神储阳之精,合阴之妙,代天之功,顺帝之则,昭布显列,默相幽替,干机运化,嘘炎吹冷。拯时艰而煦物,佐岁光而流泽。凡有血气者,举厥痛痒,悉轸神衷,感之于形声,应之于影响。若寒挟纩,若渴饮水。连俊功于四鄙而群生殖,导灵命于一方而诣殃散。虽建极以表功,尤执中而作宰,好是正直,拂彼回邪。响于德而不响于逆,歆于忠而不歆于凶。若夫仰之于天,则日月星辰雷雨可以俪其高;揆之于地,则名山大川岳镇海滨可以班其秩;稽之于人,则百谷五祀八蜡三厉可以齐其功。其护国之称,真君之谥,于义岂不昭矣哉!"①

这段文字分为两段,第一段为编修《甘镇志》作者所写,即"忠武王庙"至"其略曰",第二段为郭登所撰之碑文全文。从第一段文字来看,可能元代甘州城西南隅就有一座名为"护国忠武王"的庙宇,供奉西夏土主,庙里还有旧碑。该庙在洪武年间重新建立,天顺年间又重修一次。从第二段文字来看,天顺六年(1462)郭登还不知道这座庙的神像来源,当时他看到庙中神像的样貌是,"神以羊首饰冠,朱衣端笏,仙姝吏兵,执枝戟斋斧,列待左右"。该神像的头饰应该沿袭了明代之前的旧有样貌,其头上戴冠、冠上再饰以羊头,应为西夏国贵族领袖的装束。若考虑到西夏党项族为羌人的一支,那么他们把羊头装饰在头冠上,暗示着西夏人以牧羊为本的游牧经济生活以及对羊的崇拜。关于"忠武王",《宋史》之夏国条目下有载,嘉定四年(1211)"齐国忠武王彦宗之子大都督府主遵顼立……嘉定四年七月三日立,时年四十九,改元光定。金卫绍王崇庆元年三月遣使册为夏国王"。② 这表明,"护国忠武王"庙所供奉的神祇应为李彦宗,明代早期甘州城内有西夏人后裔。只是,天顺六年甘州城多数人已经不知道护国忠武王的来历,纷纷惊诧于神像的奇特装束,并对官府重修庙宇提出质疑,即所谓"遂致流俗怪骇,鼓辞相煽"。郭登限于条件未能翻阅《宋史》,也不知道这个神祇的来历。为了阻止民间谣言四起,郭登从道教"六阴洞彻遁甲真文"出发,进行了一番艰苦考证,把"护国忠武王"解释成道教中的"丁未神",力图解除甘州上下人等的疑惑与恐惧。

明代肃州卫亦有西夏人后裔,那里遍布着"羊童庙",其供奉之神的形象

---

① (清)杨春茂:《丁酉重刊甘镇志》卷三,建置,顺治丁酉(1657),《中国西北文献丛书正编·西北稀见方志文献》第四十八卷,兰州古籍出版社1990年版,第331—332页。

② (元)脱脱等:《宋史》卷四百八十六,列传第二百四十五,外国二,夏国下,第14027页。

已经从头冠装饰羊头流变为"羊首人身"。光绪十年（1884）左右成书的《肃州新志》载：

> 西岳庙 俗曰羊童庙。神像羊首人身，壁间画破虏状。父老相传北齐有大将统兵破虏，馘其首，又割羊首安头上再战，大胜。以其有功，尽酒泉所属皆为立庙，遂有羊首人身之异。嘉靖中参将刘勋谒庙询之，以为不经，改为人首，重修其庙，更名土主庙。题有碑记。余见下。
>
> 土主庙 在临水堡内，祀西夏忠武王李彦忠也。王为北齐人，李元昊时建祠祀之。康熙五十八年重修，同治年间毁于兵。①

据此可知，明代嘉靖年间（1522—1566）肃州卫下属各地均有"羊首人身"的神像及其庙宇。至于该神祇与南北朝时期的"北齐"扯上关系，完全是因为《宋史》所载西夏"齐国忠武王"，后人以讹传讹，由"齐国"误传为"北齐"。"大将统兵破虏，馘其首，又割羊首安头上再战，大胜"的故事情节，满足了明代肃州卫官兵与北方蒙古人、西面吐鲁番人作战的精神需要。有意思的是，嘉靖年间参将刘勋参谒庙宇之后，认为传说故事乃不经之谈，命令官兵把神像的羊首改为人首。然而，不论民间传说有何种讹变，不论后世如何改变神像形象，其祭祀之神的历史人物原型没有变化，始终为"西夏忠武王李彦忠"。清代，甘州城内"护国忠武王"庙已经改称"西夏忠武王庙"，人们已认识到这座庙宇"祀齐忠武王李彦宗也"，"康熙四十六年，乡民冯谨、姚廷玮改修，中书杨维祯碑记。五十六年又建东廊火神祠、西廊圣母祠、东偏关圣殿、西偏马祖殿"。② 乾隆四十四年（1779），甘州城内的西夏忠武王神像的形象已经大变，"今庙像已改，衮冕去羊首等饰"。③

以此可知，河西一带的西夏遗民与汉人生活了数百年，逐渐融入汉人之中，他们崇祀的神祇外形也失去了西夏贵族头戴"羊首"的民族特征。然而，明代肃州卫因民间社会变异衍生的"羊首人身"的故事情节却被保存下来。这一故事情节传播到远在千里之外的洮州卫，大约与明代肃州卫官兵、民人的

---

① （清）何衍庆、吴人寿修纂：《肃州新志》（光绪年间），《中国西北文献丛书·西北稀见方志文献》第四十九卷，兰州古籍出版社1990年版，第52—53页。

② （清）钟庚起：《甘州府志》卷五，坛庙，乾隆四十四年（1779），《中国地方志集成·甘肃府县志辑》第四十四册，第248页。

③ （清）钟庚起：《甘州府志》卷十六，杂纂，乾隆四十四年（1779），《中国地方志集成·甘肃府县志辑》第四十四册，第581—582页。

迁徙活动有关，于是在今天临潭县黑松岭和羊沙乡一带还能听到类似的传说故事。

第三节　平天仙姑娘娘

　　新城东北方向约20里是石门乡。石门乡的北、南、西三面被高山环绕，东面洮河川流而过。三山一水的地貌把它与周围的乡、镇阻隔开来，形成一个较为封闭的区域，其间沟壑纵横，把谷地又分割成更小单元的封闭型区域，构成一个个村落，隐秘又零散。因为地理环境的特点，这里的汉人以"团结"和"讲人情"闻名于临潭。每年正月十五的元宵节，在石门乡的各个村落，家家户户都会在门前安置一张大桌，摆放酒水和菜肴。但凡有人路过家门口，主人都会盛邀客人把酒话节，喜庆一番。石门乡的汉人除汪家庄子外都不崇祀十八龙神，他们信仰"九天元君娘娘"。梁家坡庙于20世纪80年代末期复建于山坡高处，由梁家坡青苗会组织复建。梁家坡青苗会有六个分会，其中的三旦沟村是梁家坡庙所在地。这个村的大姓是张、王、梁、祝四姓。梁家坡青苗会的提领就在这四个家族里产生。每年的农历七月十二日在三旦沟村举办梁家坡庙会。

　　梁家坡的老人们无法解释他们信仰"九天元君娘娘"的原因。他们反复强调"九天元君娘娘"就在"庙志"里记载着。这部"庙志"被红布包裹放置在庙宇侧室屋角的墙柜里。当老人们拿出"庙志"来看，竟然是一部用毛笔抄录的《敕封平天仙姑娘娘卷上》，从墨迹和纸张的氧化程度判断，是近十年内才抄录的。这部抄录本由八部分内容组成，分别是"仙姑设桥渡汉兵""夷人焚庙""仙姑一次殃夷人""仙姑二次殃夷人""仙姑三次殃夷人"（不全）"夷人修庙""仙姑救单氏母子"（不全）"玉帝降敕与仙姑"（不全）。所谓仙姑，即平天仙姑。

　　"仙姑设桥渡汉兵"一节讲到，这是发生在河西黑河流域一带的汉代故事，仙姑救了与浑邪王作战的"霍将军"及其十万大军，因而获得朝廷敕封，建了庙宇。"夷人焚庙"一节讲到，达子头目倬什噶"一日领兵在于仙姑庙前打围"，倬什噶认为仙姑庙虽然"盖在我境外地方上"，但应该"扶持"倬什噶，而不应该"扶助汉兵"，于是上前"扯碎娘娘神袍"。倬什噶的长子"丹进台吉"把父亲劝出庙，倬什噶坐在门边掏耳朵，被风吹大门一击，掏耳朵的箭头插进了脑袋，一命呜呼。他的九个儿子大怒，焚烧了仙姑庙。八个儿子都被仙姑施法关在庙里烧死了，大儿子丹进台吉因为对仙姑有"一点善心"，仙姑"留他一命"，让他逃出了焚烧中的仙姑庙。

"仙姑一次殃夷人"一节提到，丹进台吉回到老巢后，把事情经过告诉了"老达婆"，老达婆痛哭一场。过了几日，丹进台吉、老达婆、小达婆、宰僧头目都"无故青肿起来，动弹不得"。又过了几日，"营中大大小小男女一体病倒在地"，原来是仙姑惩罚夷人，让他们"瘟死了多半"。丹进台吉许诺给仙姑重修庙宇，瘟疫才得以停止。

"仙姑二次殃夷人"讲到，丹进台吉答应给平天仙姑修庙，但迟迟不修，仙姑释放大量的蛇占据丹进台吉的牧地，"只见满地都是青蛇、红蛇、黑蛇、花蛇，有粗有细，在马脖子里缠的，在马鞍里，有在骆驼腿上缠的，再看牛羊的身上、腰里脖子里、羊脖子里都是大大小小粗粗细细无数的蛇"。仙姑又施法，当丹进台吉"吃上碗茶"时，满嘴吐出"无数的蝎子、毒虫、蛤蟆"。

"仙姑三次殃夷人"一节讲到，老达婆不同意修庙，仙姑在天空中显形，"头戴璎珞凤冠，身穿五色霞被（帔）"，老达婆命手下"快拿箭射，快拿枪来打"，仙姑大怒（其后未抄录）。"夷人修庙"一节讲到，丹进台吉火化了老达婆，决定给仙姑修庙，"赶了三十五匹好马，二十六只毛（牦）牛，八个骆驼，四十个兆羊，共合九十之数，连宰僧头目来到边外之下。有边的屯军点起烽火，登时传与守边将吏，并带通事边官，问他做甚来的"，丹进台吉说他来给仙姑娘娘盖庙，但达子家不会盖庙装塑，"我如今赶了些牛羊马骆驼，借重你汉人卖了，替我修盖庙宇，塑上金身。这就是你们汉人的好处。你们替我做了这一桩好事，我永远不侵犯你边界"。于是，汉人请来"乡长约尊"，盖好了仙姑娘娘庙，"保佑我西土人民边疆宁谧，五谷丰登"。

"仙姑救单氏母子"一节抄录了一段"哭五更"，讲述单氏哭丈夫抛妻离子，剩下孤儿寡母难以生活。其后单氏丈夫的哥哥要霸占单氏的三间楼房，单氏没有"分单"证明楼房为单氏所有，哥哥强给单氏30两白银，把单氏赶出了楼房（其后未抄录）。"玉帝降敕与仙姑"一节讲到，仙姑"永镇北方常威灵，掌世间生死之簿，奏与玉帝"，玉帝派遣太白金星降敕与仙姑，"如有众生因为床枕服药无效，发大誓愿朝礼三宝皈依仙姑者，即使病除。……如有求男祈女者，真拜朝皈依仙姑者，即使添丁。如有买卖商贾生意不顺，居心公正皈依仙姑者，即使财宝充盈，衣食自然。如有妇人临产之时生育艰难，皈依仙姑者，即使母子平安。如有官灾口舌，皈依仙姑者，即使官灾殄息"（其后抄录不全）。

从庙志抄录的内容来看，梁家坡青苗会崇祀之神应该名为"平天仙姑"。他们保存的"庙志"《敕封平天仙姑娘娘卷上》摘抄自《敕封平天仙姑宝卷》。关于《敕封平天仙姑宝卷》一书，崔云胜做过研究。他认为《敕封平天仙姑宝卷》产生于甘肃省张掖市临泽县板桥镇一带，是河西众多宝卷中在黑河流域土生土产的一部作品。最早的版本为康熙三十七年（1698）木刻本，其后又衍生出《临泽宝卷》本、《金张掖民间宝卷》本、《河西宝卷真本校注》本、《山丹宝卷》本。距离张掖越远的地区，其抄本与木刻本文字内容的变异性越大。其中，木刻本、《临泽宝卷》本和《金张掖民间宝卷》本共有二十部分，十九分（品）。①梁家坡青苗会摘抄的《敕封平天仙姑娘娘卷上》应以《金张掖民间宝卷》本为底本。因为木刻本和《临泽宝卷》本都写为"仙姑修心分第一"，《金张掖民间宝卷》本写为"仙姑修心第一品"，梁家坡青苗会摘抄本写为"仙姑修行品第一"。以《金张掖民间宝卷》为准来看，梁家坡青苗会只摘抄了"仙姑修心第一品"（有标题，无正文）"仙姑设桥渡汉兵第七品""夷人焚庙第八品""仙姑一殃夷人第九品""仙姑二殃夷人第十品""仙姑三殃夷人第十一品""夷人修庙第十二品""仙姑救单氏母子第十六品"（不全）"玉帝降敕与仙姑第十七品"（不全）。

　　梁家坡青苗会摘抄本《敕封平天仙姑娘娘卷上》内容多与明代河西历史有关，其间反复使用了一些明代特有的词汇，如"夷人""达子""打围""屯军""通事""边官""宰僧""台吉"；"吃上碗茶"反映了明代西域朝贡贸易的茶叶已经深入北方蒙古人社会之中的历史事实。据崔云胜研究，《平天仙姑宝卷》"仙姑近代显应分第十九"里讲到仙姑显应的有关蒙古人的五件事，都是明代弘治、嘉靖、万历、天启、崇祯朝在河西甘州卫、凉州卫发生的真人真事。②据此可以认为，今天张掖市临泽县板桥镇的平天仙姑庙，至迟在明代弘治年间就已存在，平天仙姑信仰是建立在明代甘州卫汉人对抗北方蒙古人的基础之上，此后逐渐发展为满足民间社会治病、求嗣、经商、产子、官司诸多需求的神祇。

　　甘州卫的平天仙姑信仰传播到远在千里之外的洮州卫一带，与明代军事卫所"班军"制度有关。所谓"班军"，即朝廷调拨内地卫所官军到边境地区的重要卫所轮戍，其主要职责为操练、防守和修边，一般期限为一年，以每年十月为始终。内地山东、河南等省亦有班军，分春、秋两班轮戍。换班即为"更番"。西北各地卫所亦有班军更番的情况，例如成化四年（1468）明政府"选摘岷州卫官军六百、洮州卫六百、兰州卫六百五十、甘州中护卫五百五十、河州卫五百，为二班，往凉州分番操备"。③各地卫所官军聚在一处就有文化上的交流与借鉴。另一个重要因素是，从16世纪初期开始，蒙古人大举

---

① 崔云胜：《〈仙姑宝卷〉的版本及其相关问题研究》，《河西学院学报》2015年第3期。
② 崔云胜、秦弋然：《〈平天仙姑宝卷〉中的河西历史》，《河西学院学报》2012年第3期。
③ 《明宪宗实录》卷六十，成化四年十一月丙子条，第1229页。

南下，西北边防形势进一步恶化，加强了西北各地卫所官军之间的协防关系。正德、嘉靖朝重臣杨一清对严峻的西北边防形势作了概括："自弘治十四年以来，套贼拥众深入，延、宁地方不能捍御，驰骤长驱，两日夜可至固原。分散丑类，静宁、隆德、会宁、安定一带州、县俱被剽掠，直抵巩昌、秦州地方。近年又侵过平凉，蹂践我泾、邠等州、县，得利而归，不曾遭挫。将来凤翔、西安内郡，安保不遭荼害？"①

正德四年（1509）亦不剌率上万名的蒙古人越过长城，驻牧青海湖，成为明王朝的西北边疆大患。这些蒙古人抢掠青海番人，"攻破西宁安定王等族，夺其诰印，诸番散亡，据其地居之"②，抢掠洮州、河州、岷州一带的番人，"亦不剌掠之而不能救，族帐皆怨叛内侮，往往又致讨伐。以是西番离心，差法马少，入茶不行，而亦不剌遂雄踞西海矣"③。万历年间，明王朝允许俺答汗"迎佛借道，而甘凉河湟遂成戎马奔驰之所。请建仰华寺，倚作巢穴，呼类来居。真相兄弟遂渡河，而南牧于莽剌川，潜逼河洮。又有火落赤南渡归德，驻牧于捏工川，与永真相为雄长"④。从此，火落赤蒙古部落成为一支随时侵扰洮州的势力。万历十四年（1586）"东房火落赤，及套房抄胡儿，纠司海房，抢掠洮河诸处"⑤。万历十八年（1590）"虏酋火落赤等纠众再犯洮河。我兵与战，杀伤略相当。会天雨，总兵刘承嗣兵败，亡伤士马甚多。前后二十日，虏始出境"⑥。此次火落赤侵扰洮州，是因为长城以外的扯力艮一支蒙古人途经甘凉一带进入青海，火落赤与扯力艮会兵之后，"连败内兵于洮州朱家山、王沟儿峡，谋夺河西五郡"⑦。驻牧青海的蒙古人接连侵扰河洮地区，促使明王朝命令甘州卫、洮州卫共同对付这些蒙古人。

因此，今天临潭县石门乡一带的汉人与明代河西甘州卫（张掖）、凉州卫（武威）一带的汉人具有某种内在联系，可能是明代后期或清代前期迁徙到洮

---

① （明）杨一清：《杨一清集》卷十一，提督类，第410页。
② （明）魏焕：《甘肃边夷》，《皇明经世文编》卷二百四十九，《续修四库全书》1658册，第584页。
③ （明）赵时春：《北虏纪略》，《皇明经世文编》卷二百五十八，《续修四库全书》1659册，第5页。
④ （清）钟庚起：《甘州府志》卷十六，杂纂，乾隆四十四年（1779），《中国地方志集成·甘肃府县志辑》第四十四册，第586页。
⑤ 《明神宗实录》卷二百，万历十六年闰六月壬午条，第3743—3744页。
⑥ 《明神宗实录》卷二百二十七，万历十八年九月乙巳条，第4214页。
⑦ （清）钟庚起：《甘州府志》卷十六，杂纂，乾隆四十四年（1779），《中国地方志集成·甘肃府县志辑》第四十四册，第586页。

州卫梁家坡的汉人，才会奉祀平天仙姑娘娘，并摘抄《平天仙姑宝卷》作为神祇由来的"庙志"。至于"平天仙姑"被梁家坡青苗会改名为"九天元君娘娘"，大约是为了适应洮州本地汉人社会流行道教的氛围。

第四节　总寨四村的村神

总寨乡[①]在新城镇东南方向90里左右，由秦关村、总寨村、石旗村、郑旗村、上川村、八角村组成，其神祇格局在临潭县境内最为复杂。秦关村崇祀的神祇武殿章属于洮州十八龙神体系，八角村的村民说不清楚自己的信仰神，除此之外，其他四个村庄都有各自的村神。总寨村信仰九天圣母，石旗村信仰黄飞虎，郑旗村信仰白马显神，上川村信仰南岳福神。四个村落围绕各自的村神建立青苗会，独立举办"插旗""春秋两愿"的活动。2006年，总寨村共有家庭305户，全部是汉族，主要姓氏有胡、张、杨、李、师、王、白七姓，其中胡姓是大姓，占全村总人数的60%—70%，他们认为自己的祖上是从南京纥丝巷迁入洮州的；其次是杨姓，也被总寨村的村民看作大姓。总寨村村民会强调他们的祖先是"先于明朝就迁过来了"，是"先于秦关村到总寨乡定居的"。[②] 总寨村青苗会只设会长，不设提领。会长是在除了白姓之外的其他六个姓氏家族里轮选。胡姓村民们对白姓被排斥在青苗会会长之外的说法是：解放以前，白家是总寨村的庄主，其他村民们都把这个家族叫作"老财东"，是村里最有钱的人，做事为人霸道，在村里影响不好。直到现在，总寨村里还流传着与此相关的传说故事：

> 九天圣母娘娘庙的占地是我们村白家人的地。当时，白家人不给地建庙。晚上，九天圣母娘娘给其他姓氏的人托梦，让各家各户把牛早点从山里赶入牛圈，唯独没有通知白家人。第二天发大水，白家人的牛被水淹死了。于是，白家人就把地给了九天圣母娘娘建庙。因为白家人不是自愿献地给娘娘的，所以白家祖祖辈辈不能轮换当会长。[③]

[①] 2006年9月，总寨乡与新堡乡合并为"洮滨乡"，乡政府设在总寨村。
[②] 访谈对象：总寨乡总寨村胡顺喜（男，45岁）等7人；访谈地点：胡顺喜家；访谈时间：2006年6月13日。2006年6月14日在总寨村九天圣母庙的群体访谈。
[③] 访谈对象：总寨村村民胡顺喜（男，45岁）；访谈时间：2006年6月13日；访谈地点：总寨村乡办公室。

现在总寨村里的白姓家户只有五户。总寨村认为自己信仰的九天圣母是宋朝的封神，她给宋朝皇帝治过病。在总寨村的村民看来，石旗、郑旗和上川这三个村信的神都不是封神。

石旗村村民确认的信仰神是黄飞虎。在石旗村村民看来，石旗、总寨、郑旗和上川这四个村信仰的神祇统一都是姜子牙的封神。针对石旗村村民的说法，总寨村村民会有对应的一种说法：原来总寨村信仰的是黄飞虎，石旗村是没有信仰神的，石旗村的村民就找到总寨村说"你们有那么多的信神，给我们一个吧"，于是，总寨村就把黄飞虎神给了石旗村，黄飞虎就成了石旗村的信仰神。石旗村的村民还会强调他们的信仰神黄飞虎和上川村的信仰神南岳福神是结拜兄弟。秦关村青苗会对与他们毗连的这四座村落信仰现象的看法是，这四个村庄距离岷县（明代岷州卫）很近，岷县各种称为娘娘、阿婆的神非常多，四个村落都受了岷县的影响，所以信的神也比较杂。[①] 除秦关村外，其他五个村的家户多与岷县建立通婚圈，两地人员交往密切，其祖先来历可能与岷州卫有关。

[①] 访谈对象：秦发科（男，75岁）；访谈时间：2006年6月14日；访谈地点：秦关村一位李姓村民家里。

结　　论

当今是一个全球化的时代，要讨论社会秩序的问题，无法脱离这个时代的语境。技术发展实现了交通运输和全媒体信息对整个世界的覆盖，促使贸易往来日益频繁，加深了移民国际化和国家之间相互依存的程度。显然，在这样一个彼此依赖、命运与共的时代里，合作是当今世界的主题。不过，这只是全球化的一个方面。它的另外一些方面是，市场竞争带来的利益冲突、强势国家对自然资源的控制和价格垄断，造成国家间的事实性不平等，加之由来已久的许多难以调和的分歧，引发了以政治或宗教为主导的国际争端，让生活在这个时代的人们对未来社会的发展产生种种不确定的焦虑。在追求发展和抵抗焦虑的过程里，需要重新思考内含于全球化现象的一个共性问题：拥有不同目标和期望的群体之间如何形成一种共识和团结感，让彼此之间的相处与合作变得容易，同时也让自己所置身的世界呈现出秩序化的和平与稳定的状态。这是一种具有永恒意义的世界理想。事实上，在一个地域社会里不可避免地存在一定程度的摩擦，通常是以群体为单位，蔓延彼此之间的不友好情绪，并通过敌对态度表现出来。如果这种群体性的敌对态度日渐积聚并演变为冲突与暴力，就会发展成严峻的社会问题乃至国际争端。这类现象的发生与个体加入群体以完成组织需要的初衷是背道而驰的，也有悖于群体对社会安定的集体性心理需求。因此，现代人对全球化的困惑促使人们去寻找和探究解决社会冲突和阻止社会秩序崩溃的规律。

分化与整合是探讨社会秩序的常规思路。政治和经济地位的不平等导致的族群差异、社会分裂等现象，使人们更多地去关注整合机制，利用政府机构、主流意识形态或者其他的共同利益团体，来抵消或缓解因群体性的差异和分裂引发的社会矛盾。然而，必须注意到的是，每个社会群体都有自己的结构，如果对一个群体的形成过程以及与其他群体之间关系的历史不作了解的话，就不可能完全明白当前社会乃至现时世界的秩序构成。传统，是本书强调的一个关键词，它是一种可以对抗分裂的力量。本书注重考察的是一个地域社会里世代相传的制度、信仰、风俗、仪式、情感等社会要素，理解它们对于构成社会秩序的意义所在。在一个社会里，每个群体的自我社会定位和社会行动都会以其他群体的社会地位和行动作为参照甚或导向；在这种互动的过程里，每个群体也都怀有对其他群体在思想、感情、行为等方面的期待，并且由此形成一种共识性的互动秩序。一个社会的和谐或者动荡，取决于在出现社会裂痕时，各个群体发出的言论和采取的行动是否还会遵循常态社会的互动秩序。只要有一个群体选取了反常态社会秩序的越轨行动，就会引起群体之间的冲突。即使冲突被平定，其产生的社会创伤仍然存在，并且可能成为激发下一次社会动乱的潜在诱因。选择，成为本书强调的另一个关键词，注重去考察在特定的时间与空间里，每个群体如何回应某次社会变乱，在变乱之后又如何依据环境的变化来调适和修复自己与其他群体之间的行为关系，让社会恢复到安定有序的状态。

本书的研究基于这样一个假设：每一个社会都隐伏着某种规律，引导不同的人群进入一种有序化的生活状态，在此基础上建立的互动秩序是构成社会传统的核心要素。本书的主题即是去发现多民族聚居地区的社会传统及其主导的社会秩序，观察它们如何在社会演进的过程中被及时调整并为当时的社会发展提供稳定的基础。现在中国的民族地区，大多属于历代王朝政府苦心经营过的边疆。例如，甘肃省甘南藏族自治州的临潭县，总让人能够把现时的社会与一种传统的力量联系在一起。居住在这里的汉族民众世代传承着听似神话般的口传故事，在特定的时间里举办涵泳着祖先功绩的仪式。尤其是，他们会珍藏一套文字系统，包括石碑、敕书、家谱、契约等民间文献。付出如此艰巨的世代努力，是因为他们坚信，这些传说、仪式和民间文献都是联系他们与开疆拓土的先祖之间的媒介，更是他们在这片汉藏回土四个民族共居之地生存繁衍的权益保障。对这类群体性历史的溯端竟委，目的是去发现和总结当代中国西北民族地区的社会传统与地方秩序。

第一节 作为社会系统的制度

制度，通常被看作为行政领域制定的、以条例和法令为主体的规范性文件。它的产生与一种或几种特定的目标息息相关，一旦被政府颁布之后就成为某些区域里形形色色的社会群体都要共同遵守的规程和准则。基于这种理解，对制度的研究大多聚焦于某一段历史时期，从文本的意义出发来讨论某项制度产生、发展和消亡的因由过程。然而，仅仅限于考据文本的制度和制度的文本，容易把制度更替简约为一种新制度的产生或另一个政权的开始，旧制度仿佛遁形似的消失，不会留下任何社会痕迹。事实上，制度更是独立的社会存在并且伴随着系列性的社会活动。连续性，就是制度通过社会运转表现出的一种性质，也是评价其社会功能的主要参考指标。对制度连续性的考察，不仅是去探讨制度与社会之间存在的真实确切的逻辑关联，也是对制度本体的深刻反思。

一直以来，国内外学者普遍关注的一个问题是：明清的中华帝国形态是怎样形成的，以求回答边疆地区的少数民族如何形成中国认同这样一个宏大的历史命题。在这种现实关怀里，有学者注意到对某个区域社会发挥了结构性和持续性作用的制度。与以往从文献到文献的制度考证截然不同，他们更关心的是制度如何在基层社会中运转：地方官员和胥吏如何利用制度去约制社会中的各类人群，不同身份的人群又如何在制度里找到各自生存和发展的空间。前辈时贤的华南研究即是典型例证：明代以来，华南地区就是通过宗族制度完成了被纳入中国的过程。如果从这一案例抽象出一个理论模式，那就是：边疆地区在某种主体制度的支配下形成某种社会秩序，从而被纳入中国，成为中国不可分割的一部分。然而，中国之大，每个边疆地区接受支配的主体制度和被纳入中国的历史进程是不一样的。以这一理论模式为前提来探讨西北社会，不仅是研究目前西北社会民族与宗教多样性渊源的重要视角，也为丰富、补充这一理论模式提供了富于挑战性的实验场。

西北边地的早期社会充斥着群体间的战斗，素来让王朝士兵的战靴浸透鲜血。同时也说明，疆域边界和成员身份随时都在变动，很难去精确界定。要在这里形成一种长久稳定的社会秩序，经历数代王朝的经营是毫不奇怪的。在很长的历史时段里，战争是楔进王朝秩序的主要手段。然而，缺乏有效的制度设计，从汉代至魏晋南北朝时期，王朝秩序从来没有如愿地在洮州这个羌人和吐谷浑人黏合的地域里根植下来。公元七至八世纪，吐蕃势力东进，发生在洮州的战争愈加显得激烈和残酷，唐李将军碑即是对此的见证。它铭刻了一位出身洮州的党项将领鏖战石堡的战绩和他对唐王朝的忠诚。这通石碑传递了一条重要信息："王朝正统"观念在洮州地区的出现。

所谓"王朝正统"，是指道统相承、统一中原的历代王朝政府的合法地位。洮州只有归属中央王朝政府的统治才能表明它的地域合法性。这种正统观念通过"读碑题字"的形式被北宋廉访使者和元朝蒙古高官进一步强化。然而，勒刻于石碑之上的王朝正统观念，只是一种抽象的存在。在元代之前，中央王朝政府并不是这片地域的实际主宰者。唐蕃之间规模庞大的战役是天宝八年（749）的洮州石堡城战役。石堡一役，万人暴骨，只换来唐王朝对洮州的短暂控制。14年后，洮州旋又落入吐蕃治下，从此历经数个世纪的"吐蕃化"过程。这一历史进程再次说明"王朝正统"秩序的植入，仅凭战争的手段是靠不住的。与此同时，也呈现出另一种史实：洮州有史以来第一次出现长时期的、相对稳定的社会状态，吐蕃结合藏传佛教和对超自然力量的崇拜对羌人和吐谷浑人以及分布在洮州的草山、森林等自然资源进行划分与管理，形成了一套系统化的规则。直到今天，这种古老的规则依然在发挥效用。吐蕃化过程是认识洮州社会秩序的必要基础。

北宋军事力量羸弱，但是却为洮州输入了一种富有生气的制度：茶马互市。茶马互市在洮州开辟了贸易市场，为汉番互动提供了一种有效模式。当然，随之也出现了颇有趣味的历史场景：洮州汉番战事时起，但是彼此的贸易往来却未曾中断。元王朝定鼎中原，运用土官制度统治边疆地区，洮州属于吐蕃等路宣慰使司都元帅府的管辖范围。土官制度将洮州和中央王朝联结在一起，同时也把羌人、吐谷浑人和吐蕃人强化为一个社会共同体。北宋的茶马互市培育了洮州与中央王朝的良性互动，而元代的土官制度则根据洮州人群的特点对其实施有效管理。这类功能单一的制度或多或少地局限于洮州的某一类具体事务，缺乏综合治理的功能。如茶马互市虽然把洮州打造成汉番交易市场，但是它仍然不能有效遏制番人的叛乱。为此，北宋又配合屯田制度和营田制度，士兵屯田，且耕且战，营田募民或弓箭手耕种，旨在让戍防军士能够自给自足，解决驻军的粮草问题。只是一旦进入实际操作，屯田和营田政策遭遇到来自宋军心理与习惯层面的障碍。端拱二年（989）宋王朝任命陈恕在河北东路推行营田，陈恕密奏"戍卒皆惰游，仰食县官，一旦使冬被甲兵，春执耒耜，恐变生不测"①，朝廷不得不终止士兵营田的计划。淳化四年（993）知雄州何承矩请于顺安寨推行屯田，"沮之者颇众。又武臣习攻战，亦耻于营葺种稻"。② 这两条文献资料说明，宋王朝政府的屯田和营田政策曾一度受到军队上下人等的抵制。宋代洮州屯田和营田的情况鲜于记载，可见宋王朝政府在洮州推行屯田和营田的效果不佳。元代以番制番的土官制度达到了靖遏番人之乱的目的，但是对于洮州社会的发展却乏善可陈。

导致洮州社会发生根本性变化的是明代卫所制度，其核心是军屯。与宋代屯田最大的区别在于，明代军屯将士须举家迁徙到戍防之地，以驻地为家乡；为了及时补充军屯人数，明廷还辅以"勾补"之策。明代军屯制度有效突破了将士的单一军人身份，"七分屯种，三分守城"是王朝政府对戍边军队的双重角色期待，驻防洮州卫的军队也默认了亦军亦农的社会身份。于是，在洮州形成了以军屯户家族为基本单位的汉人社会。另一方面，11世纪后期发展起来的茶马互市形塑了洮州的地域特征，迨至明朝茶马互市依然保有强劲的生命

---

① （宋）马端临：《文献通考》（全二册）卷七，田赋七，考七五页，中华书局1986年版。
② 同上。

力。明王朝控制住洮州，意味着每年会有足够多的良马被源源不断地输送到京城。明廷对中央王朝与番人之间茶马利益的互惠性作了进一步的规范，由此也凸显出洮州卫与内地诸多卫所的显著区别：镇守洮州卫的最高军官是都指挥使，而不是指挥使，他担负着防御番人和为朝廷收聚马匹的重要职责，朝廷也不会轻易更换镇守洮州卫的官兵将士。茶马制度确立了洮州卫军官对番人的控制权力。王朝政府还配套以土官制度和僧纲制度来调整番人内部关系以及番人与汉人的关系。僧纲制度帮助明廷在信仰藏传佛教的番人范围内建立了一种秩序，使政治和宗教成为中央王朝体制下的一对盟友。

明廷在洮州实施的茶马制度和土官制度虽然根源于宋元两代，但是不能简单地把它们看作为茶马互市和土官制度的叠加。卫所制度在洮州占有主导地位，明廷由此成功地把王朝秩序根植入这片吐蕃化的地域里，有效地改造了洮州地域的人群结构和经济生活方式：汉人与番人共同成为洮州的主体居民，逐渐推广了农耕这样一种开发利用土地的生产生活方式。明廷陆续封授投诚的洮州各处番人、土人首领，令他们为中央王朝政府把守隘口和纳马中茶。明王朝创造性地把这些土官纳入卫所制度之中，通过授予土指挥、土千户、土百户等职，在长期同化的基础上，逐渐把他们转化成洮州卫的实职卫官。因此，只有在卫所制度的框架里，才能充分地理解茶马、土官和僧纲这三种制度在洮州发挥的效力：茶马制度使汉番之间的权利和义务演进得更加明确，也更为统一；土官制度是整合洮州投诚番人与中央王朝一体化的要素；僧纲制度为中央王朝在世俗领域里处理番人的精神生活提供了一种实践。这三种制度在卫所制度的支配下，在军屯户内部和汉番之间建立了一种有秩序的、模式化的互动方式，达到了把洮州纳入明王朝的总体目标。

明代卫所制度的产生与消亡逃脱不了制度本体的宿命，终将被王朝政府更替的历史所左右。这一现象容易让学人仅从官方文献和国家政策的角度来讨论卫所制度的历史命运与社会功能，一旦国家取消卫所制度，那么各地卫所的使命就此终结，其社会功能戛然而止。然而，伴随着实证性资料的扩充和相互佐证，展现出因制度变迁引发的人群身份变迁、角色分化、群体之间冲突与认同的戏剧性场景，以及它们与社会结构之间的互生过程。事实上，制度之名被取消，或者被改变，然而制度之实可能继续发挥着重要的社会作用。洮州卫都指挥使李达后裔在清代乾隆四十年（1775）继续凭借洮州卫都指挥使关防大印依然拥有调解番人社会矛盾的权力，即是卫所制度连续性的一种体现，同时，也让家族成为一个分析范畴，从微观层面来体察变迁中的社会应保持的某种恒态。

因此，把制度置于社会发展的进程中加以考察，会发现制度不仅仅存在于文本之中，它是以实现某种社会目标为宗旨的规章与支配资源的权力、特定的人群、对应的社会身份和既定的社会地位等元素结合在一起并且被一种强制力量所推动的一套社会系统。如果是一项短命的制度，也许还没有等到它对原有的社会结构产生影响，就已经被取代或消除，附随在其上的社会系统也因此分崩瓦解，不着痕迹。但是，那些持续了足够长时间的制度，会对运转它的社会进行一定的革新和改造：制度会赋予或剥夺特定人群的社会身份，设定或取消每个群体的社会角色，增加或消减某一类社会分层；为了满足社会发展的需求，制度还会配备一簇要素，如对具体空间的划分、物质形态的建设、精神生活的培育等。通过这些努力，以某种主体制度为轴心的地域社会能够发展出一套相对稳固的社会系统，在社会变乱时会转化为一种社会力量，力图维护社会稳定、促进社会重建。

就明代洮州卫而言，自17世纪60年代开始，清王朝着手裁卫设厅，原本慑服的番人恢复了强悍的面貌，挑起了汉番之间的草山纠纷，失去政府背景和武力依恃的前明军屯后裔变为民户，陷入严峻的生存危机。应对制度和身份发生的突变，个人或者群体只能通过自身的社会价值去赢得新制度的认可，以获取另一种社会身份。前明洮州卫官兵后裔的社会价值在于长期与番人交道，习知番语和土务。这一特点被洮州厅倚重，卫所官兵的后裔由此得到了通事和衙役这两种新的社会身份，依然掌握着基层社会的权力，而更多的前明军屯户后裔需要一种类似于卫所制度的保障，以维护他们既有的权益，于是清代洮州青苗会应运而生。

从洮州卫到洮州青苗会，经历了一系列组织建设和文化创造的过程。洮州青苗会的组织目标是维护、保持，继而扩展明代洮州卫辖下的田土草山等自然资源，这个目标的达成是以各支青苗会对龙神的共同信仰为先决条件的。洮州青苗会适时利用清政府敕封神祇的政策，获得清政府的正式承认，成长为地方权力组织。与龙神信仰相配套的基本组织特征是：组织成员普遍具有的军屯户身份认同，权力相对集中在军屯姓世家大族手中，组织成员较为固定且世代相继。从组织规模和组织结构来考量，各支青苗会并不均等，但是，都实行一套明确的规定、纪律和程序。这类结构性特征是通过特定的活动来体现的：洮州青苗会每年定期举办的"插旗""收旗"这类隐示着农耕特点的仪式，显现的是洮州卫官兵的屯垦模式；他们策划的"踩街""龙神出巡"等仪式，具有鲜明的军事化色彩，意在强调洮州卫官兵开拓的疆土范围，旨在保守和延续前明"卫—千户所—百户所—总旗—小旗"的空间结构和社会关系。于是，洮州卫的建置被清政府取消了，但卫所制度并没有消亡，它以洮州青苗会这样一种社会组织的形式继续发挥着种种社会功能。

制度变迁的衍化形态不止于社会组织，同时也演承出琳琅满目、头绪纷乱的民俗事象。活跃在现代社会里的那些被定义为世代相传、表现形式较为稳定的民俗事象，都可能源自曾经在一个区域社会的历史进程中占有支配性地位的某种制度。以龙神庙会为例，只有梳理了明代洮州卫的制度和明清鼎革的社会变迁之后，才能够准确认知临潭的民俗生活，也才真正明白它们对于生活在临、卓两县的汉藏回土民族所具有的社会意义。因此，民俗研究不能总是停留在"呈现"民俗事象的层面，而应该从制度层面去"探究"民俗事象产生、发展和变化的历史过程。进而言之，民俗在一定程度上表现了文字记载之外的制度内容，保留了制度的某些操作过程，再现了制度在社会里的具体运行方式。

第二节　人以神分

在中国历史上，政权与神权从来都是一对同床异梦的社会要素，相互利用，同时又彼此戒备。然而，它们都有着共同的目标：建立相应的社会秩序并且维持它的运转。历代王朝政府对群体性崇拜行为都要进行严格管理，其焦点在于审核批准民众崇拜的对象。只有那些被政府敕封或许可的神祇才具有享祀民间的合法性，于是就有了"正祀"与"淫祀"之分。属于正祀的神祇被地方性人群世代供奉，围绕这种崇拜产生的仪式活动和组织形式具有群体性和模式化的外在表征，长此以往，演化成为具有地方性特色的社会秩序。

1925年，顾颉刚、容肇祖等学者考察了妙峰山进香活动之后撰写的《妙峰山进香专号》，被当时的日本学者称为"中国有新国学之发生"[①]。显然，中日学者都已经注意到少有文字记载的中国民间神祇信仰里隐含了很多与中国历史进程密切关联的要素。在这种学术思潮的引领下，20世纪20年代后期至40年代创办的《国立中山大学民俗周刊》，刊登了大量的地方神祇传说故事和仪式活动的文章，是为大观。在同一时代，马克斯·韦伯对"权力"的定义[②]与"民族国家"理论结合在一起，出现了"权力与国家""国家与地方社会"等研究范式。在这样的学术背景下，当代西方学者对中国民间神祇信仰的研究提出一种预设，神祇作为国家和文化精英塑造的符号，有助于把不同背景的人群

---

① 何思敬：《读妙峰山进香专号》，《民俗周刊》1928年第四期。
② Max Weber, *Economy and Society*, (Two volumes) Edited by Roth, G. & Wittich, C, Berkeley: University of California Press, 1978 (Originally published, 1923).

纳入王朝帝国的体系之内。① 这种研究路径可以部分地解释神祇信仰对中国社会的整合功能，然而，因为缺乏结合具体人群的考察，这类研究很难推进对地方历史的进一步认知。华南研究的经验突破了国家控制的前提假设；反过来，认为地方社会利用国家颁布的法律来处理地方社会与国家之间的关系。② 这一研究思路再现出地方性人群活动所具有的更为丰富和广阔的时间和空间变化。

中国西北地区为历代用武之地，分合靡常，弃守不定。各类人群在这里共塑了具有高度流动性与融合性的社会。但是另一方面，这些纷争和战乱引发的社会事件和社会改变，并没有详细和充分的文字记载，加之已有的文献在历次的兵燹和变乱中付之一炬，使西北地方历史出现一些断点甚或空白。要想了解今天中国民族地区的社会传统和各民族之间关系状貌的来龙去脉，接续和填补这些断点和空白成为一项必要的工作。曾经有大量的古老游牧民族散布在西北地区，与迁徙到这里的中原人群毗邻交集而居，彼此的信仰与经济生产、政治样态错综交织在一起，形成了现在西北人群庞厚而繁博的精神生活。因此，对神祇信仰的探索成为厘清西北地区历史的重要途径。然而，研究西北地区的神祇信仰包纳万象：神祇信仰的仪式里不仅蕴含着道教的法术传统和儒学的政治意识，同时也交织着与藏传佛教、汉传佛教和伊斯兰教的互动关系。对于这一系列社会现象的追根溯源，引出的根本问题是，神祇信仰的群体是怎样集结的，他们如何发展和传承这种信仰，如何化解与其他宗教信仰群体之间潜在的冲突？因此，只有把这类神祇信仰置于区域社会的整体进程中，考察神祇的产生、神祇与制度之间的关联、神祇具有的社会功能、神祇信仰依托的社会结构和崇拜神祇的各项仪式，才可以明白神祇信仰对于西北人群的意义所在。

崇祀洮州十八龙神的人们普遍具有明代军屯户的身份认同。在他们眼里，十八龙神均为明代洪武时期的历史人物。这类看法虽然不排除人物、情节的虚构成分，但折射出的却是明代洮州卫的真实历史。洮州十八龙神体系产生于清代康熙年间洮州汉人面临的生存危机，其后历经180余年的发展，在道光二十五年（1845）通过官府敕封，18位历史人物均被冠以"龙神"之号。十八龙神的人格神演化过程，证明了活跃在中国基层社会的神祇并不纯粹是想象的产物，而是象征某类人群历史的标签。饶有趣味的是，当地人的口述提供了与民

---

① ［美］詹姆斯·沃森:《神的标准化：在中国南方沿海地区对崇拜天后的鼓励（960—1960）》，载［美］韦思谛编《中国大众宗教》，陈仲丹译，江苏人民出版社2006年版，第57—92页。
② 科大卫:《从礼仪标签到地方制度的比较——"中国社会的历史人类学"研究项目介绍》，http://www.ha.cuhk.edu.hk/home_simp.html，2015年11月2日。

间文献记载完全不同的叙事：洮州各支青苗会的乡老至今流传着十八龙神两次被敕封的时间记忆，一是在明代洪武朝，一是在清代康熙朝。"封印"是他们保留这种时间记忆的节点，如八角青苗会在复会建庙之后一定要补刻两枚印章，把常遇春的敕封号分别与洪武帝和康熙帝组合在一起，证明两次受封的经历；冶力关青苗会在组织庙会踩街时一定要安排二分会的齐姓人身背封印和敕书。对照民间文献与口述史，感受到的是地方人群保存自己历史记忆的多样性。民间文献记录的是真实地发生在他们身上的历史事件；口述史传承的是当事者怀有的、对真实事件的合理想象和期望。两者都如实地反映了人群当时的活动和形成的观念，共同构成了群体性历史的一部分，是研究区域社会最重要的真实所在。

立足于这一实证经验形成的理论判断是：人以神分，即不同的人群都要创造适于自己历史逻辑的神祇意象并将他（们）作为群体性的标签。因此，在同一地域空间里持有不同神祇信仰的人群都各自藏蓄着不同的历史渊源。透过临潭地区神祇信仰的现状可以看到，"洮州十八龙神"代表的是以江淮移民为主体的明代军屯后裔。由于洮州地区汉藏民族融合历史源远流长，因此"十八龙神"既包含了传统藏人吉祥数字"十八"的宗教观念，又反映了汉人的创造性发明，成为汉藏民族的共同信仰。信仰"鞑子三郎""平天仙姑娘娘""羊首人身将军""杨四郎""黄飞虎""白马显神"等神祇的应是西北地区的人群。如果在此基础之上再做进一步的推测，"鞑子三郎"背后的人群或许是自元代就居住在洮州的本地人，"平天仙姑娘娘"的信众涉及甘肃的河西地区，崇拜"羊首人身将军"的人群具有西夏的背景。同样，信仰"杨四郎""黄飞虎"和"白马显神"等神祇的人群也都标志着各自的源出背景。这些神祇与其信仰人群互构了一种超越时空变化的历史存在，成为探究群体性历史的重要线索。

故事传说是与神祇信仰形影相随的口述材料。因此，分析相关的故事传说是研究神祇信仰的一个切入点。从 20 世纪 30 年代开始，学界就关注到故事传说富含的学理价值，通行的做法是按照西方的故事类型方法对采风的民间故事和传说进行分类。叙事法是在分类之后对故事传说作进一步研究的常用方法，通过分析故事和传说的叙事结构和表述元素，达到阐述情节安排和人物动机等研究目标。如果遵循这种研究方法分析关于十八龙神的传说故事，从中总结出的规律性特征是"射箭""随水漂流"等母题构成了洮州龙神传说的一类故事内核，塑造了"武力征服"和"神秘他者"的龙神意象；"斗法"是另一类故事内核，含有一种创痛式的神话体验，讲述了龙神在初期都是伴随着对抗和压力及至最终获取胜利的主题；"通婚"也是一类故事内核，是汉藏、汉土等多个民族通婚的写照。当然，还可以借助符号学的理论，归纳出一套诗文式的象征系统。但是，谁都不能否认潜伏在这类神祇传说中的历史元素。也许，所有的传说故事都是在建构一种超越真实的时空，然而其中也传示着故事制造者和传播者抱持的历史记忆。

明廷为了确保军事势力的稳固，不似宋代那样频繁换防，也不会轻易撤换高级军官。因此，洮州卫的军官皆以此地为家，世袭罔替。这种做法的积极一面是让军官和士兵深刻体验到彼此命运的生死与共，相互结合为紧密的地域共同体，御番纳马、日久厚交。不能忽视这种感情。后世的龙神信众把神祇与自己之间定义为"长官与旧部"的关系，皆是缘于这样的历史背景和社会基础。洮州十八龙神不仅被明代军屯后裔视作神圣，更被他们看作"资源"，是保障他们土地权益和社会地位的权杖。在这样的情境里解读关于洮州十八龙神的传说故事，着重看到的是明代军屯后裔寄托于龙神的历史情感，它建立在以军屯户家族为基础的洮州汉人社会结构之上。龙神传说里的"斗法""通婚"等情节显现出龙神被藏族和土族民众接纳和信仰的历史过程。尤其是"斗法"情节的设置和乡民们在争执"龙神"或"泉神"的过程中出现的传说，都暗示了一个神祇标准化的历史过程：即十八龙神信仰通过逐步取代藏族和土族民众原本祭拜的神祇才得以确立，并且在洮州境内广泛传播。"龙神"在汉藏土三个民族之间扮演了关键的纽带角色，原本属于明代军屯后裔的历史情感因循成为汉、藏、土等民族共同拥有的社会情感。现在，这种社会情感已经成为临潭社会结构中一个无形的组成部分，凝结了洮州多民族社会融合的历史进程。一旦出现社会变乱，这种社会情感在结构性人群的转化下成为一种社会力量，迫使不同人群去调整自身的行为，以利于社会的恢复和稳定。

所谓的结构性人群，是在地方家族支撑下产生的地方文人和乡老两个相互关联却又旨趣分明的社会群体。他们在传承龙神信仰的社会结构里发挥了重要功能。这一点从洮州青苗会的复会过程里被清晰地展现出来。地方文人大多在当地各级政府担任过公职，从事或热衷于文化事业。对于地方历史的挖掘与整理被他们奉为一种使命。洮州十八龙神能够从封建迷信的意识里被剥离出来最终成为临潭地方历史的缩影，仰赖于临潭地方文人的不懈努力。乡老是指出身于乡村大姓家族、可能担任过基层领导职务，年龄较长、享有德望、能力很强、村民服气的老人。他们出面恢复洮州各支青苗会组织，负责筹募会钱、会粮、人力和木料修建龙神庙，依据自己的耳闻目睹和亲身经历来复原崇祀龙神的各项活动和仪式。他们接续的是龙神名义之下的"四至"土地范围、明代军屯的农业运作方式和"神路"连接的社会关系，维护的是"踩街"背后的乡村秩序。如果说地方文人通过文本来传承历史，那么乡老从行为的层面继续对历史的实践，他们都是地方传统的守护者。因此，当一个地方的社会结构里存在地方文人和乡老两个社会群体，那么，这个地方的社会传统就得以维系和传承，保证社会处于有序的状态之中。

要想全面地了解神祇，一定要去考察围绕神祇举办的各类仪式，否则，不能够深入地探查到神祇背后的地方人群。仪式，即是一部活态文献，蕴藏的是一种行为历史。揭开使人着迷的仪式表象，显露出的是仪式内里的复杂结构。仪式是叙事性的，这种叙事是依靠一套特定的时间和空间模式对传统进行传承和记忆。如果抽取出暗含于仪式里的时间和空间概念组合成为一个框架，展现出的是既定历史情境中的一套特有的社会结构体系。在这套体系里，活跃着由不同的社会成员扮演的职能各异的角色。其中那些与法术相关的仪式角色成为一种家族性的定义，被蒙上世袭色彩的家族成员自出生起就开始领会对自己仪式角色的期待。这种家族性的仪式角色成为与神祇信仰相配套的一种社会身份，也是社会结构体系里最为稳固的部分。仪式里还充满着具有象征意义的一系列器物，这些器物不一定是当地所特有的，但它们肯定为这里的人们所共知，传递的是当地人群在历史进程中积淀的文化观念。

第三节　中华民族的互利共享

中国是一个统一的多民族国家。地理环境、民族渊源、语言习俗、宗教信仰、经济生产方式等彼此相异的群体能够形成现代的民族国家认同，是受到一种传统秩序的规范和支持。在王朝政府时期，只有定鼎中原的政权才能得到不同地域群体的承认和归附，长此以往凝聚的"正统"观念，促使少数民族政权成为中国历史的固有组成部分。晚清政权的摇摇欲坠和"民族国家"概念的传播，让中国的读书人开始反思自己的历史。1901年，梁启超在《中国史叙论》里写道"中国史所辖之地域，可分为五大部：一中国本部，二新疆，三青海、西藏，四蒙古，五满洲"。① 这一划分中国地理的概念对于国家民族思想的发展产生了深远影响。12年之后，孙中山代表南京临时政府向海内外宣布了"五族共和"的思想及其政策主张，提出"合汉、满、蒙、回、藏诸地为一国，即合汉、满、蒙、回、藏诸族为一人，是曰民族之统一"。② "五族共和"是一个把地域和民族有效结合起来的政治概念，从版图上使中华民国继承了清朝的遗产，很自然地保持了中国历史的延续性。

---

① 梁启超：《中国史叙论》，《梁启超全集》（第二卷），北京出版社1999年版，第449页。
② 孙中山：《孙中山全集》（第二卷），中华书局1982年版，第2页。

20世纪30年代，日本侵略者进入中国，给国民留下了惨痛的现代史记忆。但是，也正是这种创痛促使国民意识到"中华民族"是一个不可分割的整体。1932年3月，日本人借用了"民族自决"的概念在抢占中国的东三省之后成立"伪满洲国"。这种分裂中国的行径促使读书人审视"五族共和"的思想。1939年2月9日，顾颉刚撰写《中华民族是一个》，申示："'中国本部'这个名词是敌人用来分化我们的。'五大民族'这个名词却非敌人所造，而是中国人自己作茧自缚"，"中华民族是浑然一体，既不能用种族来分，也不必用文化来分，都有极显著的事实足以证明"①。这篇文章引起当时中国新闻舆论界的普遍关注。文章论点突破了"五族共和"的局限性，揭示了"中华民族"一体性的特征，是重新认识中国历史和解决现实问题的新思路。1939年12月，由毛泽东和其他几位在延安的同志合作撰写的《中国革命和中国共产党》里，"中华民族"成为第一章"中国社会"的开篇主题，文中指出"我们中华民族的祖先就劳动、生息、繁殖在这块广大的土地之上……中国是一个由多数民族结合而成的拥有广大人口的国家"②。"中华民族"这一观念是中国人民抗击日本侵略者和粉碎世界强权分裂中国的力量源泉。20世纪80年代，改革开放成为中国的基本国策。在"四个现代化"的社会思潮里，不免会出现"少数民族的现代化是否意味着更大程度的汉化？如果是这样，各民族共同繁荣是否指向更大的趋同，而同样削弱多元一体格局中多元这一头"③的疑虑，费孝通认为"先进的民族从经济、文化各方面支持各后进的民族的发展。国家对少数民族地区不仅给优惠政策，而且要给切实的帮助"④，"通过发挥各民族团结互助的精神达到共同繁荣的目的"⑤。"中华民族"观念成为实现中国快速发展的向心力和号召力。

　　21世纪的国际社会，活跃的是文化多元主义，主张具有不同宗教信仰、经济生活方式和思维习惯的人群在同一个社会内部或是由多个民族组成的国家

---

　　① 顾颉刚于1939年2月9日写了这篇文章，发表于同月13日昆明《益世报·边疆周刊》第9期，并转载于重庆《中央日报》、南平版《东南日报》、西安《西京平报》以及安徽屯溪、湖南衡阳、贵州、广东等地报纸；1947年又发表于《西北通讯》第1期。此处引文见刘梦溪主编《中国现代学术经典·顾颉刚卷》，编校者顾潮、顾洪，河北教育出版社1996年版，第773—785页。

　　② 毛泽东：《中国革命和中国共产党》，《毛泽东选集》（第二卷），人民出版社1966年版，第584—585页。

　　③ 费孝通主编：《中华民族的多元一体格局》（修订本）导论，中央民族大学出版社1999年版，第37页。

　　④ 同上。

　　⑤ 同上书，第38页。

里平等地进行社会和政治层面的互动。这种观点倡导群体之间要抛弃刻板印象和偏见情绪，尊重彼此的文化传统。然而，事实上，当人们把视线都集中在各自群体性的文化样态和价值观时，不可避免地会越来越突出自身群体文化的符号性特征。以实现互相包容为主旨的文化多元主义，也会演变为彰显文化差异的温床。世界需要正视的现状是，在文化差异里的确存在难以调和的矛盾。更值得警醒的是，强化某种群体性独特认同的目的和过度推崇自身群体性文化价值的背后滋生出的是不断膨胀、需要其他群体为之满足的利益欲望。日益凸显文化差异的结果，是在某一社会内部的群体之间或同一国家的各民族之间横生出的偏见性隔阂。这种偏见性隔阂，是不同群体或民族因为对彼此保有的文化传统或宗教信仰产生的误解和片面性的不良见解，导致了相互交往的隔膜和疏离，最终演变为一个社会甚或一个国家分裂的导火索。要想杜绝这类偏见性隔阂在中国产生，维护和巩固"多元一体格局"这样一个中华民族历经两千多年的时空演进享有的社会成果，有必要从整体观的视角客观地梳理"多元一体格局"的历史发展进程，在经验性阐释的基础之上建构出一套分析范畴，来帮助理解各类社会要素是如何作用于多民族地区的社会关系与社会互动。

考察西北地区的民族关系与社会互动，需要研究的是那些连接着传统社会组织形态与现代社会生活形态之间的关键领域。市场，是首要的分析范畴。在时间的维度里，对于洮州市场的要素分解，显然超出了经济理论层面的人口、购买力和消费欲望这类指标体系的建构，制度、势力角逐和社会关系是探讨多民族地区市场形成和发展的要素。从宋代洮州的茶马互市到明代洮州卫的茶马制度，均显示出市场是王朝政府筹划的一项政治策略：针对游牧型经济生产的供需特点，为番汉人群提供一个有别于战争的互动空间，彼此互利以靖边防。这种制度性传统把市场塑造为洮州的地域特征，其中隐含的命题是谁掌握了市场，谁就成为洮州地方社会的实际主宰者。由此可以看到，马安良的西军精锐军进驻旧城，实则摧毁了藏人在洮州的传统商业优势地位；继之卓尼杨土司与旧城回汉士绅围绕市场产生的博弈，透过市场主办权力的过渡折射出卓尼杨土司势力在洮州的衰降。于是，争夺市场成为1929年肇始旧城回民蒙难的潜在因由。然而，对于汉回藏的广大民众而言，旧城骡马会有助于密切这三个民族之间的互动。藏族民众来到汉族和回族的聚居区里销售和采买物品，甘、陕等地的客商也深入农牧交界地带买卖交易。旧城跃升为西北地区最为重要的农牧产品交换市场：藏族民众向这里输送牛羊、骡马、皮毛、药材等牧区产品，汉回客商把铁器、丝绸、布匹等农耕社会特有的产品运达到这里。

物资交换是市场的基本功能。在市场的背后，隐含着重要的社会意义。汉族世家藏化和藏族世家汉化是现时临潭、卓尼社会结构的主要特征。依据表象，通婚是形成这种结构性特征的主要途径。然而，如果注意到李达家族在清代康雍时期仍然承担朝廷分派的纳马中茶职责，才能理解这一洮州汉人世家曾经严格传承的汉藏婚配规则的意义所在。同样，卓尼杨土司在失去禅定寺集之后，为了能够进入庙会这样重要的地方性市场，与新城近郊晏家堡的军屯世家刘姓家族通婚。市场竞争难免会引发汉、藏、回等民族的纠纷乃至冲突，但是，由此也焕发出市场潜在的修复能力。经历了清代咸同朝的社会动荡之后，洮州旧城在随后的光绪朝迅速崛起并且进入经济的繁荣时期，仰赖于市场的社会整合功能。这些事例表明，市场是推动汉藏民族结合的一支主要力量。市场的互利共享，促使汉藏双方能够克服语言、习俗、文化背景等差异，结亲为一家人。在市场里也可以看到回族融入汉藏民族生活的轨迹。回族务农，也经商。他们深入藏族聚居的村落山林里，为藏族牧民打短工放牧，或者收购毛皮牲畜。长久相处，回族懂藏俗、讲藏语，从商业的层面为汉、藏两个民族沟通有无、调剂余缺。汉族也是在回族的影响与带动下，于务农之外穿梭农、牧区进行往来贸易。

社会组织与仪式彼此相关，共同构成一组分析范畴。从研究洮州的经验可以知道，多民族共享的社会组织和仪式，一定是建立在共同的神祇信仰基础之上。"洮州十八龙神"是临、卓两地汉、藏、土三个民族共同崇祀的神祇。这一信仰在卓尼藏族和土族民众间的传播与农耕经济生产方式密切相关。明代汉人军屯户凭借制度性的保障，在洮州卫开展规模性的农业耕作，在长时期的生产与生活实践里涵衍出一套利用土地资源并且世代相传的习俗。番人也逐渐适应和运用农耕生产方式及其相应的生产习俗。于是，洮州十八青苗会通过神祇的"标准化"过程统一了龙神的人格形象，然后在卓尼藏族和土族村落里设置"恶拉"和"石尕"，通过举办"禳雹"和"插旗"等仪式把藏族和土族村落纳入洮州青苗会的涵盖范围里。

一般来讲，时间和空间是一对很难落在实处去描述的概念。然而，在实地调查里又可以真实地感受到它们的客观存在。在社会组织与仪式的分析范畴里去讲述各民族的时空共享，呈现出的是汉、藏、回、土四个民族结合成为一个社会系统的过程。藏族和回族的生活习俗里各自拥有一套独立的时空体系。卓尼县的藏族民众通过"转场"来标识一年四季的轮回，如春夏之交把牛羊驱赶到夏季牧场，深秋再把牛羊带回冬季牧场。他们普遍沿用饶迥历法来界定一年的周期，汉族人称之为"藏历"。临潭县的回民恪守《古兰经》的规训来定义自己的时空概念：每天在家里进行的五次礼拜是他们划分黎明、中午、下午、黄昏和夜晚的标准；每周的星期五，回民男子在午后都要去清真寺做集体"主麻拜"。然而，从事农耕的藏族、回族和土族民众都要谨守汉族的农历历法，每年自春分开始，整个农历的二至四月和七至八月是临潭乡民们进行春播和秋收的农忙时间；农历的五、六月是一段农闲期。于是，龙神庙会就成为农闲期里四个民族共享的、极具特色的时空体系：汉族人兴办会场，为庙会注入了历史与文化的内涵；回族人摆摊设点，浓郁了庙会的商业气氛；藏族和土族民众欣然参会，购买日用、看戏尝鲜。汉、藏、回、土四个民族沉浸在龙神庙会里，大家各取所需、互利互惠，成就了一幅你中有我、我中有你的社会图景。

洮州各支青苗会为参加五月端午新城龙神赛会组织龙神轿队进行的"走神路"仪式，是汉、藏、回、土四个民族时空共享的典型。村落与村落之间，汉族与藏族和土族之间，原本相对平等的关系在"走神路"的仪式里被置换为歇马店、接迎会和主家这样一种非强制性的辖属关系。每支龙神轿队从各自的龙神庙出发，目的地都是新城城隍庙，联结起点与终点的是一种被时间与空间结构化的社会关系。这种社会关系隐含在一定的行为模式里被明代军屯后裔世代传承和记忆。现时社会即是在这种特定的时间和空间的维度里悄然隐去，歇马店、接迎会和主家成为超越自然逻辑空间的连结点，一个明代卫所社会的地域层级借此获得了充分展示。依托"神路"，虽然也存在群体之间的纷争和壁垒，但看到更多的是互动行为的交融与渗透。于是，"神路"把一个山川阻隔、土地瘠薄、民族多样的地区整合为具有同一性的社会。

从洮州青苗会举办的各类仪式中，体验到的是一个多民族社会如何被规约的历史叙事。由此，也浮现出"记忆"被转化为"历史"的过程。虽然《唐李将军碑》是依据地方文献讲述洮州王朝正统的开端，"吐蕃化"是追溯洮州地方秩序的源头。但是，现在的汉、藏、回、土四个民族都是以"明洪武"作为固定的时间原点，来讲述各自的故事。汉族人始终保持着"军屯姓"的记忆，并且通过清明祭拜官坟、复建神祖堂、供奉神祖图等仪式活动和物质形态来强化这种记忆。回族也同样秉持着"军屯户"的家族记忆。敏大镛是他们口耳相传的自明洪武朝就迁入洮州的千户官，被现在临潭地区所有敏姓回族尊为始迁祖。迄今虽然没有发现关于敏大镛的确切文献记载，但是千家寨、新城西郊的清真寺、旧城古城内都有千户敏大镛的故事在流传。另一具有代表性的案例是回民海氏家族。他们在家传文献里记载自己的祖先是明洪武年追随李文忠征战、于"筑新城之年赐古达子之箭营地基"世居洮州。这些传说和民间文献都把回民迁入洮州的时间指向"明洪武"。卓尼藏族的族源传说也是与明代连接在一起，以临潭昝土司和卓尼杨土司的家族历史为代表。昝土司的先祖是洮州第一位向明廷投诚的番人首领，协助李文忠和金朝兴建修卫所新城，从此为明廷守隘中茶。在高僧久美昂波记述杨土司的先祖谱系里，把"卓尼头人"的涉政生涯与明永乐十六年姜提（些的）赴京拜见皇帝被授予"武德将军"的经历结合在一起，后因他守护茶马司和边墙有功又被封为世袭指挥佥事。这些说法都得到官方文献的印证。尚没有发现土族与明代之间的明确联系，然而，从"我们的祖上是被汉人打到山里边去的"这一说法，流露出他们扎根于明代的族源记忆。

市场、仪式、社会组织和历史记忆能够被临、卓两地的各族民众互利共享，还存在主观层面的范畴，即共同的政治信念。正统观念是汉、藏、回、土四个民族共同恪守的政治信念。在明清鼎革和社会变乱时期，他们的行为表现即是对这一政治信念的实践。汉族军屯户后裔发挥熟识土务、习知番语的才能被洮州厅录用为通事和衙役，顺利地实现了群体性的身份转换。卓尼杨土司则是通过武力效忠平稳地过渡到清朝。杨朝梁是高僧久美昂波着墨最多的一位卓尼杨土司。他坚定地站在清政府的立场率兵出剿那些策应吴三桂叛乱的甘肃长毛兵，弹压各自为治的生番使之成为"大皇帝的庶民百姓"，从而获得康熙帝的信任与倚重。同时，他也能够适时停止兵戈，广修善业。在久美昂波的笔下，杨朝梁是一位深谋远虑、不论在政务还是宗教方面都具有独到见识和超人智慧的土司。勺哇南拉秀想要脱离卓尼杨土司的控制进入汉人管辖的范围。他并未擅自出逃，而是前往西安经由地方大臣把这一想法转奏雍正帝，最后虽被否决并且获罪，但是从中却可以看出王朝正统的观念已经深入勺哇人群的头脑里。回族的正统观念是透过"儒化"显露出来的，以丁裕谦、敏翰章这类回族儒生为典型代表。在洮州的同治兵燹中，旧城的回族儒生与汉族士绅形成一个彼此团结和相互支持的社会阶层，弥合回、汉两个民族因社会变乱产生的嫌隙，通过秉正客观地修撰《洮州厅志》重塑洮州地方意识形态，使洮州很快地从动荡回归有序的社会状态。对共同政治信念的持守，是汉、藏、回、土四个民族能够保守地方社会传统的根本所在。

对洮州青苗会的研究，最终与中国多民族融合的宏大叙事联系起来。今天临、卓两县汉、藏、回、土四个民族共存与合作的发展状貌生动地说明：互利共享是缔结中华民族多元一体格局的内在动力，是各族民众在经历了无数次的社会磨难之后坚定不移的社会选择。不同文化背景的人群在长期的历史交往中总结出多方受益、彼此依存的互动原则，从而使中华民族成为一个不可分割的整体。

征引文献

一 正史、方志、政书、文集、档案、地图

（汉）司马迁：《史记》，中华书局1959年版。
（汉）班固：《汉书》，中华书局1962年版。
（南朝宋）范晔：《后汉书》，中华书局1965年版。
（梁）沈约：《宋书》，中华书局1974年版。
（北齐）魏收：《魏书》，中华书局1974年版。
（后晋）刘昫：《旧唐书》，中华书局1975年版。
（宋）欧阳修、宋祁：《新唐书》，中华书局1975年版。
（宋）王溥：《唐会要》，中华书局1955年版。
（元）脱脱等：《宋史》，中华书局1977年版。
（元）脱脱等：《金史》，中华书局1975年版。
（元）脱脱等：《辽史》，中华书局1974年版。
（明）宋濂等：《元史》，中华书局1976年版。
（清）张廷玉等：《明史》，中华书局1974年版。
赵尔巽等：《清史稿》，中华书局1976年版。
（唐）李吉甫：《元和郡县图志》（全二册），贺次君点校，中华书局1983年版。
（宋）宋敏求编：《唐大诏令集》，中华书局2008年版。
（唐）李白：《李白集校注》，瞿蜕园、朱金城校注，上海古籍出版社1980年版。
（宋）马端临：《文献通考》（全二册），中华书局1986年版。
《明实录》，台湾"中央研究院"历史语言研究所校印。
（明）申时行、赵用贤等修纂：《大明会典》，《续修四库全书》789—792册，上海古籍出版社2001年版。
（明）陈子龙等：《皇明经世文编》，《续修四库全书》1655—1662册，上

海古籍出版社 2001 年版。

（明）杨一清：《杨一清集》（上、下），唐景绅、谢玉杰点校，中华书局 2001 年版。

（明）李贤等：《明一统志》，《四库全书》史部第四七二—四七三册，台湾商务印书馆影印本 1986 年版。

（明）王岱舆：《正教真诠》（下卷），中国宗教历史文献集成编纂委员会编纂：《清真大典》十六册，黄山书社 2005 年版。

《清实录》，中华书局 1985 年版。

（清）杨春茂：《丁酉重刊甘镇志》（顺治丁酉，1657），《中国西北文献丛书·正编·西北稀见方志文献》第四十八卷，兰州古籍出版社 1990 年版。

（清）钟庚起：《甘州府志》（乾隆四十四年，1779），《中国地方志集成·甘肃府县志辑》第四十四册，凤凰出版社 2008 年版。

（清）何衍庆、吴人寿修纂：《肃州新志》（光绪年间），《中国西北文献丛书·正编·西北稀见方志文献》第四十九卷，兰州古籍出版社 1990 年版。

（清）王学伊等纂修：《固原州志》（宣统元年），《中国方志丛书·华北地方》第三三七号，成文出版社有限公司 1970 年版。

《古今图书集成·方舆汇编·职方典》，中华书局 1934 年版。

（清）乌兰、吴垚编纂：《洮州卫志》，康熙二十六年（1687）。

（清）佚名：《洮州卫志》，乾隆初年。

（清）佚名：《洮州抚番厅赋役全书》，1853 年，甘肃省图书馆藏，索取号：567.3/0752。

（清）佚名：《洮州抚番厅交界钱粮文移》，甘肃省图书馆藏，索取号：655.5/0755。

（清）张彦笃、包永昌修纂：《洮州厅志》，光绪三十三年（1907）。

包永昌：《洮州土司考》，甘肃省图书馆藏，索取号：671.6/840.1。

包永昌原纂：《临潭县志摘录》二册，甘肃省图书馆藏，索取号：671.65/137.781。

张维：《陇右土司辑录》一册，甘肃省图书馆藏，索取号：671.6/311。

陈考三编：《临潭县志》（六册油印本），1987 年，甘肃省图书馆藏，索取号：k294.24/711.3。

宋予才：《甘肃省临潭县志》，1944 年，甘肃省图书馆藏，索取号：671.65/137.86。

临潭县地名领导小组办公室编：《甘肃省临潭县地名志》，天水新华印刷厂 1984 年版。

卓尼县志编纂委员会编：《卓尼县志》，甘肃民族出版社1994年版。
临潭县志编纂委员会编：《临潭县志》，甘肃民族出版社1997年版。
临潭县统计局：《临潭县国民经济统计资料》（1980—1992），1994年。
临潭县志编纂委员会编：《临潭县志（1991—2006）》，甘肃人民出版社2008年版。
佚名：《甘肃通志稿》，《中国西北文献丛书·正编·西北稀见方志文献》第三十卷，兰州古籍出版社1990年版。
甘肃省档案馆藏全宗号4，目录号6，案卷号381。
甘肃省档案馆藏全宗号14，目录号2，案卷号60。
甘肃省档案馆藏全宗号46，目录号1，案卷号174。
《中华人民共和国地图集》（缩印本），地图出版社1984年版。

二　民间文献

《宋氏家簿》（1793），手写本。
《包永昌乡试朱卷》（刻印本），光绪二年（1876）。
包永昌：《包氏家乘》（刻印本），光绪二十一年（1895）。
敏步堂：《洮州丁氏族谱》（手写本），光绪二十三年（1897）。
甘肃临潭回族被难残黎呼吁团公电，1929年。
高友唐：《临潭敏倬丞先生行状（附先伯子青公行述）》（刻印本），1934年。
海镜清：《依录亘古家传坟院册》（手写稿），1939年。
海镜清：《依录亘古祭祀日期册》（手写稿），1939年。
王佐卿：《万盛西的来龙去脉》（未刊稿），1984年。
佚名：《己巳年洮州事变史料》（油印本），1984年。
宁文焕、权世英执笔：《洮州农民文化宫简史》（油印本），1994年。
王鸿钧：《雷祖山玉清宫史》（未刊稿），1997年。
洮州青苗总会：《端午节各路龙神到会登记册》（手写稿），2000年农历五月初五日。
郝耀仁编著：《洮州民间祭祀汇编》打印本，2011年。
张俊立主编：《临潭金石文钞》，甘肃文化出版社2011年版。
佚名：《敕封平天仙姑娘娘》卷上，抄录年份不详。
《金氏祖谱》打印本，2003年。
李达家族文献资料一套。
刘氏家族文献资料一套。

包氏家族文献资料一套。
敏氏家族文献资料一套。
洮州旧城青苗会文献资料一套。
洮州明清碑刻文献资料一套。

三 专著（按作者姓名拼音字母顺序排列）

陈宝良：《中国的社与会》（增订本），中国人民大学出版社 2011 年版。
班钦索南查巴：《新红史》，黄颢译，西藏人民出版社 1984 年版。
[美] 杜赞奇：《文化、权力与国家——1900—1942 年的华北农村》，王福明译，江苏人民出版社 2003 年版。
费孝通：《中华民族的多元一体格局》（修订本），中央民族大学出版社 1999 年版。
顾颉刚：《西北考察日记》，甘肃人民出版社 2002 年版。
顾颉刚：《中国现代学术经典·顾颉刚卷》，河北教育出版社 1996 年版。
贾大泉、陈一石：《四川茶业史》，巴蜀书社 1989 年版。
久美昂波：《卓尼版〈丹珠尔〉大藏经序目》，杨士宏译，甘肃民族出版社 1995 年版。
[美] 拉铁摩尔：《中国的亚洲内陆边疆》，唐晓峰译，江苏人民出版社 2005 年版。
李安宅：《李安宅藏学文论选》，中国藏学出版社 1992 年版。
李安宅：《藏族宗教史之实地研究》，上海人民出版社 2005 年版。
李景汉编著：《定县社会概况调查》，《民国丛书》第 4 辑第 17 册，上海书店 1933 年版。
梁启超：《清代学术概论》，上海古籍出版社 1998 年版。
梁启超：《中国史叙论》，《梁启超全集》（第二卷），北京出版社 1999 年版。
卢舒玄编著：《卓尼藏巴哇民歌集》，甘肃民族出版社 2013 年版。
马廷义、赵大庆编写：《洮潭"花儿"集锦》，临潭县文化体育旅游局 2005 年。
马通：《中国伊斯兰教派与门宦制度史略》，宁夏人民出版社 2000 年版。
马登昆、万玛多吉编撰：《甘南文史资料》第十一辑，甘南报社印刷厂 1994 年版。
毛泽东：《毛泽东选集》，人民出版社 1966 年版。
宁文焕编著：《洮州"花儿"散论》，甘肃民族出版社 1983 年版。

瞿同祖：《清代地方政府》，范忠信、何鹏、晏锋译，法律出版社 2011 年版。

师纶：《西北马家军阀史》，甘肃人民出版社 2006 年版。

石硕：《青藏高原的历史与文明》，中国藏学出版社 2007 年版。

宋仲福、邓慧君：《甘肃通史·中华民国卷》，甘肃人民出版社 2009 年版。

孙中山：《孙中山全集》，中华书局 1982 年版。

汪鸿明、丁作枢等：《莲花山与莲花山"花儿"》，甘肃人民出版社 2006 年版。

王礼锡、陆晶清编著：《中国社会史的论战》，《民国丛书》第二编七十九—八十册，上海书店 1932 年版。

王毓铨：《明代的军屯》，中华书局 1965 年版。

王尧、陈践译注：《敦煌吐蕃文献选》，四川民族出版社 1983 年版。

Max Weber, *Economy and Society*, （Two Volumes）Edited by Roth, G. & Wittich C., Berkeley: University of California Press, 1978（Originally Published, 1923）.

[美] 韦思谛编：《中国大众宗教》，陈仲丹译，江苏人民出版社 2006 年版。

佚名：《卓尼事变纪实及烈妇商杨氏节纪略》（密件），甘肃省图书馆藏，索取号：629.10/0.500。

杨炳延：《白朗起义》，河南人民出版社 1978 年版。

杨士宏：《卓尼土司历史文化》，甘肃民族出版社 2007 年版。

于式玉：《于式玉藏区考察文集》，中国藏学出版社 1990 年版。

于志嘉：《卫所、军户与军役——以明清江西地区为中心的研究》，北京大学出版社 2010 年版。

赵维仁：《继园诗草全集》（油印本），甘南州志办 1991 年。

周伟洲：《吐谷浑史》，广西师范大学出版社 2006 年版。

四 文章（按作者姓名拼音字母顺序排列）

安成邦等：《甘肃中部 4000 年前环境变化与古文化变迁》，《地理学报》2003 年第 58 卷第 5 期。

陈春声：《历史的内在脉络与区域社会经济史研究》，《史学月刊》2004 年第 8 期。

陈独秀：《新青年》第 5 卷第 1 号，群益书社 1918 年印行。

崔云胜、秦弋然：《〈平天仙姑宝卷〉中的河西历史》，《河西学院学报》2012 年第 3 期。

崔云胜：《〈仙姑宝卷〉的版本及其相关问题研究》，《河西学院学报》2015 年第 3 期。

公布加·莎茂：《回忆亲人肋巴佛》，载中国人民政治协商会议甘南藏族自治州委员会文史资料研究委员会《甘南文史资料》（第四辑），1985 年。

高旺：《清末地方自治运动及其对近代中国政治发展的影响》，《天津社会科学》2001 年第 3 期。

高智慧、武沐：《〈岷州卫建城碑文〉与岷县〈二郎山铜钟铭文〉考论》，《青海民族大学学报》（社会科学版）2011 年第 2 期。

谷苞：《卓尼番区的土司制度》，《西北论坛》1947 年第 1 卷第 2 期。

谷苞：《汉人怎样定居于卓尼番区》，《西北论坛》1947 年第 1 卷第 1 期。

顾诚：《谈明代的卫籍》，《北京师范大学学报》1989 年第 5 期。

顾诚：《卫所制度在清代的变革》，《北京师范大学学报》1988 年第 2 期。

姜世明、李占科整理：《一九四三年临潭东北路农民起义始末》，载中国人民政治协商会议临潭县委员会文史资料委员会《临潭文史资料》（第一辑），1985 年。

科大卫：《从礼仪标签到地方制度的比较——"中国社会的历史人类学"研究项目介绍》，http：//www. ha. cuhk. edu. hk/home. simp. html。

李安宅：《边民社区实地研究》，《边疆通讯》1943 年第 1 卷第 1 期。

李润、彭尚义：《一九三六年中国工农红军四方面军长征在临潭》，载中国人民政治协商会议临潭县委员会文史资料委员会《临潭文史资料》（第一辑），1985 年。

李严、张玉坤：《明长城军堡与明、清村堡的比较研究》，《新建筑》2006 年第 1 期。

李振翼、马明达：《甘肃卓尼县〈唐李将军碑〉考略》，《兰州大学学报》（社会科学版）1982 年第 1 期。

李振翼：《红四方面军在临潭》，载中国人民政治协商会议甘南藏族自治州委员会文史资料研究委员会《甘南文史资料》（第二辑），1983 年。

李英俊：《临潭庙会民俗文化》，载中国人民政治协商会议临潭县委员会文史资料委员会编《临潭县文史资料选辑》（第七辑），岷县包装印刷厂1997 年。

李宗俊：《唐代石堡城、赤岭位置及唐蕃古道再考》，《民族研究》2011 年第 6 期。

李宗宪：《追忆卓尼设治局的十二年》，《甘南文史资料》（第六辑），1989年。

梁继林、林俊卿：《吹奏乐器——唢呐》，《中国音乐教育》2003年第5期。

刘志伟：《地域社会与文化结构过程——珠江三角洲研究的历史学与人类学对话》，《历史研究》2003年第1期。

高志铭、李春育：《临潭县解放前三十年大事记》，临潭县政协文史资料委员会：《临潭文史资料》（第三辑），1988年。

临潭县新城文物管护委员会：《洮州史丛》（第一期），兰州市人民政府办公厅1993年。

临潭县新城文物管护委员会：《洮州史丛》（第二期），甘南报社印刷厂1994年版。

马得良：《漫话临潭的旧城》（油印本），甘南藏族自治州地方史志编纂委员会办公室，1992年。

马培清：《清光绪二十一年河湟事变起因》，中国人民政治协商会议甘肃省委员会文史资料研究委员会编：《甘肃文史资料选辑》第二辑，甘肃人民出版社1987年版。

马根权：《与神共舞：甘肃省临洮县衙下集拉扎节跳神活动调查研究》，硕士论文，西北民族大学，2013年。

马小泉：《清末地方自治运动论纲》，《史学月刊》1993年第5期。

明驼：《卓尼之过去与未来》，《边政公论》1941年第1卷第1—2期。

陶希圣：《中国社会到底是一个什么社会？》，《新生命》1928年10月。

王继光：《明代的河州——〈明史西番诸卫传〉研究之一》，《西北民族研究》1986年第1期。

王淑英、郝苏民：《洮州龙神信仰现状的考察报告——以常遇春（常爷）崇拜为中心》，《西北民族研究》2009年第4期。

王俊英、敏文贵、马旭、杨喜林：《关于临潭昝土司的调查情况》，载甘南藏族自治州地方史志编纂委员会办公室《甘南地方志资料》（油印本），具体年份不详。

王玉祥：《论朱元璋经略洮州》，《甘肃社会科学》2003年第6期。

武沐：《岷州卫：明代西北边防卫所的缩影》，《中国边疆史地研究》2009年第2期。

武沐：《明代吐蕃十八族考》，《西藏研究》2010年第2期。

武沐：《明代河岷洮三卫戍边军屯研究》，《暨南史学》2014年第2期。

杨复兴:《安多藏区甘南卓尼之现况》,《西北文化》1947年第1卷第2期。

杨念群:《华北青苗会的组织结构与功能演变——以解口村、黄土北店村等为个案》,《中州学刊》2001年第3期。

杨士宏:《试论洮迭藏语的语音特点及其形成的历史渊源》,《西北民族学院学报》(哲学社会科学版)1983年第1期。

(清)俞文绶:《卓尼记》(1836),载徐丽华主编《中国少数民族古籍集成(汉文版)》第七十一册,四川民族出版社2002年版。

张耀甲等:《甘肃洮河流域种子植物区系的初步研究》,《云南植物研究》1997年第1期。

赵明轩:《解放前临潭县骡马会及商业经济情况》,载甘南州志办公室搜集整理《甘南藏族自治州编纂参考资料二》(油印本),1986年。

赵颂尧:《马安良其人与民初的甘肃政争》,《西北民族学院学报》(哲学社会科学版)1989年第2期。

朱敏:《〈平番得胜图卷〉考略》,《中国国家博物馆馆刊》2013年第6期。

致　　谢

我能够完成这项研究，要向我的老师们表示最深的谢意。

跟随刘志伟老师学习，对我而言是一种幸运。至今记得第一次和老师在马岗顶的历史人类学中心办公室里会面的情景：窗外雷电交鸣，加剧了身处室内的我本就忐忑的心情，不知如何向老师准确地陈述研究计划；时近中秋佳节，老师奇迹般地从办公桌里拿出广式蛋黄月饼，邀我一起品尝；食物的甜香消解了令我紧张的气氛，"要深入这项研究，必须从明代卫所制度着手"成为老师引导我重新思考研究计划的开端，也让我把注意力集中到主导临潭庙会背后的结构性力量——洮州青苗会。为了推进这项研究，在老师的引荐之下，我跟随科大卫老师学习一年。每次应对科老师的提问和质疑对我来说都是一种压力，也正是因为这段经历，使我的研究更加深入。很难忘记有一次科老师和刘老师指导我研读契约，从上午9点至下午5点一直工作在A221办公室里，未曾移身休息。2011年12月，我成为赵世瑜老师领导的AoE华北项目组团队成员。在赵老师多次主持的研讨会里，我受益匪浅。2012年10月，刘老师腿伤未愈，需要执手杖辅助行走。他邀请赵世瑜、程美宝两位老师一同进入临潭、卓尼两县，对我的研究进行现场指导。在这次考察中，赵老师提出"北方凡是塑有关公像或绘有真武大帝画像的村堡都应为明代军堡的遗存"，使我完善了对明代洮州卫的研究。跟随老师们深入现场，令我受教颇多。老师们的治学态度是激励我坚持这项研究的动力。本项研究发轫于临潭庙会，周大鸣老师也很关心这项研究。

我要感谢张瑞威和蔡志祥两位老师。他们牺牲自己的休息时间，与科老师和刘老师一起指导我研读契约，给我很多宝贵建议。同时还要感谢不辞枯燥帮助我一起研读契约的贺喜、吴欣、饶伟新、黄向春和李平亮诸君。

书稿完成后，我要感谢AoE华北项目组给予我的团队支持。2016年8月，科大卫、刘志伟、郑振满、赵世瑜、张侃、谢湜、邓庆平、饶伟新、徐斌、戴史翠（Dykstra）等师友不辞辛劳，再次考察洮州卫，一路之上提出值得我进一步去论证和反思的问题。

致　谢

我要感谢我的博士论文和博士后报告的评阅人邓启耀、马建春、麻国庆、汤开健、温春来、吴重庆、张振江、郑君雷诸位老师。承蒙时任《开放时代》总编的吴重庆老师提携，鼓励我将博士论文里关于"神路"一节修改成文发表。

我要感谢我的田野报道人：陈建中、杨祖震、李希贤、宋克义、刘复元、林芳、牟喜祥、康永健、石国钧、石文祥、石英、孙元元、王长青、王克瓒、王奎、王俊、王士英、吴忠德、丁辉、朱生照。他们是忠诚保存自己历史的临潭人民的代表。我愿意将此书献给他们，献给临潭人民！

我从临潭县委史志办、广电局、党办工作的马廷义、丁志胜、苟小红、牛玉安、敏生贵、魏梅、高云等同志和在甘南藏族自治州州志办工作的敏文贵同志等处获得了不少帮助。他们不仅支持了我的田野调查，也让我收获了一群能够一生相交的朋友。

我要感谢我的父母。他们从来都无私地与我分享他们经历的社会变故和人生经验，培养了我真诚倾听和如实理解社会变迁之中各类人生故事的素质。

从我写作此书开始，我的丈夫多次搁置下自己的研究，阅读了大量的材料和草稿。在持续两年多的写作过程中，得益于他谦谦君子般的耐心，和我一起讨论材料、推敲细节、斟酌表述。源于他给予我良师益友般的帮助，使得此书能够顺利完成。

本书能够顺利出版，我要感谢兰州大学新闻与传播学院领导的大力支持；同时，感谢本书责任编辑李庆红老师的鼎力相助。

感谢我的学生于越、于渤、刘格欣、华姝、苏敏哲、苏滨、罗蓓蓓、黄文丽、段世昌为我校对书稿。

学力所限，本书存在的所有不足、不是、不妥之处均由本人承担。